THE NITISARA OF KAMANDAKA

with the Commentary, Jayamangala of

SANKARARYA

EDITOR

T. GANAPATI SASTRI

GYAN

Published by

Gyan Publishing House
5, Ansari Road
Daryaganj, New Delhi-110002
Phone: 011-47034999, 9811692060
E-mail: books@gyanbooks.com

Distribution Network
gyanbooks.com
India, USA, Canada, UK, Australia

ISBN: 978-93-6780-523-7 (HB)

First Published, 1912

2nd Impression 2024

Printed at: Gyan Press, Delhi.

THE NITISARA OF KAMANDAKA WITH THE COMMENTARY, JAYAMANGALA OF SANKARARYA

Editor: T. GANAPATI SASTRI

THE

NITISARA

OF

KAMANDAKA

with the Commentary, Jayamangala of

SANKARARYA

THE

NÎTISÂRA

OF

KÂMANDAKA

with the commentary, Jayamangala of

SANKARÂRYA

Edited

BY

T. GANAPATI SÂSTRÎ

Curator of the Department for the publication of Sanskrit manuscripts,

TRIVANDRUM.

PUBLISHED UNDER THE AUTHORITY OF THE GOVERNMENT OF HIS HIGHNESS THE MAHARAJAH OF TRAVANCORE.

TRIVANDRUM:

PRINTED AT THE TRAVANCORE GOVERNMENT PRESS.

1912.

॥ श्रीः ॥

अनन्तशयनसंस्कृतग्रन्थावलिः ।

ग्रन्थाङ्कः १४.

नीतिसारः

कामन्दकीयः

शङ्करार्यकृतया जयमङ्गलाख्यया व्याख्यया समेतः

संस्कृतग्रन्थप्रकाशनकार्याध्यक्षेण

त. गणपतिशास्त्रिणा

संशोधितः ।

स च

अनन्तशयने

महामहिमश्रीमूलकरामवर्मकुलशेखरमहाराजशासनेन

राजकीयमुद्रणयन्त्रालये

मुद्रयित्वा प्रकाशितः ।

कोलम्बाब्दाः १०८७, क्रैस्ताब्दाः १९१२.

PREFACE.

THE Nîtisâra of Kamandaka is an epitome of Kautilya's celebrated treatise on civil polity, otherwise known as Arthasâstra. The essence of the science of politics elaborately dealt with in the great work of Kautilya, consisting of 180 chapters is briefly set forth in this work in 36 chapters. The commentary of this work called Jayamangala and written by Sankarârya explains with precision and clearness the meaning, and may be regarded more as a "Bhâshya" on the text. There is also another later-day commentary of this work named उपाध्यायनिरपेक्षानुसारिणी published in Calcutta (Samvat. 1941). But Jayamangala surpasses the other commentary both in respect of usefulness in understanding the text and of its admirable literary merits and has every claim to be brought before the public.

A good number of palm leaf manuscript copies of the text and commentary, about a century old and almost correct was available for preparing the present edition of the work. The text was based on three manuscripts which are denoted in the foot-notes by the letters क. ख. and ग, and the commentary is based on six manuscripts marked, क. ख. ग. घ. ङ. and च. All these manuscripts were obtained from the Palace Library excepting the last one, च which was procured from the library of Govinda Pisharodi of Kailasapuram, near Kaduthurutti.

When and where the author, Kâmandaka or Kâmandaki lived, it is not possible to determine. It is certain, however, that he is anterior to Bhavabhûti who flourished in the seventh century A. D. For, it is legitimate to surmise that Bhavabhûti was conversant with the Nîtisâra of Kâmandaka as he thought it fit to give the name, Kamandaka—the traditional sense of which is restricted to the author of the Nîtisâra —to a female ascetic in his Mâlatîmâdhava who is described as proficient in the art of diplomacy. The Nîtisâra is also cited at the end of the first chapter of Dasakumâracharita of Dandin who lived in the latter half of the sixth century A.D. Dr. Rajendra Lal Mitra, in his preface to the Nîtisâra of Kâmandaka, observes that a work of the like title was taken to the Island of Bali by the Hindus who emigrated thither about the beginning of the Christian era.

Information regarding the commentator, Sankarârya also is equally scanty. From the closing sentence of Nîvî a commentary on Rûpâvatâra of Dharmakîrti, "इति पारशवकुलतिलकेन शङ्करार्येण विरचिते नीवीसंज्ञके रूपावतारव्याख्याने", it is seen that it was written by Sankarârya of the Pârasava family. But the sameness of name will not be sufficient to show that the author of Jayamangala and of the Nivî are identical, as against it there is the fact that nowhere in the commentary has our commentator made any mention of his ancestry. And the author of a grammatical work called Sarvapratyayamâla also bears the name of Sankarârya. But he makes a display of his own name as well as of his brother by inserting them in the body of his work, whereas the author of Jayamangala, in the full confidence that the merit of his work would be sufficient guarantee to make his name famous did not stoop to put in his name in the body of the work. From the vanity of the one and the magnanimity of the other, it is not likely that they may be one and the same person.

TRIVANDRUM. T. GANAPATI SÂSTRÎ.

निवेदना ।

यत्तत् **कौटिलीयमर्थशास्त्रं** 'राजनीतिविद्या' इति प्रसिद्धं, तस्यायं सारसंक्षेपरूपः **कामन्दकीयो नीतिसारो** नाम । एषा चास्य व्याख्या **शङ्करार्य**निर्मिता **जयमङ्गला** नाम । **अर्थशास्त्र**स्य साशीतिप्रकरणशतात्मनः सारभूता अर्थाः षट्त्रिंशता प्रकरणैर्नीतिसारेऽस्मिन् निबद्धाः । **जयमङ्गला** त्वस्य लघोरपि विषयगुरुगम्भीरस्य सम्यगर्थं विवृण्वती सर्वाकारानुगुणा भाष्यप्राया । अस्य नवीना काचिद् उपाध्यायनिरपेक्षानुसारिण्याख्या टीका कलिकातायां (संवत्. १९४१) प्रकाशिता । किन्तु मूलार्थसम्यगवबोधं प्रति **जयमङ्गलाया** उपकारस्तदपेक्षया बहुगुणः स्पृहणीयतरश्चेति कृत्वास्याः प्रकाशने नः परमादरः ।

अस्य **नीतिसारस्य जयमङ्गलायाश्च** बहव उपशतवर्षसम्भाव्याः शुद्धप्रायास्तालपत्रग्रन्थाः समासादिताः, यानवलम्ब्य तयोः संशोधनमस्माभिर्निर्वर्तितम् । तत्र **नीतिसार**स्य तावत् क-ख-ग-चिह्नितास्त्रय आदर्शाः, **जयमङ्गलायाः** क-ख-ग-घ-ङ-च-संज्ञाः षट् । च-संज्ञमेकमपहाय सर्वे एते ङ-पर्यन्ता राजकीयग्रन्थशालीयाः । च-संज्ञस्तु **कैलासपुरगोविन्दपिषारोटि**सकाशादानीतः ।

नीतिसारस्य कर्ता **कामन्दकिः कामन्दको** वा क्वत्यः कदा स्थित इति न निश्चयः । किन्तु क्रैस्ताब्दसप्तमशतकस्थित**भवभूत्य**पेक्षया प्राचीनत्वं तस्य सम्भाव्यते, यस्मा**न्नीतिसार**कर्तरि निरूढेन **कामन्दकि**शब्देन नीतिप्रयोगनिपुणां काञ्चित् परिव्राजिकां **मालतीमाधवे** व्यपदिशन् **भवभूति**र्नीतिशास्त्रनिष्णाततत्वसाम्यकृतं तत्पदव्यपदेशौचित्यं पश्यतीति युक्तिमती कल्पना । क्रैस्तवर्षषष्ठशतकस्थितेन दण्डिना दशकुमारचरितस्य प्रथमोच्छ्वासशेषे कामन्दकीयं स्मर्यते । क्रैस्ताब्दारम्भावसर एव **बलिद्वीपं** गच्छद्भिरार्यैः **कामन्दकीयनीतिसारो**ऽयं भारतान्नीत इति स्वप्रकाशितनीतिसारोपोद्धाते **राजेन्द्रलालमित्र** आह ।

जयमङ्गलाकारं **शङ्करार्य**मधिकृत्य न विशेषाविज्ञानमस्ति । **धर्मकीर्ति**प्रणीतस्य **रूपावतार**स्य व्याख्याया **नीवी**नाम्न्या अन्ते 'इति **पारशवकुलतिलकेन**

शङ्करार्येण विरचिते नीवीसंज्ञके रूपावतारव्याख्याने' इत्यादि पठ्यते। तावता तदभेदोऽस्मज्जयमङ्गलाकारस्य न शङ्कितुं शक्यः, जयमङ्गलाप्रकरणसमाप्तिषु क्वचिदप्यस्य पारशवकुलोद्भवत्वाकथनात्। **सर्वप्रत्ययमालाख्यस्य** व्याकरणग्रन्थस्य कर्ता यः **शङ्करार्यः** स आत्मनो नामधेयं शङ्करार्यानुजत्वकीर्तनपूर्वं स्वग्रन्थे निबद्धवान्, जयमङ्गलाकारस्तु स्वनामख्यातेर्ग्रन्थगुणगौरवायत्तत्वविस्रम्भाद् भाष्यकारादिवत् स्वग्रन्थशरीरे क्वचिदपि स्वनामधेयं न निर्दिष्टवानिति नानयोः फल्गूदात्तस्वभावयोरैक्यं सम्भाव्यते॥

अनन्तशयनम्. त. गणपतिशास्त्री.

CONTENTS.

विषयानुक्रमः ।

वानप्रस्थस्य ; सर्वारम्भपरित्यागादिः परिव्राजश्चासाधारणो धर्मः, अहिंसादयः सर्ववर्णिलिङ्गिसाधारणा धर्माः, सर्वस्यास्य यथान्यायं प्रवर्तको राजा, तदभावे धर्मनाशाज्जगतश्च्युतिः, यथावत् सर्ववर्णाश्रमाणां पालकस्य राज्ञः स्वर्गप्राप्तिः ।

५. दण्डमाहात्म्यप्रकरणम् . ३६—३८.

राज्ञो युक्तदण्डता, यथानीति प्रणीतेन दण्डेन त्रिवर्गवर्धनं, विपरीतेन वनस्थानामपि कोपनं, दण्डाभावे लोके मात्स्यन्यायप्रवृत्तिः, युक्तदण्डस्य राज्ञः सर्वसम्पल्लाभः ।

६. आचारव्यवस्थाप्रकरणम् . ३९—४७.

सत्पुरुषाणां सूनृतभाषित्वादिरूपं लक्षणं, सत्पुरुषप्रशंसा, आनृशंस्यमास्थाय राज्ञा कृपणजनपालनं, नश्वरस्यास्य शरीरस्य पोषणार्थमधर्म्याचरणस्य गर्हणं, प्रियवाचः प्रशंसा, तीव्रवाचः कुत्सनं, प्रणिपातादिभिर्गुर्वादीनामभिमुखीकरणं, सद्भावादिभिर्मित्रादीनामावर्जनं, परकृत्यादूषणादिरूपं महात्मनां लक्षणं, गर्वं परित्यज्य मधुरवचनै राज्ञो लोकसंग्रहः ।

७. प्रकृतिसम्पत्प्रकरणम् . ४८—६६.

स्वाम्यादिसप्तकस्य परस्परोपकारिणो राज्यता, राज्यस्यात्मसंस्कारसम्पन्ने राजानि चिरं प्रतिष्ठा, कुलीनत्वादियुक्तस्य राज्ञो लोकाभिगम्यता, दुष्टस्यापि राज्ञः परिवारगुणैर्भोग्यता, सद्भिरसंभोग्यायाः श्रियो वैयर्थ्यं, वाग्मित्वादिगुणयुक्ते राज्ञि लोकस्य निर्वृतिः, ऊहापोहादिधीगुणविशिष्टस्यैव राजत्वं, सचिवानां कुलीनत्वादिगुणयोगः, पुरोहितस्य शान्तिकपौष्टिकेष्वैदम्पर्यं, राज्ञोऽमात्यादिगुणपरीक्षणं, मन्त्रिभिरुत्पथान्निवर्त्य राज्ञः सत्पथेषु प्रवर्तनं, गुणवत्यां भूमौ राज्ञो निवासः, औदकादिचतुर्विधदुर्गयुक्तस्य राज्ञो भीत्यभावः, बह्वादानत्वादिगुणयुक्तः कोशः, तस्यापदर्थं रक्षणं, वश्यत्वादिगुणयुक्तस्य दण्डस्य वर्धनं, त्यागादिगुणयुक्तस्य मित्रीकरणं, राजार्थं चेष्टमानस्य तत्रानुरज्यतश्च मित्रता, तादृशमित्रभिन्ने राज्ञ आत्मनिक्षेपाभावः, उक्तगुणकप्रकृतिसमन्वितस्य राज्ञः प्रजापालनात् परमश्रेयःप्राप्तिः ।

८. स्वाम्यनुजीविवृत्तप्रकरणम्. ६७—८५.

सेव्यगुणान्वितस्यैव राज्ञोऽनुजीविभिराश्रयणं, क्लिश्यमानेनाप्यनुजीविना तदात्वभाव्युभयकालसुखावहस्यैवानुष्ठानं, राजानमारिराधयिषुणा विद्याविनयशिल्पाद्यैरात्मन उपपादनं, परस्थानासनादिपरित्यागः, राज्ञि राजपुरुषादिषु च यथानुरूपं वर्तनं, राजाज्ञाया अविलम्बेन सम्यङ् निर्वहणं, राज्ञो रागापरागज्ञानं, निर्गुणस्यापि भर्तुरापद्यपरित्याज्यता, बन्धुमित्रानुजीविभिरकार्यात् स्वामिनो निवर्तनं, सत्कार्ये प्रवर्तनं च, अनुजीविनां भर्तृचित्तानुवर्तनं, राज्ञो दानगुणः, उत्तमादीनां यथोचितं माननं, सर्वकर्मसु तत्तदभिज्ञविनियोजनं, कृष्याद्यष्टवर्गविवर्धनं, पञ्चविधभयापोहनेन काले प्रजाभ्यः फलादानम्, उपचितानामास्रावणं, कोशस्यायैर्वर्धनं, काले तस्य व्ययः, अनुजीव्यादिषु स्वामिनः संव्यवहारमात्रको विश्वासः, एवंगुणकस्य राज्ञो विभूतेर्दीप्तिः।

९. कण्टकशोधनप्रकरणम्. ८६—८९.

राज्ञा राष्ट्रस्य समुन्नयनं, लोकानुग्रहाय स्वशरीरानुपालनं, धर्मायार्थविवर्धनं, साधुभिः शस्तस्य धर्मत्वं, विपरीतस्याधर्मत्वं, प्रजाबाधकानां वधे दोषाभावः, राज्योपघातिनां राजवल्लभानामुपांशु प्रकाशं वा निग्रहः, शल्योद्धरणेन राज्ञः सम्पदुत्कर्षः।

१०. राजपुत्ररक्षणप्रकरणम्. ९०—९१.

अर्थेषु लोलुभ्यमानानां राजपुत्राणां रक्षणं, कुमाराणां विनयनं, विनीतस्यात्मजस्य राज्ञा यौवराज्येऽभिषेचनं, दुर्वृत्तस्यापि राजकुमारस्य परित्यागाभावः व्यसने सज्जमानस्य व्यसनाश्रयैरेव कदर्थनं च।

११. आत्मरक्षितकप्रकरणम्. ९२—१०२.

भृङ्गराजादिभिर्विषदूषितानां यानशय्यादीनां परीक्षणं, मयूरपृषतयोर्नित्यं गृहे पोषणं, रुक्तेः पूर्वमन्नादेरग्न्यादिभ्यः प्रदानं, विषदिग्धानामन्नादीनां विकारविशेषाः, विषदायिनां वक्त्रशोषादि लक्षणम्, औषधादीनां पूर्वं तत्कल्पकप्राशनानन्तरं

सेवनं, ज्ञातोपपादितेष्वेव यानादिष्वारोहः, विज्ञातमार्गेणैव गमनम्, आसादेर्जनस्याभ्याशे करणम्, अधार्मिकादेर्दूरीकरणं, सुविशोधिते जलेऽवगाहनम्, अन्यनौप्रतिबद्धादेर्नाव उपेक्षणं, बहिरुद्यानेऽप्रमादेन वयोनुरूपैर्विहरणं, सुखगम्यायां मृगाटव्यां स्वयं लघुकोष्ठस्य गमनं, मातुरन्तिकमपि प्रविविक्षोः पूर्वं भवनशोधनं, प्रवातादिषु गमनप्रतिषेधः, निर्गमे च प्रवेशे च जनप्रोत्सारणपूर्वकं गमनं, जनसम्बाधेऽवगाहननिषेधः, अन्तःपुर एव कुब्जादिभिः प्रचारः, वेश्यानां विशुद्धानामेव राजोपस्थानम्, आभ्यन्तरजनस्य कुहकादिभिः संसर्गनिषेधः, करणोपलक्षितस्यैवाभ्यन्तरजनस्य निर्गमप्रवेशौ, कल्यस्यैवानुजीविनो दर्शनं, संस्कृतस्य संस्कृताया एव देव्या दर्शनं, देवीगृहगमनप्रतिषेधः, देव्यां प्रत्ययप्रतिषेधः, गुप्तदारस्य लोकद्वयलाभः, आप्तरक्षितस्य पाणौ शस्त्रबन्धं विनैवासक्तः स्वापः, नयवतो राज्ञो राज्ये प्रजानां सुखं विपरीते दुःखं च, नीत्या पालयतो दोषाभावः।

१२. मण्डलयोनिप्रकरणम्. १०३—११२.

राज्ञः सम्पूर्णमण्डलता, कौलीन्यादयो विजिगीषोर्गुणाः, सर्वगुणविहीनस्यापि राज्ञः प्रतापेनावश्यं योगः, विजिगीषुगुणयुक्तस्य शत्रोर्दारुणता, लुब्धतादिगुणयुक्तस्य सुखोच्छेद्यता, विजिगीषोः पुरोवर्तिनां पञ्चानां राज्ञां क्रमेणार्यादित्वं, पृष्ठतो वर्तमानानां चतुर्णां क्रमेण पार्ष्णिग्राहादित्वं, समुदितस्यास्य विजिगीषुमण्डलता, अरिविजिगीष्वोर्भूम्यनन्तरस्य मध्यमता, एतन्मण्डलबाह्यस्याधिकबलस्योदासीनता, अरिविजिगीषुमध्यमोदासीनरूपा मूलप्रकृतय एव चतुष्कं मण्डलमिति मयमतं, तदेव पार्ष्णिग्राहमित्रसहितं षट्कं मण्डलमिति पुलोमेन्द्रयोर्मतं, मध्यमोदासीनसहितं विजिगीषुमण्डलं द्वादशराजकमित्युशनसो मतम्, एत एव द्वादश पृथगरिमित्रसहिताः षट्त्रिंशत्कमिति महर्षिमतं, द्वादशैते पृथगमात्यादिपञ्चकसहिताः द्विसप्ततिर्मण्डलमिति मानवमतं, द्वादशैते पृथगरिमित्रसहिताभ्यामुभयारिणोभयसुहृदा च युक्ता अष्टादशकमिति गुरुमतम्, अष्टादशैते पृथगमात्यादिपञ्चकसहिता अष्टोत्तरशतमिति कवीनां मतम्, अष्टादशैते पृथगरिमित्रसहिताश्चतुष्पञ्चाशत्कमिति विशालाक्षमतं, चतुष्पञ्चाशदेते पृथगमात्यादिपञ्चकसहिताश्चतुर्विंशत्याधिकं त्रिशतामिति मतान्तरम्, अरिविजिगीष्वोरुभयोः प्रकृतिसप्तकमेव चतुर्दशकं मण्डलमिति केषाञ्चिन्मतम्, अरिविजिगीषुमध्यमास्त्रिकं मण्डलमित्येकी-

यमतं, त एव मित्रयुक्ताः षट्कं मण्डलमित्यपरं मतं, षट्कमेवेदममात्यादिपञ्चकयुक्तं षट्त्रिंशत्कमिति केषाञ्चिन्मतम्, अरिविजिगीषुमध्यमा एव सप्तप्रकृतिकाः समुदिता एकविंशतिरितीतरन्मतं, पृथङ्मित्रसहिता अरिविजिगीषुमध्यमोदासीना एवामात्यादिपञ्चकयुक्ता अष्टचत्वारिंशत्कमिति; विजिगीषुमण्डलमेव पृथगमात्यादिपञ्चकयुक्तं षष्टिसङ्ख्यं मण्डलमिति; विजिगीषुरेवारिमित्रपार्ष्णिग्राहाक्रन्दसहितः पञ्चकमिति; पञ्चैते पृथगमात्यादिपञ्चकयुक्तास्त्रिंशत्कमिति च मतभेदाः, तत्र पञ्चकस्य त्रितयस्य वा न्याय्यता, अभियोक्ताभियोज्यश्च द्वे एव प्रकृती इति अरिविजिगीष्वोरभियोक्तृत्वसाम्यादेकैव प्रकृतिरिति च पराशरमतं, द्वादशराजकस्य सर्वलोकप्रतीतिः ।

१३. मण्डलचरितप्रकरणम्. ११३—१२३.

पश्चिममित्राभ्यां पश्चिमावरी पूर्वमित्राभ्यां पूर्वशत्रू च विग्राह्य अरिमित्रमित्रं चोभयमित्रेण संस्तभ्य विजिगीषोः पुरो गमनं, विजिगीषुसहितेनाक्रन्देन पार्ष्णिग्राहस्य आक्रन्देन तदासारयुक्तेन पार्ष्णिग्राहासारस्य च पीडनम्, एवं पीड्यमानस्य शत्रोरुच्छेदप्राप्तिः वशेऽवस्थानं वा, सर्वप्रयत्नेन सामान्यमित्रस्यात्मसात्करणं, शात्रवहेतुपरिवर्जनं, दुर्गवासिनां माण्डलिकानां मित्रीकरणं, मध्यमे विजिगीषौ शत्रुणैकीभूयावस्थानं सन्धिर्वा, तथोदासीने सङ्घधर्मेणावस्थानं सन्धिर्वा, शत्रोः सहजकार्यजत्वभेदेन द्वैविध्यं, समाश्रयविहीनेऽरिसम्पद्युक्ते सर्वप्रकृतिनाशनरूपेणोच्छेदनेन विजिगीषोरवस्थानम्, आश्रयमानिनि कोशदण्डरेचनमहामात्रवधान्यतररूपेण कर्शनेन वा तद्भिन्नेन पीडनेन वावस्थानं, विजिगीषुगुणान्वितेऽरिसम्पद्युक्तभिन्ने तु योग्यपुरुषनाशरूपेणापचयेनावस्थानं, सहजशत्रोश्छिद्राद्यभिज्ञतयापकारशक्तिः, बलिना विगृहीतस्य शत्रोरात्मोच्छित्तिपरिहारायानुबलाधानं, कस्यचिच्छत्रोरुच्छेदसमये शत्रोरन्यस्योत्थितौ तस्य स्वाधीनीकरणं, वशंगतस्य तस्य विकारे तत्कुलीनस्य समुन्नयनं, मण्डलसंक्षोभोत्पादकस्य कर्मणः प्रतिषेधः, सामादिभिः स्वप्रकृतिरञ्जनं परप्रकृतिभेदनं च, मित्रस्यापि विकुर्वाणस्यावपीडनं, पक्षपातिन उभयमित्रस्योच्छेदः, अमित्राणामप्युपचयावहानां मित्रीकरणं, मित्राणामप्यहितकारिणां परित्यागः, मित्रस्य ज्ञातदोषस्यैव परित्यागः, सदा स्वयमेव दोषगुणान्वेषणं, निर्दोषकोपस्य प्रतिषेधः, उत्तमादीनां मित्राणां तारतम्यविज्ञानं,

मिथ्याभियोगस्य तच्छ्रवणस्य च निषेधः, मित्रभेदकारिणां परित्यागः, प्रायोगिकादीनां वचसां ज्ञानं, सुहृदां प्रकाशपक्षग्रहणाभावः, तेषामन्योन्यमत्सरवारणं, गुरुषु कार्येषु नीचानामपि दोषान् सतोऽपि प्रच्छाद्यासतामपि गुणानां प्रकाशनं, नीचानामपि मित्रीकरणम्, एवं समुद्यमिनो राज्ञोऽभ्युदयः।

१४. सन्धिविकल्पप्रकरणम्. १२४—१२९.

बलिना विगृहीतस्य कालयापनेन सन्ध्यन्वेषणं, कपालादयः षोडश सन्धयः—(१) उभयोरैकात्म्यं विना सन्धिमात्रस्य कपालसंज्ञत्वं (२) द्रव्योपहारान्निष्पद्यमानस्योपहारत्वं (३) दारिकादानपूर्वकस्य सन्तानसन्धित्वं (४) यावज्जीवं समानार्थप्रयोजनस्य मैत्रीपूर्वस्य सङ्गतसन्धित्वम् (५) आवयोरुभयोरपकारिण्यस्मिन् मयोच्छिन्ने तवाप्यर्थसिद्धिरिति क्रियमाण उपन्याससन्धिः (६) पूर्वं मयोपकृतत्वादयं प्रतिकरिष्यतीति वा अद्योपकरोम्ययं प्रतिकरिष्यतीति वा क्रियमाणः प्रतीकारसन्धिः (७) एकार्थां यात्रामुद्दिश्योभयोर्गमने संयोगसन्धिः (८) आवयोः सेनापतिभ्यां मदर्थः साध्य इति क्रियमाणः पुरुषान्तरसन्धिः (९) त्वयैव मदर्थः साध्य इति क्रियमाणोऽदृष्टपुरुषसन्धिः (१०) ऊर्जितस्य शत्रोर्भूम्येकदेशेन सन्धिरादिष्टः (११) स्वसैन्येन सह स्वयं शत्रुसमीपमुपगम्य क्रियमाण आत्मामिषसन्धिः (१२) आत्मरक्षार्थं सर्वं दत्त्वा क्रियमाण उपग्रहसन्धिः (१३) सर्वकोशेन कोशांशेन वल्ककम्बलादिना वा शेषप्रकृतिरक्षार्थं क्रियमाणः परिक्रयः (१४) सारवतीर्भुवो दत्त्वा क्रियमाण उच्छिन्नसन्धिः (१५) सर्वभूम्युत्थितफलदानेन क्रियमाणः परदूषणः (१६) खण्डखण्डेन फलं नीत्वा क्रियमाणः स्कन्धोपनेयः, प्रतीकारः सङ्गतः सन्तान उपहार इति चत्वार एव सन्धय इति मतान्तरं, सङ्गतवर्जिताः सर्वेऽन्ये उपहारस्यैव भेदा इति सङ्गत उपहारश्चेति सन्धिद्वयमिति स्वमतं, बालादीनां विंशतिपुरुषाणामसन्धेयता, विग्रहेणैव तेषां वश्यता— (१) बालस्य प्रभुशक्तेर्विक्रमस्य चाभावात् तदर्थं प्रकृतीनां युद्धाभावः (२,३) वृद्धस्य दीर्घरोगिणश्चोत्साहशक्तिहीनत्वात् स्वकीयैरेव परिभवः (४) सर्वज्ञातिबहिष्कृतस्य ज्ञातिभिरेव नाशः (५) भीरोर्युद्धपरित्यागात् क्षिप्रमेव विनाशः (६) भीरुकजनस्य स्वयं वीरस्यापि स्वजनैरवीरैर्युद्धे परित्यागः (७) लुब्धस्यासंविभागित्वादनुजीविनां युद्ध एवाप्रवृत्तिः (८) लुब्धजनस्य विजिगी-

पुणा दानभिन्नैर्जनैरेव नाशः (९) विरक्तप्रकृतेः प्रकृतिभिर्युद्धे त्यागः (१०) विषयेष्वतिसक्तिमतः परैः सुखेनैवाभियोगः (११) अनेकचित्तमन्त्रस्य द्वेषान्मन्त्रिभिः कार्येषु समुपेक्षणं (१२, १३) देवब्राह्मणनिन्दकस्य दैवोपहतकस्य च विशरणं (१४) दैवपरस्य चेष्टाया एवाभावः (१५) दुर्भिक्षव्यसनिनः स्वयमेवावसादः (१६) बलव्यसनयुक्तस्य योद्धुमशक्तिः (१७) अदेशस्थस्य स्वल्पेनापि रिपुणा नाशः (१८) बहुमित्रस्य सर्वथा नाशः (१९) अकालयुक्तसैन्यस्य कालयोधिना नाशः (२०) सत्यधर्मव्यपेतस्य संहितस्यापि क्षिप्रं निसर्गतो विक्रिया, सत्यादीनां सप्तानां सन्धेयता— (१) सत्यस्य सत्यानुपालनेन कदाचिदपि विक्रियाभावः (२) आर्यस्य प्राणबाधेष्वप्यनार्यानाचरणं (३) धार्मिकस्य प्रजानुरागाद् दुःखोच्छेद्यता (४) अनार्यस्य शत्रून् निघ्नतः समूलघाते प्रवृत्तिः (५) भ्रातृसङ्घातवतो वेणोरिव निबिडस्यानुच्छेद्यता (६) बलिना समाक्रान्तस्य शरणाभावः (७) अनेकयुद्धजयिनः साह्येन शत्र्वन्तरवशीकरणं, सन्धानेऽप्यविश्वासः, बलवताभियुक्तस्य तद्बलीयस्तराह्वानं, स्वशक्त्युत्साहमवेक्ष्य महत्तरेण विग्रहः, अल्पसैन्यस्य शत्रून् निघ्नतः शत्र्वन्तरवशीभावः, जयसन्देहे समेनापि आ सम्प्रवृद्धेः सन्धानम्, अन्यथोभयोरपि कदाचिन्नाशः, आत्मनो व्यसने हीनेनाप्यागतेन सन्धानं, सन्धिमनिच्छतो हीनस्य विस्रम्भमालक्ष्य प्रहारः, बलीयसा सन्धाय तस्य विस्रम्भकरणं, विस्रम्भे सदोद्यम्य बहिः प्रियाभिभाषणपूर्वकं निगूढं कर्तव्यस्यैव करणं, युवराजेन प्रधानपुरुषेण वा सन्धायाभियोक्तुं स्थिरात्मनोऽन्तःप्रकोपजननं, यथाभियोक्ता जानाति तथा महता धनोत्सर्गेणार्थसंहितैर्लेखैश्चाभियोक्तुः प्रधानपुरुषस्य युवराजस्य वा दूषणं, दूषिते महामात्रे रिपोरुग्रस्यापि स्वपक्षेऽविश्वासः, अरेरमात्यान् सन्धाय तदारम्भशमीकरणं, भिषग्भेदेन वा रसदानेन शत्रोः शातनम्, अभियास्यतः शत्रोः सिद्धवाग्भिश्चारैर्व्यसनादेशनं, विग्रहे क्षयादीनामुत्पत्त्याभियोगमात्रकृतायाः पीडायाः कञ्चित् कालं सहनं, स्वगुप्तिमाधायारातेः सन्तापनम् ।

१५. विग्रहविकल्पप्रकरणम्. १४०—१५०.

अमर्षितानां पुंसां परस्परापकारेण विग्रहः, परेण पीड्यमानस्य देशकालबलावेक्षया विग्रहारम्भः, राज्याद्यपहारादयो विंशतिर्विग्रहयोनयः —(१–४)

राज्यश्रीस्थानदेशापहारजातस्य (५,६) दुर्गादिकर्माश्वमेधादिप्रवर्तनविघातजातस्य च विग्रहस्य कोशदण्डभूमीनामन्यतमस्य दानेन तूष्णींयुद्धेन च प्रशमनं (७) विषयपीडाजातस्य शत्रुविषयप्रतिपीडनेन (८) ज्ञानापहारजातस्य (९,१०) ज्ञानशक्त्योर्विघातजस्य च क्रमेण क्षमयोपेक्षणेन तदर्थत्यागेन च (११) मित्रार्थे जायमानस्य यद्यध्रोहसंयुक्तं तद् मित्रं तस्योपेक्षणेन (१२) अपमानात् सम्भूतस्य सान्त्वपूर्वेण सत्कारेण (१३) अभिमानजस्य सामदानभेदैः प्रणामेन वा (१४) बन्धुनाशसमुद्भवस्य सामादीनामुपांशु प्रयोगेण मायेन्द्रजालसम्पादनेन वा (१५) एकार्थाभिनिवेशजस्यापीडावहार्थपरित्यागेन (१६) धनापहारजस्य क्षान्त्या (१७) मदजातस्य भेदेन (१८) भूतानुग्रहविच्छेदजातस्य भूतानुग्रहसाधनेन (१९) वैरोत्थस्य शान्तिकर्पाष्टिकेन (२०) मण्डलक्षोभसम्भूतस्योपायैश्च प्रशमनं, सापत्नादीनि पञ्चविधानि वैराणि, भूम्युपरोधजादीनि चतुर्विधानीति बाहुदन्तिसुतमतं, कुलजमपराधजमिति द्विविधमेव वैरमिति मानवमतं, किञ्चित्फलादेः षोडशविधस्य विग्रहस्य निषेधः, तदात्वायतिसंशुद्धमेव सर्वं कर्म समारभमाणस्य वाच्यताभावः, स्वबलस्य हृष्टपुष्टतायां परस्य वैपरीत्ये च विग्रहारम्भः, स्वस्य दैवानुकूल्यसिद्धौ परस्य वैपरीत्ये च विग्रहारम्भः, मित्राक्रन्दासाराणां दृढभक्तौ परकीयानां वैपरीत्ये च विग्रहारम्भः, भूमिमित्रहिरण्यरूपस्य फलत्रयस्य नैयत्ये विग्रहः, चित्तामित्रभूमीनामुत्तरोत्तरं श्रैष्ठ्यं, समे शत्रौ सामदानभेदैरसाध्ये दण्डप्रयोगः, बलवताक्रान्तस्य वेतसवृत्त्याश्रयणं, वेतसवृत्त्यनाश्रयणेऽपि कृतकव्यसनप्रकाशनेन जातविस्रम्भस्य शत्रोर्वधः, अकाले कौर्मं सङ्कोचमास्थाय प्रहारस्यापि मर्षणं, काले क्रूरसर्पस्येवोत्थानं, स्कन्धेनापि शत्रुं वोढ्वा समये घटस्येव तस्य भेदनम्, आपातविग्रहासाध्यं शत्रुं विश्वास्य कालप्रतीक्षया नयेन तच्छ्रीग्रहणं, कुलोद्गतत्वादिविशिष्टस्य शत्रोर्दुष्प्रसाधत्वम्, असत्यतादिविशिष्टस्य शत्रोरापातसाध्यता, एवं विग्रहमार्गेणास्थितस्य स्थिरोद्यमस्य सिद्धिः ।

१६. यानासनद्वैधीभावसंश्रयविकल्पप्रकरणम्. १५१—१६२.

विजिगीषोर्जयेच्छया यात्रा यानं, यानं पञ्चविधं — (१) सर्वाः शत्रोर्द्रव्यप्रकृतीर्विगृह्य वा स्वमित्रैररिमित्राणि विगृह्य वा गमनं विगृह्ययानं (२) चेष्टानाशकरारिभिः सन्धायान्यत्र रिपौ वा पार्ष्णिग्राहेण सन्धाय तन्मित्रे वा गमनं

सन्धायगमनं (३) सामन्तैरेकीभूयैकस्मिन्छत्रौ वा अरिविजिगीष्वोरुभयोरप्युभयारौ वा गमनं सम्भूयगमनम् (४) अन्यत्र प्रस्थितस्य प्रसङ्गादन्यत्र गमनं प्रसङ्गयानं (५) शत्रुं प्रति यातस्य शत्रोरनुबलाधायिनो बलिष्ठान् सम्प्राप्य शत्रुमुपेक्ष्य तन्मित्रेष्वेव यानमुपेक्षायानं, स्त्रीपानादिव्यसनयुक्तस्य गम्यता, अरिविजिगीष्वोः परस्परस्य सामर्थ्याविघातादुभयोरासनं, तस्य पञ्चविधता— (१) अन्योन्यातिसन्धानपूर्वकमवस्थानं वा देशविलोपादिना शत्रुं विगृह्यावस्थानं वा दुर्गस्थितस्य शत्रोर्ग्रहीतुमशक्यतायां तत्सुहृद्बलयवसेन्धनादिनाशपूर्वकं तं विगृह्यावस्थानं वा विगृह्यासनम् [एवं विगृह्यासनेन विरज्यमानप्रकृतेः शत्रोः कालेन वश्यता] (२) अरिविजिगीष्वोर्विग्रहे हीयमानयोः सन्धाय समवस्थानं सन्धायासनम् (३) अरिविजिगीष्वोस्तुल्यया मध्यमोदासीनविषयप्रतिशङ्कया शत्रुणैकीभूय विजिगीषोरवस्थानं सम्भूयासनं, (४) यातव्यादन्यं यियासोः प्रसङ्गेन केनचिदासनं प्रसङ्गासनं (५) बलवन्तमरिमुपायानामप्रयोगपूर्वकमुपेक्ष्यासनं वा अन्यैरुपेक्षितस्यासनं वोपेक्षासनं बलिष्ठयोर्द्वयोः शत्र्वोर्मध्ये वाचात्मसमर्पणपूर्वकं काकनेत्रस्येवालक्षितस्यावस्थानं वा द्वयोरपि सम्पाते बलवत्तरसेवा वा उभयोरपि सङ्केतेनासन्धितस्योरतच्छत्रोस्तदधिबलस्य वा समाश्रयणं वा द्वैधीभावः, स्वतन्त्रः परतन्त्र इति द्विविधेऽस्मिन् उक्तस्य स्वतन्त्रता, उभाभ्यां वेतनादानपूर्वकमवस्थानस्य परतन्त्रद्वैधीभावता, बलिनोच्छिद्यमानस्य कुलोद्गतत्वादिविशिष्टबलोत्कटाश्रयणं समाश्रयः, तद्दर्शनोपास्तिकृतादि संश्रयिणां वृत्तं, बलोत्कटे विनीतवत् स्थितस्य तत्सङ्गात् प्रतिपूर्णस्य क्रमेण स्वातन्त्र्यं, बलोत्कटस्याभावे बलाद्यन्यतमद् दत्त्वाभियोक्त्रैव सन्धिः, आत्मत्राणार्थं सर्वदानं, संश्रितस्य स्ववृद्धौ शत्रोर्व्यसने वाबलीयस्या सैन्या वा वृत्त्योत्थानं, ज्यायसा वेतरेण वाकारणात् सङ्गस्य प्रतिषेधः, हेतुना सङ्गतस्याप्यविश्वस्यावस्थानं, सन्ध्यादयः संश्रयान्ताः षाड्गुण्यमिति किञ्चिन्मतं, सन्धिविग्रहौ द्वावेव गुणाविति मतान्तरं, तत्र सन्धौ द्वैधीभावसमाश्रययोर्विग्रहे यानासनयोश्चान्तर्भावः, सन्धिर्विग्रहः संश्रयश्चेति त्रैगुण्यमित्यपरेषां मतं, विग्रह एक एव गुणोऽवस्थया भेदमुपगतः षाड्गुण्यमिति गुरुमतम् ।

१७. मन्त्रविकल्पप्रकरणम्. १६३ — १७५.

षाड्गुण्यनिश्चितमते राज्ञो मन्त्रज्ञैर्गूढमन्त्रणं, मन्त्रकुशलस्य राज्ञः सुखेन

विजयावाप्तिः, इतरस्य स्वतन्त्रस्यापि विद्वद्भिरवमानना, आप्तेन विदुषा च कार्याणां मन्त्रणम्, अनाप्तस्य मूर्खस्य वा मन्त्रिणो वर्जनं, पूर्वैराचरितस्य शास्त्रीयमार्गस्यापरित्यागः, उल्लङ्घितशास्त्रमार्गस्य शत्रुभिः पराभवः, प्रभावोत्साहशक्तिभ्यां मन्त्रशक्तेरुत्कर्षः, केवलायाः प्रभुशक्तेर्मन्त्रशक्तिसहितायास्तस्याः प्रशंसा, मन्त्ररहितायाः प्रभुशक्तेः पश्चात्तापजननं, प्रसन्नया बुद्ध्या शक्याशक्यपरिच्छेदः, अशक्यारम्भस्य क्लेशैकफलता, दुरारूढस्य राजपदस्य स्वल्पेनापि दोषेण हानिः, यथाशास्त्रमारब्धस्य कार्यस्य फलाधायकता, सम्यगुपक्रान्तस्य कार्यस्य विपर्ययेऽपि पुरुषदोषाभावः, निष्फलतादियुक्तस्य कर्मणः प्रतिषेधः, तदात्वायतिसंशुद्धिविशिष्टस्य कर्मणः प्रशंसा, बुद्ध्यैवोपक्रमस्य श्रेयस्करत्वेऽपि क्वचित् सिंहवृत्तेरप्यनुज्ञा, सहसोत्पत्य दुष्टेभ्यः सम्पदार्जनस्य दुष्करता, विदुषामसाध्यस्याभावः, अविज्ञातविज्ञानादीनां मन्त्र्युपदेशायत्तता, सुभाषितजिघृक्षया सर्वस्यापि वाक्यस्य श्रवणं, मदोद्वृत्तस्य मन्त्रिपरित्यागिनो द्विषद्भिराक्रमणं, मन्त्रगुप्तौ राज्ञो गुप्तिः, मन्त्रभेदे राज्ञो नाशः, विपश्चिता क्रियमाणस्य कर्मणोऽनुष्ठानकाले स्वकुल्यानां ज्ञानं, कृतस्य शत्रूणां ज्ञानम्, अपश्चात्तापजननादिविशिष्टस्य मन्त्रस्योत्तमता, मन्त्रस्य देशकालविभागादिपञ्चाङ्गकता, अनारब्धस्यारम्भः, आरब्धस्य समापनं, मन्त्रविदां कार्यद्वारेषु प्रचारणं, मन्त्रिणामेकाभिप्रायविषये कार्ये प्रवृत्तिः, मन्त्रिभिर्मन्त्रणेऽपि स्वयं भूयो विमर्शनं, स्वार्थतात्पर्यैर्मन्त्रिभिर्दीर्घकार्याकुलस्य नृपस्य भोग्यता, मनःप्रसादादीनां कर्मसिद्धिलक्षणता, विशिष्टानां करणानामेव कर्मसिद्धिकथनं, मन्त्रस्यावर्तनं धारणं च, मन्त्रस्यारक्षितस्याग्निवद् दाहकत्वं, मदादीनां मन्त्रभेदकता, निःस्तम्भत्वादिगुणके प्रासादाग्रेऽरण्ये वा मन्त्रणं, तत्र मन्त्रिणो द्वादशेति मनुमतं, षोडशेति बृहस्पतिमतं, विंशतिरित्युशनसो मतं, यथासम्भवमिति मतान्तरम्, एकैकेनापि सह पृथङ्मन्त्रणं, महापक्षत्वादिगुणयुक्तमन्त्र्युक्तस्यानुष्ठानं, मन्त्रं निश्चित्य कार्यकालस्यानतिक्रमः, अतिक्रमेऽपि भूयस्तत्प्रकल्पनं, काले समाचरतः साधुफलावाप्तिः, एवं मन्त्रमार्गमास्थितस्य राज्ञो रिपुवशीकरणम्।

१८. दूतप्रचारप्रकरणम्. १७६—१८१.

कृतमन्त्रेण राज्ञा यातव्यं प्रति मन्त्रिणो दूत्येन प्रेषणं, प्रागल्भ्यादिवि-

शिष्टस्य दूतता, निसृष्टार्थो मितार्थः शासनहारक इति त्रिविधानां दूतानां क्रमेण पादतः शक्तिहीनता, दूतस्योत्तरोत्तरचिन्तापूर्वकं यात्राय गमनं, तस्यान्तपालादिमित्रीकरणं, जलस्थानादिवेदनम्, अविज्ञातस्य तस्य शत्रुपुरादिप्रवेशनिषेधः, शत्रुराज्यस्य सारदुर्गादिपरिज्ञानं, प्राणबाधेष्वपि सत्यस्यैव स्वामिसन्देशस्य कथनं, शत्रो रागापरागविज्ञानम्, अनिष्टवचनसहनं, कामक्रोधत्यागः, अन्यैः सह शयननिषेधः, स्वाभिप्रायरक्षणं, पराभिप्रायवेदनं, भर्तरि प्रकृतीनां रागापरागज्ञानं, शत्रुभिरनभिलक्षितं कृत्यपक्षोपजापः, कृच्छ्रेष्वपि स्वस्वामिप्रकृतिच्युतेरकथनं, सर्वं वेद भवानिति विनयेन कथनं, कुलादिनोभयपक्षस्तुतिः, विद्याद्यपदेशेनोभयवेतनैः संश्लिष्य कृत्यपक्षस्य तद्भर्तृचेष्टितस्य च ज्ञानं, तीर्थादिस्थानेषु शत्रुप्रचारज्ञानार्थं स्वचारैः सह सम्पातः, भेद्येषु भर्तुः प्रतापादिकीर्तनम्, एकस्यैव स्वापः, स्त्रीपानवर्जनं, गच्छत्यपि कालेऽखेदः, शत्रुणा नानाप्रलोभनैः काले क्षिप्यमाणेऽस्मत्स्वामिनो दैविकव्यसनसमयं प्रतीक्षते वा स्वयं वा यत्किञ्चिद् व्यसनं कर्तुमीहते वेत्याद्यूहः, कार्यकालातिक्रमणं ज्ञात्वा विनिष्पातः, शत्रोः शत्रुपरिच्छेदादिज्ञानम्, उक्तेन दूतेनैव राज्ञः सर्वपरिज्ञानं च ।

१९. दूतचरविकल्पप्रकरणम्. १८२—१८८.

तर्केङ्गितज्ञत्वादिविशिष्टस्य चारता, शिल्पपण्योपजीविनां चाराणां जगति परितो भ्रमणं, प्रतिदिनं राजसमीपे तेषां प्रवेशः, ततो बहिर्गमनं च, सूत्रवत् सूक्ष्मं सञ्चरता चारेण शत्रुचेष्टितादिज्ञानं, राज्ञश्चारैर्जगद्व्याप्तिः, चारहीनस्य राज्ञोऽधःपतनं, चरस्यैव प्रकाशोऽप्रकाश इति द्वैविध्यं, तत्र प्रकाशस्य चरस्य दूतता, चरस्य परप्रचारज्ञानं कृत्यं, दूतस्य सन्धानं, वणिगादिरूपाः संस्था आश्रित्य सञ्चाराणामवस्थानं, पक्षयोरुभयोः सर्वत्र सञ्चाराणां चित्रवादिनामवस्थानं, तीक्ष्णादीनां प्रधानसञ्चारता, सञ्चाराणां संस्थानां चान्योन्याभिज्ञाननिषेधः, स्वपक्षपरपक्षानभिज्ञस्य राज्ञः सुप्तसाम्यं, स्वपरिग्रहे कारणाकारणक्रुद्धान् परिज्ञायाकारणक्रुद्धानां तूष्णींदण्डेन साधनं, कारणक्रुद्धानां तु कारणनिवर्तनेन, राज्यकण्टकानां प्रधानवधेन प्रशमनं, भीतस्य साम्ना लुब्धस्य दानेन चावर्जनं, स्वल्पेनापिच्छिद्रेण प्रविश्य शत्रुणा बलवत्तरस्य विजिगीषोर्विनाशः, जडादिभिरलक्षितैरन्तःपुरवार्तानिर्हरणम्, अन्नव्यञ्जनकर्त्रादीनां समीप एव करणम्, अन्तःपुरगतानां

बहिरनिष्कासे चारैः संज्ञाभिः परस्परं चर्यासञ्चारणम्, उक्तप्रकारेण शत्रुणा प्रयुज्यमानस्यापि परिज्ञानम्।

२०. उत्साहप्रशंसाप्रकरणम्. १८९—१९२.

दूरचेष्टितस्य वैफल्ये स्वयमेव यानं, सत्त्वप्रयत्नाधिष्ठिताया बुद्धेर्बुद्धिप्रयत्नोपगतस्य व्यवसायस्य च फलोपधायकत्वं, बुद्ध्या परिपाल्यमानायाः श्रिय उत्थानाध्यवसायाभ्यां विस्तारोपनयनं, वीतव्यसनं महोत्साहं प्रति लक्ष्म्याः स्वयमेवोपसर्पणं, सत्त्वबुद्ध्युपपन्नस्यापि व्यसनिनोऽलसस्य श्रियावमाननं, दुर्बलस्यापि सततोत्थायिनः श्रीलाभः, पुरुषकारेण श्रियं भोक्तुं सदा व्यवसायेच्छा, सिंहवृत्तिमाश्रित्य श्रियो वशीकरणं, रिपूनभिभवतो भद्रानवाप्तिः, भयं विहाय भयजनकस्य शौर्याद्याभोगस्य दर्शनं, यथाबलं च शत्रौ दण्डनिपातनम्।

२१. प्रकृतिकर्मप्रकरणम्. १९३—२०२.

प्रकृतिव्यसनं प्रशाम्य समुत्थानम्, अनयापनयाभ्यां दैवाच्च प्रकृतिव्यसनस्योत्पत्तिः, श्रेयःक्षेपकत्वाद् व्यसनमित्यादिर्व्यसनशब्दव्युत्पत्तिः, हुताशनादिप्रकस्य दैवव्यसनता, इतरस्य मानुषव्यसनता, पुरुषकारेण शान्त्या वा दैवस्य नीत्युत्थानेन वा मानुषस्य च व्यसनस्य प्रशमनं, प्रकृतिकर्मव्यसनकथनप्रतिज्ञा, मन्त्रादीन्यमात्यस्य कर्माणि, व्यसनान्वितेऽमात्ये तन्नाशः, अमात्यस्य व्यसने राज्ञ उत्पतितुमशक्तिः, हिरण्यादिद्रव्यनिचयानां जनपदान्निष्पत्तिः, जनपदव्यसने तदसिद्धिः, जनपदरक्षणस्यैव कोशदण्डरक्षणरूपता, तूष्णींयुद्धादीनां दुर्गान्निष्पत्तिः, दुर्गस्थस्य नृपस्य सर्वैः पूज्यता, दुर्गव्यसने सर्वस्यैतस्य विपत्तिः, भृत्यभरणादीनां कोशान्निष्पत्तिः, कोशव्यसने तदसिद्धिः, मित्रप्रसाधनादीनां दण्डान्निष्पत्तिः, दण्डव्यसने तत्क्षयः, मित्रसंस्तम्भनादि मित्रकर्म, मित्रव्यसने तदभावः, विद्यान्वीक्षणादीनि स्वामिकर्माणि, राज्ञोऽव्यसनेऽमात्यादीनामुन्नतिः, अन्यथामात्यादीनां क्षयः, राज्ञि धर्मार्थयोरग्र्ये सर्वस्यैतस्य मन्त्रिणा सन्नयनम्।

२२. प्रकृतिव्यसनप्रकरणम्. २०२—२१०.

वाक्पारुष्यादीनि राजव्यसनानि आलस्यादीनि सचिवव्यसनानि अति-

वृष्ट्यादीनि राष्ट्रव्यसनानि यन्त्रविशरणादीनि दुर्गव्यसनानि व्ययीकृतत्वादीनि कोशव्यसनानि उपरुद्धत्वादीनि बलव्यसनानीत्युक्त्वा बलव्यसनेषु साध्यासाध्यानां विवरणप्रतिज्ञा, उपरुद्धस्यानुपरुद्धेन मार्गेण निर्गत्य युद्धे प्रवृत्तिः, परिक्षिप्तस्य निर्मार्गत्वान्न युद्धे प्रवृत्तिः, अमानितस्य माननेनार्थदानेन च युद्धे प्रवृत्तिः, विमानितस्यातिक्रुद्धत्वान्न प्रवृत्तिः, अभृतस्य तदा वेतनदाने युद्धे प्रवृत्तिः, व्याधितस्याशक्तत्वान्न प्रवृत्तिः, परिश्रान्तस्य सुष्ठु विश्रमे युद्धे प्रवृत्तिः, दूरायातस्य दूराध्वपरिपीडितत्वान्न प्रवृत्तिः, नवागतस्य तद्देश्यैः सह मेलने युद्धे प्रवृत्तिः, हतमुख्यप्रवीरस्य क्षीणवाहनयोधत्वान्न प्रवृत्तिः, प्रतिहतस्य प्रवीरैः सह सङ्गमे युद्धे प्रवृत्तिः, हताग्रवेगस्य शूराभावान्न प्रवृत्तिः, आशानिर्वेदिन आशापूरणे युद्धे प्रवृत्तिः, अभूमिष्ठस्य भुवोऽल्पतया व्यायामस्य निरोधेन न प्रवृत्तिः, अनृतसम्प्राप्तस्यायुधवाहनैर्योगे युद्धे प्रवृत्तिः, कलत्रगर्भिणः स्त्रीकर्मकरवर्गोन्नयनेन युद्धे प्रवृत्तिः, अतिक्षिप्तस्यानेकराज्यान्तरितत्वान्न प्रवृत्तिः, अन्तःशल्यस्यान्तर्गतामित्रत्वान्न प्रवृत्तिः, भिन्नगर्भस्य परस्परभयान्न प्रवृत्तिः, अपसृतस्य शत्रुराज्यान्तरितत्वान्न प्रवृत्तिः, अवमुक्तस्य मुख्यापक्रमणेन न प्रवृत्तिः, क्रुद्धमौलस्य सान्त्वनेन युद्धे प्रवृत्तिः, अरिमित्रस्य शत्रुणाक्रान्तत्वाद् युद्धेऽशक्तिः, उपनिविष्टस्य शत्रुसामर्थ्यान्न युद्धे प्रवृत्तिः, दूष्ययुक्तस्य कण्टकोद्धरणादाप्तयोधाधिष्ठानाद् वा युद्धे प्रवृत्तिः, स्वविक्षिप्तस्य स्वविषये क्षिप्तत्वादापद्येव युद्धे प्रवर्तनं, मित्रविक्षिप्तस्य प्रकृष्टदेशकालत्वान्न युद्धयोग्यता, विच्छिन्नवीवधासारस्याहारवैकल्यान्न युद्धे प्रवृत्तिः, शून्यमूलस्य मौलेन पालने युद्धे प्रवृत्तिः, अस्वामिसङ्गतस्य स्वाम्यभावान्न प्रवृत्तिः, भिन्नकूटस्य नायकवधाद् युद्धेऽप्रवृत्तिः कदाचिद् भर्तृवधामर्षेण युद्धे प्रवृत्तिरपि, दुष्पार्ष्णिग्राहस्य पश्चात् कोपातिसन्तापेन न प्रवृत्तिः, अन्धस्योपदेष्टृभावेन मूढत्वान्न प्रवृत्तिः, इत्यादिबलव्यसनं समीक्ष्य समुत्पतनविधानं, दैवोपपीडनादीनां मित्रव्यसनता, नरेन्द्रादिव्यसनेषु पूर्वपूर्वस्य गौरवं, राज्ञः प्रकृतिव्यसनानुपेक्षणम्, एवं विचिन्त्यकारिणो राज्ञस्त्रिवर्गफलोपभोगः ।

२३. सप्तव्यसनवर्गप्रकरणम्. २११—२२५.

सर्वराज्यव्यसनेभ्यः पार्थिवव्यसनस्य गौरवं, राज्ञो व्यसनाभावे राज्यव्यसनापोदने शक्तिः, राज्यस्योर्जितस्यापि राजव्यसनापोहने शक्त्यभावः, स्वामा-

त्यादिव्यसनसमुन्नेतु राज्ञस्त्रिवर्गफलप्राप्तिः, अशास्त्रज्ञस्य राज्ञोऽन्धता, अन्धस्य मन्त्रिवशवर्तिनोऽभ्युदयः, विपरीतस्य राज्येन सह नाशः, वाक्पारुष्यादीनां त्रयाणां क्रोधजव्यसनता, मृगयादीनां चतुर्णां कामजव्यसनता, वाक्पारुष्यस्य दण्डपारुष्यस्य चोद्वेजनतया तत्परित्यागेन प्रियवाचा युक्तदण्डेन च लोकावर्जनं, राज्यापहारेऽपराधे प्राणान्तिकदण्डस्य प्रशंसा, दूष्यदूषणार्थे महीयसोऽर्थस्य त्यागोऽर्थदूषणं; तस्याकरणं, यानशोभादीनां यानव्यसनता, प्रजाप्तसिकताभूमिसञ्चारादीनां मृगयाव्यसनता, जितश्रमत्वादीनां मृगयागुणता, तेषामन्यथैव सिद्ध्या मृगयाया वर्जनं, नगरान्तिके विशिष्टं मृगयारण्यं रचयित्वा तत्र मृगयाविधानं, धननाशादीनां द्यूतदोषता, पाण्डवादीनां द्यूतेनानर्थप्राप्तिः, राज्ञा मल्लादीनां प्राणिद्यूतनिवारणं, द्यूतदोषाणां कार्यकालातिपातादीनां च स्त्रीव्यसनता, वमनादीनां पानव्यसनत्वम्, अन्धकवृष्णीनां पानेन क्षयप्राप्तिः, शुक्रस्य पानमदादौरसस्य भक्षणं, द्यूतमृगययोरत्यन्तविवर्जनम्, उक्तेष्वेकेनापि व्यसनेन नाशाप्तिः, सप्तकस्यास्य दुरन्तता ।

२४. यात्राभियोक्तृप्रदर्शनप्रकरणम्. २२६—२४६.

व्यसनहीनस्य शक्तित्रययुक्तस्य व्यसनिनं शत्रुं प्रत्यभियानं, व्यसनस्यानित्यत्वाच्छक्त्याद्यभ्युच्चितस्य वा शत्रुं प्रति यानं, विजयाय गच्छतो राज्ञः शत्रुविषयसस्योपघातः, विशुद्धपृष्ठस्य स्ववीवधासारविशुद्धमार्गस्य दुर्गान् विचिन्वतः शत्रुकर्मपरिज्ञानपूर्वकं शत्रुभूमिप्रवेशः, भूमेः समादिप्रदेशेषु सुगममार्गेण यानं, ग्रीष्मे गजतापशान्तये प्रभूताम्बुवनेन मार्गेण गमनम्, अन्यथा जलाभावे ग्रीष्मतापेन गजानां कुष्ठरोगोत्पत्तिः, स्वास्थ्येऽपि जाज्वल्यमानस्य शरीरतापस्य व्यायामयोगे प्रवृद्ध्या गजनाशकत्वं, सर्वेषामेव सत्त्वानां ग्रीष्मे जलाभावेन कृच्छ्रप्राप्तिः, करिणां तु सद्यो मृतिः, राज्यस्य मत्तमतङ्गजेषु प्रतिबद्धता, वीरतमाधिष्ठितस्यैकस्य गजस्याश्वानां षष्टिशतनाशनशक्तिः, गजवतः सैन्यस्य सर्वत्रापि स्थलभेदेषु विजयः, क्षुद्रस्यापि शत्रोः पश्चात्कोपजननक्षमता, पुरःसाध्यादपि फलात् पश्चात्कोपस्य गरीयस्त्वेन तत्प्रतिविधानपूर्वकमेव यानं, यानसमये नगरेऽनेकमुख्यस्यारक्षबलस्य निधानं, पार्ष्णिग्राहं प्रति जाताशङ्कस्यावश्ययातव्यतायां पुरः सेनापतेर्युवराजस्य वा प्रेषणं, बाह्यादाभ्यान्तरस्य बलीयस्त्वेनाभ्यन्तरान् कुपितान् सामादिभिः प्रसाध्य बाह्यांश्च प्रतिविधानेन निर्दोषान् कृत्वा यानं, पुरोहितादिकोप-

स्यान्तःप्रकोपता, राष्ट्रपालादिकोपस्य बाह्यकोपता, मनुष्यहिरण्याद्यपचयकारिण्या यात्राया निषेधः, अविलम्बेन महाफलसम्भवे हिरण्याद्यपचयकारिण्या यात्राया अभ्यनुज्ञा, मनुष्याद्यपचयकारिण्यास्त्वत्यन्तनिषेधः, अशक्येषु समुद्यमस्य शक्येष्वसमुद्यमस्याकालसमुद्यमस्य च कार्यव्यसनता, कामादीनां लाभकाले समुपाहितानां सिद्धिविघ्नकारित्वं, मौलादीनां सप्तविधपक्षाणां सदानुसृत्यादिभिरनुरागवेदनं, कुलीनत्वादियुक्तस्य सद्वृत्तपक्षता, आत्मगुणेषूद्योगादीनां श्रैष्ठ्यं, सुनयप्रचारस्य मन्त्रशक्तिता, कोशदण्डयोः प्रभुशक्तिता, बलवत्या विक्रमचेष्टाया उत्साहशक्तिता, एतच्छक्तित्रययुक्तस्य जेतृत्वं, शैघ्र्यादेरुत्साहगुणता, औत्पादिक्यादिबुद्धेर्मन्त्रगुणता, उत्साहसत्त्वादेः पौरुषता, अरोगतादेर्दैवानुकूल्यता, पक्षादिपञ्चकयुक्तस्य तद्धीनं शत्रुं प्रति यानं, गजानां वर्षास्तुरगाणां हेमन्तो ग्रीष्मश्च यात्राकालः, सामान्यतः शीतोष्णवर्षसाम्यस्य यात्राकालता, समादिप्रदेशेषु तुरङ्गमादिभिर्गमनं, मर्वादिमार्गैर्वर्षादिकालेषु यानं, शत्रुदेशे स्ववीवधासारत्वादिविशिष्टप्रदेशपर्यन्तमेव गमनं, ततोऽधिकं गच्छतः शत्रुभिराघातः, मार्गे रात्रिषु सैन्यरक्षां विधाय स्वयं योगनिद्राकरणम्, अन्तरा प्रतिबोधसमये के जाग्रतीति निरूपणं, प्रातः प्रबुद्धस्य मन्त्रिभिः कर्तव्यतां सम्प्रधार्य शस्त्रिभिरात्मकल्पैः सह बहिर्निर्गमनं, हस्त्यादिचर्यायाः प्रतिदिनं द्विः सान्नाह्यानां हस्त्यादीनां च दर्शनं, स्मितपूर्वाभिभाषणादिभिः सर्वेषामावर्जनं, रथादियानेषु धनुषि च प्रगल्भस्यापि नित्यं तत्र व्यापृतिः, चरैर्दूतैश्च परप्रचारदर्शनं, स्वीयवीवधासारप्रवर्तनार्थं यत्किञ्चिद् दत्त्वा विलोभनेन शत्रोरन्तपालस्य मित्रीकरणं, शत्रुपण्यस्य सञ्चारपरम्परयादानं, दूतमुखेन शत्रोः प्रकृत्यादीन् भित्त्वा शत्रुणा सह सन्धानं, विसन्धौ शत्रौ प्रकृतिभ्यः शत्रोर्भेदः स्वस्यैक्यं च, पथि सामदानाभ्यां दौर्गादिवशीकरणं, विरुद्धदेशेषु विरुद्धकृते निरोधे तैर्मार्गविज्ञानं, पूर्वमरिं सेवितवतस्तदात्मानमाश्रितस्य स्वपुरुषस्यैव वारिं सेवित्वागतस्य बुद्धिपरीक्षणं, दौर्बलान्मन्त्रबलस्य गरीयस्त्वं, हेमन्ते शरदि ग्रीष्मे वाभियोगाय गमनम्, एवमनुतिष्ठतः शत्रुजयस्यावश्यं सिद्धिः ।

२५. स्कन्धावारनिवेशनप्रकरणम्. २४७—२५१.

शत्रुनगरसमीपं गतस्य वास्तुकर्मप्रशस्ते भूभागे स्कन्धावारनिवेशनं, चतुरश्रादिसंस्थानभेदस्य स्कन्धावारागारस्य कल्पनं, तन्मध्ये राजमन्दिरकल्पनं, तत्

समावृत्य मौलादिबलनिवेशनं, स्कन्धावारस्यान्तराप्तानां मण्डलेन विनिवेशनं, राजमन्दिरसमीपे स्वाप्तरक्षितानां हस्त्यादीनां वासः, राजाभिगुप्तये प्रहरपर्यायेणान्तर्वंशिकसैन्यस्यावस्थानं, युद्धयोग्यस्य महादन्तिनो वेगवतस्तुरङ्गमस्य च राजगृहद्वारे सर्वदावस्थितिः, सैन्यैकदेशस्य प्रयत्नवतः स्कन्धावाराद् बहिर्निशि मण्डलेन परिभ्रमणं, वाताश्विकैः परसैन्यप्रचाराणां विज्ञानं, यन्त्रादिविशिष्टेषु द्वारेष्वाप्तैरतिगुप्तिविधानं, सर्वस्योपलक्षितस्यैव निर्गमः प्रवेशश्च, परदूतानां राजशासन एव वर्तनं, सर्वस्यापि जनस्य वृथाकोलाहलादेर्निवृत्य स्वस्वकार्येषु जाग्रत्तयावस्थानं, परितः स्वसैन्यसञ्चारमार्गातिरिक्तभूमिविनाशनं, कण्टकशाखादिभिः परितो भूमिदूषणं, वृक्षादिरहिते प्रदेशे स्वसैन्यानां व्यायामभूमिकारचनं, यत्र स्वसैन्यस्य व्यायाम आनुकूल्यं परस्य वैपरीत्यं च तस्य देशस्योत्तमता, उभयोस्तौल्ये मध्यमता, परस्यैवानुकूल्येऽधमता, उत्तमस्यैव देशस्याभिकाङ्क्षणम् ।

२६. निमित्तज्ञानप्रकरणम्. २५२—२५६.

स्कन्धावारस्य रजोनीहारसंवृतत्वादावपजयः, प्रहृष्टनरनारीकत्वादौ जयः, सहायसम्पदादियुक्तस्य कार्यसिद्धिः, प्रजाभिः स्वसाहायकार्थं राजरूपः स्कन्धोऽमात्यादिकया वृत्यान्वियत इति स्कन्धावारस्य तथात्वं, समवस्कन्दादेः स्कन्धावारस्य प्रयत्नतो रक्षणं, स्वस्य शुभदर्शने परस्य चाशुभदर्शने विग्रहारम्भः ।

२७. उपायविकल्पप्रकरणम्. २५७—२७४.

महाप्रज्ञानत्वादियुक्तस्य शत्रावुपायनिक्षेपणं, कोशमन्त्राभ्यां युद्धस्य प्रथमत्वात् ताभ्यां शत्रुजयः, सामादीनां सप्तानामुपायता, परस्परोपकारदर्शनादिरूपेण साम्नः गृहीतधनप्रतिदानादिरूपेण दानस्य च पञ्चविधत्वं, स्नेहरागापनयनादिरूपेण भेदस्य वधादिरूपेण दण्डस्य च त्रैविध्यं, लोकद्विष्टादौ प्रकाशदण्डकरणं, नृपवल्लभादावप्रकाशदण्डकरणम, उपांशुदण्डे विषादीनामुपायता, ब्राह्मणादौ वधदण्डनिषेधः, उपांशुदण्डार्हाणामप्रत्यक्षमुपेक्षया वा हननम्, अमृतप्रायानुद्वेगजननवाग्रूपसामप्रयोगः, आत्मानं विक्रीणत इव शत्रवे समीहितस्य दानम्, इतरानुपलक्षितं शनैश्शनैः शत्रोर्भेदकरणं, सर्वभूताधृष्यस्य दण्ड्येषु दण्डपातनं, प्रत्यक्षाया अप्युपेक्षया अप्रत्यक्षवदाचरणं, सामसिद्धेः प्रशस्तत्वात्

साम्नैव कार्यसिद्धये यतनं, दानेन दारुणस्यापि विग्रहस्य प्रशमनं, शान्तिमिच्छता बलेनानिच्छतेऽप्युपच्छन्द्यापि दानं, भूयस्या तृष्णया विलोभ्य किञ्चिद्दानपूर्वकं भेदनं, लुब्धादीनां चतुर्णां तदभिलषितपूर्त्या भेदनं, मन्त्र्यादिभेदे सर्वभेदनात् प्रयत्नेन तद्भेदनम्, अमात्ययुवराजयोर्विनाशेऽवश्यं महीपतिविनाशः, क्षयलोभादिप्राप्तस्य शत्रुकुलीनस्य विकृत्यापादनं, तत्तुल्यस्याभ्यन्तरोषितस्य वा भेदनं, तयोरात्मनि विकृतौ प्रशमनं, कल्याणः शठो वेति परीक्षिते कोपानुग्रहक्षम उपजापकरणं, यथोक्तं कार्यानुष्ठानं कल्याणस्य स्वभावः, पक्षद्वयचालनं शठस्य स्वभावः, पूर्वसंम्भाषितादिरूपाणां भेद्यानां भेदनं, शत्रुसमीपादागतानामभीष्टपूरणेन माननं, स्वकीयानां प्रशमनं, समतृष्णानुसन्धानादीनां भेदोपायता, बलीयसा विगृहीतस्य शत्रुभेदनम्, अरिबलस्य संहतस्य भेदपूर्वकं सैन्येन वधः, उत्साहदेशकालयुक्तस्यारिषु दण्डपातनम्, एकाकिनोऽप्यात्मनः शक्तिमवेक्ष्य ज्यायस्यपि दण्डपातनम्, अलसादीनां सान्त्वेन साधनं, लुब्धक्षीणयोर्दानेन संहतानामन्योन्यशङ्काजननेन दुष्टानां दण्डेन च साधनं, पुत्रादीनां साम्नार्थेन साधनं, स्वापथ्यकारिभिरपि पुत्रादिभिः सदृशस्यान्यस्याभावः, प्रस्खलितेष्वपि पुत्रादिषु सामदानयोरेव प्रयोगः, आर्याणां दुष्करविकृत्यनापत्तिः, कुलादियुक्तानामार्यता, पौरादीनां सामभेदाभ्यामवरुद्धादीनां भेददण्डाभ्यां यथायोगेनापरेषां च साधनं, पुरुषाणां देवताप्रतिमास्तम्भसुषिरान्तर्गतत्वादिरूपाया मानुष्याः कामतो रूपधारित्वादिरूपाया दैव्याश्च मायाया विवरणम्, अन्यायादिप्रवृत्त्यनिवारणभेदेनोपेक्षायास्त्रैविध्यं, शत्रूणां भीत्यर्थं मेघान्धकारादिप्रदर्शनम्, उक्तेषूपायेषु साम्नो यथाकालं प्रयोगः, दानमानपुरस्सरयोरेव सामभेदयोः प्रयोगः, दानहीनस्य साम्नोऽतिलाघवं, निरुपायं चेष्टमानस्याधःपतनम्, उपायपूर्वं प्रवर्तमानस्य सम्पल्लाभश्च ।

२८. सैन्यबलाबलप्रकरणम्. २७५—२८१.

सामादीनां त्रयाणां वैफल्ये दण्ड्येषु दण्डस्य प्रयोगः, देवाद्याराधनपूर्वकं षड्विधं बलं व्यूह्य शत्रोरभिगमनं, मौलादिषु बलेषु पूर्वपूर्वस्य तत्तद्व्यसनेषु पूर्वपूर्वव्यसनस्य च गरीयस्त्वं, सत्कारादिभिर्भृतबलाद् मौलस्य सन्निकृष्टतादिभिः श्रेणिबलाद् भृतस्य स्वामिना तुल्यसङ्घर्षणामर्षादिभिर्मैत्राच्छ्रेणिबलस्य असङ्ख्य-

देशकालत्वादिभिः शत्रुबलाद् मैत्रस्य निसर्गत अधार्मिकत्वादिभिराटविकाच्छत्रु-बलस्य च गरीयस्त्वं, शत्रुराज्यविलोपाय कालापेक्षयोरमित्राटविकबलयोर्विलोपे व्यसनाभावे च विजिगीषोः शत्रुजयस्य ध्रौव्यम्, अन्यथा ताभ्यां विजिगीषोर-रिभयमुपजापभयं च, विजिगीषोः परं प्रति तयोरुपजापे विजयस्य नैयत्यं, मौल-बलेनोपचितं पर प्रति वा दूरमार्गे गन्तव्ये दीर्घकाले प्रेषयितव्ये वा मौलैरेव विजिगीषोर्यानम्, उक्तविषये भृतादिभ्यो भेदभयस्यावसरः, आत्मनो भृतबलस्य बाहुल्ये मौलबलस्याल्पत्वेऽसारवत्त्वे च शत्रोर्वा मौलस्याल्पत्वे विरक्ततायामसा-रवत्त्वे च मन्त्रेणाल्पायासेन वा योद्धव्ये च अध्वकालयोः क्षयव्ययंयोर्वाल्पतायां च स्वसैन्यस्योपजापाभावेन विश्वस्ततायां परस्य वा हन्तव्यस्य प्रसारस्याल्पतायां च भृतबलैरभियानं, श्रेणिबलस्य यात्रास्थानीययोरुभयोरपि पर्याप्ततायां प्रवास-व्यायामयोश्चाल्पत्वे श्रेण्यैव समुत्पतन, मित्रबलस्य यात्रास्थानीययोः पर्याप्तता-यां प्रवासस्याल्पत्वे व्यायामयुद्धस्य च भूयस्त्वे मित्रसाधारणकार्यादौ च मित्रब-लेनाभिगमनं, प्रभूतेनारिसैन्येन महारिपून् प्रत्यभिगमनं, शत्रुबलाद् बाह्यकोपश ङ्कायां स्वाभ्याशे तस्य वर्तनं, तस्मादाभ्यन्तरकोपशङ्कायां दुर्गकण्टकमर्दनैस्तस्य कर्शनम्, आटविकसैन्यस्य दुर्गकण्टकशोधने परदेशप्रवेशे च पुरस्करणम्, एत-न्मौलादिषड्भेदस्यैव पदात्यश्वरथद्विपैश्चतुरङ्गता, मन्त्रकोशसहितैश्च तैः षडङ्गता, उक्तं षड्विधं बलं यथायोगं व्यूह्यच्छिद्ररक्षापूर्वकं शत्रुबलं प्रति गमनम्, एत-त्सैन्यप्रयोगभेदस्य यन्त्रादिना ज्ञानं, सेनापतेश्च कृताकृतस्य प्रचारस्य सम्यग् राज्ञो ज्ञानम्।

२९. सेनापतिप्रचारप्रकरणम्. २८१—२८६.

कुलोद्गतत्वादिगुणयुक्तस्य सैनापत्ये नियोजनं, तस्य सेनापतेः सदात-न्द्रितं सेनारक्षणं, नद्यादिप्रतिभयस्थलेषु सर्वत्र बलानि व्यूह्य सेनापतेर्गमनम्।

३०. प्रयाणव्यसनरक्षणप्रकरणम्. २८६—२८८.

पुरतः प्रवीरयोधावृतस्य बलाध्यक्षस्य मध्येऽन्तःपुरस्य विजिगीषोः कोश-स्य विष्ट्यादिफल्गुबलस्य च पार्श्वयोरश्वानां तत्पार्श्वयो रथानां तत्पार्श्वयोर्नागानां

तत्पार्श्वयोरटवीबलस्य च यानं, पश्चात् सन्नद्धसैन्यौघस्य खिन्नानाश्वासयतः सेनापतेः सर्वसैन्यपुरस्कारपूर्वकं गमनं, पुरोभये विस्तीर्णमुखेन मकरव्यूहेन वा मुखनिवेशितशूरयोधेन सूचीव्यूहेन वा तिर्यग्भये विस्तृतपक्षेण श्येनव्यूहेन पश्चाद्भये पश्चाद् विस्तीर्णमुखेन शकटव्यूहेन पार्श्वद्वयभये उभयतो विस्तीर्णमुखेन वज्रव्यूहेन सर्वतो भये सर्वतोमुखेन सर्वतोभद्रव्यूहेन च यानं, कन्दरादिपरिश्रान्त्यादिषु स्वसैन्यस्य व्यसनेषु सेनापतिना तस्यासमाकुलं रक्षणं परसैन्याभिहननं च ।

३१. कूटयुद्धविकल्पप्रकरणम्. २८८—२९३.

देशकालविशिष्टस्य कृतारिसैन्यभेदस्य बलिष्ठस्य प्रकाशयुद्धकरणम्, अन्यथा कूटयुद्धकरणं, कन्दराशैलादिप्रयाणादिषु समाकुलस्य अभूमिष्ठस्य स्वभूमिष्ठस्य वोपजापादवकाशं लब्ध्वा हननं, दूष्यामित्रादिबलैः स्वभूमितोऽपकृष्य विभूमिं प्रापितस्य परस्य प्रवीरपुरुषैर्हननं, पुरस्ताद् दर्शनदानेन तत्र कृतावधानानां शत्रूणां पश्चात् प्रवीरपुरुषैर्हननं, पश्चात् कृतावधानस्य शत्रोः पूर्वतः प्रवीरपुरुषेण हननम्, एवं दक्षिणतो वामतो वावधाने वामतो दक्षिणतो वा हननं, पुरस्ताद्देशे परिवर्तनाद्ययोग्ये पश्चाद्धननं, पश्चाद्देशे तादृशे पूर्वतः दक्षिणतस्तादृशे वामतः वामतस्तादृशे दक्षिणतश्च हननं, दूष्यामित्राटवीबलैः प्रथमं युद्धेन श्रान्तस्य परस्य स्वयमश्रान्तेन हननं, दूष्यामित्रबलभङ्गप्रतीतिमात्रेण जये विश्वस्तस्य शत्रोः प्राक् सत्त्रव्यपाश्रयेण प्रयत्नवता विजिगीषुणा हननं, परानीकस्य स्कन्धावारादिषु विलोभ्य स्वयमप्रमत्तेन विनाशनम्, अन्तर्गतसारबलस्य फल्गुसैन्यस्याभिघातमात्रेण मन्दयत्नस्य शत्रोः सारबलेनोत्प्लुत्य हननम्, आटविकप्रोत्साहनेन मृगयाव्यापृतस्य निराश्रयस्य हननं, गोग्रहणेनान्यतः समाकृष्य गोग्रहणकृतलक्ष्यस्य मार्गेषूपरुध्य हननम्, अवस्कन्दभयाद् रात्रौ कृतजागरस्य दिवा सुप्तस्य हननं, पूर्वाह्णसन्नाहतः श्रान्तस्यापराह्णे मुक्तसन्नाहस्य विनाशनं, निशि विस्रम्भसुप्ते परबले सपादकोशावरणैर्नागैः खड्गपाणिभिर्नरैर्वा सौप्तिककरणं, प्रतिसूर्यमहावातं सम्मीलितेक्षणस्य परबलस्य हननं, नीहारतिमिरादीनां सत्त्रत्वं, तस्यैवात्मच्छादनाच्छद्मत्वं च, येन प्रकारेण परं निहन्यात् तेन प्रकारेण परस्मादपि शङ्कनं, कूटयुद्धेन शत्रुघातस्याधर्मत्वाभावः ।

३२. गजाश्वरथपत्तिकर्मप्रकरणम्. २९४—२९६.

प्रयाणे पूर्वयायित्ववनदुर्गप्रवेशनादेर्हस्तिकर्मता, परसैन्यनिषेधादे रथकर्मता, वनदिङ्मार्गविचयादेरश्वकर्मता, सर्वदा शस्त्रधारणस्य युद्धयोग्यपदातिकर्मता, कूपादिशोधनप्रभृतीनां विष्टिकर्मता, पत्तिकुञ्जरवाजिनां जातिसत्त्वादिलक्षणं परीक्ष्य तत्तत्कर्मसु नियोजनम् ।

३३. पत्त्यश्वरथगजभूमिप्रकरणम्. २९६—२९८.

सस्थूलस्थाणुवल्मीकगुल्मत्वाद्युपेता पदातीनां स्वल्पवृक्षोपलत्वाद्युपेता वाजिनां निःस्थाणुसिकतापङ्कत्वाद्युपेता रथानां मर्दनीयतरुत्वाद्युपेता हस्तिनां च युद्धयोग्या भूमिः, जयार्थिनो नृपतेर्भिन्नस्य स्वबलस्यावश्यं प्रतिग्रहणं, तद्दते युद्धस्य निषेधः ।

३४. दानकल्पनाप्रकरणम्. २९९—३००.

राजत्वस्य कोशाधीनत्वात् सारभूतस्य कोशस्य सदा राजसमीप एवावस्थानं, कृतप्रत्यग्रकर्मभ्यो योधेभ्यः श्लाघासत्कारपूर्वकं दानं, राजवधे यथादेशप्रसिद्धस्याहतद्रव्यस्य लक्षस्य दानं, राजपुत्रवधे सेनापतिवधे च पञ्चाशत्सहस्राणां प्रवीरमुख्यवधे दशसहस्राणां कुञ्जरवधे स्यन्दनभङ्गे च पञ्चसहस्राणाम् अश्ववधे सहस्रस्य पत्तिमुख्यवधे शतस्य शेषेषु शिरः प्रमाणीकृत्य विंशतेश्च दानं, तच्छ्वेतनस्य च द्वैगुण्यकरणं, वाहनहेमादिषु यो यज्जयति तस्य तद् वा तदनुरूपं वस्त्वन्तरं वा दत्त्वा प्रहर्षणम् ।

३५. व्यूहविकल्पप्रकरणम्. ३००—३१०.

पञ्चहस्तप्रमाणे प्रदेशे धन्विन एकस्यावस्थापनं, ततस्त्रिगुणेऽश्वस्य प्रत्येकं पञ्चविंशतिप्रमाणे गजरथयोश्चावस्थापनं, पदातिद्वयस्य चतुर्दशाङ्गुलप्रमाणमन्तरं, द्वयोरश्वयोस्ततस्त्रिगुणं, गजयो रथयोश्च पृथक् षष्ट्यङ्गुलमन्तरं, पत्त्यश्वरथदन्तिनां व्यायामविनिवर्तनसौकर्यानुरूपं वावस्थापनं, सङ्कुलावहतया युद्धे सङ्करस्य निषेधः, महासङ्करयुद्धे महागजानामाश्रयणं, प्रत्यश्वं पुरस्सरतया पुरुषत्रयस्यावस्थानमिति रीत्या प्रतिकुञ्जरं प्रतिस्यन्दनं च पृथक् पञ्चाश्वानां

पञ्चदशपुरुषाणां च पुरःसरतयावस्थापनं, तथा हस्तिपादमूले हस्तिपादरक्षकाणां पञ्चाश्वानां पञ्चदशपुरुषाणां चावस्थापनम्, एवं नवद्विपानामनीकमिति संज्ञा, द्वयोरनीकयोरन्तरस्य पञ्चविंशतिहस्तप्रमाणता, मध्ये त्रिकत्रयकल्पितस्यैकस्यानीकस्योरस्यमिति संज्ञा, तत्पार्श्वयोस्तत्प्रमाणयोरनीकयोः कक्षाविति संज्ञा, ततो बहिरुभयतस्तादृशयोः पक्षाविति संज्ञा, उरः कक्षौ पक्षौ मध्यः पृष्ठं प्रतिग्रहः कोटी इति सप्ताङ्गता पञ्चानीकस्य व्यूहस्य, राजस्थानलक्षणेन प्रतिग्रहेण सह षडनीकस्यैव सप्ताङ्गतेति गुरोर्मतं, कक्षाभ्यां वर्जितस्य चतुरनीकस्यैव पञ्चाङ्गतेति शुक्रमतम्, अभेद्यत्वादिगुणविशिष्टानां सेनाङ्गाधिपत्ये नियोजनम्, एतेषां प्रवीरपुरुषावृतानामेवावस्थानम्, ऐकमत्येन परस्पररक्षापूर्वकं युद्धकरणं, फल्गुसैन्यस्य व्यूहमध्ये प्रवेशनं, युद्धवस्तुनो व्यूहपृष्ठभागेऽवस्थापनं, युद्धस्य नायकप्राणत्वाद् राजस्थानभूतस्य मुण्डानीकस्य बलमध्ये नियोजनं, पत्त्यश्वरथदन्तिनां पृष्ठतः क्रमेणावस्थानरूपस्य व्यूहस्याचल इति संज्ञा, तथा हस्त्यश्वरथपत्तीनामवस्थानस्याप्रतिहत इति संज्ञा, उरसि नागानां कक्षयो रथानां पक्षयोरश्वानां चावस्थानादिरूपस्य मध्यभेदीत्यादयः संज्ञाः, आहत्य प्रकृतिव्यूहेन सहैकत्रिंशतो व्यूहभेदानां युद्धकाले यथायोगमुपयोगः ।

३६. प्रकाशयुद्धप्रकरणम्. ३११—३१२.

पक्षादीनामन्यतमेन परव्यूहं हत्वा शेषैः परिक्षेपः, उरस्येन वा हत्वा प्रपक्षाभ्यां वेष्टनं, पक्षाभ्यां परव्यूहप्रपक्षौ समाक्रम्य प्रतिग्रहकोटिभ्यां प्रोरस्यस्य हननम्, उरसा च पीडनं, फल्गुन्युपजापवति दूष्याधिष्ठिते च परव्यूहभागे शत्रुबलस्य हननम्, आत्मबलस्य चोपबृंहणं, सारस्य द्विगुणसारेण फल्गुनः सारेण च पीडनं, संहतस्य प्रचण्डैर्गजानीकैरपसारणं, दुर्जयानां करिणां सिंहवसासिक्तैर्मतङ्गजैर्निपुणयोधाधिष्ठितैः करिणीसमूहैर्वा हननं, शत्रुसैन्यस्य विशिष्टैर्मतङ्गजैर्हननं, नागाधीनत्वाद् विजयस्य सैन्येषु नागानामाधिक्यस्यावश्यकता ।

॥ श्रीः ॥

श्रीकामन्दकप्रणीतः

नीतिसारः ।

श्रीशङ्करार्यकृतया जयमङ्गलाख्यया नीतिसारपञ्जिकया समेतः ।

* १ इन्द्रियजयप्रकरणम् *

यस्य प्रभावाद् भुवनं शाश्वते पथि तिष्ठति ।

देवः स जयति श्रीमान् दण्डधारो महीपतिः ॥ १ ॥

नमः शास्त्राय महते त्रिवर्गस्यैकयोनये ।

नमस्तस्य प्रणेत्रे च कौटिल्याय महर्षये ॥

कामन्दकीये किल नीतिशास्त्रे प्रायेण नास्मिन् सुगमाः पदार्थाः ।

तस्माद् विधास्ये जयमङ्गलाख्यां तत्पञ्जिकां सर्वविदं प्रणम्य ॥

यस्य प्रभावादित्यादि । अस्य श्लोकस्यादावुपन्यासो विघ्नोपशमनार्थः, शास्त्रमारभ्यमाणं पूज्यपूजनपूर्वकमविघ्नितप्रसरं भवतीति । तत्र प्रजापालनार्थमिदं शास्त्रं, तत्पालने च साक्षादधिकृतः स्थितिकर्ता जगतो विष्णुः, पालनशक्तिश्च तस्यैव, यथाहुः पौराणिकाः –

"स्थितिकर्तास्य जगतो विष्णुरेव सनातनः ।

न हि पालनसामर्थ्यमृते सर्वेश्वरं हरिम्" ॥

इति । तदनु तदंशभूताः तदनुप्रवेशाप्यायितशक्तयश्च शक्रादयो देवाः, स्वायम्भुवादयो मनवः, तद्वंशप्रसूताः स्वयं विष्णुनानुप्रविश्योपबृंहिता राजानश्च । यथोक्तं –

"शक्रादिरूपी परिपाति विश्वमर्केन्दुरूपश्च तमो हिनस्ति ।

पाकाय योऽग्नित्वमुपेत्य लोकान् बिभर्ति पृथ्वीवपुरव्ययात्मा ॥

सर्वे च देवा मनवः समस्ताः सप्तर्षयो ये मनुसूनवश्च ।

इन्द्रश्च योऽयं त्रिदशेशभूतो विष्णोरशेषास्तु विभूतयस्ताः" ॥

वंशे विशालवंशानामृषीणामिव भूयसाम् ।
अप्रतिग्राहकाणां यो बभूव भुवि विश्रुतः ॥ २ ॥

तथा —

"अग्निवायुयमार्काणामिन्द्रस्य वरुणस्य च ।
चन्द्रवित्तेशयोश्चैव मात्रा निर्हृत्य शाश्वतीः ॥
यस्मादेषां सुरेन्द्राणां मात्राभिर्निर्मितो नृपः ।
तस्मादभिभवत्येष सर्वभूतानि तेजसा ॥
बालोऽपि नावमन्तव्यो मनुष्य इति भूमिपः ।
महती देवता ह्येषा नररूपेण तिष्ठति" ॥

तथा —

"ततः स भगवान् विष्णुराविवेश च पार्थिवान् ।
देववन्नरदेवानां नमतीदं जगत् ततः" ॥

इति । तस्माद् राजा लोकपालांशत्वाद् विष्ण्वनुप्रवेशाच्च देव इति पूजास्पदं भवितुमर्हतीति शास्त्रकारः शास्त्रारम्भे दृष्टादृष्टविघ्नोपशमनार्थं तस्यैव पूजां प्रयुक्तवान् । प्रभावादिति प्रभुशक्तेः । सा च दण्डधारणादाविर्भवति । भुवनं चतुर्वर्णाश्रमलक्षणो लोकः । शाश्वते पथि स्वस्मिन् स्वस्मिन् मार्गे । स्वधर्मकर्माभिरतं तिष्ठति अभ्युदयनिःश्रेयसप्रापकं यथास्वं पन्थानं नातिक्रामतीत्यर्थः । देव इति सविशेषं भगवद्विष्ण्वनुप्रवेशाल्लोकपालांशत्वाच्च पूज्यतां दर्शयति । श्रीमानिति विष्णुशक्त्यनुप्रवेशं दर्शयति । किञ्च त्रिवर्गसुखं श्रीमत्ता, तया फलभूतया प्रजापालनवृत्तौ नियुज्यते, अतः स्वार्थसम्पन्नः श्रीमानिति । दण्डधार इति कर्मण्यण् । अनेन पालनोपायमाचष्टे । दण्डो हि दमनं, तं यथार्हप्रयोक्तृतया बिभ्राणो लोकं स्वमार्गे व्यवस्थापयति । उक्तञ्च —

"चतुर्वर्णाश्रमो लोको राज्ञा दण्डेन पालितः ।
स्वधर्मकर्माभिरतो वर्तते स्वेषु वर्त्मसु" ॥

इति ॥ १ ॥

यत्प्रणीताच्छास्त्रादिदं सञ्चिक्षेप, तस्याचार्यचाणक्यस्य कुलादिगुणसम्पद्वर्णनपूर्वकं पञ्चभिः श्लोकैर्नमस्कारमाह — **वंश** इत्यादि । विशालवंशानामृषीणामिवाप्रतिग्राहकाणां वंशे यो बभूव तस्मै नम इति सम्बन्धः । विशालवंशानामित्यने-

१. 'श्या' क-ग. पाठः.

जातवेदा इवार्चिष्मान् वेदान् वेदविदां वरः ।
योऽधीतवान् सुचतुरश्चतुरोऽप्येकवेदवत् ॥ ३ ॥
यस्याभिचारवज्रेण वज्रज्वलनतेजसः ।
पपातामूलतः श्रीमान् सुपर्वा नन्दपर्वतः ॥ ४ ॥

नार्थाद्वंशस्यान्ववायस्योत्कृष्टतामाह । तपोविद्याद्यविच्छेदादुदितोदितवंशानामित्यर्थः । वंशस्य हि चत्वारो भेदाः—उदितोदितः, उदितानुदितः, अनुदितोदितः, अनुदितानुदितश्चेति । विशालवंश्यानामित्यसङ्गतार्थः पाठः । एवं ह्यप्रतिग्राहका वंश्याः, तद्व्यतिरिक्तवंश्याभावादन्यपदार्थो न घटते । विशेषणसमासो वा विशालवंश्यानामिति वक्तव्यम् । वंश्यग्रहणमनर्थकम् अर्थाधिक्याभावात् । विशालवंशभवानामित्यस्मिन् पक्षेऽपि तद्धितप्रत्ययानुपपत्तिः, दिगादिषु केवलवंशशब्दस्य पठितत्वात्। भूयसां प्रभूततराणाम् । तथाहि "कुलशतमप्रतिग्राहकाणामि"ति लोकप्रवादः । भुवि विश्रुतो यश्चेति योज्यम् । अनेन प्रतीतिं दर्शयति ॥ २ ॥

जातवेदा अग्निः, तद्वद् दीप्तिमानिति ब्राह्मतेजःप्रशंसा । वेदांश्चतुरोऽपि अतिचातुर्यात् प्रज्ञागुणाधिक्यादेकवेदवदधीतवानित्यध्ययनसम्पत्कथनम् । वेदविदां वरो यश्चेति योज्यम् । अनेन नाध्ययनमात्रं तस्य, तदर्थपरिज्ञानं चोत्कृष्टमिति दर्शयति ॥ ३ ॥

यस्याभिचारवज्रेणेति दैवसम्पत्कथनं, वैदिकेन हि हिंसात्मकेन विधिना नन्दस्योच्छेदात् । वज्रज्वलनतेजस इत्यभिचारहेतुं क्रोधं दर्शयति । स हि राज्ञा नन्देनाग्रासनतिरस्कृतो जातासह्यक्रोधानलस्तमभिचचार । पपातामूलत इति । समूलो ननाशेत्यर्थः । मूलं स्थानीयं, तच्च * पञ्चानां द्रव्यप्रकृतीनामुपलक्षणार्थं स्वामिप्रकृतिविनाशे हि तदाश्रितस्यापि मूलादिपञ्चकस्य विनाशात् । तेनाभिचारो मूलविनाशस्य कारणम् । अन्यथा तदर्थमारब्धः कथं मूलोच्छित्तयेऽपि स्यात् । अथवा त्रिवर्गसाधनहेतुत्वाद् मूलं शरीरं, तेनैव च ननाश, न द्रव्यादिनेत्यर्थः । श्रीमान् विहितलब्धप्रशमनत्वात् सर्वतः प्रतिष्ठित इत्यर्थः । सुपर्वा, पर्व पञ्चद-

---

१. 'शान्यार्थ' ग. पाठः.

---

* अमात्यराष्ट्रदुर्गकोशदण्डलक्षणानाम् .

एकाकी मन्त्रशक्त्या यः शक्त्या शक्तिधरोपमः।
आजहार नृचन्द्राय चन्द्रगुप्ताय मेदिनीम् ॥ ५ ॥
नीतिशास्त्रामृतं श्रीमानर्थशास्त्रमहोदधेः ।
य उद्दध्रे नमस्तस्मै विष्णुगुप्ताय वेधसे ॥ ६ ॥

श्यादि, तद् इज्यादिप्रवर्तनात् शोभनमस्येति सुपर्वा । तथा च नन्देन दीयमानं प्रतिग्रहमादित्सुश्चाणक्यस्तिरस्कृत इत्यनेन सूचयति । वृत्तान्तो वा पर्वशब्देनोच्यते । शोभनं चरितमस्येति सुपर्वा । स हि देहसङ्क्रान्त्या योगी नन्दोऽभूत् । स चैवंवृत्तोऽपि ननाशेत्यभिचारसामर्थ्यं दर्शयति । नन्द एव पर्वतो नन्दपर्वतः सामन्तादिभिरप्रकम्प्यत्वाद् भोगिसमाश्रयत्वाच्च ॥ ४ ॥

एकाकी असहायः । मन्त्रशक्त्या ज्ञानबलेन । शक्त्येति प्रभावोत्साहशक्त्येत्यर्थः । अनेन पुरुषकारसम्पदं दर्शयति । शक्तिधरोपमः गुहोपमः अप्रतिहतशक्तिमात्रसाधर्म्यात् । इदमुक्तं भवति — नन्दतिरस्कारामर्षितस्तत्सभायां नन्दात् पृथिवीं पृथक् करोमीति कृतप्रतिज्ञो निर्गत्य राजपुरुषैरनुबध्यमानश्चन्द्रगुप्तसंश्रया-दवष्टब्धस्तस्मै नन्दराज्यं प्रतिश्रुत्य नन्दमभिचारवज्रेण व्यापाद्य तद्राज्यमादित्सु-रेकाकी ज्ञानबलेन दण्डकोशसम्पन्नमाटविकं पर्वतकमुत्साद्य प्रभावोत्साहशक्तिभ्यां राक्षसाद्यमात्याधिष्ठितमौलबलान्मेदिनीमाच्छिद्य चन्द्रगुप्तायोपनीतवानिति पुरुषकारसम्पत्कथनम् । नृचन्द्रायेति पुरुषविशेषज्ञत्वात् प्रत्युपकारविषयतां दर्शयति, नन्दभयात् तेन संरक्षितत्वादिति ॥ ५ ॥

नीतिशास्त्रामृतमुद्धृतवानित्यनश्वरकीर्त्तिसन्दर्शनम् । श्रीमानिति । अमात्यसम्पदत्र श्रीः, नन्दमुन्मूल्य तदानीं सर्वतश्चन्द्रगुप्तप्रतिष्ठापितराज्यत्वात् । एवञ्च कृतकृत्यत्वात् कीर्त्तिप्रतिष्ठापनमस्योपपन्नम् । शास्त्रार्थज्ञानसम्पद् वा श्रीः शास्त्रकरणप्रस्तावात् । विष्णुगुप्तायेति सांस्कारिकी संज्ञा, चाणक्यः कौटिल्य इति द्वे जन्मभूमिगोत्रनिबन्धने । वेधसे इ(ति? व) वेधसे पृथक् शास्त्रप्रणयनादेवम् ॥ ६ ॥

---

१. 'दा' क-ख-ग. पाठः. २. 'समाश्रयावष्टम्भस्त' घ. पाठः. ३. 'लादिबलां मे' घ. पाठः. ४. 'षत्वा' ग-घ. पाठः. ५. 'स इति पृ' ग. पाठः. ६. 'वे ॥' ग. पाठः.

दर्शनात् तस्य सुदृशो विद्यानां पारदृश्वनः ।
राजविद्याप्रियतया सङ्क्षिप्तग्रन्थमर्थवत् ॥ ७ ॥

उपार्जने पालने च भूमेर्भूमीश्वरं प्रति ।
यत्किञ्चिदुपदेक्ष्यामो राजविद्याविदां मतम् ॥ ८ ॥

अथ सप्रयोजनं शास्त्रारम्भं श्लोकद्वयेनाह — **दर्शनादित्यादि** । राजविद्याविदां मतं यत्किञ्चिदुपदेक्ष्यामः, तद् विष्णुगुप्तस्य दर्शनादिति सम्बन्धः । दर्शनमाश्रित्य । सुदृश इति यथावदधिगतविद्यार्थत्वाद् विशुद्धज्ञानस्येत्यर्थः । यथाह— विद्यानां पारदृश्वन इति । राजविद्याप्रियतयेति । किञ्चिदेव शास्त्रं कस्यचित् प्रियम् । वयमर्थशास्त्रप्रियत्वाद् राजविद्याविदां मतमुपदेक्ष्यामः, नान्यशास्त्रविदाम् । सङ्क्षिप्तग्रन्थं कौटिल्यशास्त्रात् । तद्धि साशीति प्रकरणशतं, षट् श्लोकसहस्राणि । इदं तु षट्त्रिंशत्प्रकरणं सपादं च श्लोकसहस्रम् । पुनरारम्भप्रयोजनमेतत् । एवं च मन्दबुद्धीनां सुबोधत्वज्ञापनार्थं काव्यचिह्नभूतं सर्गोपनिबन्धनमस्योपपन्नम् । अर्थवत् सङ्क्षिप्तस्यापि सतः प्रकृष्टार्थाभिधानात् ॥ ७ ॥

उपार्जने पालने च भूमेरिति मुख्यं प्रयोजनम्, 'निमित्तात् कर्मसंयोग' इति *सप्तमी । भूमिर्मनुष्यवती । तस्या आर्जनं त्रिविधं नवं भूतपूर्वं पित्र्यं च । रक्षणं द्विविधं स्वेभ्यः परेभ्यश्च । ननु रक्षितविवर्धनं वृद्धस्य च तीर्थप्रतिपादनमप्यस्ति । सत्यम् । अस्य द्वयस्यैव विशेषोऽयं, यतो रक्षितविवर्धनमप्यार्जनमेव, तीर्थप्रतिपादनमपि गुणवति पुत्रे निक्षेपोऽश्वमेधादौ विनियोगो वा, तद् उभयमपि सर्वथा रक्षणमेव । भूमीश्वरं प्रति अन्यस्य तु राजविद्यायामनाधिकारात् । यत्किञ्चिदिति स्तोकम् । तन्मतं द्विविधं स्वमण्डलगतं परमण्डलगतं च । तत्र पूर्वं रक्षणनिमित्तम्, इतरदार्जननिमित्तम् । तदुभयमपि नाविनीतस्येति प्रथमसर्गेण तावद् विनय उपदिश्यते । अत्र च सर्गे प्रकरणद्वयम् इन्द्रियजयो विद्यावृद्धसंयोगश्च । तत्र चेन्द्रियजयपूर्वकत्वाद् विद्यावृद्धसंयोगस्य पूर्वमिन्द्रियजय उच्यते ॥ ८ ॥

---

१. 'जशास्त्रप्रि' घ. पाठः. २. 'रक्षणे च' क. पाठः.

---

* 'सप्तमी' इत्येतदनन्तरं 'द्वीपवती' इत्यधिकं क-ख पुस्तकयोः पठ्यते । एष 'चर्मणि द्वीपिनं हन्तीतिवद' इति पाठस्याभासः स्यात्.

राजास्य जगतो हेतुर्वृद्धेर्वृद्धाभिसम्मतः ।
नयनानन्दजननः शशाङ्क इव तोयधेः ॥ ९ ॥

यदि न स्यान्नरपतिः सम्यङ् नेता ततः प्रजा ।
अकर्णधारा बलवद् विप्लवेतेह नौरिव ॥ १० ॥

धार्मिकं पालनपरं सम्यक् परपुरञ्जयम् ।
राजानमभिमन्यन्ते प्रजापतिमिव प्रजाः ॥ ११ ॥

अथ किमर्थं राजानमधिकृत्येदं शास्त्रमुच्यत इति चेत्, लोकवृद्धिहेतुत्वाद्राज्ञः, तदभावे च लोकविनाशात्। यद् दर्शयति --- **राजास्येत्यादिना** श्लोकद्वयेन। वृद्धिर्लोकस्य त्रिवर्गप्राप्तिः, उदधेरुद्धतजलता। वृद्धाभिसम्मतः प्रजापालने। तथाहि अस्वामिकाः प्रजाः परस्पराभिभूता व्यवस्थाकारिणं राजानं चक्रुः। यथोक्तं "मात्स्यन्यायाभिभूताः प्रजा मनुं वैवस्वतं राजानं चक्रिरे। धान्यषड्भागं पण्यदशभागं हिरण्यं चास्य भागधेयं प्रकल्पयामासुरि"(कौटि. अर्थ. १-१३-९)-ति। नयनानन्दजनन इति। नयनानामानन्दं जनयतीति, न्यायेनैव पालनात् ॥९॥

यदि राजा न स्यात् सम्यङ् नेता सम्यक् पालयिता, बलवद् विप्लवेत अत्यर्थं विनश्येत्। इहेति भूमण्डले ॥ १० ॥

कीदृशं पुनस्तमिच्छन्तीत्याह — **धार्मिकमित्यादि**। धर्मासुरलोभविजयिनस्त्रयो राजानः। तेषां धार्मिकं धर्मविजयिनं धर्माविरोधेन प्रवृत्तत्वात्। प्रजापतिमिवाभिमन्यन्ते[1] प्रजाः लोकाः। लोभासुरविजयिनौ तु सर्वलोकोद्वेगकारित्वादनभिमतौ। तस्य च व्यापारद्वयं सम्यक् स्वराष्ट्रपरिपालनम् अपायादुद्धरणं च। यदाह "धार्मिकं पालनपरं सम्यक् परपुरञ्जयमि"ति। पुरं दुर्गं तदवमर्दनाच्छत्रुरुच्छिन्नो भवति, अन्यथा तदवष्टम्भादुपहन्यात्। तदनेन स्वपरमण्डलभेदाद् द्विविधो राजव्यापार इत्याख्यातो भवति। तत्र धर्मविजयिनः पूर्वं प्रधानम् इतरदानुषङ्गिकं, शत्रूननवजित्य स्वराष्ट्रानुग्रहस्याशक्यत्वात् ॥ ११ ॥

---

१. 'न्ते। लोभा' ग-घ. पाठः.

आयत्तं रक्षणं राज्ञि[1] वार्ता रक्षणमाश्रिता ।
वार्ताच्छेदे हि लोकोऽयं श्वसन्नपि न जीवति ॥ १२ ॥

पर्जन्य इव भूतानामाधारः पृथिवीपतिः ।
विकलेऽपि हि पर्जन्ये जीव्यते न तु भूपतौ ॥ १३ ॥

प्रजां संरक्षति नृपः सा वर्धयति पार्थिवम् ।
वर्धनाद्रक्षणं श्रेयस्तन्नाशेऽन्यत् सदप्यसत् ॥ १४ ॥

न्यायप्रवृत्तो नृपतिरात्मानमर्थं[2] च प्रजाम्[3] ।
त्रिवर्गेणोपसन्धत्ते[4] निहन्ति ध्रुवमन्यथा ॥ १५ ॥

एवञ्च कृत्वा पूर्वमेव व्यापारमभिसन्धाय वार्त्तिकभूतान् षट् श्लोकानाह । तत्र पालनमधिकृत्योच्यते— **आयत्तमि**त्यादि । वार्ता कृष्यादिलक्षणा रक्षणमाश्रिता, अन्यथा नीरक्षा परैरुपहन्यमाना कथं प्रवर्तेत । छेदः अप्रवृत्तिः । श्वसन्नपि चेष्टमानोऽपि कर्मान्तरेषु न जीवति वार्ताप्रतिबद्धत्वाच्छरीरस्थितेः ॥ १२ ॥

पर्जन्य इव भूतानामाधार इति । तत्र पर्जन्यः सस्यहेतुना प्रवर्षणेनाश्रयः । राजा पालनेन । द्वयोराधारत्वेऽपि राजा त्वतिरिच्यते । यदाह—विकलेऽपीति । वृष्ट्या विकलेऽपि जीव्यते कन्दशाकमत्स्याद्यशनेन, नतु भूपतौ रक्षाविकले परस्पराभिभवात् ॥ १३ ॥

प्रजां संरक्षतीति । एतद् दर्शयति --- पालनमस्य न निष्फलं, परस्परोपकारादिति । सा प्रजा वर्द्धयति धान्यषड्भागादिना । तत्रापि वर्धनाद् रक्षणं श्रेयः । कारणमाह—तन्नाश इति । रक्षणाभावे । अन्यदिति वर्धनं सदप्यसदेव भवतीत्यर्थः । यदपि किञ्चित् कथञ्चित् प्रजयास्य वर्धनं क्रियते, तदप्यसत् न परिशुद्धं प्रजाकिल्बिषसन्नीतमित्यर्थः ॥ १४ ॥

"सम्यगि"त्येतदधिकृत्याह—**न्यायप्रवृत्त** इत्यादि । मन्वादिप्रणीतः पाल-

---

१. 'ज्ञः' क. पाठः   २. 'नुं' क-ग. पाठः,   ३. 'जाः' ख-घ. पाठः,   ४. 'न्ध' ख-ग-घ. पाठः.

धर्माद् वैजवनो राजा चिराय बुभुजे महीम् ।
अधर्माच्चैव नहुषः प्रतिपेदे रसातलम् ॥ १६ ॥
तस्माद् धर्मं पुरस्कृत्य यतेतार्थाय भूपतिः ।
धर्मेण वर्धते राज्यं तस्य स्वादु फलं श्रियः ॥ १७ ॥

नधर्मो न्यायः । तद्विपरीतस्त्वन्यायः । त्रिवर्गेण धर्मार्थकामैः । उपसन्धत्ते योजयति वैजवनवत् । अन्यथेति । अन्यायप्रवृत्तो हन्ति नहुषवत् ॥ १५ ॥

तदेव दर्शयति—**धर्मादित्यादिना**। इन्द्रसेनो नाम राजा सगरवंशेऽभूत् । स किल देवीमृतुमतीमेवापरिशुद्धामेवाभिगम्याचारभ्रंशगतो भ्रष्टाचारत्वाद् ब्रह्मराक्षसं ददर्श । तेन चोक्तम् "अधुना भक्षणीयोऽसि मे राजन्!, नो चेदधर्मेण प्रजां योजयसि, येन भयं मत्तो न भवेदि"ति । स च तां भयादधर्मे प्रवर्तयन् न चिरादेवाधर्मेणाभिभूतो विननाश । तत्पुत्रपौत्रादयोऽपि तथैव राक्षसचोदितां पूर्वां स्थितिमनुवर्तमानाश्चिरं जीवितं न लेभिरे । क्रमेण च वैजवनः प्रजामधर्मप्रवृत्तां दृष्ट्वा श्रुत्वा च मन्त्रिभ्यो यथावत्स्थितां तां धर्म एव प्रावर्तयत् । ततोऽसौ राक्षसचोदितोऽप्यनुपजातभयोऽत्यन्तं धर्मपरो बभूव । तदुपबृंहितश्च तमवधूय चिरं पृथिवीं बुभुजे । अधर्मान्नहुष इति । ब्रह्महत्याभयात् सरः प्रविश्य बिसतन्तौ स्थिते शक्रे देवलोकोऽराजक इति देवद्विजैरनुमतो मर्त्यराजो नहुषः शाक्रं पदमासाद्य दर्पात् पत्नीत्वेन शचीमर्थितवान् । तया च बृहस्पत्युपदिष्टया[३] विहस्येदमुक्तं—"यदि भवान् मय्यर्थी तदा यानमपूर्वमारुह्यागच्छत्वि"ति सन्दिष्टः स विमृश्य ब्राह्मणयानेनागच्छन् "सर्प सर्पे"त्यभिदधत् पथि महर्षिणागस्त्येन शप्तः "सर्पो भवे"त्यजगरीभूतो रसातलमविशत् ॥ १६ ॥

तस्माद् धर्मं पुरस्कृत्येति । मन्वादिप्रणीतं पालनं धर्मः । अर्थायेति त्रिवर्गार्थाय स ह्यर्थ्यत इति कृत्वा । धर्मेण वर्द्धते राष्ट्रम् । अन्यथा तद् आर्जितमपि नहुषस्येव न भवेत् । तस्येति प्रवृद्धस्य राष्ट्रस्य फलं श्रियो द्विविधाः ऐहलौकिक्यः पारलौकिक्यश्च । तत्र पूर्वा विशिष्टविषयोपभोगाः, इतराश्चाश्वमेधादिप्रापिताः । तदुभयमपि स्वादु विशुद्धत्वात् ॥ १७ ॥

---

१. 'न' क-ख. पाठः. २. 'तिं' घ. पाठः. ३. 'दृष्टतया' घ. पाठः.

स्वाम्यमात्यश्च राष्ट्रं च दुर्गं कोशो बलं सुहृत्।
एतावदुच्यते राज्यं सत्त्वबुद्धिव्यपाश्रयम् ॥ १८ ॥

आलम्ब्य बलवत् सत्त्वं बुद्ध्यालोचितनिर्गमः।
सप्ताङ्गस्यास्य लाभाय यतेत सततोत्थितः ॥ १९ ॥

न्यायेनार्जनमर्थस्य रक्षणं वर्धनं तथा।
सत्पात्रप्रतिपत्तिश्च राजवृत्तं चतुर्विधम् ॥ २० ॥

नयविक्रमसम्पन्नः सूत्थानश्चिन्तयेच्छ्रियम्।
नयस्य विनयो मूलं विनयः शास्त्रनिश्चयः ॥ २१ ॥

किं तद् राज्यमित्याह — **स्वामीत्यादि**। एतावद् राज्यमिति। राज्यं राजत्वं, यद् राजेत्यभिधानप्रत्यययोः प्रवृत्तिनिमित्तम्। तच्च स्वस्वसम्पदुपेतं प्रकृतिसप्तकमेव भवितुमर्हति। सत्त्वबुद्धिव्यपाश्रयमिति। सत्त्वं व्यसनेऽभ्युदये च यदविकारकं, बुद्धिः शुश्रूषादिलक्षणा, तदुभयमाश्रयो राज्यस्य ताभ्यां प्राधान्येन लाभपालनयोगात् ॥ १८ ॥

कथमाभ्यां लभत इत्याह — **आलम्ब्येत्यादि**। बलवद् अत्यर्थम् महद् वा सत्त्वम्। बुद्ध्यालोचितनिर्गमः प्रज्ञया निरूपितनयमार्गः। सततोत्थितः नित्योद्युक्तः, अलसस्याकिञ्चित्करत्वात् ॥ १९ ॥

लब्धराज्यस्य तु स्वराज्यं दण्डेन पालयतः चतुर्विधं वृत्तमित्याह — **न्यायेनेत्यादि**। न्यायो धान्यषड्भागादिः। आर्जितस्य रक्षणं स्वेभ्यः परेभ्यश्च। वर्द्धनं वाणिज्यादिभिः स्फीतीकरणम्। सत्पात्रप्रतिपत्तिः अश्वमेधादौ गुणवति पुत्रे च विनियोजनम् ॥ २० ॥

एवं लाभपालनोपायं शास्त्रशरीरमुपक्षिप्य विनयमुपदिदिक्षुराह — **नयविक्रमसम्पन्न** इत्यादि। दैवं मानुषं च कर्म लोकं यापयति। तत्र दैवस्याचिन्त्यत्वान्मानुषमेव नयशौर्यादिकमास्थाय स्वमण्डले परमण्डले च श्रियं चिन्तयेत्। तदप्यनुत्थानशीलस्य नोपततीति सूत्थानः। तत्र विक्रमान्नयः प्रधानं, तत्पूर्वकस्य

---

१. 'स्व' क. पाठः. २. 'नास्तीति' घ.पाठः.

विनयो हीन्द्रियजयस्तद्युक्तः शास्त्रमृच्छति।
तन्निष्ठस्य हि शास्त्रार्थाः प्रसीदन्ति ततः श्रियः ॥ २२ ॥
शास्त्रं प्रज्ञा धृतिर्दाक्ष्यं प्रागल्भ्यं धारयिष्णुता।
उत्साहो वाग्मिता दार्ढ्यमापत्क्लेशसहिष्णुता ॥ २३ ॥

विक्रमस्यैकान्ततया फलसाधनत्वात्। नयस्य च विनयो मूलं, तस्य शास्त्रनिश्चयहेतुकत्वात्। यदाह—विनयः शास्त्रनिश्चय इति। विनीतो हि शास्त्रं निश्चित्य नयं प्रयुङ्क्ते, नयश्च शास्त्रेणोपदिश्यत इति विनयो नयस्य मूलं भवति ॥ २१ ॥

तदेव योजयति—**विनयो हीत्या**दिना। श्रोत्रादीनां स्वेषु स्वेषु विषयेष्वविप्रतिपत्तिरिन्द्रियजयः। स च विनय उच्यते। तद्युक्तः शास्त्रमृच्छति। विनययुक्तस्याध्ययनेन शास्त्रनिश्चय इति। §संयोग इति यावत्। तन्निष्ठस्य हि शास्त्रप्रवणस्य शास्त्रार्थाः प्रसीदन्ति चिन्ताभावनाक्रमेण निर्मलीभवन्ति। ततः श्रिय इति। तत उत्तरकालं निश्चितशास्त्रतत्त्वस्य नयप्रयोगस्य स्वातन्त्र्यात् स्वपरमण्डलाधाराः श्रियः प्रसीदन्ति निष्कण्टका भवन्ति ॥ २२ ॥

यथा शास्त्रं श्रियो हेतुः, तथान्येऽपि गुणा इत्याह—**शास्त्रमित्यादि**। तत्र शास्त्रज्ञोऽप्यप्रज्ञो दृष्ट इति प्रज्ञाग्रहणम्। सा चाष्टाङ्गा। यथा वक्ष्यति—

"शुश्रूषा श्रवणं चैव ग्रहणं धारणं तथा।
ऊहापोहोऽर्थविज्ञानं तत्त्वज्ञानं च धीगुणाः ॥"

इति। धृतिः अनुद्विग्नता। तया कार्येष्वनवसादः। दाक्ष्यम् अनालस्यम्। तच्चोत्साहगुणान्तर्भावाल्लब्धमेव। यथा वक्ष्यति "दाक्ष्यं शैघ्र्यं तथामर्षः शौर्यं चोत्साहलक्षणमि"(स. ४-श्लो. २२)ति। तस्य पुनरुपादानं प्राधान्यार्थम्। तथाहि "दक्षः श्रियमधिगच्छती"ति वृद्धाः। प्रागल्भ्यं च वचनानुष्ठानयोः परिषद्यसाध्वसत्वम्। धारयिष्णुता अवधारितस्यार्थस्याविस्मरणशीलता। तस्यांश्च प्रज्ञागुणान्तर्भावेऽपि पुनर्वचनं प्राधान्यार्थम्। उत्साहः शौर्यादिगुणात्मकः। वाग्मिता सङ्क्षेपविस्तराभ्यां स्पष्टललितपदाभिधायिता। दार्ढ्यं यत् कार्यं प्रस्तुतं, तत्र

१, 'षु नाव' ख पाठः.

---

§ फलसम्बन्ध इत्यर्थः.

प्रभावः शुचिता मैत्री त्यागः सत्यं कृतज्ञता ।
कुलं शीलं दमश्चेति गुणाः सम्पत्तिहेतवः ॥ २४ ॥
आत्मानं प्रथमं राजा विनयेनोपपादयेत् ।
ततोऽमात्यांस्ततो भृत्यांस्ततः पुत्रांस्ततः प्रजाः ॥ २५ ॥
सदानुरक्तप्रकृतिः प्रजापालनतत्परः ।
विनीतात्मा हि नृपतिर्भूयसीं श्रियमश्नुते ॥ २६ ॥
प्रकीर्णे विषयारण्ये धावन्तं विप्रमाथिनम् ।
ज्ञानाङ्कुशेन कुर्वीत वश्यमिन्द्रियदन्तिनम् ॥ २७ ॥

दृढता । आपत्क्लेशसहिष्णुता आपत्काले शीतोष्णवातवर्षादिक्षमता ॥ २३ ॥

प्रभावः प्रभुशक्तिः । शुचिता उपधापरिशुद्धता । मैत्री मित्रावर्जनात्मिका वृत्तिः । त्यागः पात्रेषु दानशीलता । सत्यं प्रतिज्ञातकारिता । कृतज्ञता उपकाराविस्मरणम् । कुलम् आभिजात्यम् । शीलं सुस्वभावता । दमः क्लेशक्षमिता । एते गुणा जनानुरागमादधानाः सम्पत्तिहेतवः । अत्र स्वामिसम्पत् सम्पत्तिहेतुरिति वक्तव्ये परिसङ्ख्यातगुणादानं प्राधान्यादत्रादरार्थम् । यथा शास्त्रनिश्चयहेतुत्वाद् विनयमूलो नयः, तथा प्रज्ञादिगुणा अपि प्रकृष्यमाणत्वात् तन्मूलम्[१] । यथाहुः—

"जितेन्द्रियत्वं विनयस्य लक्षणं गुणप्रकर्षो विनयादवाप्यते ।
गुणाधिके पुंसि जनोऽनुरज्यते जनानुरागप्रभवा हि सम्पदः ॥"

इति । यस्माद् विनयमूलमेतत्, तस्मादात्मात्मीययोर्विनये यतेत ॥ २४ ॥

तत्र स्वयमविनीतो नात्मीयान् विनेतुमीश इत्याह -- **आत्मानं प्रथममित्यादि** । ततोऽमात्यान् अनन्तरं प्रकृतीः, ततो भृत्यान् दण्डप्रकृतीः, तदुपबृंहितस्ततः पुत्रान् स्वामिप्रकृतिविशेषान् कर्कटकसधर्मणः, ततः प्रजाः बाह्याः ॥ २५ ॥

एवञ्च सर्वपुरुषप्रकृतिविनयेऽस्य प्रभूततरा वृद्धिर्भवति । यदाह — **सदानुरक्तप्रकृतिरित्यादि** । इदमुक्तं भवति -- स्वयं विनीतोऽमात्यदण्डपुत्रप्रकृतीरान्तरीः प्रजाश्च बाह्याः विनीयानुरज्य संरक्ष्य चाधिकां श्रियमवाप्नोति ॥ २६ ॥

विनय इन्द्रियजय इत्युक्तम् । ‡तत् कथं कुर्यादित्याह—**प्रकीर्णे इत्यादि** ।

---

१. 'इत्था यस्माद् विनयमूलमेतत् तद् गुणोपादा' क-ख-घ. पाठः. २. 'लाः' क-ख. पाठः.

---

‡ तद् इन्द्रियजयलक्षणं वस्तु.

आत्मा प्रयत्नादर्थेभ्यो मनः समधितिष्ठति ।
संयोगादात्ममनसोः प्रवृत्तिरुपजायते ॥ २८ ॥
विषयामिषलोभेन मनः प्रेरयतीन्द्रियम् ।
तन्निरुन्ध्यात् प्रयत्नेन जिते तस्मिन् जितेन्द्रियः ॥ २९ ॥

व्यक्तिभेदेनातिबहुलत्वाद् विस्तीर्णे विषयारण्यं, तत्र धावन्तम् इन्द्रियदन्तिनमिति सम्बन्धः । विप्रमाथिनं निरङ्कुशत्वादुपघातकम् । ज्ञानाङ्कुशेनेति । आत्मा मनश्च द्रव्यपदार्थौ । तथाहि "पृथिव्यापस्तेजो वायुराकाशः कालो दिगात्मा मनश्चेति नव द्रव्याणी"ति । तत्रात्मसमवायिनौ ज्ञानप्रयत्नौ गुणपदार्थौ । तत्र ज्ञानं द्विविधम् । आत्मालम्बनं बाह्यालम्बनं च । तत्राद्यस्योत्तरत्रोपयोगं वक्ष्यामः । द्वितीयं द्विविधं प्रतिबुद्धमप्रतिबुद्धं चेति । तत्र कार्याकार्यविवेकादुत्पद्यमानं मनोनियमनसमर्थं प्रतिबुद्धम्, अन्यदप्रतिबुद्धम् । तदुभयमात्ममनस्संयोगे सति भवति । संयोगश्च प्रयत्नगुणात्[1], प्रयत्नश्च समारम्भः । इदमुक्तं भवति — आत्मनो यदा प्रयत्नगुण उत्पद्यते, तदात्मा मनसा युज्यते । तत्र यदा मन आत्मसम्प्रयुक्तमप्रतिबुद्धज्ञानवशात् प्रवर्तते, तदा विषयेष्विन्द्रियविप्रतिपत्तिमापादयद् आत्मन उपघाताय भवति । तस्मात् प्रतिबुद्धज्ञानेनाङ्कुशस्थानीयेन मनोनियमनपूर्वकमिन्द्रियदन्तिनमस्वतन्त्रं कुर्याद्[2], यथा विषयेषु न विप्रतिपद्यत इति ॥ २७ ॥

अस्य श्लोकस्य भाष्यम् आत्मेत्यादिग्रन्थः । मनः समधिष्ठतीति । प्रयत्नेन हेतुना मनसा संयुज्यत इत्यर्थः । अर्थेभ्य इति । विषयार्थम् । प्रवृत्तिरुपजायत इति । आत्ममनस्संयोगे सतीन्द्रियसंयोगार्थं मनसो गतिर्भवतीत्यर्थः ॥ २८ ॥

विषयामिषलोभेनेति । यं विषयमुपलब्धुमिच्छत्यात्मा, तदिच्छानुविधानेन विषयसंयोगार्थं मनः प्रेरयतीन्द्रियम् । तत आत्मा विषयमुपभुङ्क्ते । तत्रेन्द्रियाविप्रतिपत्त्या विषयोपभोग इष्यत एव । विप्रतिपत्तौ तु तन्मनो निरुन्ध्यात् नियमयेत् प्रतिबुद्धज्ञानेनेत्यर्थः । प्रयत्नेनेति । यत्नमास्थाय निरुन्ध्यादित्यर्थः, तस्यातिचञ्चलत्वात् । तस्मिन् मनसि जिते जितेन्द्रियः, तदधीनत्वादिन्द्रियविप्रतिपत्तेः ॥ २९ ॥

---

१. 'हुत्वा' ग-घ. पाठः. २. 'त् स प्र' ग-घ. पाठः.

विज्ञानं हृदयं चित्तं मनोबुद्धिश्च तत्समम्।
अनेनात्मा करोतीह प्रवर्तननिवर्तने ॥ ३० ॥
धर्माधर्मौ सुखं दुःखमिच्छाद्वेषौ तथैव च।
प्रयत्नज्ञानसंस्कारा आत्मलिङ्गमुदाहृतम् ॥ ३१ ॥
ज्ञानस्यायुगपद्भावो मनसो लिङ्गमुच्यते।
नानार्थेषु च सङ्कल्पः कर्म चास्य प्रकीर्त्त्यते ॥ ३२ ॥

ननुचात्ममनःसंयोगात् प्रतिबुद्धाप्रतिबुद्धत्वेन मनोबुद्धिरुत्पद्यते। सा च ज्ञानमेव। विज्ञानं तु पुनरिन्द्रियार्थसन्निकर्षजमिति। नैतदस्ति, मनोबुद्धेरपि (वि) ज्ञानत्वात्। यदाह — **विज्ञानमित्यादि**। तत्समं, ज्ञानादनर्थान्तरम्। विशेषस्त्वयं — द्वयसंयोगाच्चतुष्टयसंयोगाद् वा तद् भवति। अनेनेति। मनोबुद्ध्यात्मकेन सङ्कल्परूपेण ज्ञानेन। इहेति विषयेषु। प्रवर्त्तननिवर्त्तने मनस इति शेषः। यदात्मनोऽप्रतिबुद्धज्ञानमुत्पद्यते, तदायं सापायेष्वपि विषयेषु मनः प्रवर्त्तयति, प्रतिबुद्धं चैतेभ्यो निवर्त्तयति ॥ ३० ॥

आत्मनोऽस्तित्वे लिङ्गमाह — **धर्माधर्मावित्यादि**। तत्र धर्माधर्मयोः सुखदुःखे लक्षणे। सुखोत्पादनाद् धर्मो लक्ष्यते, दुःखोत्पादनाच्चाधर्मः। सुखदुःखे अनुग्रहोपघातलक्षणे। इच्छा रागोऽभिलाषस्तृष्णेत्यनर्थान्तरम्। द्वेषः क्रोधः, यस्मिन्नुत्पन्ने ज्वलितमिवात्मानमभिमन्यते। प्रयत्नः समारम्भ इच्छापूर्वको द्वेषपूर्वकश्च। ज्ञानं, येनात्मा बुध्यते। तद् द्वयसन्निकर्षाच्चतुष्टयसन्निकर्षाच्च भवति। संस्कारो ज्ञानजो ज्ञानहेतुश्च। अनुभवज्ञानेन ह्यात्मनि संस्कार उत्पद्यते, तस्मात् कालान्तरेण स्मार्त्तं ज्ञानमुत्पद्यत इति ज्ञानजो ज्ञानस्य च हेतुः। एते च धर्मादयो गुणत्वाद् रूपादिवदाश्रिताः। योऽसावाश्रयः स आत्मेति आत्मनो लिङ्गम्। यथा शेषाणि द्रव्याणि नाश्रयः, तथा शास्त्रान्तरे[1] प्रतिपादितम्। ग्रन्थगौरवभयात् तु नोक्तमस्माभिः ॥ ३१ ॥

ज्ञानस्यायुगपद्भाव इति। यद्यात्मव्यतिरिक्तं मनो न स्यात्, तदा आत्मे-

---

१. 'स्त्र' ग-घ. पाठः.

श्रोत्रं त्वक्चक्षुषी जिह्वा नासिका चेति पञ्चमी ।
पायूपस्थं हस्तपादं वाक् चेतीन्द्रियसङ्ग्रहः ॥ ३३ ॥

शब्दः स्पर्शश्च रूपं च रसो गन्धश्च पञ्चमः ।
उत्सर्गानन्दनादानगत्यालापाश्च तत्क्रियाः ॥ ३४ ॥

आत्मा मनश्च तद्विद्यैरन्तःकरणमुच्यते ।
ताभ्यां तु सप्रयत्नाभ्यां सङ्कल्प उपजायते ॥ ३५ ॥

न्द्रियसन्निकर्षे ज्ञानमुत्पद्येत, न चोत्पद्यते । तस्मादस्ति तदन्यत् । युगपद्ग्रहणमेकत्वाणुत्वसाधनार्थम् । यद्यनेकमेकस्मिन् शरीरे मनः स्यात्, तदानेकसन्निधानाद् युगपत् सर्वज्ञानानि स्युः, व्यापित्वे च सर्वेन्द्रियैर्युगपन्मनस्संयोगे सर्वाणीन्द्रियज्ञानानि भवेयुः, नच भवन्ति । तस्मात् तद् एकम् अणु च प्रत्येतव्यम् । नानार्थेषु च सङ्कल्प इति । इदमेवं करिष्यामीति नानार्थेष्वात्मनो मनसा सङ्कल्प आत्मनः कर्मेत्युच्यते ॥ ३२ ॥

कतिविधमिन्द्रियं जेयमित्याह — **श्रोत्रमित्यादि** । श्रोत्रादीनि पञ्च बुद्धीन्द्रियाणि । पाय्वादीनि पञ्च कर्मेन्द्रियाणि ॥ ३३ ॥

तत्र पूर्वेषां **शब्दादयः** पञ्च विषयाः । शेषाणामुत्सर्गादयः कर्माणि । उत्सर्ग उपयुक्तस्याहारस्य । आनन्दनं शुक्रविसृष्टिप्रभावितम् । आदानं ग्रहणम् । गतिर्विहरणम् । आलापो भाषणम् । तत्क्रियाः पाय्वादीनां कर्माणीत्यर्थः ॥ ३४ ॥

सांव्यवहारिकमिन्द्रियजयमुक्त्वा पारमार्थिकं दर्शयितुमाह — **आत्मा मनश्चेत्यादि** । आत्मा कर्त्ता । मनः साधकतमम् । तदुभयं कर्तृकरणभावेन विषयोपलब्धिं करोतीति । करणमिति "कृत्यल्युटो बहुलम्" (३-३-११३) इति प्रत्ययविधानात् । तद् अन्तर्व्याप्रियमाणत्वाद् अन्तःकरणम् । सप्रयत्नाभ्यामिति । यदा आत्मनः प्रयत्नगुण उत्पद्यते, तदायं मनसा सम्प्रयुक्तः सङ्कल्पते । ततस्तदिच्छानुविधानान्मनः प्रेरयतीन्द्रियम् ॥ ३५ ॥

---

१. 'एताभ्यां सम्प्रयुक्ताभ्याम्' क. पाठः.

आत्मा बुद्धीन्द्रियाण्यर्था बहिष्करणमुच्यते ।
सङ्कल्पाध्यवसायाभ्यां सिद्धिरस्य प्रकीर्त्तिता ॥ ३६ ॥
उभे एते हि करणे *प्रयत्नानन्तरीयके ।
तस्मात् प्रयत्नसंरोधाद् भावयेन्निर्मनस्कताम् ॥ ३७ ॥
एवं करणसामर्थ्यात् संयम्यात्मानमात्मना ।
नयापनयविद्राजा कुर्वीत हितमात्मनः ॥ ३८ ॥

आत्मा बुद्धीन्द्रियाण्यर्था इति । आत्मा द्विविधः, अन्तरात्मा बहिरात्मा चेति । तत्राद्यो धर्मादिगुणाश्रयो नित्यः । स च प्राङ् निर्दिष्टः । इतरो देह एव महाभूतात्मको विनाशी । तस्याप्यन्तरात्माश्रयत्वात् कर्तृत्वम् । बुद्धीन्द्रियाणि श्रोत्रादीनि । तेषां साधकतमत्वं तैरात्मनो विषयोपलब्धेः । अर्थाः शब्दादयः । एतत् त्रितयं कर्तृकरणकर्मभावेन विषयोपलब्धिं करोतीति करणं पूर्ववद्, बहिर्व्याप्रियमाणत्वाद् बहिष्करणम् । सिद्धिरस्येति । आन्तरस्य बाह्यस्य च करणस्य । तत्राद्यस्य सङ्कल्पात् सव्यापारत्वमनुमीयते, द्वितीयस्याध्यवसायाद् विषयोपलब्धेरित्यर्थः ॥ ३६ ॥

उभे इत्यादि । यत्नानन्तर्यके इति । यत्नानन्तरभवे । दिगादित्वाद् यत् । यदा आत्मनः प्रयत्नगुण उत्पद्यते तदानयोः सव्यापारत्वम् । तथाहि — आत्मा प्रयत्नेन मनसा संयुज्य सङ्कल्पेन मनः प्रेरयति, मनश्चेन्द्रियं, तच्चार्थेन युज्यत इति । 'तस्मात् प्रयत्नसंरोधाद् भावयेन्निर्मनस्कतां' यथा मनसो बाह्याभ्यन्तरप्रवृत्तिर्न भवति । प्रयत्नसंरोधश्चात्मावलम्बनज्ञानात् । तद्धि योगाभ्यासात् प्रयत्नान् संरुणद्धि ॥ ३७ ॥

एवमिति । सांव्यवहारिकेण तात्त्विकेन चेन्द्रियजयेन संयम्येति सम्बन्धः । करणसामर्थ्यात् मनस इन्द्रियस्य च सामर्थ्यात् । आत्मानम् आन्तरम् । प्रवर्त्तमानमिति शेषः । आत्मना स्वयम् । नयापनयविद्राजेति विनयफलं दर्शयति ।

---

१. 'प्रयत्नानन्तरीयके' क-ख. पाठः.

---

* 'यत्नानन्तर्यके' इति व्याख्यासम्मतः पाठः, तथा च 'यत्नानन्तर्यके स्मृते' इति कलिकातामुद्रितमूलपाठः.

एकस्यापि न यः शक्तो मनसः सन्निबर्हणे ।
महीं सागरपर्यन्तां कथन्नु स विजेष्यते ॥ ३९ ॥

क्रियावसानविरसैर्विषयैरपहारिभिः ।
गच्छत्याक्षिप्तहृदयः करीव नृपतिर्ग्रहम् ॥ ४० ॥

सज्जमानो ह्यकार्येषु विषयान्धीकृतेक्षणः ।
आवहत्युग्रभयदां स्वयमेवापदं नृपः ॥ ४१ ॥

शब्दः स्पर्शश्च रूपं च रसो गन्धश्च पञ्चमः ।
एकैकमेषां भवति विनाशप्रतिपत्तये ॥ ४२ ॥

शुचिः शष्पाङ्कुराहारो विदूरक्रमणक्षमः ।
लुब्धकाद् गीत[2]लोभेन मृगो मृगयते वधम् ॥ ४३ ॥

दण्डनीतिविदित्यर्थः, दण्डनीत्यां हि नयापनययोर्मानुषकर्मणोर्विचार्यमाणत्वात् । तत्र येागक्षेमयेार्यत्र निष्पत्तिः स नयः, विपत्तिरपनयः । हितं यल्लोकद्वयाविरुद्धम् ॥ ३८ ॥

इन्द्रियजयस्यानुष्ठानार्थं स्वरूपमुक्तम् । इदानीं तदनुष्ठानदार्ढ्यार्थमजये दोषाख्यानम् **एकस्येत्यादिग्रन्थेन** । सन्निबर्हणे नियमने । सागरपर्यन्तामिति चक्रवर्तिक्षेत्रं दर्शयति । यथोक्तं—"तस्यां हिमवत्समुद्रान्तरमुदीचीनं नवयोजनसहस्रप्रमाणं तिर्यक् चक्रवर्तिक्षेत्रमि"ति । कथं विजेष्यते ॥ ३९ ॥

अनियमिते हि मनसि विषयेष्वासङ्गाद् न केवलं न जयति, प्रत्युत शत्रूणामेव वशं गच्छति, स्वयं वापदमात्मनो जनयति । यदाह श्लोकद्वयेन—**क्रियेत्यादि** । क्रियावसानविरसैः भुक्तविरसैरित्यर्थः । अपहारिभिः आपाते । ग्रहं वशम् ॥ ४० ॥

सज्जमानः सक्तिं गच्छन् विषयान्धीकृतत्वात् । अकार्येषु अगम्यागमनादिषु । उग्रभयदाम् उच्छेदकारिणीम् ॥ ४१ ॥

यथा विषयाः प्रत्येकमन्धीकुर्वन्तो विनाशाय, तथा दृष्टान्तेन प्रतिपादयितुमाह—**शब्द इत्यादि** । विनाशप्रतिपत्तये विनाशकरणाय ॥ ४२ ॥

शुचीत्यादि । लुब्धकाद् व्याधात् । शष्पं कोमलतृणम् । मृगयते प्रार्थयते ॥ ४३ ॥

---

१. 'रा' ख. पाठः. २. 'दोषेण' ख-ग. पाठः.

गिरीन्द्रसदृशाकारो लीलयोन्मूलितद्रुमः ।
करिणीस्पर्शसंलोभादालानं याति वारणः ॥ ४४ ॥

स्निग्धदीपशिखालोकविलोभितविलोचनः ।
मृत्युमृच्छत्यसन्देहात् पतङ्गः सहसा पतन् ॥ ४५ ॥

दूरेऽपि हि भवन् दृष्टेरगाधे सलिले चरन् ।
मीनस्तु सामिषं लोहमास्वादयति मृत्यवे ॥ ४६ ॥

गन्धलुब्धो मधुकरो दानासवपिपासया ।
अभ्येत्यसुखसञ्चारान् गजकर्णझळज्झळान् ॥ ४७ ॥

एकैकशोऽपि निघ्नन्ति विषया विषसन्निभाः ।
क्षेमी तु स कथन्नु स्याद् यः समं पञ्च सेवते ॥ ४८ ॥

सेवेत विषयान् काले मुक्त्वा तत्परतां वशी ।
सुखं हि फलमर्थस्य तन्निरोधे वृथा श्रियः ॥ ४९ ॥

गिरीन्द्र इत्यादि । लीलया अप्रयासेन । आलानं बन्धनम् ॥ ४४ ॥

स्निग्धेत्यादि । विलोभितं प्रसक्तीकृतम् ॥ ४५ ॥

दूरेऽपि हि भवन् दृष्टेरिति । जनस्य दृष्टिगोचरमतीत्य तिष्ठन्नपीत्यर्थः ॥ ४६ ॥

असुखसञ्चारान् अतिप्रयत्नसञ्चारान् अतिप्रयत्नसञ्चरणीयान्, यत्र सञ्चरन् नियतं विनश्यति । झळज्झळान् आस्फालनानि ॥ ४७ ॥

विषसन्निभाः आपातमात्रमधुराः पश्चाद्विनाशनाः । क्षेमी सुखी । समं युगपत् ॥ ४८ ॥

योषिदाधारेऽस्यापवादमाह — **सेवे**तेति । काल इति । दिनमष्टधा रात्रिं च विभज्य, आत्मबलानुकूल्येन वा कल्पिते भाग इत्यर्थः । तत्रापि मुक्त्वा तत्परताम् अत्यासक्तिम् । वशी जितेन्द्रियः । तन्निरोधे सुखनिरोधे ॥ ४९ ॥

---

१. 'संमोहादा' क. पाठः.

निकामासक्तमनसां कान्तामुखविलोकने ।
गलन्ति गलिताश्रूणां यौवनेन सह श्रियः ॥ ५० ॥

धर्मादर्थोऽर्थतः कामः कामात् सुखफलोदयः ।
आत्मानं हन्ति तौ हत्वा युक्त्या यो न निषेवते ॥ ५१ ॥

नामापि स्त्रीति संह्लादि विकरोत्येव मानसम् ।
किं पुनर्दर्शनात् तस्या विलासोल्लासितभ्रुवः ॥ ५२ ॥

रहःप्रचारकुशला मृदुगद्गदभाषिणी ।
कं न नारी रमयति रक्तं रक्तान्तलोचना ॥ ५३ ॥

तात्पर्येण युगपद् विषयसेवायां दोषमाह — **निकाममिति** । अवितृप्तानामेव धर्माद्यसाधनत्वान्निष्फला विनश्यन्ति । गलिताश्रूणामित्यनुतापं दर्शयति । **यौवनेनेति** । उत्तरे वयसि शक्तिरहितानां श्रियः किं करिष्यन्तीति भावः ॥ ५० ॥

तथा धर्मार्थावपि सेवेत, तयोः प्राधान्यात् । यदाह — **धर्मादर्थ इति** । जन्मान्तरोपार्जितधर्ममूलत्वात् तदुपबृंहणीयत्वाच्चार्थस्य । अर्थतः कामः, निरर्थस्य विषयोपभोगासम्भवात् । कामात् सुखफलोदयः, यस्तु दाण्डक्यस्येव दुःखफलोदयः स द्वेष एव, न कामः । एते च युक्त्या सेवितव्याः । अन्यथा परस्परोपघातात् त्रितयमपि न स्यात् । यदाह — 'आत्मानं हन्ति तौ हत्वा युक्त्या यो न निषेवत' इति । तद् यथा — अतिदानेन धर्मोऽर्थं हत्वा कामं धर्मान्तरं च हन्ति । तपश्चात्यन्तसेवितं कामं हत्वा शरीरक्षयाद् धर्मार्थौ हन्ति । तथार्थस्तादात्विकोऽप्युपादीयमान ऐलस्येव धर्मकामौ हत्वार्थमपि हन्ति । कामः पुनरत्यासेव्यमानः स्त्रीमृगयाद्यूतपानैश्चतुर्भिर्व्यसनैर्धर्मार्थौ हत्वा शरीरक्षयादात्मानमपि हन्ति ॥ ५१ ॥

तत्र स्त्रीव्यसनं दुर्धरं, यन्नामापि तावच्छ्रुतं विकृतिं जनयति, किमुत दर्शनादयः । यदाह — **नामापीत्या**दि । उल्लासिता उत्क्षिप्ता ॥ ५२ ॥

रहः शयनं तत्र प्रचारकुशलेति स्पर्शनं दर्शयति ॥ ५३ ॥

---

१. 'किनाम्' ख-ग. पाठः.

मुनेरपि मनोऽवश्यं सरागं कुरुतेऽङ्गना ।
प्रसन्नं कान्तिजननं सन्ध्येव शशिमण्डलम् ॥ ५४ ॥

मनः प्रह्लादयन्तीभिर्मन्दं यान्तीभिरप्यलम् ।
महान्तोऽपि हि भिद्यन्ते स्त्रीभिरद्रिरिवाचलाः ॥ ५५ ॥

मृगयाक्षास्तथा पानं गर्हितानि महीभुजाम् ।
दृष्टास्तेभ्योऽपि विपदः पाण्डुनैषधवृष्णिषु ॥ ५६ ॥

मुनेरपि प्रसङ्ख्यानसमर्थस्यापि । सरागं मनः कुरुते दर्शनेन प्रह्लादयति ॥ ५४ ॥

प्रह्लादयन्तीभिः दर्शनस्पर्शनादिना । मन्दं यान्तीभिः अनुद्युक्तत्वात् । महान्तोऽपि विजितेन्द्रिया अपि । भिद्यन्ते विपद्यन्ते । तस्मात् तासु न सक्तिः कार्या ॥ ५५ ॥

तथा मृगयादिष्वपि, तेभ्यो विपत्तिदर्शनात् । क्वेत्याह — **पाण्डुनैषधवृष्णिष्विति** । तत्र पाण्डुः कृतदिग्विजयो मृगयाशीलः सान्तःपुरो वनमध्यातिष्ठत् । एकदा तु मृगयां गतो मृगरूपेण मृगीं गच्छन्तं किन्दमनामानमृषिं शरेण ताडिततवान् । तेन चाप्राप्तरतिसुखेन भूमौ निपतितेन म्रियमाणेन 'त्वमप्येतामवस्थां प्राप्य मरिष्यसी'ति शप्तस्तदैव स्त्रीनिवृत्तिपरो बभूव । अथैकदा माद्रीमलंकृतां दृष्ट्वा जातानुरागो रहसि स्पृशन् ननाश । नैषधो नलो राजा सह भ्रात्रा पुष्करनाम्नाक्षैर्दीव्यन् सर्वं राज्यमपहारितवान् । तन्निर्वासितश्च भार्याद्वितीयो वनमध्यवर्ती सन् महिष्या समं दुःखमनुभूय भार्यामपि प्राणनिबन्धनादध्वश्रमाद् गन्तुमशक्तां तरुतलविश्रान्तां जातनिद्रां विदर्भराजपुत्रीं दमयन्तीं कर्पटमात्रविभवां तत्याजेत्यातिप्रसिद्धमेतत् । वृष्णयो वृष्णिपुत्राः । ते हि साम्बस्य स्त्रीवेषधारिणो लोहपिण्डमुदरे बध्वा दुर्वाससमुपगम्योपहसन्तः पप्रच्छुः 'इयं भगवन्! साम्बवधूः किं स्विज्जनयिष्यती'ति । स तानाह —

'वंशक्षयकरं घोरमायसं मुसलं महद् ।
वासुदेवस्य दायादः साम्बोऽयं जनयिष्यति ॥'

---

१. 'वः' ग-घ. पाठः.

कामः क्रोधस्तथा लोभो हर्षो मानो मदस्तथा ।
षड्वर्गमुत्सृजेदेनं तस्मिंस्त्यक्ते सुखी नृपः[२] ॥ ५७ ॥
दाण्डक्यो नृपतिः कामात् क्रोधाच्च जनमेजयः ।
लोभादैलस्तु राजर्षिर्वातापिर्हर्षतोऽसुरः ॥ ५८ ॥

इति । ततस्ते कृष्णेनोपलब्धवृत्तान्तेनानुज्ञातास्तं साम्बोदरप्रसूतं लोहमुसलं शिलासु निघृष्य तद्रजः समुद्रतटे प्राकिरन् । तत्र[३] चैरकाः प्रादुरभवन् । घृष्टशेषं च समुद्रे चिक्षिपुः । स मत्स्यनिर्गीर्णः कथमपि व्याधहस्तगतो बाणफलतां जगाम । अथ ते पानसक्ताः कदाचित् समुद्रतटं पिबन्तो मत्ताः सात्यकिकृतवर्मणोर्वाक्कलहाज्जातमन्यवस्ताभिरेरकाभिर्ब्रह्मदण्डसम्भूतत्वादमोघाभिः परस्परं निजघ्नुः । कृष्णोऽपि तान् दृष्ट्वा चिन्तामापन्नः शिलातलोपाश्रितो व्याधेन पादाङ्गुष्ठचलनात् मृगोऽयमित्यङ्गुष्ठे शरेण ताडितो योगेन शरीरमुत्सृज्य स्वमूर्तिं प्राविशत् ॥ ५६ ॥

तस्मादिच्छामात्रवृत्तित्वेऽपि यो यो व्यसनहेतुः स कामः परित्याज्यः । तथा क्रोधादयोऽपि व्यसनहेतवः । ते ह्यान्तराः बाह्येन्द्रियवृत्तिहेतवः शत्रुषड्वर्ग उच्यते । तदेव दर्शयन्नाह --- **काम** इत्यादि । क्रोधः अक्षमा, प्रबलेऽपि यो वाक्पारुष्यादिहेतुः । लोभश्च परद्रव्यातिश्रद्धा । हर्षः अतिक्रीडनात् तृप्तिः । मानः अवनतिसाध्येऽप्युन्नतमनस्कता । मदः शौर्यादिनिमित्तो दर्पः । तस्मिंस्त्यक्ते सुखी नृपः, अन्यथा दाण्डक्यादिवन्निधनमुपेयात् ॥ ५७ ॥

तत्र दण्डको नाम भोजवंशमुख्यः । तन्निमित्तप्रसिद्धनामा **दाण्डक्यो** नाम । स च मृगयां गतस्तृषितो भृग्वाश्रमं प्रविश्य तत्कन्यां रूपयौवनवतीमेकाकिनीं दृष्ट्वा जातरागस्तां स्यन्दनमारोप्य स्वपुरमाजगाम । भृगुरपि समित्कुशादीनादाय वनादागत्य तामपश्यन्नभिध्याय च यथावृत्तं ज्ञात्वा जातक्रोधस्तं शशाप "सप्तभिरहोभिः पांसुवृष्ट्या सबन्धुराष्ट्रो विपद्यतामि"ति । स तयाक्रान्तस्तथैव ननाश । क्रोधाज्जनमेजय इति । तस्याश्वमेधे देवतानामृक्सामयजुराहूतसमागतानां हविर्भुजामिन्द्रः पत्न्यगारगतां तत्पत्नीमश्वमेधस्पर्शकर्मणि ऊरुमूले क्षणं जातरागो बला-

---

१. 'अ' क. पाठः. २. 'भवेत्' क. पाठः. ३. 'तद्रजः चै' क. पाठः.

पौलस्त्यो राक्षसो मानान्मदाद् दम्भोद्भवो नृपः ।
प्रयाता निधनं ह्येते शत्रुषड्वर्गमाश्रिताः ॥ ५९ ॥
शत्रुषड्वर्गमुत्सृज्य जामदग्न्यो जितेन्द्रियः ।
अम्बरीषश्च नाभागो बुभुजाते चिरं महीम् ॥ ६० ॥

(इतीन्द्रियजयो नाम प्रथमं प्रकरणम्)

द्बलां चकमे । ततो राजा श्रुत्वा ऋत्विक्षु शङ्कमानः क्रोधाद् वाग्भिः कशाभिश्चात्यर्थं विचक्राम । ततः ऋत्विग्भि'र्योऽस्मासु शुद्धभावेषु विक्रान्तः स नश्यत्वि'ति शप्तस्य राज्ञो मूर्धा व्यशीर्यत । लोभादैल इति । ऐलः पुरूरवाः । स किल नैमिशारण्यवासिभिर्यज्ञसंरक्षणार्थमुपनिमन्त्रितः सर्वानेव सौवर्णान् भाजनविशेषान् दृष्ट्वा लोभादाहर्तुमारब्धः । ततस्तैरस्य यज्ञक्रियाविरोधोद्विग्नैर्वज्रगर्भैः कुशैरभिहतो ननाश । वातापिर्हर्षतोऽसुर इति । सोऽतिक्रीडापरो मायया भ्रातरमिल्वलं छागीकृत्य तन्मांसेन मुनीन् भोजयित्वा 'आगच्छेल्वल!' इति त्रिः प्लुतेन स्वरेण जुहाव । असावपि तेषां कुक्षिं विदार्य निरक्रामत् । अथ कदाचित् तच्छ्रुत्वा समागतायागस्त्यमहर्षये तथैवोपहृत्यैनमाह्वयत् । ततश्चिरजीर्णोऽसाविति मुनेरुपलभ्य तद्विदारणाय सूक्ष्मीभूय प्रविष्टोऽजीर्यत ॥ ५८ ॥

पौलस्त्यो राक्षसो मानादिति । पौलस्त्यो रावणः । स हि रामवानराणां खरदूषणादिवधसागरबन्धादिना महान्तं पराक्रमं बुद्ध्वापि मानात् सीतां सुवेलप्राप्ताय रामायाप्रयच्छन् ननाशेत्यतिप्रतीतमेतत् । मदाद् दम्भोद्भवो नृप इति । स किल शौर्यावलेपाद् योद्धुं किञ्चिदनासादयन्नधिकप्रभावो बदरिकाश्रमे तपस्यन्तौ नरनारायणौ नारदादुपश्रुत्य गत्वा तावभिभवन् नरेणैषीकास्त्रैश्छादितः सबलो विननाश ॥ ५९ ॥

(इतीन्द्रियजयो नाम प्रथमं प्रकरणम्)

* २ विद्यावृद्धसंयोगप्रकरणम् *

वर्द्धयन्निह धर्मार्थौ सेवितौ सद्भिरादरात् ।
निगृहीतेन्द्रियः साधु कुर्वीत गुरुसेवनम् ॥ ६१ ॥

शास्त्राय गुरुसंयोगः शास्त्रं विनयवृद्धये ।
विद्याविनीतो नृपतिर्न कृच्छ्रेष्ववसीदति ॥ ६२ ॥

वृद्धोपसेवी नृपतिः सतां भवति सम्मतः ।
प्रेर्यमाणोऽप्यसद्वृत्तैर्नाकार्येषु प्रवर्तते ॥ ६३ ॥

आददानः प्रतिदिनं कलाः सम्यङ् महीपतिः ।
शुक्लपक्षे प्रविचरन् शशाङ्क इव वर्द्धते ॥ ६४ ॥

विजितेन्द्रियस्य शास्त्राधिगमयोग्यत्वात् तदधिगमाय विद्यावृद्धसंयोग उच्यते । यदाह---**वर्धयन्नि**त्यादि । धर्मार्थौ सेवितौ सद्भिरादरात्, तयोः प्राधान्यात्[1] । कुर्वीत गुरुसेवनं शास्त्राधिगत्यर्थमवग्रहार्थं च ॥ ६१ ॥

तद् दर्शयति श्लोकद्वयेन---**शास्त्राये**त्यादि । शास्त्रं विनयवृद्धये सम्यक्करणीयवर्जनीयविधानात् । ततश्च विद्याविनीतो नापत्स्ववसीदति स्थैर्यप्रतिपत्त्यसम्मोहादियोगात् ॥ ६२ ॥

सम्मतः अभिगमनीयः । असद्वृत्तैः अनर्थजननैः । नाकार्येषु प्रवर्तते वृद्धोपसेवी, विद्यावृद्धैस्ततो निवर्त्यमानत्वात् ॥ ६३ ॥

शिष्याचार्यसम्बन्धलक्षणं विद्यावृद्धसंयोगं दर्शयन्नाह---**आददान** इत्यादि । गुरुभ्य आददान इत्यर्थः । प्रतिदिनमिति नित्याभियोगं दर्शयति । कलाः ज्योत्स्नाः[2], ज्ञानविद्याः कर्मविद्याश्च । शुक्लपक्षे प्रविचरन् धर्मविजयीत्यर्थः । वर्धते शशाङ्कइव शशाङ्को[3] वपुषा, राजा लक्ष्म्या कीर्त्या च ॥ ६४ ॥

---

१. 'प्रधानत्वात्' घ. पाठः. २. 'त्स्नाः विद्याश्च' ग-घ. पाठः. ३. 'मृगाङ्को' ग-घ पाठः.

जितेन्द्रियस्य नृपतेर्नीतिमार्गानुसारिणः।
भवन्ति ज्वलिता लक्ष्म्यः कीर्त्तयश्च नभःस्पृशः ॥ ६५ ॥

*इति स्म राजा विनयं नयान्वितो
निषेवमाणो नरदेवसेवितम्।
पदं समाक्रामति भास्वरं श्रियः
शिरो महारत्नगिरेरिवोन्नतम् ॥ ६६ ॥

इयं हि लोकव्यतिरेकवार्त्तिनी
स्वभावतः पार्थिवता समुद्धता।
बलात् तदेनां विनयेन योजये-
न्नयस्य वृद्धौ विनयः पुरस्सरः ॥ ६७ ॥

यदाह—**जितेन्द्रियस्येत्यादि**। अजितेन्द्रियस्य हि विद्यावृद्धसंयोगेन विद्यानुसरणासम्भवाद् जितेन्द्रियग्रहणम्। विद्येति वक्तव्ये नीतिग्रहणं राजविद्याप्राधान्यार्थम्। नीतिश्चाप्रयुज्यमाना न फलदेति मार्गग्रहणम्। नीतिप्रयोगानुसारिण इत्यर्थः। ज्वलिताः स्फीताः। नभःस्पृशः गगनोदरव्यापिन्यः॥ ६५॥

इदानीं सर्गान्ते प्रकरणद्वयोक्तमेवार्थमुपसंहरति। तत्रेन्द्रियजयमधिकृत्याह—**इतीत्यादि**। एवमुक्तेन विधिना विनयं निषेवमाण इति सम्बन्धः। स्मशब्दो निपातः पादपूरणार्थः। नयान्वितः नीतिमनुस्मरन्। नरदेवसेवितं पूर्वैराजभिरध्यासितम्, इतरत् शक्रादिभिः। पदं श्रियः। राज्यमित्यर्थः। भास्वरं भासनशीलम्। रत्नगिरिः सुमेरुः। तच्छिरसा चोपमानं स्वर्गतुल्यं राज्यमिति दर्शनार्थम्॥ ६६॥

विनयपूर्वकेण नयेन राजा राज्यमाप्नोतीति कुत एतादिति चेत् स्वभावतो नृपस्य समुद्धतत्वान्नयासिद्धेः। यदाह—**इयं हीत्यादि**। लोकव्यतिरेकवर्तिनी लोकबाह्या। सा ह्यसाधारणभोगसंस्पर्शात् स्वभावत एव समुद्धता भवति। तदेनां तस्मात् पार्थिवताम्। विनयः पुरस्सरः विनीतो हि शास्त्रमृच्छति, तन्निष्ठस्य हि शास्त्रार्थाः प्रसीदन्ति॥६७॥

---

* पद्यमिद 'परां विनीत' इत्यादिपद्यानन्तरं क-ख. पुस्तकयोर्दृश्यते.

परां विनीतः समुपैति सेव्यतां
महीपतीनां विनयो वि[1]भूषणम् ।
प्रवृत्तदानो मृदुसञ्चरत्करः
करीव भद्रो विनयेन शोभते ॥ ६८ ॥

गुरु[2]स्तु विद्याधिगमाय सेव्यते
श्रुता च विद्या मतये महात्मनाम् ।
श्रुतानु[3]वर्त्तीनि मतानि वेधसा-
मसशयं साधु भवन्ति [4]भूतये ॥ ६९ ॥

सुनिपुणमुपसेव्य सद्गुरुं शुचिरनुवृत्तिपरो विभूतये ।
भवति हि विनयोप[5]संहितो नृपति[6]पदाय शमाय च क्षमः ॥ ७० ॥

विनयस्य प्रयोजनान्तरमाह—**परामित्यादि** । विभूषणम् अकृत्रिमम् । कथं तेन भूष्यत इत्यत्राह—**प्रवृत्तदान इति** । धान्यपशुहिरण्यैर्यथाकालं प्रजानुग्रहकारणात् प्रवृत्तदानः । यदुचितमादीयते प्रजाभ्यः, तदस्य मात्रया प्रजासु सञ्चरतीति मृदुसञ्चरत्करः । तदुभयं विनयाद् भवतीति । भद्रोऽपि हि हस्ती मृदुसञ्चरत्करः, स हि न दुष्टहस्तिवत् क्षुद्रोपद्रवाय करं व्यापारयतीति ॥ ६८ ॥

वृद्धसंयोगमधिकृत्याह—**गुरुस्त्विति** । श्रुता च विद्या परिज्ञानाये[7]त्यर्थतः श्रुतमविनाशि वर्द्धते अर्थावगमस्य तदधीनसिद्धित्वात् । श्रुतानुवर्तीनि शास्त्राहितपरिज्ञानपूर्वकारीणि । वेधसां विदुषाम् । असंशयं भूतये भवन्ति । अनधीतशास्त्राणां तु कार्यसिद्धये यानि मतान्युत्पद्यन्ते तानि घुर्णा[8]क्षरकल्पत्वान्नावश्यम्भावीनि ॥ ६९ ॥

कीदृशं कथं च गुरुं सेवेतेत्याह—**सुनिपुणमिति** । विद्याप्रवीणम् । सद्गुरुमुपधाशुद्धम् । शुचिर्विनीतात्मा । अनुवृत्तिः परिचर्या । विभूतये उपसेव्येति

---

१. 'हि भू' ग. पाठः. २. 'र्वाहि वि' ग. पाठः. ३. 'वन्धानि' ख-ग. पाठः. ४. 'वृद्धये' क-ख. पाठः. ५. 'बृंहि' क-ख. पाठः. ६. 'फलाय' ग. पाठः. ७. 'र्थः अन्यत' ग-घ. पाठः. ८. 'णक्षताक्ष' ग-घ. पाठः. ९. 'फलाय' ग-घ. पाठः.

अविनयरतमादराद्दते
वशमवशं हि नयन्ति विद्विषः ।
श्रुतविनयनिधिं समाश्रित-
स्तनुरपि नैति पराभवं क्वचित् ॥ ७१ ॥

(इति विद्याविनयसंयोगो नाम द्वितीयं प्रकरणम्)

इति कामन्दकीये नीतिसारे इन्द्रियजयविद्याविनयसंयोगौ नाम
प्रथमः सर्गः ।

सम्बन्धः । विनयोपसंहितः गुरुसेवनाद् विनयान्वितः । नृपतिपदाय प्रकृष्टैहिक-राज्यफलाय । शमाय च परलोकहेतवे । क्षमो भवति ॥ ७० ॥

अविनयरतमिति । वृद्धयोगेऽप्यविनयासक्तं तस्याद्रव्यत्वात्, तथाचोक्तं "क्रिया हि द्रव्यं विनयति नाद्रव्यमि"(कौटि. अर्थ. १-५-२)ति । आदराद्दते विना प्रयासं वशं नयन्ति । श्रुतविनयनिधिं श्रुतविनयावात्मन्याधाय तावेव निधिं समाश्रित[1] इति द्रव्यत्वं दर्शयति । तनुरपि अल्पपरिवारोऽपीति ॥७१॥

(इति विद्याविनयसंयोगो नाम द्वितीयं प्रकरणम्)

इति शङ्करार्यकृतायां कामन्दकीयनीतिसारपञ्जिकायां जयमङ्गलायाम्
इन्द्रियजयविद्याविनयसंयोगौ नाम
प्रथमः सर्गः ।

---

१. 'श्रुतविनययोरात्मन्याधातव्ययोरुपायः समा' घ. पाठः.

अथ द्वितीयः सर्गः ।

* ३ विद्याविभागप्रकरणम् *

आन्वीक्षिकीं त्रयीं वार्तां दण्डनीतिं च पार्थिवः ।
तद्विद्यैस्तत्क्रियोपेतैश्चिन्तयेद् विनयान्वितः ॥ १ ॥
आन्वीक्षिकी त्रयी वार्ता दण्डनीतिश्च शाश्वती ।
विद्याश्चतस्र एवैता लोकसंस्थितिहेतवः ॥ २ ॥

एवं विनीतो राजा स्वपरमण्डल[1]गतकार्याण्यनुतिष्ठेत् । तत्राप्रतिष्ठि[2]तराज्यस्य परराज्यात्मसात्करणासम्भवात् स्वराज्यप्रतिष्ठापनार्थं षड्भिः सर्गैरुपायः प्रदर्श्यते । तत्रास्मिन् सर्गे प्रकरणत्रयं विद्याविभागो वर्णाश्रमव्यवस्था दण्डमाहात्म्यं च । तत्रायं प्रथम उपायः, यद् विद्यावृद्धैः सार्द्धं विद्याचि[3]न्ता, विद्याप्रतिबद्धत्वाल्लोकस्थितेः । तस्माद् विद्यावृद्धसंयोगानन्तरं विद्याविभाग उच्यत इति प्रकरणक्रमः । तमेवाद्यश्लोकेन दर्शयति — **आन्वीक्षिकीमित्यादि** । तद्विद्यैस्तत्क्रियोपेतैर्वक्तृभिः प्रयोक्तृभिश्च चिन्तयेद्, यथैता लोके सम्यक् प्रवर्त्तन्ते ॥ १ ॥

विभागश्च विद्यानां सङ्ख्याफलप्रधानगुणभावस्वरूपनिर्वचनैः । तत्र सङ्ख्यया विभज्यन्ते — **विद्याश्चतस्र एवैता** इति । पुनरासामुपादानं क्रमख्यापनार्थम् । तत्र सर्वविद्याविचारहेतुत्वात् प्रधानतमान्वीक्षिकी । ततो धर्मस्य प्रधानत्वात् तद्व्यवस्थापनार्थं त्रयी । व्यवस्थापितधर्मस्य लोकस्य जीवनहेतुर्वार्त्ता । तासु प्रवर्त्तमानासु तद्विघ्ननिवारणार्थं दण्डनीतिः । सा च शाश्वती नित्यस्थितिका, तस्याः प्रवर्त्तमानाया विघ्नेनानुच्छेदात् । इतरा अशाश्वत्य इत्यर्थोक्तम् । लोकसंस्थितये योगक्षे[4]महेतवे स्वेन स्वेन व्यापारेण । तत्र धर्मार्थयोर्द्वयोः कर्मणां प्रवर्त्तनाय त्रयीवार्त्ते । प्रवृत्तानां निष्पन्नानां च रक्षणाय दण्डनीतिः । आन्वीक्षिकी पुनः सर्वविद्यातत्त्वप्रकाशेन व्याप्रियमाणात्यन्तोपयोगिनी । यथोक्तं —

"प्रदीपः सर्वविद्यानामुपायः सर्वकर्मणाम् ।
आश्रयः सर्वधर्माणां शश्वदान्वीक्षिकी मता" (कौटि.अर्थ.१-१-१)

इति । तस्माच्चतस्रो विद्या यथाक्रमं व्यवस्थिताः ॥ २ ॥

---

१. 'लका' क-ख. पाठः. २. 'ते स्वराज्ये प' च. पाठः. ३. 'शिक्षा, वि' च. पाठः. ४. 'माय स्वे' च. पाठः.

त्रयी वार्ता दण्डनीतिस्तिस्रो[1] विद्या हि मानवाः ।
त्रय्या एव विभागोऽयं येयमान्वीक्षिकी मता ॥ ३ ॥
वार्ता च दण्डनीतिश्च द्वे विद्ये इत्यवस्थिताः ।
लोकस्यार्थप्रधानत्वाच्छिष्याः सुरपुरोधसः ॥ ४ ॥
एकैव दण्डनीतिस्तु विद्येत्यौशनसाः[2] स्थिताः ।
तस्यां हि सर्वविद्यानामारम्भाः सम्प्रतिष्ठिताः ॥ ५ ॥
विद्याश्चतस्र एवैता इति नो गुरुदर्शनम् ।
पृथक् पृथक् प्रसिद्ध्यर्थं यासु लोको व्यवस्थितः ॥ ६ ॥
आन्वीक्षिक्यात्मविज्ञानं धर्माधर्मौ त्रयीस्थितौ ।
अर्थानर्थौ तु वार्तायां दण्डनीत्यां नयेतरौ[3] ॥ ७ ॥

मानवाः मनोः शिष्याः । त्रय्या एव विभागोऽयमिति[4] । यथावस्थितपदार्थतत्त्वान्वीक्षणरूपत्वादान्वीक्षिकी हेतुविद्या । सा च[5] द्विविधा त्रय्यनुगामिनी त्रय्यन्तर्भूता च । तत्र पूर्वा साङ्ख्यादिशास्त्रम् । द्वितीया मीमांसादिशास्त्रम् । तदुभयमपि पूर्वोत्तरपक्षक्रमेण[6] तत्त्वव्यवस्थापकत्रयीविशेषत्वान्न[7] विद्यान्तरम् ॥ ३ ॥

लोकस्यार्थप्रधानत्वादिति । लोको हि धर्मकामलिप्सुरर्थे प्रयतते, तन्मूलत्वात् तयोः । तत्र चार्थे द्वे एव विद्ये व्याप्रियेते । सुरपुरोधसः बृहस्पतेः ॥ ४ ॥

औशनसाः शुक्रशिष्याः । तस्यामिति दण्डनीत्यां सर्वविद्यानामारम्भाः व्यापाराः रथनाभिवत् प्रतिष्ठिताः ॥ ५ ॥

गुरुदर्शनमिति । शास्त्रकारस्य कौटिल्यो गुरुः । पृथक् पृथक् प्रसिद्ध्यर्थमिति । यथोपवर्णितपूर्वाचार्यमतसम्भवेऽपि परस्परविसदृशफलसिद्ध्यर्थं चतसृष्वेव[8] लोको व्यवस्थितः ॥ ६ ॥

तदेव फलवैसादृश्यं दर्शयति — **आन्वीक्षिक्यात्मविज्ञानमित्यादिना** ।

---

१. 'तिरिति वि' ख-ग. पाठः.　२. 'सी स्थितिः' । क. पाठः.　३. 'नयानयौ' इति कोशेषु पाठः.　४. 'शेषोऽय' च पाठः.　५. 'च द्विधा' ग-घ. पाठः.　६. 'क्तपक्षक्रमेण त्र' क-ख. पाठः.　७. 'त्वाद् अवि' ग-घ. पाठः.　८. 'सृषु लो' ग-घ. पाठः.

आन्वीक्षिकीत्रयीवार्त्ताः सतीर्विद्याः प्रचक्षते।
सत्योऽपि हि न सत्यस्ता दण्डनीतेस्तु विप्लवे ॥ ८ ॥

दण्डनीतिर्यदा सम्यङ्नेतारमधितिष्ठति ।
तदा विद्याविदः शेषा विद्याः सम्यगुपासते ॥ ९ ॥

वर्णा[1]श्चैवाश्रमाश्चैव विद्यास्वासु प्रतिष्ठिताः।
रक्षेत् ता रक्षणात् तासां तद्धर्मस्यांशभाङ् नृपः ॥ १० ॥

यथावस्थितभावस्वभाववेदनम् आत्मविज्ञानम् । तदान्वीक्षिक्यां स्थितं फलम् । धर्माधर्मौ त्रयीस्थितौ । तत्रेज्याध्ययनादिर्धर्मः, श्वमांसभक्षणादिरधर्मः । अर्थानर्थौ वार्त्तायां स्थितौ । काले बीजवापनादिनिष्पन्नोऽर्थः । अकालबीजवापादिनिष्पन्नोऽनर्थः । दण्डनीत्यां नयेतरौ तत्र नयानयौ स्थितौ । ज्यायसा सन्धि[2]र्योगक्षेमनिष्पादकत्वान्नयः, विग्रहस्त्वनिष्पादकत्वादितरः अपनय इत्यर्थः ॥ ७ ॥

परस्परविसदृशफलत्वेऽप्यासां प्रवृत्तिः प्रधानगुणभावेन । तत्र दण्डनीतेः प्रधानभावेन, शेषाणां गुणभावेन, तदन्वयव्यतिरेकानुविधानात् । तदेव दर्शयति— **आन्वीक्षिकी**त्यादिना श्लोकद्व[3]येन । सतीरिति विद्यमानाः साक्षाल्लोकोपकारित्वात् । सत्योऽपि हि न सत्य इति । सदप्यसदिवाविशेषादिति मन्यते । विप्लव इति दण्डनीतेरयथावत्प्रवृत्तावप्रवृ[4]त्तौ वेत्यर्थः ॥ ८ ॥

सम्यङ्नेतारमिति सम्यक्प्रयोक्तारम् । सम्यगुपासते तासु तद्विहितेषु चार्थेषु सम्यगनुष्ठानात् ॥ ९ ॥

विद्यास्वासु प्रतिष्ठिता इति तिसृणां सतीत्वं प्रतिपादयति । प्रतिष्ठिताः आस्विति सम्बन्धः । रक्षेत् ता इति दण्डनीतेर्व्यापारं दर्शयति । अंशभाक् षष्ठांशभाक् । अरक्षणे चाधर्मः स्यादित्यर्थोक्तिम् ॥ १० ॥

---

१. 'स्सर्वाश्च' क. पाठः. २. 'संयोगो यो' ग-घ. पाठः. ३. 'त्रयेण' । क-ख. पाठः. ४. 'त्तावपील' घ. पाठः.

आन्वीक्षिक्यात्मविद्या स्यादीक्षणात् सुखदुःखयोः।
ईक्षमाणस्तया तत्त्वं हर्षशोकौ व्युदस्यति ॥ ११ ॥

ऋग्यजुःसामनामानस्त्रयो वेदास्त्रयी स्मृता।
उभौ लोकाववाप्नोति त्रय्यां तिष्ठन् यथाविधि ॥ १२ ॥

अङ्गानि वेदाश्चत्वारो मीमांसा न्यायविस्तरः।
धर्मशास्त्रं पुराणं च त्रयीदं सर्वमुच्यते ॥ १३ ॥

(†शिक्षा व्याकरणं कल्पो ज्योतिषामयनं तथा।
छन्दः सह निरुक्तेन वेदाङ्गानि वदन्ति षट् ॥)

विद्यानां स्वरूपं भेदं च षड्भिः श्लोकैराह — **आन्वीक्षिकीत्यादि**। आत्मविद्या पदार्थस्वभावविद्या, हेतुविद्येति यावत्, तया हीदं सुखसाधनम् इदं दुःखसाधनमिति पदार्थतत्त्वान्वीक्षणात्। ततश्च तया तत्त्वमीक्षमाणो हर्षशोकौ व्युदस्यति। तद् यथा — प्राप्तापि क्षणभङ्गुरा वृद्धिरित्यभ्युदये हर्षमपनयति, दृष्टा च जीवतामात्मवतां पुनरावृत्तिर्नलादीनामिवेति व्यसने शोकम् ॥ ११ ॥

त्रयो वेदा इति। धर्माधर्मवेदनाद् वेदाः। ते चैककार्यापेक्षया समुदितास्त्रयीसंज्ञिताः। यथाविधि यथास्वं प्रवर्त्तितधर्मकर्मा तत्र तिष्ठंस्त्रिवर्गप्राप्त्या लोकद्वयमाप्नोति ॥ १२ ॥

परिशिष्टव्यापारविधानार्थं साकल्येन त्रयीस्वरूपं दर्शयति — **अङ्गानीत्यादिना**। तत्राङ्गानि षट्, शिक्षा कल्पो व्याकरणं छन्दोविचितिर्निरुक्तं ज्योतिषं चेति। वेदाश्चत्वारोऽथर्ववेदेन सह। स चाभिचारकर्मज्ञानादिफलः। मीमांसा वेदार्थव्याख्या। न्यायविस्तरो न्यायशास्त्रं साङ्ख्यादि। धर्मशास्त्रं मानवादि। पुराणम् अशेषलोकोत्पत्तिसंहारादिज्ञानफलम् ॥ १३ ॥

---

१. 'द्वी' क. पाठः. २. 'यात्र स' ग-घ. पाठः. ३. 'दिशास्त्रम्। ध' क-ख. पाठः.

---

† धनूरेखाङ्कितं पद्यं क. पुस्तके व्याख्यायां च न दृश्यते.

पाशुपाल्यं कृषिः पण्यं वार्ता वार्ता तु[1] जीवनम् ।
सम्पन्नो वार्तया साधु नावृत्तेर्भयमृच्छति ॥ १४ ॥
दमो दण्ड इति प्रोक्तस्तात्स्थ्याद् दण्डो महीपतिः ।
तस्य नीतिर्दण्डनीतिर्नयनान्[2]नीतिरुच्यते ॥ १५ ॥
तयात्मानं च शेषाश्च विद्याः पायान्महीपतिः ।
विद्या लोकोपकारिण्यस्तत्पाता हि महीपतिः ॥ १६ ॥

पाशुपाल्यं पशुपालनकर्म गवाश्वादीनां पोषणचिकित्सादि । तच्च तन्त्रं **गौतमशालिहोत्रा**दिप्रणीतम् । कृषिः **पराशर**प्रोक्ता बीजवापपरिकर्मादिविधानार्था । पण्यं व्यवहर्त्तव्यं क्रयविक्रयस्वरूपं, वाणिज्यमिति यावत् । तच्च **विदेहराज**प्रोक्तम् । वार्त्ता वर्त्तते जीवति लोकोऽनयेति कृत्वा । यदाह — वार्त्ता तु जीवनमिति । साधु सम्पन्न इति सम्बन्धः ॥ १४ ॥

दमो दण्ड इति । दमशब्दो दण्डप्रकृतावुपायविशेषे च दण्डे[3] वर्त्तते । तत्र सर्वप्रकृतिविषयत्वं[4] नयस्येति दण्डप्रकृतिमपास्य निग्रहस्वरूपमुपायमाश्रित्याह— दमो दण्ड इति । सामदानभेदसम्भवेऽपि प्रायोऽनेनैव नीतेर्व्यपदेशः, लोकस्य दोषबाहुल्यात् । यदाहुः —

"सर्वो दण्डजितो लोको दुर्लभो हि शुचिः क्वचित् ।
दण्डस्य हि भयात् कृत्स्नं जगद् भोगाय कल्पते" ॥

इति । अथवा दण्डशब्दोऽत्र दमनमात्रवृत्तिः स्वपरपक्षदमनोपायाशेषसामाद्युपग्राही द्रष्टव्यः । स चोभयथापि राजाश्रित इति तात्स्थ्याद् दण्डो महीपतिः तस्य नयनात् प्रवर्त्तनात् नीतिर्दण्डनीतिः । राजविद्येत्यर्थः ॥ १५ ॥

तस्य व्यापारमाह — **तये**त्यादि । आत्मानं पायात्, अन्यथा स्वपरेभ्यो न रक्षितः कथमन्यद् रक्षेत् । शेषा विद्याः आन्वीक्षिकीत्रयीवार्त्ताः । लोकोपकारिण्य इति सतीत्वं दर्शयति । तत्पाता हि महीपतिरिति । लोकवती मही, तस्याः कथं पतिः, यदि तदुपकारिणीर्विद्या न पायात् ॥ १६ ॥

---

१. 'नु' इति मूलकोशेषु पाठः. २. 'नं नी' क. पाठः ३. 'ण्ड दण्डशब्दो वर्त्तते' क-ख. पाठः. ४. 'विशेषत्वान्न' ग-घ. पाठः.

विद्याभिराभिर्निपुणं चतुर्वर्गमुदारधीः।
विद्यात् तदासां विद्यात्वं 'विर्दे ज्ञाने' निगद्यते॥ १७॥

(इति विद्याविभागो नाम तृतीयं प्रकरणम्)

---

* ४ वर्णाश्रमव्यवस्थाप्रकरणम् *

इज्याध्ययनदानानि यथाशास्त्रं सनातनः।
ब्राह्मणक्षत्रियविशां सामान्यो धर्म उच्यते॥ १८॥

कथमेता विद्या इत्युच्यन्त इति निर्वचनं दर्शयति—**विद्याभिरित्यादिना**। आभिश्चतुर्वर्गो वेद्यत इति विद्याः। अयं सङ्क्षेपार्थः। निपुणं यथावत्। चतुवर्गो मोक्षेण सह। तस्य चाधिगमाय योगशास्त्रमान्वीक्षिकीति विशेषः। तथाचोक्तं "साङ्ख्यं योगो लोकायतं चान्वीक्षिकी"(कौटि. अर्थ. १-१-१)ति। उदारधीरिति निर्मलप्रज्ञः। अचक्षुषो विद्याप्रदीपः किं कुर्यादिति ज्ञापयति। 'विद ज्ञान' इत्यनेन लाभाद्यर्थधातुव्यवच्छेदादान्वीक्षिक्याद्या ज्ञानविद्येति दर्शयति। एवञ्च ज्ञानविद्याधिकारात् सत्योऽप्यन्याः कर्मविद्या व्यापारव्यायामप्रयोजना नोक्ताः॥१७॥

(इति विद्याविभागो नाम तृतीयं प्रकरणम्)

एवं धर्ममालोच्य लोके प्रवर्त्तितविद्यश्चतुर्वर्णाश्रमलक्षणं लोकं स्वधर्मकर्मसु व्यवस्थापयेदिति तद्व्यवस्थोच्यते। तत्राश्रमाणां वर्णान्तर्भावेऽपि पृथक्करणं कर्मभेदज्ञापनार्थम्। तत्र वर्णव्यवस्थां *चतुर्दशभिः श्लोकैराह—**इज्येत्यादि**। इज्या दर्शपूर्णमासादि। अध्ययनं वेदाध्ययनमेव। दानं दक्षिणादानादि। यथाशास्त्रं यथागमम्। तथाहि—राजसूयाश्वमेधौ क्षत्रियस्यैव विहितौ। सनातनो नित्यः। एतदपरिहारेणान्यत् करणीयमिति दर्शयति। धर्म उच्यते तस्य धर्मार्थत्वात्॥ १८॥

---

१. 'दिर्ज्ञाने निरुच्यते' क. पाठः. २. 'तुर्भिः' च. पाठः.

---

* आश्रमपृथक्कृतवर्णव्यवस्था चतुर्भिः, आश्रमव्यवस्था दशभिरित्याहत्य चतुर्दशभिः क्रोडीकृताश्रमवर्णव्यवस्थोच्यत इत्याशयो भवेत्.

याजनाध्यापने शुद्धे[1] विशुद्धाच्च[2] प्रतिग्रहः ।
वृत्तित्रयमिदं प्रोक्तं[3] मुनिभिर्ज्येष्ठवर्णिनः ॥ १९ ॥
शस्त्रेणाजीवनं राज्ञो[4] भूतानां चाभिरक्षणम् ।
पाशुपाल्यं कृषिः पण्यं वैश्यस्याजीवनं[5] स्मृतम् ॥ २० ॥
शूद्रस्य धर्मः शुश्रूषा द्विजानामनुपूर्वशः[6] ।
शुद्धा च वृत्तिस्तत्सेवा कारुचारणकर्म च ॥ २१ ॥
गुरौ वासोऽग्निशुश्रूषा स्वाध्यायो व्रतचारणम्[7] ।
त्रिकालस्नायिता भैक्षं गुरौ प्राणान्तिकी स्थितिः ॥ २२ ॥

शुद्धे असामान्ये ब्राह्मणस्यैव । प्रतिग्रहश्च शुद्धः । स च विशुद्धात् अभिशस्तपतितादिवर्जम् । एते च वर्त्तनार्थाः । यथाह — वृत्तित्रयमिति । ज्येष्ठवर्णिनः ब्राह्मणस्य ॥ १९ ॥

राज्ञ इति । क्षत्रियस्येज्यादयो धर्माः, शस्त्रेण त्वाजीवनम्भूतानां चाभिरक्षणम् आपन्नानाम् । यद्यप्यत्र रक्षणमेव कुर्वन् शस्त्रेणाजीवनं लभते, तथापि विनाप्याजीवनेनापन्नत्राणं कर्त्तव्यमिति भूताभिरक्षणग्रहणेन ज्ञापयति । वैश्यस्येज्यादयो धर्माः, पाशुपाल्यादि वृत्तये । वार्त्तेति वक्तव्ये त्रयाणामुपादानं पूर्वपूर्वाभावे उत्तरोत्तरप्रतिपत्त्यर्थम् ॥ २० ॥

शुश्रूषा परिचर्या शूद्रस्य धर्मः । अनुपूर्वश इति । सति ब्राह्मणे न तावत् क्षत्रियस्य क्षत्रिये वा न वैश्यस्येति । शुद्धा च वृत्तिरिति चशब्दाद् वार्त्ता च सामान्या । तत्सेवा द्विजातीनामेव भृत्यतामुपगम्य । कारुकर्म तक्षणादि, चारणकर्म नृत्तगीतवाद्यादि ॥ २१ ॥

आश्रमव्यवस्थां दशभिः श्लोकैराह — **गुरावित्या**दि । गुरौ वासः गुरुकुले यावद्विद्याग्रहणम् । अग्निशुश्रूषा अग्निकार्यम् । स्वाध्यायः यस्मिन् वेदे व्रतं चरति स एवाध्येतव्य इति स्वग्रहणम् । व्रतचारणं ब्रह्मचर्यम् । त्रिकालस्नायिता त्रिसन्ध्यं

---

१. 'चैव', 'चोभे' इति च मूलकोशेषु पाठः. २. 'द्धश्च' क. पाठः. ३. 'प्राहुर्मुनयो ज्ये' क. पाठः. ४. 'ज्ञां' ख. पाठः. ५. 'श्यानां जी' क. पाठः. ६. 'वर्णाना' क. पाठः. ७. 'रिता' । ख-ग पाठ : ८. 'नमवलम्बनम् ।भू' ग-घ. पाठः. ९. 'ध्येत्र इ' ग-घ. पाठः.

तदभावे गुरुसुते तथा सब्रह्मचारिणि ।
कामतो वाश्रमान्यत्वं स्वधर्मो ब्रह्मचारिणः ॥ २३ ॥
समेखलो[1] जटी मुण्डो दण्डी वा गुरुसंश्रयः ।
आ विद्याग्रहणाद् गच्छेत् कामतो वाश्रमान्तरम् ॥ २४ ॥
अग्निहोत्रोपचरणं जीवनं च स्वकर्मभिः ।
धर्मदारेषु *कल्[2]येषु पर्ववर्[3]जं रतिक्रिया ॥ २५ ॥

स्नानम् । भैक्षं यद् भिक्षोपात्तं तदेव भोक्तव्यम् । एवं तावद् वेदब्रह्मचारिण उपकुर्वाणस्या समावर्त्तनाद्, आ मरणात्तु नैष्ठिकस्य । तस्य विशेषमाह—गुरौ आचार्यस्य कुले । प्राणान्तिकी स्थितिः अवस्थानम् । प्राणे एवान्तोऽवधिरस्या इति विग्रहः ॥ २२ ॥

तदभावे गुरुसुत इति द्वितीयः कल्पः । तस्याप्यभावे सब्रह्मचारिणि समानचरणे तुल्यशाखाध्यायिनीति तृतीयः । कामतश्चाश्रमान्यत्वं, यदि ब्रह्मचारी नैष्ठिकत्वं नेच्छेत् ॥ २३ ॥

यश्च वेदब्रह्मचारी, स चाप्या विद्याग्रहणाद् गुरुकुलसंश्रितो गृहीतव्रतलिङ्गः स्यादित्याह—**समेखल** इत्यादि । तत्र जटी मुण्डो वा स्यात् । तयोर्मेखला दण्डकाष्ठं च समानम् । गच्छेत् कामतो वाश्रमान्तरमिति । अत्र "आश्रमादाश्रमान्तरं गच्छेदि"त्यस्मात् स्मृतिवाक्यात् क्रमेणोत्तरोत्तरमाश्रमं गच्छेदिति प्रथमः कल्पः । कामतो वेति द्वितीयः । तत्र ब्रह्मचारी गृहस्थश्च स्वेच्छया स्वधर्ममपास्य परिव्राड्धर्मं संश्रयेद्, वानप्रस्थधर्मं तु गृहस्थ एव, तत्राग्निहोत्रसम्भवात् ॥ २४ ॥

गृहस्थधर्ममाह—**अग्निहोत्रोपचरणमिति** आहिताग्नित्वम् । जीवनं स्वकर्मभिः ब्राह्मणादेः स्वेन स्वेन कर्मणा वृत्तिः । धर्मदारेषु धर्मविवाहपरिगृहीतेषु । काले ऋतुकाले प्राप्ते । रतिक्रिया धर्मप्रजार्था । तत्रापि पर्ववर्जम् अष्टमीचतुर्दशीपञ्चदशीपरिहारेणेत्यर्थः ॥ २५ ॥

---

१. 'लोऽजिनी दण्डी मुण्डो वा' क. पाठः. २. 'कु' ग. पाठः. ३. 'र्जा' ख. पाठः, 'र्ज्या' ग. पाठ. ४. 'न्तो' ख-ग. पाठः. ५. 'णा' क. पाठः. ६. 'णं गु' ग-घ. पाठः.

* कल्येषु निरामयेषु । व्याख्यातृपक्षे तु 'काले तु' इति पाठो भवेत् ।

देवपित्रतिथिभ्यश्च पूजा दीनानुकम्पनम् ।
श्रुतिस्मृत्यर्थसंस्थानं धर्मोऽयं गृहमेधिनः ॥ २६ ॥
जटित्वमग्निहोत्रित्वं भूशय्याजिनधारणम् ।
वनेवासः पयोमूलनीवारफलवृत्तिता ॥ २७ ॥
प्रतिग्रहनिवृत्तिश्च त्रिःस्नानं व्रतचारिता ।
देवातिथीनां पूजा च धर्मोऽयं वनवासिनः ॥ २८ ॥
सर्वारम्भपरित्यागो भैक्षाश्यं वृक्षमूलिता ।
निष्परिग्रहताद्रोहः समता सर्वजन्तुषु ॥ २९ ॥
प्रियाप्रियापरिष्वङ्गः सुखदुःखाविकारिता ।
सबाह्याभ्यन्तरं शौचं वाग्यमो व्रतचारिता ॥ ३० ॥

देवपित्रतिथिभ्यश्च पूजां कृत्वा कृतद्रव्यविनियोगेन । श्रुतिस्मृत्यर्थसंस्थानमिति । श्रुतिस्मृतिविहिते कर्मण्यवस्थानं, न पाषण्डसिद्धान्तविहिते । गृहमेधिनः गृहस्थस्य, गृहे सतो यज्ञशीलत्वात् ॥ २६ ॥

भूशय्या अनास्तरणायां भूमौ शयनम् । अजिनं मार्गं वैयाघ्रं वा । वनेवासः, न ग्रामे । पयो जलम् । नीवारः अकृष्टपच्यो व्रीहिः ॥ २७ ॥

व्रतचारितेति । तस्यापत्ये सङ्क्रमितगार्हस्थ्यधर्मस्य सपत्नीकत्वेऽपि ब्रह्मचर्यम् । तथाहि "पुत्रेषु भार्यां निक्षिप्य वनं गच्छेत् सहैव वा" इति स्मृतिः । वनवासिनः वानप्रस्थस्य ॥ २८ ॥

सर्वारम्भपरित्याग इति । सर्वासां यागादिक्रियाणामाश्रमधर्मातिरिक्तानामननुष्ठानम् । भैक्षाश्यं भिक्षाहारत्वम् । वृक्षमूलिता अरण्यवासः । निष्परिग्रहता प्रव्रज्योपकरणव्यतिरिक्तानुपादानम् । अद्रोहः अजिघांसा । समता सर्वभूतेषूत्कृष्टेष्वपकृष्टेषु च ॥ २९ ॥

प्रियाप्रियापरिष्वङ्गः इष्टानिष्टसङ्गत्यागः । सुखदुःखाविकारिता हर्षशोकाभावात् । बाह्यं शौचं मृदादिभिर्लेप(:?) गन्धापनोदनार्थममेध्यस्य, आभ्यन्तरं मनःशौचम् । वागयमो मौनम् ॥ ३० ॥

---

१. 'तृ' क. पाठः. २. 'वताातिथिपू' ख-ग. पाठः. ३. 'नाम्' ग. पाठः ४. 'र' क. पाठः. ५. 'ब्रह्मचा' क. पाठः. ६. 'नार्थं चामे' क-ख-ग-घ-ङ. पाठः.

सर्वेन्द्रियसमाहारो धारणा ध्यानयुक्तता ।
भावसंशुद्धिरित्येष परिव्राड्धर्म उच्यते ॥ ३१ ॥
अहिंसा सूनृता वाणी सत्यं शौचं दया क्षमा ।
वर्णिनां लिङ्गिनां चैव सामान्यो धर्म उच्यते ॥ ३२ ॥
स्वर्गानन्त्याय धर्मोऽयं सर्वेषां वर्णिलिङ्गिनाम् ।
अस्याभावे तु लोकोऽयं सङ्करान्नाशमाप्नुयात् ॥ ३३ ॥
सर्वस्यास्य यथान्यायं भूपतिः सम्प्रवर्तकः ।
तस्याभावे धर्मनाशस्तदभावे जगच्च्युतिः ॥ ३४ ॥

सर्वेन्द्रियसमाहारः अलोलुपेन्द्रियत्वम् । धारणा मनसो निरोधः । ध्यानं ध्येयविषयावलम्बनम् । भावसंशुद्धिः अविचिकित्सा ॥ ३१ ॥

विशेषमुक्त्वा सामान्यधर्ममाह — **अहिंसेत्यादि** । अहिंसा शास्त्रविधानादन्यत्र । सूनृता वाणी अपरुषा । दया दीनेषु । क्षमा आक्रोशादितितिक्षा । लिङ्गिनाम् आश्रमिणाम् ॥ ३२ ॥

यथोक्तस्य धर्मस्य फलमाह — **स्वर्गानन्त्यायेति** । सर्वेषामेव वर्णिनां लिङ्गिनां यथायोगं कश्चित् स्वर्गाय, कश्चिदानन्त्याय, न विद्यते अन्तोऽस्येत्यनन्तो मोक्ष उच्यते, स्वार्थिकः ष्यञ्, स्वर्गस्यान्तवत्त्वात् । अस्य धर्मस्याभावे न केवलं फलाभावः, प्रत्युत सङ्करान्नाशमाप्नुयात् । तत्र सङ्करो द्विविधः, कर्मसङ्करो वर्णसङ्करश्च । तत्र पूर्वः शूद्रस्य द्विजकर्म, द्विजस्यापि शूद्रकर्मेत्यादि । इतरोऽपि प्रातिलोम्येनाभिगमनम् ॥ ३३ ॥

यथान्यायं यथार्हम् । सम्प्रवर्तकः दण्डधारितया । तस्याभावे धर्मनाश इति भूपतेरभावे यजनादिधर्मनाशः । तदभावे जगच्च्युतिः । तथाहि "लोकधारणाद् धर्म" इति निरुच्यते ॥ ३४ ॥

---

१. 'वर्णा' ग. पाठः. २. 'ण' ख. पाठः. ३. 'त' ख.ग. पाठः. ४. 'सर्वना' ख. ग. पाठः. ५. 'धनम् । ध्या' पाठः.

वर्णाश्रमाचारयुतो वर्णाश्रमविभागवित् ।
पाता वर्णाश्रमाणां च पार्थिवः स्वर्गलोकभाक् ॥ ३५ ॥

(इति वर्णाश्रमव्यवस्था नाम चतुर्थं प्रकरणम्)

---

* ५ दण्डमाहात्म्यप्रकरणम् *

इति यस्मादुभौ लोकौ धारयत्यात्मवान् नृपः ।
प्रजानां च ततः सम्यग् दण्डं दण्डीव धारयेत् ॥ ३६ ॥
उद्वेजयति तीक्ष्णेन मृदुना परिभूयते ।
दण्डेन नृपतिस्तस्माद् युक्तदण्डः प्रशस्यते ॥ ३७ ॥

प्रकरणार्थस्यानुष्ठाने अनुष्ठापने च राज्ञः फलमाह---**वर्णाश्रमाचारयुत** इति । यस्मिन् वर्णे आश्रमे वा स्थितः स तदाचारयुतः । वर्णाश्रमविभागविद्, अन्यथा कथं पाता स्यात् । स्वर्गलोकभाग् इहलोकभाक्त्वं सामर्थ्यलभ्यमेवेति ॥ ३५ ॥

(इति वर्णाश्रमव्यवस्था नाम चतुर्थं प्रकरणम्)

अथ दण्डमाहात्म्यमुच्यते । तस्य सम्बन्धमाह—**इतीति** । एवं वर्णाश्रमान् व्यवस्थापयन्नुभौ लोकावात्मनः प्रजानां चेति सम्बन्धः । धारयति दण्डेनेत्यर्थः । दण्डीव धारयेत् । प्रजा हि यमस्थाने दण्डधरं राजानं मन्यमाना भयान्नापराध्यन्तीति । स च दण्डो वधबन्धपरिक्लेशार्थहरणलक्षणस्तीक्ष्णमृदुमध्यमभेदेन त्रिविधः ॥ ३६ ॥

तत्र **उद्वेजयति तीक्ष्णेन** दण्डेन लोकमतिनिग्रहेणेत्यर्थः । दमनमात्रवृत्तिनापि दण्डेन अतिसाम्ना अतिदानेन अतिभेदेन अतिनिग्रहेण वा लोकमुद्वेजयति । मृदुना हेतुभूतेन परिभूयते, लोकेनेति शेषः किमयं सान्त्वयिष्यति, किं दास्यति, किं भेदयिष्यति, किं निग्रहीष्यतीति । युक्तदण्डः प्रशस्यते आत्मप्रजयोस्त्रिवर्गवर्द्धनात् ॥ ३७ ॥

---

१. 'त्रा' ख-ग. पाठः. २. 'इति । एवं वर्णाश्रमाचारव्यवस्था । य' ग-घ. पाठः.

त्रिवर्गं वर्धयत्याशु राज्ञो दण्डो यथाविधि ।
प्रणीतोऽ[2]थासमञ्जस्याद् वनस्थानपि कोपयेत् ॥ ३८ ॥
लोकशास्त्रानुगो नेयो दण्डोऽनुद्वेजनः श्रिये ।
उद्वेजनादधर्मः स्यात् तस्माद् [3]ध्वंसो महीपतेः ॥ ३९ ॥
परस्परामिषतया जगतो भिन्नवर्त्मनः ।
दण्डाभावे परिध्वंसी मात्स्यो न्यायः प्रवर्तते ॥
जगदेतन्निराक्रन्दं कामलोभादिभिर्बलात् ।
निमज्ज्यमानं निरये राज्ञो[4] दण्डेन धार्यते ॥ ४१ ॥
इदं प्रकृत्या विषयैर्वशीकृतं परस्परस्त्रीधनलोलुपं जगत् ।
सनातने वर्त्मनि साधुसेविते प्रतिष्ठते दण्डभयोप[5]पीडितम् ॥४२॥

यदाह—**त्रिवर्गं वर्द्धयतीति** । यथाविधि प्रणीतो यथान्यायप्रवृत्तः । अथासमञ्जस्यादिति । यदि कामक्रोधाज्ञानादिभिर्न सम्यक् प्रवृत्तः स्यात्, तदा वानप्रस्थानपि कोपयेत्, किं पुनर्गृहस्थान् ॥ ३८ ॥

यथाविधि प्रणयनं च लोकशास्त्रानुगमात् । यदाह—**लोकशास्त्रानुगो नेय** इति । नेयः प्रयोज्यः । स ह्यनुद्वेजनीयत्वाच्छ्रि[6]ये भवति । उद्वेजनः पुनरश्रिये[7] इत्यर्थोक्तम् । अधर्मश्चोद्वेजनात् । तस्माद् ध्वंस इति । अनुद्वेजनाद् धर्मश्च भवतीत्यर्थोक्तम् ॥ ३९ ॥

दण्डस्याप्रणये दोषमाह—**परस्परामिषतयेति** । अन्योन्यभक्ष्यत्वेन । भिन्नवर्त्मनः उच्छिन्नस्वधर्मकर्मणः । परिध्वंसी मात्स्यो न्यायः बलवता यदबलग्रसनम् ॥

दण्डमाहात्म्यमाह—**जगदित्यादि** । निराक्रन्दं निराश्रयम् । कामलोभादिभिः अरिषड्वर्गैः । निरये नरके । निमज्ज्यमानं निपात्यमानम् । दण्डेन धार्यते स्वमार्गे प्रतिष्ठाप्यमानत्वात् ॥ ४१ ॥

तदेव दर्शयन्नाह—**इदमित्यादि** । सनातन इति स्वस्मिन् स्वस्मिन् मार्गे । प्रतिष्ठते प्रवर्तते ॥ ४२ ॥

---

१. 'ज्ञा' क-ख. पाठः.　२. 'वा' क. पाठः.　३. 'भ्रंशो म' क. पाठः.　४. 'ज्ञो दण्डेन साध्यते' क. पाठः.　५. 'यातिपी' ग. पाठः, 'यादिपी' ख. पाठः.　६. 'यैं' क-ख-घ. पाठः.　७. 'यै' क-ख-घ. पाठः.

नियतविषयवर्ती प्रायशो दण्डयोगा-
ज्जगति परवशेऽस्मिन् दुर्लभः साधुवृत्तः ।
कृशमर्थं विकलं वा व्याधितं वाधनं वा
पतिमपि कुलनारी दण्डभीत्याभ्युपैति ॥ ४३ ॥

इति परिगणितार्थः शास्त्रमार्गानुसारी
नियमयति यतात्मा यः प्रजा दण्डनीत्या ।
अपुनरपगमाय प्राप्त[2]मार्गप्रचाराः
सरित इव समुद्रं सम्पदस्तं विशन्ति ॥ ४४ ॥

(इति दण्डमाहात्म्यं नाम पञ्चमं प्रकरणम्)

इति कामन्दकीयनीतिसारे
विद्याविभागवर्णाश्रमव्यवस्थादण्डमाहात्म्यानि नाम
द्वितीयः सर्गः ।

तत्र यद्यपि कश्चित् स्वमार्गे दण्डमन्तरेण प्रतिष्ठते, तथापि न प्रायश इति दर्शयन्नाह—**नियतविषयवर्तीत्यादि** । परवशे विषयवशीकृते । दुर्लभः साधुवृत्तः, यो दण्डं विना स्यात् । यथा कुलनारी कृशत्वादिदोषयुक्तं पतिमनिच्छन्त्यपि दण्डभीत्योपयन्ती नातिक्रामन्ती दृश्यते । विकलं हीनाङ्गम् ॥ ४३ ॥

प्रकरणानुष्ठाने फलमाह—**इति परिगणितार्थ** इत्यादि । एवं तीक्ष्ण-मृदुमध्यमप्रयोगेणाप्रयोगेण च विभक्तदण्डार्थः । शास्त्रं मानवादि, तन्मार्गानुसारी । तद् यथा—अयं वध्यः, अयं परिक्लेश्यः, अयमर्थं हर्तव्यश्चेति । नियमयति स्वमार्गे स्थापयति । यतात्मा जितेन्द्रियः । अपुनरपगमाय नित्यस्थितै[3]त्वे न पुनर-

---

१. 'पि' क. पाठः. २. 'राज्यप्र' ख-ग. पाठः. ३. 'तये न' घ. पाठः.

को हि नाम कुले जातः सुखलेशोपलोभितः ।
अल्पसाराणि भूतानि पीडयेदविचारयन् ॥ ८ ॥
आधिव्याधिपरीताय अद्य श्वो वा विनाशिने ।
को हि नाम शरीराय धर्मापेतं समाचरेत् ॥ ९ ॥
ओहार्यैर्नीयमानं हि क्षणं दुःखेन हृद्यताम् ।
छायामात्रकमेवेदं पश्येदुदकबिन्दुवत् ॥ १० ॥
महावाताहतिभ्रान्तमेघमालातिपेलवैः ।
कथं नाम महात्मानो ह्रियन्ते विषयारिभिः ॥ ११ ॥
जलान्तश्चन्द्रचपलं जीवितं खलु देहिनाम् ।
तथाविधमिति ज्ञात्वा शश्वत् कल्याणमाचरेत् ॥ १२ ॥

को हि नाम कुले जात इति । अनभिजातस्यायं धर्मः, यत् कृपणपीडनमिति भावः । अल्पसाराणि कृपणानि । अविचारयन्निति । यद्यपराधं प्राप्नोति, तदा यथापराधं पीडयेदेव, राज्ञो व्यवस्थाकारित्वात् ॥ ८ ॥

यस्य च शरीरस्य कृते कृपणपीडनं, तद् दोषबहुत्वादस्थिरमित्याह—**आधीत्यादि** । आधिः इष्टवियोगादिप्रभवा चित्तपीडा । धर्मापेतम् अविचार्य कृपणपीडनम् ॥ ९ ॥

यदापि संस्कारैर्हृद्यतां नीयते, तदापि बहिः शोभामात्रमस्येत्याह—**ओहार्यैरिति** स्नानानुलेपनादिभिः । क्षणमिति क्षणमात्रं हृद्यतां नीयमानम् । **दुःखेन** प्रयासेन । छायामात्रकमिदं शरीरं पश्येद्, अतितुच्छत्वाद् जलबुद्बुदवत् । तस्मात् तदर्थं दुर्बलं न पीडयेदिति भावः ॥ १० ॥

किञ्च विषयैः प्रेर्यमाणा अल्पसत्त्वा एव कृपणं पीडयन्ति, नेतर इत्याह—**महावातेत्यादि** । महतो वातस्याहननेन भ्रान्ता या मेघमाला तद्वदतिपेलवैः अचिरस्थायिभिः कथं ह्रियन्ते, यद्धर्मापेतमाचरिष्यन्ति ॥ ११ ॥

तस्मान्महात्मा राजा जीवितमनित्यं ज्ञात्वा दीनमुपगतं रक्षेदित्याह—**जलान्तरित्यादि** । देहिनां जीवितं जलान्तश्चन्द्रचपलमिति ज्ञात्वेति सम्बन्धः । तथाविधं कल्याणमाचरेद् दीनोपगतरक्षणं कुर्यादित्यर्थः ॥ १२ ॥

---

१. 'स्नानाद्यैर्नी' क. पाठः. २. 'हुलत्वा' ग-घ. पाठः. ३. 'स्नानाद्यैरि' च. पाठः.

जगन्मृगतृषा तुल्यं वीक्ष्येदं क्षणभङ्गुरम् ।
सुजनैः सङ्गतिं कुर्याद्धर्माय च सुखाय च ॥ १३ ॥

सेव्यमानस्तु सुजनैर्महानतिविराजते ।
सुधालिप्त इव श्रीमान् प्रासादश्चन्द्ररश्मिभिः ॥ १४ ॥

हिमांशुमाली न तथा नोत्फुल्लकमलं सरः ।
आनन्दयति चेतांसि यथा सज्जनचेष्टितम् ॥ १५ ॥

ग्रीष्मेसूर्यांशुसन्तप्तमुद्वेजनमनाश्रयम् ।
मरुस्थलमिवोदग्रं त्यजेद् दुर्जनसंश्रयम् ॥ १६ ॥

श्रुतशीलोपसम्पन्नमकस्मादेव दुर्जनः ।
अन्तः प्रविश्य दहति शुष्कंवृक्षमिवानलः ॥ १७ ॥

निःश्वासोद्गीर्णहुतभुग्धूमधूम्रीकृताननैः ।
वरमाशीविषैः सङ्गं कुर्यान्नत्वेव दुर्जनैः ॥ १८ ॥

सत्सङ्गतं त्रिभिः श्लोकैर्निर्दिशति—**जगदित्यादि** । मृगतृषा मृगतृष्णया **तुल्यं,** क्षणभङ्गुरत्वात् । धर्माय च सुखाय चेति चशब्दादर्थाय च ॥ १३ ॥

तदेव दर्शयन्नाह—**सेव्यमान** इत्यादि । विराजत इति धर्मार्थोपचितः । **सुजनैर्हि** धर्मार्थोपदेशदायिभिः सेव्यमानस्य धर्मार्थोपचयोपपत्तेः । अन्यथा तत्सेवामात्रेण कथं विविधप्रकारेण दीप्यते । न हि चन्द्ररश्मिभिरनुपाक्रियमाणः सौधः प्रासादो भाति ॥ १४ ॥

आनन्दयति सुखयति ॥ १५ ॥

इदानीं सुजनसङ्गतदार्ढ्यार्थं दुर्जनसङ्गतदोषं षड्भिः श्लोकैर्निर्दिशति—**ग्रीष्मेत्यादि** । उदग्रं महत् । मरुस्थलविशेषणमेतत् ॥ १६ ॥

अन्तः प्रविश्य दहति, मर्मावघट्टनात् ॥ १७ ॥

वरमाशीविषैः सङ्गमिति । ते हि तदानीमेव भस्मसात् कुर्वन्ति,

---

१. 'ङ्गतं कार्यं धर्मा' क. पाठः. २. 'ष्मे' ख-ग पाठः. ३. 'गतम्' क. पाठः. ४. 'सत्वः शीलोपसम्पन्नानक' ख-ग. पाठः. ५. 'ष्कान् वृक्षानिवा' ख-ग पाठः ६. 'कुर्यात् सङ्गतं नैव' क. पाठः. ७. 'चयः ।' क-ख-ग-घ ङ. पाठः. ८. 'ष्म इत्या' घ. पाठः. ९. 'र्मसंघ' घ. पाठः. १०. निःश्वासेत्यादि । वरमाशीविषैः सङ्गतम् । ते' क-ख-ग-घ-ङ. पाठः.

नीयते स्वच्छहृदयैः पिण्डो येनैव पाणिना ।
मार्जार इव दुर्वृत्तस्तमेव हि विलुम्पति ॥ १९ ॥
असाध्यं[2] साधुमन्त्राणां तीव्रं वाग्विषमुत्सृजेत्[3] ।
द्विजिह्वं वदनं धत्ते दुष्टो दुर्जनपन्नगः ॥ २० ॥
क्रियतेऽभ्यर्हणीयाय सुजनाय यथाञ्जलिः ।
ततः साधुतरः कार्यो दुर्जनाय शिवार्थिना ॥ २१ ॥
ह्लादिनीं सर्वसत्त्वानां सम्यग् जनजिहीर्षया[4] ।
भावयेत् परमां मैत्रीं विसृजेल्लौकिकीं गिरम् ॥ २२ ॥
नित्यं मनोपहारिण्या वाचा प्रह्लादयेज्जनम्[5] ।
उद्वेजनीयो भवति क्रूरवागर्थदोऽपि सन् ॥ २३ ॥
हृदि विद्ध इवात्यर्थं यया सन्तप्यते जनः ।
पीडितोऽपि हि मेधावी न तां वाचमुदीरयेत् ॥ २४ ॥

दुर्जनास्तु प्रतिक्षणं दहन्ति ॥ १८ ॥

तमेव विलुम्पतीति कृतघ्नतां दर्शयति ॥ १९ ॥

असाध्यं वाग्विषमुत्सृजद् वदनमिति सम्बन्धः । साधुमन्त्राणां सामोक्तीनाम् । द्विजिह्वं वदनं धत्त इति सूचकतामाह ॥ २० ॥

क्रियत इत्यादि । अभ्यर्हणीयाय पूजनीयाय । ततः साधुतरः कार्य इति साम्नैव साध्यो दुर्जन इति दर्शयति ॥ २१ ॥

सूनृतां वाचं सप्तभिः श्लोकैर्निर्दिशति — ह्लादिनीमित्यादि । **जनजिहीर्षया** लोकं हर्तुमिच्छया । भावयेन्मैत्रीमुत्पादयेत् । लौकिकीं व्यावहारिकीम् ॥ २२ ॥

क्रूरवाक् परुषवाक् ॥ २३ ॥

पीडितोऽपि दुःखाभिभूतोऽपि न परुषवाक् स्यात् ॥ २४ ॥

---

१. 'दीं' क. पाठः. २. 'ध्यः' ख-ग. पाठः. ३. 'जन्' इति मूलकोशेषु पाठः. ४. 'घृक्षया' ख-ग. पाठः. ५. 'गत् ।' क. पाठः. ६. 'मुद्रमन्' च. पाठः.

तीव्राण्युद्वेगकारीणि विसृष्टान्यशमात्मकैः ।
कृन्तन्ति देहिनां मर्म शस्त्राणीव वचांसि च ॥ २५ ॥

प्रियमेवाभिधातव्यं सत्सु नित्यं द्विषत्सु च ।
शिखीव केकामधुरः प्रियवाक् कस्य न प्रियः ॥ २६ ॥

अलङ्क्रियन्ते शिखिनः केकया मदरक्तया ।
वाचा विपश्चितोऽत्यर्थं माधुर्यगुणयुक्तया ॥ २७ ॥

मदरक्तस्य हंसस्य कोकिलस्य शिखण्डिनः ।
हरन्ति न तथा वाचो यथा साधु विपश्चितः[1] ॥ २८ ॥

गुणानुरागी स्थितिमान् श्रद्दधानो दयान्वितः ।
धनं धर्माय विसृजेत् प्रियां वाचमुदीरयन्[2] ॥ २९ ॥

ये प्रियाणि च भाषन्ते प्रयच्छन्ति च सत्कृतम्[3] ।
श्रीमन्तो वन्द्यचरणा देवास्ते नरविग्रहाः ॥ ३० ॥

विसृष्टानि प्रयुक्तानि । अशमात्मकैः तीक्ष्णैः ॥ २५ ॥

द्विषत्सु चेति । तेऽपि तथा विश्वासिताः सूच्छेदा भवन्ति, नापकुर्वन्ति वा । **केकामधुरः** केकाशब्देन हृद्यः ॥ २६ ॥

मदरक्तया मदकलयेत्यर्थः । विपश्चितो विद्वांसः ॥ २७ ॥

यथा साध्विति । यथा शोभनं हरन्ति वाच इति सम्बन्धः ॥ २८ ॥

दानमधिकृत्याह—**गुणानुरागी**त्यादि । दानस्य वागप्यङ्गमिति तदनन्तरं दाननिर्देशः । अयं श्रोत्रियो वेदपारगो वेति गुणानुरागी । **स्थितिमान्** स्वयमप्याचारवान्, अन्यथा स्वाचारभ्रष्टादस्मात् कः प्रतिगृह्णीयात् । **श्रद्दधानः** श्रद्धापूर्वकं हि दीयमानमुत्कृष्टफलं भवति । **दयान्वित** इति गुणरहितेष्वपि दीनेषु विसृजेदिति[4] दर्शयति । **प्रियां वाचमुदीरयन्निति** । तया वाचा, यया प्रतिग्रहीता तुष्यति । एवञ्चोभयानुग्राहित्वाल्लोके देववद् वन्द्यते ॥ २९ ॥

यदाह—**ये प्रियाणी**त्यादि । सत्कृतं पूजापूर्वकम् ॥ ३० ॥

---

१. 'ताम् ।' क. पाठः. २. 'येत्' ख-ग. पाठः. ३. 'तिम्' ख-ग. पाठः. ४. 'ति । प्रि' क-ख-ग-घ-ङ. पाठः.

शुचिरास्तिक्यपूतात्मा पूजयेद् देवताः सदा ।
देवतावद् गुरुजनमात्मवच्च सुहृज्जनम् ॥ ३१ ॥
प्रणिपातेन हि गुरून् सतोऽनूचानचेष्टितैः ।
कुर्वीताभिमुखान् भूत्यै देवान् सुकृतकर्मणा[1] ॥ ३२ ॥
सद्भावेन[2] हरेन्मित्रं सम्भ्रमेण च बान्धवान्[3] ।
स्त्रीभृत्यान् प्रेमदानाभ्यां दाक्षिण्येनेतरान् जनान् ॥ ३३ ॥
अनिन्दा परकृत्येषु स्वधर्मपरिपालनम् ।
कृपणेषु दयालुत्वं सर्वत्र मधुरा गिरः ॥ ३४ ॥
प्राणैरप्युपकारित्वं मित्रायाव्यभिचारिणे ।
गृहागते[4] परिष्वङ्गः शक्त्या दानं सहिष्णुता ॥ ३५ ॥

एवं पञ्चविधं सद्वृत्तं प्रजासंग्रहोपायं निर्दिश्येदानीं विषयभेदेनान्यदाह-**शुचिरि**त्यादिना श्लोकत्रयेण । शुचिर्बाह्याभ्यन्तरशौचयोगात् । आस्तिक्यं भावितपरलोकता । पूजयेद् देवताः अभिमुखीकरणार्थम् ॥ ३१ ॥

तेषां या यस्य पूजा तामाह--**प्रणिपातेने**त्यादिना । गुरून् पित्रादीन् । सतो विद्यावृद्धान् । अनूचानः प्रवचने साङ्गेऽधीती । सुकृतकर्मणा यागादिपुण्यकर्मणा गन्धपुष्पधूपोपहारादिना च ॥ ३२ ॥

सद्भावो विश्वासः । बान्धवान् उभयकुलसम्बद्धान् । स्त्रीभृत्यानिति । स्त्रियः प्रेम्णा, न सद्भावेन । तथाहुः "स्त्रीष्वविश्वास" इति[5] । भृत्यान् दानेन तत्प्रतिबद्धत्वात् तेषाम् । दाक्षिण्यमानुकूल्यम् । इतरान् जनान् बाह्यान् ॥ ३३ ॥

इदानीमुक्तमनुक्तं च सद्वृत्तं विषयभेदेन दर्शयति---**अनिन्दे**त्यादिना श्लोकचतुष्टयेन । कृत्यं परिणयनादिकर्म । स्वधर्मपरिपालनं यस्मिन् वर्णे आश्रमे वा स्थितस्तद्धर्ममात्मनः पालयेदित्यर्थः । सर्वत्र लोकव्यवहारेषु । मधुरा गिरः उत्कृष्टेषु निकृष्टेषु वा सर्वेषु ॥ ३४ ॥

अव्यभिचारिण इति मित्रभाविने । उक्तञ्च---

१. 'भिः' क. पाठः. २. 'ना' क. पाठः. ३. 'वम्' ख-ग. पाठः. ४. 'गतप' क. पाठः. ५. 'ति बृहस्पतिः । भृ' क-ख. पाठः.

स्वसमृद्धिष्वनुत्सेकः परवृद्धिष्वमत्सरः ।
नान्योपतापि वचनं मौनव्रतचरिष्णुता ॥ ३६ ॥

बन्धुभिर्बद्धसंयोगः सुजने चतुरश्रता ।
तच्चित्तानुविधायित्वमिति वृत्तं महात्मनाम् ॥ ३७ ॥

सनातने वर्त्मनि साधु तिष्ठता-
मयं हि पन्था गृहमेधिनां मतः ।
अनेन गच्छन् नियतं महात्मना-
मिमं[1] च लोकं परमं च विन्दति ॥ ३८ ॥

"एकार्थानर्थसम्बन्धमुपकार्यविकारि च ।
मित्रभावि भवत्येतन्मित्रमद्वैध्यमापदि" ॥

इति । गृहागते तस्मिन्नन्यस्मिन् वा सज्जने । परिष्वङ्गः सम्भाषणादिना । शक्त्या दानं तस्मिन्नन्यस्मिन् वा समागते । सहिष्णुता लोकोपक्रोशादितितिक्षा ॥ ३५ ॥

अनुत्सेकः अविकारिता । (*भद्रं कल्याणम् ?) । मौनव्रतचरिष्णुतेति वाचालताप्रतिषेधः ॥ ३६ ॥

बद्धसंयोग इति उपगमादिना बन्धुभिरविश्लिष्टः सम्बन्धः । सुजने चतुरश्रता अवक्रता । तच्चित्तानुविधायित्वं तन्मतेन प्रवृत्तिः । इति वृत्तं महात्मनामिति । एतत् सर्वं शिष्टानुमतत्वाद् विशिष्टफलयोगाच्च सद्वृत्तमित्युच्यते ॥ ३७ ॥

तदेव दर्शयति --- **सनातन** इत्यादिना । स्वस्मिन् स्वस्मिन् मार्गे तिष्ठतामिति शिष्टतानुकथनम् । साध्विति तिष्ठतिक्रियाविशेषणम् । अयं पन्थाः यथोक्तं सद्वृत्तम् । आश्रमाणामिति वक्तव्ये गृहमेधिनामिति वचनं प्राधान्यख्यापनार्थम् । तथाहि "आश्रमाणां गृहस्थो योनिरप्रजनत्वादितरेषाम्" इति गौतमः । महात्मनां लोकं, नान्येषां क्षुद्राणां, यस्मादिह लोकद्वयमपि सम्भवति । विन्दति लभते ॥ ३८ ॥

---

१. 'ममुं च' क. पाठः. २. 'णं श' च. पाठः.

---

* 'परभद्रेष्वमत्सर' इति चेत् पाठः, तदा 'भद्रं कल्याणम्' इति पदव्याख्यामुपपन्नं स्यात्.

इति पथि विनिवेशितात्मनो
रिपुरपि गच्छति साधुमित्रताम् ।
तदवनिपतिर्मत्सराद्दते
विनयगुणेन जगद् वशं नयेत् ॥ ३९ ॥

क च नरपतिगर्वः सङ्ग्रहः क प्रजानां
मधुरवचनयोगाल्लोकमभ्याददीत ।
मधुरवचनपाशैरायतालानितः सन्
पदमपि हि न लोकः संस्थितेर्भेदमेति ॥ ४० ॥

(इत्याचारव्यवस्थापनं नाम षष्ठं प्रकरणम्)

इति कामन्दकीये नीतिसारे आचारव्यवस्थापनं नाम
तृतीयः सर्गः ।

प्रकरणार्थानुष्ठानफलमाह — इतीत्यादिना । रिपुरपि, किमुत स्वजनः साधुमित्रताम् । तदिति तस्मात् । अवनिपतिमत्सराद्दत इति । राज्ञो मात्सर्यं गर्वः किमनेन संगृहीतेनेति, तदपास्य । विनयगुणेन सद्वृत्तेन । वशं नयेत् स्वीकुर्यात् ॥ ३९ ॥

मात्सर्ययोगात् प्रजासंग्रहोऽनुपपन्न इति दर्शयन्नाह --- क चेत्यादि । मधुरवचनयोगात् सद्वृत्तादिति शेषः । सूनृतया वाचा युक्तादित्यर्थः । सद्वृत्तादिति वक्तव्ये मधुरवचनग्रहणं संग्रहोपायेषु सूनृता वाणी प्रधानमिति दर्शनार्थं, सर्वत्रोपयुज्यमानत्वादस्याः । पाशा इव पाशाः, मधुरवचनपाशैः सद्वृत्तैः । आयतालानितः अत्यर्थं सम्बद्धः । पदं स्तोकम् । न संस्थितेर्भेदमेति राज्ञि कृतावस्थानाः प्रजा न परैर्भिद्यन्त इत्यर्थः ॥ ४० ॥

(इत्याचारव्यवस्थापनं नाम षष्ठं प्रकरणम्)

इति शङ्करार्यकृतायां कामन्दकीयनीतिसारपञ्जिकायां जयमङ्गलायाम्
आचारव्यवस्थापनं नाम
तृतीयः सर्गः ।

---

१. 'रस्तमत्सरो वि' इति मूलकोशेषु पाठः.

अथ चतुर्थः सर्गः ।

* ७ प्रकृतिसम्पत्प्रकरणम् *

स्वाम्यमात्यश्च राष्ट्रं च दुर्गं कोशो बलं सुहृत् ।
परस्परोपकारीदं सप्ताङ्गं राज्यमुच्यते ॥ १ ॥

एकाङ्गेनापि विकलमेतत् साधु न वर्त्तते ।
तस्य सामग्र्यमन्विच्छन् कुर्वीताशु[२] परीक्षणम् ॥ २ ॥

आत्मानमेव प्रथममिच्छेद् गुणसमन्वितम् ।
कुर्वीत गुणसम्पन्नस्ततः शेषपरीक्षणम् ॥ ३ ॥

साधु भूतलदेवत्वं दुर्धार्यमकृतात्मभिः ।
आत्मसंस्कारसम्पन्नो राजा भवितुमर्हति ॥ ४ ॥

यथा सद्वृत्तेनात्मसात्कृतो लोको न भिद्यते, तथा राज्यमपि गुणतः परीक्षितं न विश्लेषमेति । विश्लिष्टमपि समग्रीभवति । तस्मात् तत्परीक्षणार्थं **प्रकृतिसम्पद** उच्यन्त इति प्रकरणक्रमः । तत्र राज्यं प्रथमसर्गे संज्ञया निर्दिष्टम् । पुनरिह स्वाम्याद्युपादानं पूर्वपूर्वप्राधान्यज्ञापनार्थम् । प्राधान्यं चतुर्दशे सर्गे वक्ष्यामः । **परस्परोपकारि** स्वेन स्वेन कर्मणा । ततश्चान्योन्यसहायमेतत् सप्तावयवं समुदायसाध्ये कर्मणि रथवत् प्रवर्तते ॥ १ ॥

तदेव व्यतिरेकेण दर्शयन्नाह— **एकाङ्गेनापीति** । आशु परीक्षणं कुर्वीत, अन्यथा समुदायसाध्यं कार्यमतिपतेत् ॥ २ ॥

तत्रेश्वरप्रकृतेः प्रधानत्वात् स्वामिनमधिकृत्याह— **आत्मानमित्यादि** ॥ ३ ॥

किमर्थं पुनर्गुणयुक्तः स्यादित्याह— **साधु भूतलदेवत्वमित्यादि** । यस्मात् पृथिवीतले देवो राजा, तस्य देवत्वं स्वामिसम्पत्, सा च लोके साधुर्भवति । सा चानात्मवद्भिर्दुःखेन धार्यते । तस्मात् स्वपरमण्डलकार्यहेतुत्वादात्मसंस्कारसम्पन्नो राजा भवितुमर्हतीति ॥ ४ ॥

---

१. 'तस्मात् सा' क. पाठः. २. 'स्य' क. पाठः.

आविष्ट इव दुःखेन तद्गतेन गरीयसा ।
समन्वितः करुणया परया दीनमुद्धरेत् ॥ ३ ॥

न तेभ्योऽभ्यधिकाः सन्ति सन्तः सत्पुरुषव्रताः ।
दुःखपङ्कार्णवे मग्नं दीनमभ्युद्धरन्ति ये ॥ ४ ॥

दयामास्थाय परमां धर्मादविचलन् नृपः ।
पीडितानामनाथानां कुर्यादश्रुप्रमार्जनम् ॥ ५ ॥

आनृशंस्यं परो धर्मः सर्वप्राणभृतां मतः ।
तस्माद् राजानृशंस्येन पालयेत् कृपणं जनम् ॥ ६ ॥

न हि स्वसुखमन्विच्छन् पीडयेत् कृपणं नृपः ।
कृपणः पीड्यमानो हि मन्युना हन्ति पार्थिवम् ॥ ७ ॥

इदानीमपि सद्वृत्तस्य कार्यानुष्ठापनद्वारेण व्यवस्थापनमुच्यते । तत्र प्राधान्याद् दयामधिकृत्याह – **आविष्ट** इत्यादि । परवश इव तद्दुःखदुःखितत्वात् । परया प्रकृष्टया, यद्वशाद् दीनं दुःखार्णवादुद्धरेत् ॥ ३ ॥

तदेव प्राधान्यं कार्यद्वारेण दर्शयन्नाह — **न तेभ्य** इति । अन्यैः सद्वृत्तैर्युक्ता अपि न तेभ्योऽधिकाः दीनोद्धरणाभावात् ॥ ४ ॥

तस्मादात्मानमधिकमिच्छन्नुत्कृष्टां दयामास्थाय दीनमुद्धरेदिति स्थिरीकुर्वन्नाह—**दयामि**त्यादि । धर्मादिति । यस्मिन् वर्णे आश्रमे वा स्थितः, तस्माद्धर्मादविचलन् । पीडितानामश्रु दुःखं, कार्ये कारणोपचारात्, तस्य प्रमार्जनम् अपनयनम् ॥ ५ ॥

इतरां दयामधिकृत्य दीनोपगतरक्षणं सप्तभिः श्लोकैर्निर्दिशति — **आनृशंस्यमि**त्यादि । आनृशंस्यं करुणा । सा चानुत्कृष्टापि परो धर्मः, परहितप्रवृत्तेर्दुर्लभत्वात् । पालयेत् कृपणं जनम् । उपगतमिति शेषः ॥ ६ ॥

न तु स्वसुखलोभात् पीडयेद्, दोषवत्त्वादित्याह — **न ही**त्यादि । मन्युना दुःखप्रभवेन क्रोधेन ॥ ७ ॥

---

१. 'नमु' ग-घ. पाठः.

अथ तृतीयः सर्गः ।

* १ आचारव्यवस्थापनप्रकरणम् *

दण्डं दण्डीव भूतेषु धारयन् धरणीसमः।
प्रजाः समनुगृह्णीयात् प्रजापतिरिव स्वयम् ॥ १ ॥

वाक् सूनृता दया दानं दीनोपगतरक्षणम् ।
इति सङ्गः सतां साधु हितं सत्पुरुषव्रतम् ॥ २ ॥

पगच्छन्तीत्यर्थः । प्राप्तमार्गप्रचारा इति । मार्ग आयद्वारम् । स हि प्रजानियमनेन निर्विबन्धो भवति । तत्र प्राप्तो मार्गप्रचार आभिरिति विग्रहः ॥ ४४ ॥

(इति दण्डमाहात्म्यं नाम पञ्चमं प्रकरणम्)

इति शङ्करार्यकृतायां कामन्दकीयनीतिसारपञ्चिकायां जयमङ्गलायां विद्याविभागवर्णाश्रमव्यवस्थादण्डमाहात्म्यानि नाम

द्वितीयः सर्गः ।

एवं भूतेषु दण्डं धारयन् प्रजाः समनुगृह्णीयाद्, यथैताः प्रजापतिमिव राजानमभिमन्यन्ते । तस्मात् तत्संग्रहार्थमाचारव्यवस्थापनमस्मिन् सर्गेऽभिधीयत इति प्रकरणक्रमः । तमेवाद्यश्लोकेन दर्शयति—**दण्डमित्यादि** । धरणीसमः शत्रौ मित्रे च तुल्यवृत्तित्वात् ॥ १ ॥

आचारः सद्वृत्तम् । किं तदित्याह—**वागित्यादि** । सूनृता मधुरा वाक् । दया करुणा दीनेषु । दानं देशकालापेक्षया सत्पात्रे । दीनोपगतरक्षणं दीनस्याश्रितस्य च पालनम् । ननु तद् दयाकार्यत्वात् तयैव सिद्धम् । सत्यम् । दयाया द्वैविध्यज्ञापनार्थम् । दया ह्युत्कृष्टानुत्कृष्टा च । तत्र या पूर्वा तया दीनोद्धरणम्, इतरया दीनोपगतरक्षणम् । इति सङ्गः सतामिति । सुजनसङ्गम इत्यर्थः । इतिशब्दः पश्चात् सम्बन्धनीयः । एतच्चतुर्विधं पञ्चविधं वा सद्वृत्तं प्रजासंग्रहोपायः । तच्च साधु तदात्वे लोकेन प्रशस्यमानत्वात् । हितम् आयत्यामभ्युदयफलत्वात् ॥ २ ॥

---

१. 'रवा' क-ख. पाठः.

लोकाधाराः श्रियो राज्ञां दुरापा दुष्परिग्रहाः।
तिष्ठन्त्याप इवाधारे चिरमात्मनि संस्कृते ॥ ५॥
कुलं सत्त्वं[1] वयः शीलं दाक्षिण्यं क्षिप्रकारिता।
अविसंवादिता सत्यं वृद्धसेवा कृतज्ञता ॥ ६॥
दैवसम्पन्नता बुद्धिरक्षुद्रपरिवारता।
शक्यसामन्तता चैव तथा[2] च दृढभक्तिता ॥ ७॥

लोकाधाराः लोकपरिपोषिकाः। **दुष्परिग्रहाः** प्राप्ता अपि दुःखेन परिपाल्यमानत्वात्। **संस्कृते** गुणवति ॥ ५ ॥

ते च गुणा आश्रितात्मोपकारिभेदाद् द्विविधाः। तत्राश्रितोपकारिण उच्यन्ते—**कुल**मित्यादिना श्लोकत्रयेण। तत्र राजबीज्ययमिति कुलीनः सर्वैरेवाश्रयेप्सुभिरभिगम्यते। तथा व्यसनेऽभ्युदये चायमविकारीति **सत्त्ववान्**। युवा साध्योपायकर्मसमर्थः प्रतिष्ठितश्चेति तदवस्थो[3]ऽभिगम्यते, नतु बालो वृद्धो वा अप्रतिष्ठानादसामर्थ्याच्च। सुस्वभावोऽयमिति **शीलवान्**। अनुकूलोऽयमिति **दाक्षिण्यवान्** आश्रीयते। **क्षिप्रकारिता** अदीर्घसूत्रता। उत्साहगुणत्वात् पुनरुपादानं प्राधान्यार्थं, तथाहि कालानतिपातित्वात् कार्यार्थिभिरभिगम्यते। **अविसंवादिता सत्य**मिति। यद् ब्रवीति तदवश्यं करिष्यतीति सत्यवानाश्रीयते। तत्र सत्यवागपि कश्चित् छलेनातिसन्धत्ते, यथा सुवर्णं ते दास्यामीति कर्षं प्रतिज्ञाय मोषं[4] ददाति, नैवमयमित्यविसंवादी। साङ्कुशोऽयमिति वृद्धोपसेवी[5] समाश्रीयते। उपकृतमत्र न नश्यतीति **कृतज्ञो**ऽभिगम्यते ॥ ६ ॥

स्वल्पेनापि पौरुषेणाप्रतिहतार्थसिद्धित्वाद् **दैवसम्पन्नो** दैवोपहतैः सुतरामभिगम्यते। मन्त्रशक्तियुक्तत्वान्न परेणातिसन्धीयत इति **बुद्धिमा**नाश्रीयते। अदुष्टपरिवारत्वात् सेव्योऽयमित्यक्षुद्रपरिवारो गुणवद्भिराश्रीयते। दुर्बलसामन्तत्वादयमनुच्छेद्य इति **शक्यसामन्त** आश्रयेप्सुभिरभिगम्यते। स्थिरस्नेहोऽयं न हरिद्रारागवद् विरज्यत इति **दृढभक्तिः** सद्भिराश्रीयते ॥ ७ ॥

---

१. 'शीलं वयः सत्त्वं दा' ख-ग. पाठः. २. 'थैव दृ' ख-ग. पाठः. ३. 'वयःस्थो' ख-ग-घ-ङ. पाठः. ४. 'माषकं द' ग-घ. पाठः. ५. 'वृद्धसे' ग-घ. पाठः.

दीर्घदर्शित्वमुत्साहः शुचिता स्थूललक्षता ।
विनीतता धार्मिकता गुणाः साध्वाभिगामिकाः ॥ ८ ॥

गुणैरेतैरुपेतः सन् सुव्यक्तमभिगम्यते ।
तथा तु[2] कुर्वीत यथा गच्छेल्लोकाभिगम्यताम् ॥ ९ ॥

प्रख्यातवंशमक्रूरं लोकसङ्ग्राहिणं[3] शुचिम् ।
कुर्वीतात्महिताकाङ्क्षी परिवारं महीपतिः ॥ १० ॥

दुष्टो[4]ऽपि भोग्यतामेति परिवारगुणैर्नृपः ।
न दुष्टपरिवारस्तु[5] व्यालाक्रान्त इव द्रुमः ॥ ११ ॥

पूर्वोत्पन्नकार्यविभागज्ञानेन दीर्घकालभाव्यर्थानुमानाद् **दीर्घदर्शी**, स ह्यनागतवस्त्वपेक्षया प्रवर्तते, न [6]सहसेत्यभिगम्यते । शौर्यादिगुणोपेतत्वादुत्साहवान् सर्वैराश्रीयते, तथा शुचिः धर्मादिषु शुद्धचित्तत्वात् । महेच्छोऽयमिति स्थूललक्षो विजिगीषुभिरभिगम्यते । विनीतता जितेन्द्रियता, अन्यथा ह्यविनीत इत्याश्रितैरपि त्यज्यते, किमुताश्रयेप्सुभिरभिगम्यते । धार्मिकः स्वधर्माचरणान्नोत्पथं प्रतिपद्यत इति साधुभिरभिगम्यते । साध्वाभिगामिका इति । सुष्ठु अभिगमाय प्रभवन्ति ॥८॥

यदाह---**गुणैरि**ति । तथा कुर्वीत गुणाधानं तु प्राधान्येन कुर्यात्, यथा लोकेनाभिगमनीयः स्यात् ॥ ९ ॥

अक्षुद्रपरिवारतामाह—**प्रख्यातवंश**मित्यादि । अक्रूरम् अपापाशयम् । लोकसंग्राहिणं गुणवतामवकाशदायिनम् । शुचिम् उपधाशुद्धं कुर्वीत परिवारं यथोदितगुणचतुष्टययुक्तस्याक्षुद्रत्वात् ॥ १० ॥

क्षुद्राक्षुद्रपरिवारताया दोषगुणावाह—**दुष्टोऽपीत्या**दिना श्लोकत्रयेण । दुष्टपरिवारस्त्विति क्षुद्रपरिवार इत्यर्थः ॥ ११ ॥

---

१. 'ध्या' क. पाठः. २. 'च' मूलकोशेषु पाठः. ३. 'ग्रहणम्' क. पाठः. ४. 'क्रूरोऽपि' मूलकोशेषु पाठः. ५. 'क्रूरप' ख-ग. पाठः. ६. 'साहसील' क-ख-ग-घ-ङ. पाठः. ७. 'द्रु' ग-घ. पाठः.

निरुन्धानाः सतां मार्गं भक्षयन्ति महीपतिम्[1]।
दुष्टात्मानस्तु[2] सचिवास्तस्मात् सुसचिवो भवेत् ॥ १२॥

विभूतीः परमाः प्राप्य सतां सम्भोग्यतामियात्।
यासु सन्तो न तिष्ठन्ति ता वृथैव विभूतयः ॥ १३॥

वाग्मी प्रगल्भः स्मृतिमानुदग्रो बलवान् वशी।
नेता दण्डस्य निपुणः कृतविद्यः[3] स्ववग्रहः ॥ १४॥

पराभियोगप्रसहः सर्वदृष्टप्रतिक्रियः।
परच्छिद्रान्ववेक्षी च सन्धिविग्रहतत्त्वविद् ॥ १५॥

मार्गमिति प्रवेशम्। भक्षयन्तीति। तमवगृह्य दुष्टात्मानः स्वार्थं कुर्वन्तीत्यर्थः ॥ १२ ॥

परमाः उत्कृष्टाः स्वपरोपकारहेतुत्वात्। सम्भोग्यतां व्रजेद् दुष्टपरिवारत्यागेन ॥ १३ ॥

आत्मोपकारिणो गुणानाह---**वाग्मीत्यादिना** श्लोकपञ्चकेन। वाग्मी वाक्सौष्ठवयोगान्न स्वपरैरतिसन्धीयते। प्रगल्भः सदसि निगृह्य वक्ता। स्मृतिमानविस्मरणशीलः। बुद्धिगुणत्वात् पुनरुपादानमाभिगामिकात्मगुणयोरुभयोरप्यङ्गभावं प्रतिपद्यते बुद्धिरिति ज्ञापनार्थम्। उदग्रो महाप्रमाणः परेषामनभिभवनीयो भवति। बलवान् युद्धाध्वलङ्घनादिक्रियासमर्थः। वशी जितेन्द्रियः। 'विनीते'ति सिद्धे पुनर्वचनमुभयत्राङ्गभावप्रतिपत्त्यर्थम्। नेता दण्डस्येति। स्वव्यसने परव्यसने वा चतुरङ्गस्य बलस्य प्रयोक्ता। निपुणः पण्यादिव्यवहारेषु गीतनृत्तादिषु। कृतविद्यः शिक्षितशास्त्रः। स्ववग्रहः प्रमादादकार्यप्रवृत्तः सुखेन निवर्त्यते ॥ १४ ॥

पराभियोगप्रसहः न सहसा विषीदति। सर्वदृष्टप्रतिक्रियः सर्वत्रोपनिपातेऽपीदं प्रतिविधातव्यमिति निश्चितार्थः। परच्छिद्रान्ववेक्षी च परप्रणिधानात्। सन्धिविग्रहतत्त्वविद् अवस्थाया बलाबलभेदवेदनात् ॥ १५ ॥

---

१. 'नराधिपम्' ख-ग, पाठः, २. 'क्रूरात्मा' ख-ग, पाठः, ३. 'शिल्पः स्व' ख-ग. पाठः.

गूढमन्त्रप्रचारश्च देशकालविभागवित् ।
आदाता सम्यगर्थानां विनियोक्ता च पात्रवित् ॥ १६ ॥

क्रोधलोभभयद्रोहस्तम्भचापलवर्जितः ।
परोपतापपैशुन्यमात्सर्येर्ष्यानृतातिगः ॥ १७ ॥

वृद्धोपदेशसम्पन्नः श्लक्ष्णो मधुरदर्शनः ।
गुणानुरागी मितवागात्मसम्पत् प्रकीर्त्तिता ॥ १८ ॥

इत्यादिगुणसम्पन्ने लोकयात्राविदि स्थिरे ।
निर्वृतः पितरीवास्ते यत्र लोकः स पार्थिवः ॥ १९ ॥

गूढमन्त्रप्रचारः मन्त्रणकाले प्रयोगकाले च । देशकालविभागवित् अश्वबलप्रायोऽनूपदेशं वर्षासु न यायादित्यादिना । आदाता सम्यगर्थानां न्यायेनेत्यर्थः । विनियोक्ता चार्थानां पात्रवित्त्वात् ॥ १६ ॥

क्रोधोऽस्थाने, लोभो न्यायादन्यत्र वस्तुनि, भयम् अकार्यकरणादन्यत्र, द्रोहो जिघांसा, स्तम्भो मानः, चापलम् अविमृश्यकारिता । परोपतापः परस्य पीडनं, पैशुन्यं परस्परभेदनम् । मात्सर्यं परेष्वसंविभागशीलता, ईर्ष्या परगुणाक्षमा, सत्यमिति सिद्धे पुनरनृतग्रहणमुभयत्राङ्गभावप्रतिपत्त्यर्थम् ॥ १७ ॥

वृद्धोपदेशसम्पन्नः वृद्धोक्ताचरणात् । श्लक्ष्णः मधुरवादी । मधुरदर्शनः भ्रूनेत्रविकाराभावात । गुणानुरागी आश्रितेषु । मितवाग् मितभाषी ॥ १८ ॥

अत्यन्तादरार्थं पुनः स्वामिसम्पदः प्रयोजनं दर्शयति — **इतीत्यादिना** श्लोकद्वयेन । आदिशब्देन ह्रीमा(न्ऽना)दीनाभिभाषि(त्व)दूरदर्शित्वादयो गुणा द्रष्टव्याः । लोकयात्राविदि गुणसम्पन्नत्वादेव । एवञ्चकृत्वा स्थिर इत्यपि विशेषणमर्थवद् भवति । पितरीव प्रियहितकरणात् ॥ १९ ॥

---

१. 'शास्त्र' क. पाठः. २. 'पसेवास' ख-ग. पाठः. ३. 'शक्तो म' ख-ग. पाठः. ४. 'स्मित' क. पाठः. ५. 'प्रियवा' ग-घ. पाठः. ६. 'न श्रीमा' क-ख. पाठः.

आत्मसम्पद्गुणैः सम्यक् संयुक्तं युक्तकारिणम् ।
महेन्द्रमिव राजानं प्राप्य लोको विवर्द्धते ॥ २० ॥
शुश्रूषा श्रवणं चैव ग्रहणं धारणं तथा ।
ऊहापोहोऽर्थविज्ञानं तत्त्वज्ञानं च धीगुणाः ॥ २१ ॥
दाक्ष्यं शैघ्र्यं तथामर्षः शौर्यं चोत्साहलक्षणम् ।
गुणैरेतैरुपेतः सन् राजा भवितुमर्हति ॥ २२ ॥
त्यागः सत्यं च शौर्यं च त्रय एते महागुणाः ।
प्राप्नोति हि गुणान् सर्वानेतैर्युक्तो महीपतिः ॥ २३ ॥
कुलीनाः शुचयः शूराः श्रुतवन्तोऽनुरागिणः ।
दण्डनीतेः प्रयोक्तारः सचिवाः स्युर्महीपतेः ॥ २४ ॥

युक्तकारिणं यथासमीहितफलसम्पादनात् ॥ २० ॥

बुद्ध्युत्साहावुक्तौ, तौ किंलक्षणावित्याह—**शुश्रूषेत्यादि** । श्रवणार्हेषु श्रोतुमिच्छा शुश्रूषा । तस्यां सत्यां श्रवणमासेवा । श्रुतानामर्थानामवधारणं ग्रहणम् । धारणं ग्रहीतानामविस्मरणम् । धारितेष्वर्थेषु विविधसाध्यसाधनस्वरूपविवेकविज्ञानमर्थविज्ञानमिति धारणानन्तरं द्रष्टव्यम् । श्लोकानुरोधात् तत्र न पठितम् । तथा चोक्तं "शुश्रूषाश्रवणग्रहणधारणविज्ञानोहापोहतत्त्वाभिनिवेशा" (कौटि. अर्थ. ६-१-९६) इति । ज्ञातेष्वर्थप्राप्तस्योल्लिङ्गनमूहः, अयुक्तियुक्तस्य त्यजनमपोहः । वस्तुस्वभावनिर्णयस्तत्त्वज्ञानम् ॥ २१ ॥

दाक्ष्यमनालस्यम् । शैघ्र्यं क्षिप्रकारिता । कश्चिदलसोऽपि त्वरयैकं कर्म कृत्वा श्राम्यति, दक्षस्त्वविश्रान्तोऽन्यच्चारभते । अमर्षः परिभवासहिष्णुता । गुणैरेतैरुपेतः सन् राजा भवितुमर्हति मन्त्रोत्साहशक्त्योः प्रधानत्वात् ॥ २२ ॥

त्यागः सत्यं च शौर्यं चेति । एवं मन्यते—त्यागादाश्रयेप्सुभिस्तावदाभिगम्यते, सत्यव्रतत्वात् स्वमण्डलस्य पालयिता, शौर्यात् तु लब्धप्रतापः परमण्डलस्य विजेतेति सर्वमुपपन्नं, यतः परिशिष्टानां गुणानामेतावदेव प्रयोजनम् ॥ २३ ॥

अमात्यसम्पदमाह—चतुर्विंशत्या श्लोकैः । **कुलीना इत्यादि** । तत्रान्यगुणाभावेऽपि कुलीनत्वादिभिः षड्भिर्गुणैर्युक्ता अमात्याः स्युः । अनुरागिणः स्वामिनि । दण्डनीतेः प्रयोक्तार इति । शेषविद्याव्यापाराणामत्रैव प्रतिष्ठानात् साक्षात् तद्वचनम् ॥ २४ ॥

उपधाशोधिताः सम्यगीहमानाः फलोदयम् ।
ते[1]ऽस्य सर्वं परीक्षेरन् सानुरागाः कृताकृतम् ॥ २५॥
उपेत्य[2] धीयते यस्मादुपधेति ततः स्मृता ।
उपाय उपधा ज्ञेया तयामात्यान् परीक्षयेत् ॥ २६॥

ते च राज्ञः किं कुर्युरित्याह — **उपधाशोधिता** इति । शुचयोऽप्युपधाभिः परीक्षणीयाः । उक्तञ्च "चित्तानित्यत्वान्मनुष्याणाम् । अश्वसधर्माणो हि मनुष्याः कर्मसु नियुक्ता विकुर्वते" (कौटि. अर्थ. २-९-२७) इति । ईहमानाः फलोदयं राज्ञः । कृताकृतं कार्यम् ॥ २५॥

केयमुपधेत्याह — **उपेत्य धीयत** इति । भावपरीक्षणार्थमुपेत्य धीयते स्फटिकमणिवद् रागेणोपधीयत इत्युपधा उपायः धर्माद्यालम्बना उपजापक्रिया । तयामात्यान् परीक्षेत सामान्येष्वधिकरणेषु स्थापयित्वा । तथा चोक्तं "मन्त्रिपुरोहितसखः सामान्येष्वधिकरणेषु स्थापयित्वामात्यानुपधाभिः ‡ शोधयेत् । पुरोहितमयाज्ययाजनाध्यापने नियुक्तम् अमृष्यमाणं राजावक्षिपेत् । सत्रिभिः शपथपूर्वमेकैकममात्यमुपजापयेद्, अधार्मिकोऽयं राजा, साधुधार्मिकमन्यमस्य § कुलीनमवरुद्धं, कुल्यमेकप्रग्रहं सामन्तमाटविकमौ † पायिकं वा प्रतिपादयामः, सर्वेषामेतद् रोचते, कथं वा तवेति । प्रत्याख्याने शुचिरिति धर्मोपधा । सेनापतिरसत्प्रग्र*हणोपक्षिप्तः । सत्रिभिः शपथपूर्वमेकैकममात्यमुपजापयेत् लोभनीयेनार्थेन राजविनाशाय, सर्वेषामेतद् रोचते, कथं वा तवेति । प्रत्याख्याने शुचिरित्यर्थोपधा । प्रव्राजिका लब्धविश्वासान्तःपुरे कृतसत्कारा महामात्रमेकैक[3]मुप S जापयेत्, राजमहिषी त्वां कामयते कृतसमागमोपाया, महानर्थश्च ते भविष्यतीति । प्रत्याख्याने शुचिरिति कामोपधा । प्रवहणनिमित्तमेकोऽमात्यः सर्वानमात्यानावाहयेत् । तेनोद्वेगेन राजा तानवरुन्ध्यात्, कापटिक¶श्चात्र पूर्वावरुद्धस्तेषामर्थमानावक्षिप्तमेकैकममात्यमुप Σ जापयेत्, असत्प्रवृत्तोऽयं राजा, Ψसहैनं हत्वान्यं प्रतिपादयामः, सर्वेषामेतद् रोचते, कथं वा तवेति । प्रत्याख्याने शुचिरिति भयोपधे" (कौटि. अर्थ.१-१०-६.)ति ॥ २६ ॥

---

१. 'राज्ञः स' क. पाठः. २. 'त्या' क. पाठः. ३. 'कममात्यमु' क-ख. पाठः.

---

‡ 'शौचये' § 'स्य तत्कु' † 'पवादिकं' * 'हेणावक्षि' S 'जपेत्' ¶ 'श्चात्रः पू' Σ 'जपेत्' Ψ 'साध्वेनं' इति मुद्रितकौटिलीयार्थशास्त्रपाठाः.

स्ववग्रहो जानपदः कुलशीलबलान्वितः ।
वाग्मी प्रगल्भश्चक्षुष्मानुत्साही प्रतिपत्तिमान् ॥ २७ ॥

स्तम्भचापलहीनश्च मैत्रः क्लेशसहः शुचिः ।
सत्यसत्त्वधृतिस्थैर्यप्रभावारोग्यसंयुतः ॥ २८ ॥

कृतशिल्पश्च दक्षश्च प्रज्ञावान् धारणान्वितः ।
दृढभक्तिरकर्त्ता च वैराणां सचिवो भवेत् ॥ २९ ॥

स्मृतिस्तत्परतार्थेषु वितर्को ज्ञाननिश्चयः ।
दृढता मन्त्रगुप्तिश्च मन्त्रिसम्पत् प्रकीर्त्तिता ॥ ३० ॥

स्ववग्रह इत्यादिना समुचितगुणानाह । जानपदः, नाटव्यां भवोऽनार्यकर्मा । स्वजनपदप्रभवो वा, न परजनपदप्रभवः, स हि संवासात्तत्तत्प्रतिपादनशीलो भवति । कुलान्वितः ब्राह्मणोऽन्यो वा, कुलपुत्रत्वान्न व्यभिचरति । चक्षुष्मानिति । चक्षुः शास्त्रं तद्वान्, विशुद्धदर्शनत्वान्नोत्पथं प्रतिपद्यते । प्रतिपत्तिमान् भयस्खलितेष्वाशु प्रतिविधाता ॥ २७ ॥

मैत्र इति मित्रेषु कुशलः, मित्रार्जनकुशल इत्यर्थः । क्लेशसहः शीतोष्णादिदुःखसहः । धृतिः सौमनस्यम् । स्थैर्यमन्यत्रागमनम् । प्रभावः प्रभुत्वम् । आरोग्यं दोषधातूनां साम्यं कर्माङ्गम् ॥ २८ ॥

धारणान्वितः धारयिष्णुः, तस्याः प्रज्ञागुणत्वात् पुनरुपादानं प्राधान्यार्थम् । अकर्ता वैराणां प्रतिकर्ता विरोधानाम् । शेषाः पूर्वं व्याख्याताः ॥ २९ ॥

एते गुणा बुद्धिसचिवानां कर्मसचिवानां च साधारणाः । बुद्धिसचिवस्य तु प्राधान्येन विशेषमाह—**स्मृतिरित्यादिना** । स्मृतिरनेकवर्षान्तरितेष्वप्यविस्मरणम् । तत्परतार्थेषु दुर्गादिषु सन्ध्यादिषु च कार्येष्वैदम्पर्यम् । वितर्को विचारः । सर्वज्ञाननिश्चयः एवमेवैतन्नान्यथेति । दृढता यत्कार्यं प्रस्तुतं, तत्र दार्ढ्यम् । मन्त्रगुप्तिः आ कार्यसिद्धेः ॥ ३० ॥

---

१. 'तिभारो' ख-ग. पाठः.

त्रय्यां च दण्डनीत्यां च कुशलः स्यात् पुरोहितः ।
अथर्वविहितं नित्यं कुर्याच्छान्तिकपौष्टिकम् ॥ ३१ ॥
साधु तेषाममात्यानां तद्विद्येभ्यश्च बुद्धिमान् ।
चक्षुष्मत्तां च[2] शिल्पं च परीक्षेत गुणद्वयम् ॥ ३२ ॥
स्वजनेभ्यो विजानीयात् कुलं स्थानमवग्रहम् ।
परिकर्मसु दाक्ष्यं च विज्ञानं धारयिष्णुताम् ॥ ३३ ॥
गुणत्रयं परीक्षेत प्रागल्भ्यं प्रतिभां तथा ।
कथायोगेषु बुध्येत वाग्मित्वं सत्यवादिताम् ॥ ३४ ॥

पुरोहितस्याप्यमात्यविशेषत्वाद् वैशेषिकममात्यकार्यमित्याह — **त्रय्यामि**त्यादि । "अथर्वविहितं कुर्यान्नित्यं शान्तिकपौष्टिकमि"त्यनेनैवाथर्ववेदाध्ययनस्य सिद्धत्वात् त्रयीशब्दः, त्रय्यन्तर्भावपक्षेणाथर्ववेदस्य तद्वचनो वा, दण्डनीतिवत् समुच्चयार्थो वा । शान्तिकपौष्टिकं राज्ञः । तथाहि—पुरो धीयते नियुज्यते दृष्टादृष्टेष्विति पुरोहितः ॥ ३१ ॥

कथममात्यगुणा ज्ञेया इति चेत् प्रमाणत्रयात् । राज्ञां हि प्रत्यक्षपरोक्षानुमानानि त्रीणि प्रमाणानि । यथोक्तं "प्रत्यक्षपरोक्षानुमेया हि राजवृत्तिः । स्वयं दृष्टं प्रत्यक्षं, परोपादिष्टं परोक्षं, कर्मसु कृ[3]तेनाकृतावेक्षणमनुमेयमि"(कौटि. अर्थ. १-९-५)ति । तदेव दर्शयति — **साधु तेषाममात्यानाँ[4]**मित्यादि । तद्विद्येभ्यस्तु बुद्धिमानिति । तद्विद्येभ्यः तुल्यैश[5]ास्त्राशिल्पविद्येभ्यः । स्वयमपि तद्विद्यः चक्षुष्मत्तां शिल्पं च परीक्षेत गुणद्वयं, समानविद्येभ्य आगमयेदित्यर्थः ॥ ३२ ॥

स्वजनेभ्यो विजानीयात् कुलं स्थानमवग्रहमिति । स्थानं जनपदः[6], स्वजना(दि ? हि) विशेषेण कुलादीन् जानन्ति । एभ्य एवागमयेदित्यागमप्रदर्शनमेतत् । परिकर्मसु दाक्ष्यं च विज्ञानं धारयिष्णुतां गुणत्रयं परीक्षेतेति सम्बन्धः। दाक्ष्यं दुर्गादिकर्मस्वनालस्यम् । विज्ञानं प्रज्ञयापूर्वव्युत्पादनम् । धारयिष्णुता इदं कृतमिदं कार्यं चेति । अतोऽन्यदनुभवादेव, न तर्कागमाभ्यां जानीयात् ॥ ३३ ॥

प्रागल्भ्यं प्रतिभां तथा । कथायोगेषु बुध्येत वाग्मित्वं सत्यवादितामिति । कथाप्रस्तावेषु प्रागल्भ्यादीननुभवादेव जानीयादिति प्रत्यक्षं दर्शनमेतत् ॥ ३४ ॥

---

१. 'द्यैः सह बु' ख-ग. पाठः. २. 'नु' ख-ग. पाठः. ३. 'ताकृतपरीक्षणमनुमानं' क-ख-ग-घ-ङ. पाठः. ४ 'नां त' ग-घ. पाठः. ५. 'ल्यशास्त्रविद्येभ्यः शा' क-ख. पाठः. ६. 'दः तत् स्व' क-ग. पाठः,

उत्साहं च प्रभावं च तथा क्लेशसहिष्णुताम्।
धृतिं चैवानुरागं च स्थैर्यं चापदि लक्षयेत् ॥ ३५ ॥

भक्तिं मैत्रीं च शौचं च जानीयाद् व्यवहारतः।
संवासिभ्यो बलं सत्त्वमारोग्यं शीलमेव च ॥ ३६ ॥

अस्तब्धतामचापल्यं वैराणां चाप्यकर्त्तृताम्।
प्रत्यक्षतो विजानीयाद् भद्रतां क्षुद्रतामपि ॥ ३७ ॥

कर्मानुमेयाः सर्वत्र परोक्षगुणवृत्तयः।
तस्मात् परोक्षवृत्तीनां फलैः कर्म विभावयेत् ॥ ३८ ॥

आपदि लक्षयेदिति। आपत्काले उत्साहादींस्तर्कयेत्। तद्यथा—योऽस्यामापदि न विषीदति, न मन्दप्रभावः, क्लेशांश्च सहते, सोऽन्यदापि कर्माण्यारभत इति। धृतिं चैवानुरागं च स्थैर्यं चापदीति। अनुरागः प्रागुद्दिष्टः "सानुरागाः कृताकृतमि"(स. ४. श्लो. २५)त्यत्र। अन्तरे यो न स्याद् दुर्मनाः, न विरज्यते, न त्यजति, सोऽन्यदापि सुतरां तथैवेति ॥ ३५ ॥

व्यवहारत इति। संव्यवहाराद् दृढभक्तित्वादीनि तर्कयेत्। यथेह महत्सु कार्येषु यो न भ्रश्यति, न द्वेष्टि, नार्थशीलो वा भवति, तस्यैते गुणा इत्यनुमानसन्दर्शनम्। संवासिभ्य इति। तत्सहोषितेभ्यो बलादीन्यतर्कणीयान्यागमयेत् ॥ ३६ ॥

अस्तब्धतामचापलं च संवासिभ्य एवेत्यागमप्रदर्शनम्। वैराणामकर्तृतामकरणम्। भद्रतां लोकप्रियतां प्रत्यक्षत एव जानीयात्। भद्रतागुणश्च "अक्षुद्रपरिवारते"(स. ४. श्लो. ७)त्यत्र समुद्दिष्टः। तद्विपर्ययेण क्षुद्रतापीह निर्दिष्टा। स हि प्रधानत्वादन्वयव्यतिरेकाभ्यां परीक्षणीय इति ॥ ३७ ॥

परोक्षगुणवृत्तय इति। येषां गुणवृत्तिरन्यतः श्रुता, तेषां स्वनिश्चयार्थं[1] पुनः कर्मभिरनुमातव्या, कर्म फलैरिति ॥ ३८ ॥

---

१. 'आर्थं क' क-ख. पाठः.

सज्जमानमकार्येषु निरुन्ध्युर्मन्त्रिणो नृपम् ।
गुरूणामपि चैतेषां शृणुयान्नृपतिर्वचः ॥ ३९ ॥

नरेश्वरे जगत् सर्वं निमीलति निमीलति ।
सूर्योदय इवाम्भोजं तत्प्रबोधे प्रबुध्यते ॥ ४० ॥

तद् बोधयेज्जगन्नाथं संबुध्येत यथा तथा ।
धीसत्त्वोद्योगसम्पन्नैस्तत्कार्यं तदुपाश्रितैः ॥ ४१ ॥

नृपस्य ते हि सुहृदस्त एव गुरवो मताः ।
य एनमुत्पथगतं वारयन्त्यनिवारिताः ॥ ४२ ॥

अत्र बुद्धिसचिवस्य प्राधान्यात् तद्व्यापारमाह — नवभिः श्लोकैः **सज्जमानमित्यादिभिः** । निरुन्ध्युः वारयेयुः । एतेषां वचः शृणुयाद्, अन्यथा तान् किमर्थं संगृह्णीयात् ॥ ३९ ॥

यदि ते न निरुन्ध्युस्तदा को दोष इत्याह — **नरेश्वर** इत्यादि । अकार्यान्धीकृतत्वाद् राज्ञि निमीलति सति जगन्निमीलति अनुष्ठाने सीदतीत्यर्थः । **तत्प्रबोध** इति । राज्ञः कार्याकार्यालोचनेन प्रबोधे सति प्रबुध्यते स्वधर्मकर्मसु प्रवर्तत इत्यर्थः ॥ ४० ॥

तद् बोधयेदिति । तस्माद् राजानं बोधयेत् । मन्त्रिगण इति शेषः । सम्बुध्येत यथा राजा, तथा कार्यमिति सम्बन्धः । धीसत्त्वोद्योगसम्पन्नैः अन्यगुणविकलैरपि । तदिति कार्ये प्रवर्तनमकार्याद्व्यावर्तनं चेत्यर्थः ॥ ४१ ॥

एवञ्चानुतिष्ठमानाः* परेऽपि त एव सुहृदो गुरवश्चास्य भवन्ति, यदाह— **नृपस्य ते ही**त्यादि । अनिवारिताः स्वतन्त्राः ॥ ४२ ॥

---

१. 'कार्यं तत् तत्समाश्रितैः' क. पाठः. २. 'तद्वचः किं' क-ख. पाठः. ३. 'न्त्राः त एव गुरवो मताः इति ॥' क-ख-ग-घ. पाठः.

---

* अनुतिष्ठमाना इति ताच्छील्ये चानश्.

सज्जमानमकार्येषु सुहृदो वारयन्ति ये ।
सत्यं न ते हि सुहृदो गुरवो गुरवो हि ते ॥ ४३ ॥
कृतविद्योऽपि बलिना व्यक्तं रागेण रज्यते ।
रागोपरक्तचित्तः सन् किं न कुर्यादसाम्प्रतम् ॥ ४४ ॥
पश्यन्नपि भवत्यन्धः पुमान् रागावृतेक्षणः[1] ।
सुहृद्वैद्याश्चिकित्सन्ति निर्मलैर्विनयाञ्जनैः ॥ ४५ ॥
रागमानमदान्धस्य स्खलतः पृथिवीपतेः ।
हस्तावलम्बो भवति सुहृत्सचिवचेष्टितम् ॥ ४६ ॥
मदोद्वृत्तस्य[2] नृपतेः सङ्कीर्णस्येव दन्तिनः ।
गच्छन्त्यन्यायवृत्तस्य नेतारः खलु वाच्यताम् ॥ ४७ ॥
भूगुणैर्वर्द्धते राष्ट्रं तद्वृद्धिर्नृपवृद्धये ।
तस्माद् गुणवतीं भूमिं भूत्यै नृपतिरावसेत्[3] ॥ ४८ ॥

गुरवो गुरव इति । तदानीं मित्रपदादपरं गुरुपदं प्राप्नुवन्ति । तच्च महदित्यर्थः ॥ ४३ ॥

कथमकार्येषु राजा सज्जत इत्याह — **कृतविद्योऽपीति** । किमुताकृतविद्य आत्मना रक्तचित्तः । रागेण कामेन । असाम्प्रतम् अयुक्तम् अकार्यमिति यावत् । किं न कुर्यात् पश्यन्नपि रागान्धत्वात् ॥ ४४ ॥

यदाह — **पश्यन्नपि भवत्यन्ध** इति ॥ ४५ ॥

यथा रागोऽन्धीकरोति, तथा मानमदावपीत्याह — **रागमानमदान्धस्येत्यादि** । अरिषड्वर्गोपलक्षणमेतत् । स्खलतः स्वमार्गात् । हस्तावलम्बः हस्तावष्टम्भः । सुहृत्सचिवचेष्टितं स्निग्धमन्त्रिप्रतिसमाधानम् ॥ ४६ ॥

यदि च ते स्खलन्तं न प्रतिसमादधति, तदा[4] लोके वचनीयतामापद्यन्ते, यदाह — **मदोद्वृत्तस्येत्यादि** । सङ्कीर्णस्य अविशुद्धजातेः । नेतारो मन्त्रिणः, अन्यत्र शिक्षाग्राहकाः ॥ ४७ ॥

राष्ट्रसम्पदमाह — सप्तभिः श्लोकैः । **भूगुणैरित्यादि** । राष्ट्रं जनपदः । तद्वृद्धिर्नृपवृद्धये जनपदस्य सर्वकर्मयोनित्वाद् ॥ ४८ ॥

---

१. 'तस्तु सन्' क. पाठः. २. 'द्धतस्य' क. पाठः. ३. 'भूपतिराविशेत्' क. पाठः.
४. 'तदा' क-ख-ग-घ. पाठः.

सस्याकरवती पण्यखनिद्रव्यसमन्विता ।
गोहिता भूरिसलिला पुण्यैर्जनपदैर्वृता ॥ ४९ ॥

रम्या सकुञ्जरवना वारिस्थलपथान्विता ।
अदेवमातृका चेति शस्यते भूर्विभूतये ॥ ५० ॥

[2]सशर्करोषपाषाणा साटवी नित्यतस्करा ।
रूक्षा सकण्टकवना सव्याला चेति भूरभूः ॥ ५१ ॥

स्वाजीवो भूगुणैर्युक्तः सानूपः पर्वताश्रयः ।
शूद्रकारुवणिक्प्रायो महारम्भकृषीवलः ॥ ५२ ॥

भूमिगुणानाह — **सस्याकरवतीत्यादिना** । सस्यानामाकरः क्षेत्रं, तद्वतीत्यर्थः । पण्यं व्यवहर्तव्यं जलजं स्थलजम् । खन्यत इति खनिः सुवर्णरजताद्याकरः । द्रव्यं सारदार्वादि नौरथाद्युपयोगि । पुण्यैः आर्यैः ॥ ४९ ॥

कुञ्जरवनं, यत्र हस्तिन उत्पद्यन्ते । वारिपथः [3]नावादिना । स्थलपथः खरोष्ट्रादिना । तदुभयं वाणिज्यनिबन्धनम् । अदेवमातृका, यत्र सेतुबन्धनप्रायत्वाद् वर्षनिरपेक्षा सस्यनिष्पत्तिः ॥ ५० ॥

दोषद्वारेण गुणानाह — **सशर्करेत्यादिना** । साटवी, अटवीशब्देन तात्स्थ्यादाटविकानाह । नित्यतस्करा चोरप्राया । रूक्षा मरुप्राया । **सकण्टकवना** श्वदंष्ट्रिव्याघ्रादियुक्तत्वात् ॥ ५१ ॥

जनपदगुणानाह — **स्वाजीव** इत्यादिना । स्वाजीवः, सर्वप्रकारवार्तासम्भवात् । सानूप इति भूगुणयोगित्वात् सिद्धमेव, तत्र हि भूरिसलिलेति पठ्यते, पुनरुपादानं प्राधान्यार्थम् उदकप्रतिबद्धत्वात् सर्वारम्भाणामिति । **पर्वताश्रयः** तदाश्रयत्वान्न परेणाभिभूयते । **शूद्रकारुवणिक्प्रायः** कोशं वर्धयति । **महारम्भकृषीवलः** सस्यबाहुल्याद् दुर्भिक्षव्यसनं हन्ति ॥ ५२ ॥

---

१. 'फलान्वि' क. पाठः. २. 'शर्करोपरपा' ख-ग. पाठः. ३. 'संयानादि' च. पाठः. ४. 'शर्क' ग-घ. पाठः.

सानुरागो रिपुद्वेषी पीडाकरसहः पृथुः ।
नानादेश्यैः समाकीर्णो धार्मिकः पशुमान् धनी ॥ ५३ ॥

ईदृग् जनपदः शस्तो मूर्खव्यसनिनायकः ।
तं वर्द्धयेत् प्रयत्नेन तस्मात् सर्वं प्रवर्त्तते ॥ ५४ ॥

पृथुसीमं[1] महाखातमुच्चप्राकारगोपुरम् ।
समावसेत् पुरं शैलं[2] सरिन्मरुवनाश्रयम् ॥ ५५ ॥

जलवद् धान्यधनवद् दुर्गं कालसहं महत् ।
दुर्गहीनो नरपतिर्वाताभ्रावयवैः समः ॥ ५६ ॥

सानुरागः स्वामिप्रियत्वादापत्स्वपि न परवशमुपैति । रिपुद्वेषी न परेणातिसन्धास्यते । पीडा दण्डः । कर उचितादेयम् । पृथुर्विस्तीर्णः । नानादेश्यैः समाकीर्णः राज्ञः कोशवृद्धिं स्ववृद्धिं च जनयति । धार्मिकः यथास्वधर्माचारादनुच्छेद्यः । पशुमान् गोमहिष्यादिसम्पन्नत्वात् कर्षणाद्यङ्गमावहति । धनी स्फीतः ॥

मूर्खव्यसनिनायकः इति । नायको महत्तरः, स मूर्खो व्यसनी च यत्र, स हि यथाज्ञातकारित्वाद् यथेष्टभोग्यो भवति । तस्मात् सर्वं प्रवर्तत इति । सर्वकर्मणां योनित्वाज्जनपदस्येति ॥ ५४ ॥

दुर्गसम्पदमाह पञ्चभिः श्लोकैः — **पृथुसीमेत्यादि** । पृथुसीम विस्तीर्णगोपुरद्वारम् । तत् पुनश्चतुर्विधम् । तत्र शैलं पर्वतदुर्गं, सरिदाश्रयमौदकं, मरुदेशाश्रयं धान्वनं[3], वनाश्रयं वार्क्षमिति ॥ ५५ ॥

तच्चानिचितनिचयमकिञ्चित्करमित्याह — **जलवादित्यादि** । एवञ्चकृत्वा पराभियोगकालं सहत इति कालसहम् । वाताभ्रावयवैः समः निराश्रयस्य शत्र्वादिनोच्छेदात् ॥ ५६ ॥

---

१. 'मं' क-ग. पाठः.　२. 'लस' ख-ग. पाठः.　३. 'नं निर्जे(न?ल)देशे भवं व' क-ख-ग-घ. पाठः.

औदकं पार्वतं वार्क्षमैरिणं धान्वनं तथा ।
शस्तं प्रशस्तमतिभिर्दुर्गं दुर्गोपचिन्तकैः ॥ ५७ ॥

जलान्नायुधयन्त्राढ्यं वीरयोधैरधिष्ठितम् ।
गुप्तिप्रधानमाचार्या दुर्गं समनुमेनिरे ॥ ५८ ॥

सापसाराणि दुर्गाणि भुवः सानूपजाङ्गलाः ।
निवासाय प्रशस्यन्ते भूभुजां भूतिमिच्छताम् ॥ ५९ ॥

बह्वादानोऽल्पनिःस्रावः ख्यातः पूजितदैवतः ।
ईप्सितद्रव्यसम्पन्नो हृद्यः स्वाप्तैरधिष्ठितः ॥ ६० ॥

तदेव चतुष्प्रकारं पूर्वाचार्यमतेन दर्शयति – **औदकमित्यादि** । धान्वनं निर्जलदेशभवम् । तच्चैरिणं निष्कूपम् । तच्च स्वसैन्योपयोगव्यतिरिक्तजलकूपाद्यभावात् परस्यागम्यं भवति ॥ ५७ ॥

सर्वोपसंहारेण निचयमाह --- **जलान्नेत्या**दिना । यन्त्रं सर्वतोभद्रादि । अधिष्ठितं स्थानान्तरितैः । गुप्तिप्रधानं गूढदेशबहुलम् ॥ ५८ ॥

सापसाराणीति । अपसरणस्थानयुक्तानि आपदि निवासाय, ततो हि क्षीणनिचयस्यापसृत्य पुनःप्रतिविधानात् । सानूपजाङ्गला दुर्गभुवः प्रकृत्यवस्थायां निवासाय, तत्र हि जलस्थलगुणलाभात् ॥ ५९ ॥

कोशसम्पदमाह --- **बह्वादान** इत्यादिना श्लोकत्रयेण । बह्वादानः आयद्वाराणां बहुत्वात् । अल्पनिःस्रावः व्ययद्वाराणामल्पत्वात् । ख्यातः लोके नाम्नैव परं भवति । पूजितदैवतः यत् तत्राधिदैवतं धनदादि, तत् प्रत्यहं पूज्यमानं वर्धयति । ईप्सितद्रव्यसम्पूर्णः कार्यकालं नातिपातयति । एवञ्च हृद्यः ईप्सितार्थसम्पन्नत्वात् । स्वाप्तैरधिष्ठितः स्वपरैर्न ह्रियते ॥ ६० ॥

---

१. 'शस्त्राढ्य' क. पाठः. २. 'भृत्यैः स्वा' ख-ग. पाठः. ३. 'णसत्रि' ग-घ. पाठः. ४. 'हृ' ग-घ. पाठः. ५. 'नविधानात्' ङ-च. पाठः. ६. 'के सहि ना' ग-घ-च. पाठः.

मुक्ताकनकरत्नाढ्यः पितृपैतामहोचितः ।
धर्मार्जितो व्ययसहः कोशः कोशज्ञसम्मतः ॥ ६१ ॥
धर्महेतोस्तथार्थाय भृत्यानां भरणाय च ।
आपदर्थं च संरक्ष्यः कोशः कोशवता सदा ॥ ६२ ॥
पितृपैतामहो वश्यः संहतो दत्तवेतनः ।
विख्यातपौरुषो जन्यः कुशलः कुशलैर्वृतः ॥ ६३ ॥
नानाप्रहरणोपेतो नानायुद्धविशारदः ।
नानायौधसमाकीर्णो नीराजितहयद्विपः ॥ ६४ ॥
प्रवासायासदुःखेषु युद्धेषु च कृतश्रमः ।
अद्वैध्यः क्षत्रियप्रायो दण्डो दण्डविदां मतः ॥ ६५ ॥

मुक्ताकनकरत्नाढ्यः तेषां महार्घाणामतिबाहुल्यादक्षयः । पितृपैतामहोचितः पूर्वक्रमागतत्वादक्लेशोपात्तः । धर्मार्जितः धान्यषड्भागादिना, स हि परेषामनामिषभूतो भवत्यक्षयश्च । व्ययसहः दीर्घास्वप्यापत्सु । एवंविधो निर्दोषत्वात् कोशज्ञानां सम्मतः ॥ ६१ ॥

तस्य च पञ्च प्रयोजनानि । यदाह — **धर्महेतोरि**त्यादि । अर्थाय अर्थान्तराय । कामोऽर्थप्राप्तः ॥ ६२ ॥

दण्डसम्पदमाह — **पितृपैतामहो वश्य** इत्यादिना श्लोकत्रयेण । वश्यः यथाज्ञाकरः । संहतः परेषामभेद्यः । दत्तवेतनः कृतसंविभागः । विख्यातपौरुषः अनेकयुद्धविजयित्वात् । जन्यः जानपदः । कुशलः शिल्पेषु । कुशलैर्वृतः शाखा-(स्याती ? स्थानी)यैः पुत्रपौत्रादिभिः ॥ ६३ ॥

नानायुद्धविशारद इति । नानायुद्धं हस्त्यश्वादिभिः । नानायौधा निम्नस्थलखनकाकाशदिवारात्रयोधिनः । नीराजितहयद्विपः, ते हि शास्त्रोक्तविधिना नीराजिताः दैवमानुषीभिरापद्भिर्नाभिभूयन्ते ॥ ६४ ॥

आयासः कर्मसु व्यापारः । दुःखं शीतोष्णवर्षादिप्रभवम् । कृतश्रमः न सहसा श्राम्यति । अद्वैध्यः राज्ञः सहवृद्धिक्षयत्वात् । क्षत्रियप्रायः क्षत्रियाणां युद्धयोग्यत्वादितरेषामपि तत्सम्पर्कादुत्साहो भवति ॥ ६५ ॥

---

१. 'च्चि' इति मूलकोशेषु पाठः. २. 'ज्ञातक' ग. पाठः.

त्यागविज्ञानसत्त्वाढ्यं महापक्षं प्रियंवदम् ।
आयतिक्षममद्वैध्यं मित्रं कुर्वीत सत्कुलम् ॥ ६६ ॥
*(आदौ तन्व्यो बृहन्मध्या विस्तारिण्यः पदेपदे ।
यायिन्यो न निवर्त्तिन्यः सतां मैत्र्यः सरित्समाः ॥)
समुत्पन्नेषु कृच्छ्रेषु दारुणेष्वप्यसंशयम् ।
दर्शयेत् स्वच्छहृदयः कुलीनश्चतुरश्रताम् ॥ ६७ ॥
पितृपैतामहं नित्यमद्वैध्यं हृदयानुगम् ।
महल्लघुसमुत्थानं मित्रं कार्यार्थमिष्यते ॥ ६८ ॥
दूरादेवाभिगमनं स्पष्टार्था हृदयानुगा ।
वाक् सत्कृत्य प्रदानं च त्रिविधो मित्रसंग्रहः ॥ ६९ ॥
धर्मकामार्थसंयोगो मित्रात् तु त्रिविधं फलम् ।
यस्मादेतत् त्रयं नास्ति तत् सेवेत न पण्डितः ॥ ७० ॥

मित्रसम्पदमाह—**त्यागे**त्यादिना श्लोकाष्टकेन । महापक्षं महाश्रयत्वादनुच्छेद्यम् । आयतिक्षमं स्थिरत्वादागामिकालं सहत इत्यर्थः । अद्वैध्यं लोकस्य ॥ ६६ ॥

सत्कुलमित्यस्य प्रयोजनमाह—**समुत्पन्नेष्वि**त्यादि । चतुरश्रतामवक्रताम् ॥ ६७ ॥

मौ तावन्मित्रं सामान्येन कुर्वीत मित्रकार्यार्थम् । तत्र यदिष्यते, तदाह—**पितृपैतामहमि**त्यादिना । नित्यम् अन्यत्रागमनात् । हृदयानुगं यथोक्तकारित्वात् । महत् तन्त्रबाहुल्यात् । लघुसमुत्थानम् अव्यासङ्गात् कार्यकालं नातिपातयति ॥

मित्रसङ्ग्रहोपायमाह—**दूरादेवे**त्यादिना । स्पष्टार्था यथावस्थितार्थाविष्करणात् । हृदयानुगा अपरुषत्वात् ॥ ६९ ॥

मित्रात् त्रिविधं फलमिति । सङ्गृहीतान्मित्रात् ॥ ७० ॥

---

१. 'ज्ञानवि' ख ग. पाठः. २. 'एतत् ता' क-ख-ग-घ. पाठः.

---

* धनूरेखाङ्कितं पद्यं ख-गयोः परं पठ्यते.

औरसं मैत्रसम्बद्धं तथा देशक्रमागतम्।
रक्षितं व्यसनेभ्यश्च मित्रं ज्ञेयं चतुर्विधम् ॥ ७१ ॥
शुचिता त्यागिता शौर्यं समानसुखदुःखता।
अनुरागश्च दाक्ष्यं च सत्यता च सुहृद्गुणाः ॥ ७२ ॥
तदर्थेहानुरागश्च सङ्क्षिप्तं मित्रलक्षणम्।
यस्मिन्नैतन्न तन्मित्रं तत्रात्मानं न निक्षिपेत् ॥ ७३ ॥

इति स्म राज्यं सकलं समीरितं
परं प्रतिष्ठास्य धनं सुसाधनम्।
गृहीतमेतन्निपुणेन मन्त्रिणा
त्रिवर्गनिष्पत्तिमुपैति शाश्वतीम् ॥ ७४ ॥

मित्रभेदानाह—**औरसमित्यादिना**। तत्र कौटिल्येन त्रिविधं मित्रमुक्तं सहजं प्राकृतं कृत्रिमं च। इह तु शास्त्रकारेण सहजस्य द्विविधसम्बन्धख्यापनार्थं चतुर्विधमुक्तम्। तत्र यन्मातापितृसम्बद्धं, तत् सहजं, तदेवान्तरेण सम्बन्धेन सम्बद्धमौरसं भवति। बाह्येन मैत्रीसम्बन्धेन वंशक्रमागतं मैत्रसम्बद्धम्। तथा देशक्रमागतमिति तत्सम्बद्धं, भूम्येकान्तरितत्वात् स्वराज्यप्रतिबद्धं प्रकृतिमित्रं भवति। रक्षितं व्यसनेभ्यः जीवितहेतोराश्रितत्वात् कृत्रिमम् ॥ ७१ ॥

एषां गुणानाह—**शुचितेत्यादिना**। समानसुखदुःखता एकार्थानर्थसम्बद्धत्वम् ॥ ७२ ॥

तदर्थेहानुरागश्चेति। यद् राजार्थं चेष्टते, चेष्टमानं च न विरज्यते, तदेव मित्रं ज्ञेयमित्यर्थः ॥ ७३ ॥

प्रकरणानुष्ठानफलमाह—**इतीत्यादि**। समीरितं परीक्षितम्। अस्य समीरितस्य धनं सुसाधनं प्रतिष्ठानहेतुत्वाद्, अन्यथा कोशहीनो निरुपायश्च कथमेतत् प्रतिष्ठापयेत्। प्रतिष्ठितमपि यदि बुद्धिमता मन्त्रिणा परिष्कृतं[३] भवति, तदा राज्ञस्त्रिवर्गनिष्पत्तये भवति ॥ ७४ ॥

---

१. 'स' ख-ग. पाठः. ३. 'तमपि त' ग-घ.पाठः.

यथान्तरात्मा प्रकृतीरधिष्ठितश्चराचरं विश्वमिदं समश्नुते ।
तथा नरेन्द्रः प्रकृतीरधिष्ठितश्चराचरं विश्वमिदं समश्नुते ॥ ७५ ॥

प्रकृतिभिरिति सम्यगन्वितो जनपदमादरवांस्तु पालयेत् ।
जनपदपरिपालनाच्चिरं व्रजति नृपः परमं श्रियः पदम् ॥ ७६ ॥

प्रकृतिगुणसमन्वितः सुधीर्व्रजति नृपः स्पृहणीयतां पराम् ।
स च भवति रणेषु विद्विषां श्वसन इव प्रबलः पयोमुचाम् ॥ ७७ ॥

(इति प्रकृतिसम्पन्नाम सप्तमं प्रकरणम्)

इति कामन्दकीये नीतिसारे प्रकृतिसम्पन्नाम

चतुर्थः सर्गः ।

केवलस्य राज्ञो न लोकभोगसामर्थ्यमिति दर्शयन्नाह — **यथान्तरात्मेति**। अन्तरात्मा अन्तर्यामी परः पुरुषः । स स्वयं निष्क्रियोऽपि यथा यदा प्रधानमहदादिभि(र्यं ?)र्युज्यते तदा ब्रह्मादिस्तम्बपर्यन्तं त्रैलोक्यं देवादिभावेन समश्नुते, तथा राजाप्येकोऽसमर्थोऽमात्यादिप्रकृतियोगाल्लोकं समश्नुते ॥ ७५ ॥

तस्मात् किं कुर्यादित्याह — **प्रकृतिभिरित्यादि** ॥ ७६ ॥

तथा प्रकृतिगुणयोगाल्लोके स्पृहणीयो भवति, शत्रूच्छेदाय च । तदाह — **प्रकृतिगुणसमन्वित इत्यादि**। रणेष्वित्युच्छेदनिमित्तम् । श्वसनो वायुः ॥ ७७ ॥

(इति प्रकृतिसम्पन्नाम सप्तमं प्रकरणम्)

इति शङ्करार्यकृतायां कामन्दकीयनीतिसारपञ्जिकायां जयमङ्गलायां

प्रकृतिसम्पन्नाम

चतुर्थः सर्गः ।

---

१. 'स्पृशति' क. पाठः. २. 'प्रलय इव श्वसनः प' क. पाठः.

अथ पञ्चमः सर्गः ।

* ८ स्वाम्यनुजीविवृत्तप्रकरणम् *

वृत्तस्थं वृत्तसम्पन्नाः कल्पवृक्षोपमं नृपम् ।
अभिगम्यगुणैर्युक्तं सेवेरन्ननुजीविनः ॥ १ ॥

द्रव्यप्रकृतिहीनोऽपि सेव्यः सेव्यगुणान्वितः ।
भवत्याजीवनं तस्माच्छ्लाघ्यं कालान्तरादपि ॥ २ ॥

अपि स्थाणुवदासीत शुष्यन् परिगतः क्षुधा ।
न त्वेवानात्मसम्पन्नाद् वृत्तिमीहेत पण्डितः ॥ ३ ॥

अनात्मवान् नयद्वेषी वर्धयन्नरिसम्पदः ।
प्राप्यापि महदैश्वर्यं सह तेन विनश्यति ॥ ४ ॥

एवं प्रकृतिसम्पदा युक्तेन स्वामिना कथं स्वेषु वर्तितव्यं, स्वैश्च स्वामिनीति स्वाम्यनुजीविवृत्तमुच्यतेऽस्मिन् सर्गे । तत्राराध्यस्य प्रधानत्वात् तद्विषयमनुजीविनो वृत्तमाह---अष्टपञ्चाशता श्लोकैः । वृत्तस्थमित्यादि । वृत्तस्थं प्रजापालनधर्मे स्थितम् । वृत्तसम्पन्नाः स्वधर्मसंयुक्ताः । कल्पवृक्षोपमं यथाभिलषितसम्पादनात् । अभिगम्यगुणाः आभिगामिकगुणाः, यद्वा अभिगम्य प्रियहितद्वारेणाश्रित्य । गुणैर्युक्तं प्रकृतिगुणैरन्वितम् ॥ १ ॥

द्रव्यप्रकृतिहीनोऽपीति पक्षान्तरं दर्शयति । अमात्यादयो दण्डपर्यन्ता द्रव्यप्रकृतयः, तद्धीनमप्याभिगामिकगुणैरुपेतं सेवेतेति । ततो हि कालान्तरेणापि जीवनं श्लाघ्यम् ॥ २ ॥

न त्वेवानात्मसम्पन्नादिति द्रव्यप्रकृतियुक्तादपि न वृत्तिमीहेत ॥ ३ ॥

किमर्थमिति चेद् यदाह---**अनात्मवानित्यादि** । स हि नीतिशास्त्रविद्वेषादरिसम्पदो वर्धयन् स्वसम्पद्व्यधात् । प्राप्यापि महदैश्वर्यमिति । ऐश्वर्यसम्पूर्णोऽपि नश्यत्येव । ततश्च तत्राश्रितस्य वृथा श्रमः स्यात् ॥ ४ ॥

---

१. 'य' क. पाठः. २. 'पद्मत' क. पाठः.

लब्धावकाशो निपुण आत्मवत्यविकारवान्[1] ।
स्थाने स्थैर्यमवाप्नोति[2] मन्त्री कर्मसु निश्चितः ॥ ५ ॥
आयत्यां च तदात्वे च यत् स्यादास्वादपेशलम् ।
तत् क्लिश्यन्नपि* कुर्वीत न लोकद्विष्टमाचरेत् ॥ ६ ॥
तिलाश्चम्पकसंश्लेषात् प्राप्नुवन्त्यधिवासनाम् ।
रसोनभक्षास्तद्गन्धाः[3] सर्वे साङ्क्रामिका गुणाः ॥ ७ ॥
अपां प्रवाहो गाङ्गोऽपि समुद्रं प्राप्य तद्रसः ।
भवत्यवश्यं तद् विद्वान् नाश्रयेदशुभात्मकम्[4] ॥ ८ ॥
क्लिश्यन्नपि हि मेधावी शुद्धं जीवनमाचरेत् ।
तेनेह श्लाघ्यतामेति लोकेभ्यश्च न हीयते ॥ ९ ॥

आत्मवति तु को गुणः स्यादित्याह — **आत्मवति** स्वामिनि । लब्धसंश्रयोऽनुजीवी । निपुणः शास्त्रकलासु । अविकारवान् अविसंवादकत्वादेकमार्गः । स्थाने स्थैर्यमवाप्नोति, यत्र नियुक्तः । मन्त्री कर्मसु निश्चित इति । अस्य वक्ष्यमाणेन सम्बन्धः स्वामिना मन्त्री (अन्यस्तु? कर्मसु) व्यापारेषु नियुक्तः सन् ॥ ५ ॥

यदायत्यां तदात्वे चास्वादपेशलम् आस्वादहृद्यं कटुविपाकाभावात् तत् क्लिश्यन्नपि कुर्वीत तस्मिन् आत्मवति लब्धसंश्रयोऽनुजीवी कर्म कुर्यात् न तु लोकविद्विष्टमाचरेत् ॥ ६ ॥

अन्यथा ह्यनात्मवति लब्धसंश्रयः सर्वं वैपरीत्येनारभते, सम्पर्कदोषात् । यदाह — **तिला** इत्यादि ॥ ७ ॥

तद् विद्वानिति । तस्मादेवं जानन् । अशुभात्मकमनात्मवन्तं सत्यपि जीवने नाश्रयेत् ॥ ८ ॥

तुल्ये च सेवाक्लेशे वरं परिशुद्धमाजीवनम् । यदाह — **क्लिश्यन्नपीत्यादि** ।

---

१. 'वानवि' क. पाठः. २. 'ति' ख-ग. पाठः. ३. 'से' ख. पाठः. ४. 'ता' क. पाठः.

---

* अनुदात्तेत्त्वलक्षणो हि तङ्डनिल्यः.

अभिलक्ष्यं स्थिरं पुण्यं [1]ख्यातं सद्भिर्निषेवितम्।
सेवेत सिद्धिमन्विच्छन् श्लाघ्यं विन्ध्यमिवेश्वरम् ॥ १० ॥

दुरापमपि लोकेऽस्मिन् यद्यद् वस्त्वभिवाञ्छति ।
तत्तदाप्नोति मेधावी तस्मात् कार्यः समुद्यमः ॥ ११ ॥

आरिराधयिषुः सम्यगनुजीवी महीपतिम् ।
विद्याविनयशिल्पाद्यैरात्मानमुपपादयेत् ॥ १२ ॥

कुलविद्याश्रुतौदार्यशिल्पविक्रम[2]धैर्यवान् ।
वपुस्सत्त्वबलारोग्य[3]स्थैर्यशौचदयान्वितः ॥ १३ ॥

तेनेति शुद्धजीवनेन । लोकेभ्यश्च न हीयत इति । परिशुद्धवृत्तत्वान्न लोकवाच्यो भवतीत्यर्थः ॥ ९ ॥

शुद्धं [4]चाजीवनमन्विच्छन् अभिलक्ष्यत्वादिधर्मयुक्तं सेवेत, तत्र ह्यात्मवत्तायाः सम्भवादित्याह — **अभिलक्ष्यमित्यादि** । अभिलक्ष्यं स्वजातीयेषु, भूभृत्सु च । स्थिरम् अनुच्छेद्यम् । पुण्यं धार्मिकत्वाद्, इतरत्र सिद्धिक्षेत्रत्वात् । ख्यातं सर्वत्र । सद्भिः वृद्धैः, इतरत्र मुनिभिः ॥ १० ॥

सेवाप्रयाससाफल्यं दर्शयति — **दुरापमपीत्यादिना** । तस्मात् कार्यः समुद्यमः तत्र न दैवप्रमाणस्तिष्ठेत्, तस्याचिन्त्यत्वात् । उद्यमश्च नयविकलो नैकान्तेन फलवानित्याह — मेधावीति । मे[5]धाग्रहणं बुद्ध्युपलक्षणार्थम् ॥ ११ ॥

निपुणस्यासेवकस्[6]यान्याराधनसम्भवादित्याह — **आरिराधयिषुरित्यादि** । आराधयितुमिच्छुः ॥ १२ ॥

तान् गुणानाह — **कुलेत्यादि** । विद्या ग्रन्थतोऽवधारिता । तस्या एवार्थतः परिज्ञानं श्रुतम् । औदार्यं स्थूललक्षता । धैर्यम् अनौद्धत्यम् । वपुरित्यनेन कुशरीरप्रतिषेधः । स्थैर्यम् अपरित्यागिता । शौचम् उपधाशुद्धिः ॥ १३ ॥

---

१. 'स्थानम्' इति मूलकोशेषु पाठः. २. 'मशौर्य' क. पाटः. ३. 'शीलशौचसमन्वि' ख-ग. पाठः. ४. 'चापीदम' ग-घ. पाठः. ५. 'धा बुद्ध्युपलक्षणार्था' ग-घ. पाठः. ६. 'स्यारा' ग-घ. पाठः.

पैशुन्यद्रोहसम्भेदशाठ्यलौल्यानृतातिगः ।
स्तम्भचापलहीनश्च सेवनं कर्त्तुमर्हति ॥ १४ ॥

दक्षता भद्रता दार्ढ्यं क्षान्तिः क्लेशसहिष्णुता ।
सन्तोषः शीलमुत्साहो मण्डयन्त्यनुजीविनम् ॥ १५ ॥

अर्थशौचपरो नित्यं गुणैरेभिः समन्वितः ।
भूतये भूतिसम्पन्नं साधु विश्वासयेन्नृपम् ॥ १६ ॥

प्रविष्टः सम्यगुचिते स्थाने तिष्ठन् सुवेषवान् ।
यथाकालमुपासीत राजानं विनयान्वितः ॥ १७ ॥

परस्थानासनं क्रौर्यमौद्धत्यं मत्सरं त्यजेत् ।
विगृह्य कथनं चापि न कुर्याज्ज्यायसा सह ॥ १८ ॥

सम्भेदातिग इति परस्याभेद्य इत्यर्थः । शाठ्यं चित्तकौटिल्यम् । लौल्यं जिह्वादीन्द्रियलोलुपता । शेषा व्याख्यातप्रायाः ॥ १४ ॥

दक्षता उत्साहगुणान्तर्भावेऽपि प्राधान्यार्थं पृथक्कृता । भद्रता लोकप्रियता । दार्ढ्यं कर्मसु । क्षान्तिः आक्रोशादितितिक्षा । काले त्वसर्पं इष्यत एव उत्साहगुणत्वात् । सन्तोषः पानाशनादिषु । मण्डयन्त्यनुजीविनमिति पूर्वोक्तसर्वगुणाभावेऽपि दक्षतादिगुणाष्टके त्वाद्रियेत इति दर्शयति अत्यन्तोपयोगित्वात् । एवं हि गुणव्यतिरेकेणैषां निर्देशः ॥ १५ ॥

अर्थशौचपर इति अनुजीविनां प्रायेणार्थेष्वधिकारात् । विश्वासयेन्नृपम् उपासनां कुर्वन्निति शेषः ॥ १६ ॥

तामुपासनामाह -- **प्रविष्ट** इत्यादिना । सम्यक् प्रविष्टः यदानुज्ञातः प्रविशत्विति । उचिते उत्तमाधममध्यमव्यवस्थाकल्पिते । सुवेषवान् अनुपहतदर्शनः । यथाकालं यो यस्य सेवाकालः । उपासीत सेवेत ॥ १७ ॥

सेवाविधिमाह — **परस्थाने**त्यादिना ग्रन्थेन । औद्धत्यम् अननुरूपचेष्टता । ज्यायसा अधिकतरेण ॥ १८ ॥

---

१. 'आपन्नं' क. पाठः. २. 'द्दत' क-ख-ग-घ. पाठः.

विप्रलम्भं च मायां च दम्भं स्तेयं च वर्जयेत्।
पुत्रेभ्यश्च नमस्कुर्याद्वल्लभेभ्यश्च भूपतेः ॥ १९ ॥

न नर्मसचिवैः सार्द्धं किञ्चिदप्यप्रियं वदेत्।
ते हि मर्मण्यभिघ्नन्ति प्रहासेनैव संसदि ॥ २० ॥

भर्तुरन्वासितो दृष्टिं मुहुर्नान्यत्र निक्षिपेत्।
ब्रूयाच्च किञ्चिदन्योन्यं तिष्ठेच्चास्यं विलोकयन् ॥ २१ ॥

कोऽत्रेत्यहमिति ब्रूयात् सम्यगाज्ञापयेति च।
आज्ञां चावितथां कुर्याद् यथाशक्त्यविलम्बितम् ॥ २२ ॥

उच्चैःप्रकथनं हासं ष्ठीवनं कुत्सितं तथा।
जृम्भणं गात्रभङ्गं च पर्वस्फोटं च वर्जयेत् ॥ २३ ॥

प्रविश्य चानुरागेण चित्तं चित्तज्ञसम्मतः।
समर्थयंश्च तत्पक्षं साधु भाषेत भाषितम् ॥ २४ ॥

विप्रलम्भं विसंवादनम्। अन्यथा प्रतिज्ञायान्यथा करणमित्यर्थः। मायां वञ्चनां, यत्र सर्वथार्थाभावः। दम्भं कुक्कुटवृत्तम् ॥ १९ ॥

न नर्मसचिवैरिति। नर्मसचिवो यथा वसन्तको वत्सराजस्य, क्रीडासचिव इत्यर्थः ॥ २० ॥

भर्तुरन्यत्रेति सम्बन्धः। अन्वासितः आसनसमीपे व्यवस्थितः ॥ २१ ॥

अवितथामिति। कार्यसम्पादनेन सफलाम् ॥ २२ ॥

ष्ठीवनं श्लेष्मादिनिरसनम्। कुत्सितं दुष्टमारुतकर्म। पर्वस्फोटम् अङ्गुलीनाम् ॥ २३ ॥

चित्तज्ञसम्मत इति। राजाभिप्रायविदां पार्श्ववर्तिनां सम्मतः। असम्मतो हि ध्रुवं तद्द्वेषाद् द्वेष्यः स्यात्। तत्पक्षं राजाभ्युपगतम् ॥ २४ ॥

---

१. 'दम्भं च स्तम्भ मायां च व' क. पाठः. २. 'क्वचिद' क. पाठः. ३. 'स्य' क. पाठः. ४. 'रो द' इति मूलकोशेषु पाठः. ५ 'यात् किमगमित्येव ति' ख-ग. पाठः. ६. 'त्सनं त' इति मूलकोशेषु पाठः. ७. 'द्वाक्य सा' क. पाठः. ८. 'ज्ञया' ग-घ. पाठः. ९. 'ड' ग-च. पाठः. १०. 'त अन्वासने आ' क-ख-ग-घ. पाठः.

तन्नियोगेन वा ब्रूयादर्थं सुपरिनिश्चि[1]तम् ।
सुखप्रबन्धगोष्ठीषु वादे वा वादिनां मतम् ॥ २५ ॥
विजानन्नपि न ब्रूयाद्भर्तुः क्षि[2]प्तोत्तरं वचः ।
प्रवीणोऽपि हि मेधावी वर्जयेदभिमानिताम् ॥ २६ ॥
यदप्युच्चैर्विजानीयान्नीचैस्तदपि कीर्त्तयेत् ।
कर्मणां[3] तस्य वैशिष्ट्यं कथयेद् विनयान्वितः ॥ २७ ॥
आपद्युन्मार्गगमने का[4]र्यकालात्ययेषु च ।
अपृष्टोऽपि हितान्वेषी ब्रूयात् कल्याणभाषितम् ॥ २८ ॥
प्रियं तथ्यं च पथ्यं च वदेद्धर्म्यार्थ्यमेव च ।
अश्रद्धेयमस[5]भ्यं च परोक्षं कटु चोत्सृजेत् ॥ २९ ॥

सुखप्रबन्धगोष्ठीष्विति । सुखार्थप्रवर्त्तितकाव्यादिगोष्ठीष्वित्यर्थः ॥ २५ ॥

क्षिप्[6]त्वोत्तरं वच इति । न सम्यगि[7]त्युक्तमाक्षिप्य । अभिमानिताम् अहमेव जानामीति ॥ २६ ॥

उच्चैरधिकं । नीचैः विस्रब्धम् । वैशिष्ट्यम् आधिक्यम् । विनयान्वितः निहतमानः ॥ २७ ॥

आपदि पराभियोगादौ । उन्मार्गगमने अदण्ड्यदण्डनादौ । कार्यकालात्ययेषु चेति । यत् कार्यं, यस्मिन् काले चिकीर्षितं, तयोरतिपातनेषु । कल्याणभाषितं युक्तियुक्तम् ॥ २८ ॥

प्रियं तदात्वे सुखकरम् । तथ्यं सद्भूतम् । पथ्यं यत् परिणामसुखम् औषधपानवत् । धर्म्यार्थ्यमेव चेति । गुरुप्रत्युत्थानादिकं धर्म्यं, यातव्याभिसरणादिकमर्थ्यम् । अश्रद्धेयं प्रत्यक्षमपि । असभ्यं सभायामसाधु । परोक्षं तथ्यमपि यत् स्वयं नोपलब्धम् । कटु अश्राव्यम् ॥ २९ ॥

---

१. 'ष्ठि' क. पाठः. २. 'प्तो' ख-ग. पाठः. ३. 'णस्त' ख-ग. पाठः. ४ 'र्ये' ख-ग. पाठः. ५. 'त्यं' ख-ग. पाठः. ६. 'प्तो' ग.घ. पाठः. ७. 'म्यगुक्तमित्याक्षि' ङ-च. पाठः. ८. 'प्याह' क-ख-ग-घ. पाठः. ९. 'र्मार्थमे' ग-घ. पाठः.

परार्थं देशकालज्ञो देशे काले च साधयेत् ।
स्वार्थं च स्वार्थकुशलः कुशलेनार्थकारिणा ॥ ३० ॥
गुह्यकर्म च मन्त्रं च न भर्त्तुः सम्प्रकाशयेत् ।
विद्विष्टं[1]मपि नाशं च मनसापि न चिन्तयेत् ॥ ३१ ॥
स्त्रीभिस्तद्दर्शिभिः पापैर्वैरिदूतैर्निराकृतैः ।
एकार्थचर्यासं[2]ङ्घातं संसर्गं च विवर्जयेत् ॥ ३२ ॥
वेषभाषानुकरणं न कुर्यात् पृथिवीपतेः ।
सम्पन्नोऽपि हि मेधावी स्पर्द्धेत न च तद्गुणैः ॥ ३३ ॥
रागापरागौ जानीयाद् भर्त्तुः कुशलकर्मकृत् ।
इङ्गिताकारलिङ्गाभ्यामिङ्गिताकारतत्त्ववित् ॥ ३४ ॥

परार्थम् अन्यस्याजीवनार्थम् । देशकालज्ञः, अन्यथा हि सहसा न साधयेत् । देशे काले च समुपस्थिते । पुनरुपादानम् एतौ परस्परापेक्षया कार्यं साधयत इति दर्शनार्थम् । स्वार्थकुशलो देशकालज्ञ इत्यर्थः । कुशलेन देशकालज्ञेन । अर्थकारिणा कल्याणाशयेन ॥ ३० ॥

गुह्यकर्म चारप्रणिधानादिकं भर्त्तुः सम्बन्धि । विद्विष्टं वाक्पारुष्यादि ॥

स्त्रीभिः धात्र्यादिकाभिः । तद्दर्शिभिः स्त्रीदर्शिभिः कञ्चुकिभिः । पापैर्वैरा[3]न्वेषिभिः वैरिदूतैः शत्रुप्रेषितैः । निराकृतैः राज्ञा अर्थमानाभ्यामवक्षिप्तैः । एकार्थचर्यासङ्घातं सम्भूयैकार्थसाधनाय मेलनं, तत्संसर्गमपि ॥ ३२ ॥

सम्पन्नोऽपि तद्गुणैरिति सम्बन्धः ॥ ३३ ॥

कुशलकर्मकृत् स्वामिहिताचरणात् । इङ्गिताकारलिङ्गाभ्यामिति । यथाभिप्रायानुरू[4]पक्रियाविष्करणमिङ्गितं, भ्रुकुटीमुखरा[5]गादिराकारः तावेव लिङ्गभूतौ रागापरागानुमाने । इङ्गिताकारतत्त्वविदिति । प्राज्ञा हि मन्त्रसंवरणार्थं रागद्वेषविपर्यासमिङ्गिताकाराभ्यामाचरन्ति । तस्मात् तत्त्ववित् स्यात् ॥ ३४ ॥

---

१. 'ष्टत्वं विना' ख-ग. पाठः. २. 'संवासं सं' ख-ग. पाठः. ३. 'भिः राजद्वेषिभिः । वै' क-ख-ग-घ. पाठः. ४. 'कूलकि' ङ-च. पाठः. ५. 'विकारादि' ङ-च. पाठः.

दृष्ट्वा प्रसन्नो भवति वाक्यं गृह्णाति चादरात् ।
दिशत्यासनमभ्याशे कुशलं परिपृच्छति ॥ ३५॥

विविक्तदर्शने स्थाने रहस्ये च न शङ्कते ।
तदर्थां तत्कृतां चोच्चैराकर्णयति संकथाम् ॥ ३६ ॥

श्लाघते श्लाघनीयेषु श्लाघ्यमानं च नन्दति ।
कथान्तरेषु स्मरति प्रहृष्टः कीर्त्तयेद् गुणान् ॥ ३७॥

सहते पथ्यमुक्तः सन् न निन्दामनुमन्यते ।
करोति वाक्यं तस्यैव[2] तद्वच्च बहुमन्यते ॥ ३८॥

वृद्धौ प्रसन्नो[3] भवति व्यसने परितप्यते[4] ।
उपकारेषु माध्यस्थ्यं दर्शयत्यद्भुतेषु च ॥ ३९ ॥

तत्कृतं कर्म चान्येन कृतमित्याभिभाषते ।
विपक्षमुत्थापयाति विनाशं चाप्युपेक्षते ॥ ४० ॥

तदिदानीं प्रायोवृत्त्याभिधीयते । तत्र रागमधिकृत्याह — **दृष्ट्वेत्यादि** । अभ्याशे समीपे ॥ ३५ ॥

विविक्तदर्शन इति एकस्य राज्ञो दर्शनं यस्मिन् स्थाने । तदर्थाम् अन्येन क्रियमाणाम् ॥ ३६ ॥

श्लाघनीयेष्विति अभीप्सितेष्वर्थेषु ॥ ३७ ॥

पथ्यम् उक्तः अप्रियमपि । तद्वच्चेति । यथा सेवकस्तत्कृतं कर्म बहुमन्यते, तथा स्वाम्यपि तत्कृतमिति ॥ ३८ ॥

अपरागमधिकृत्याह — **उपकारेष्वित्यादि** । अद्भुतेषु अशक्यकरणादिषु ॥ ३९ ॥

विनाशं चाप्युपेक्षते विपक्षादुत्पद्यमानम् ॥ ४० ॥

---

१. 'सत्क' क. पाठः. २. 'तद्वत्कं त' ख-ग. पाठः. ३. 'तीतो भ' क. पाठः. ४. 'ध्यनुत' क. पाठः.

कार्ये संवर्द्धयत्याशां फले च कुरुतेऽन्यथा।
यद्वाक्यं मधुरं किञ्चित् तदप्यर्थेन निष्ठुरम्॥ ४१ ॥
आचरत्यात्मसंसत्सु परिवादं च केवलम्।
अकोपोऽपि सकोपाभः प्रसन्नोऽपि निष्फलः॥ ४२॥
हसत्यकस्माद् व्रजति रूक्षं च समुदीक्षते।
विज्ञाप्यमानो वृत्त्यर्थं सहसोत्थाय गच्छति॥ ४३ ॥
आघट्टयति मर्माणि गुणैर्न बहुमन्यते।
सम्भावयति दोषेण वृत्तिच्छेदं करोति च॥ ४४॥
साधूक्तमपि तद्वाक्यं समर्थयति चान्यथा।
अपर्वणि कथाभङ्गं करोति विरसीभवन्॥ ४५॥
उपास्यमानः शयने सुप्तलक्षेण तिष्ठति।
यत्नेनाराध्यमानोऽपि सुप्तवच्च विचेष्टते॥ ४६ ॥

कार्ये संवर्द्धयत्याशां 'कृतेऽस्मिन्निदं दास्यामी'ति। फले च कुरुतेऽन्यथा सम्पादिते प्रतिज्ञातं न प्रयच्छति। अर्थेन निष्ठुरं दुष्टार्थत्वात्॥ ४१ ॥

आत्मसंसत्सु स्वसभामध्ये। सकोपाभः मुखविकारात॥ ४२ ॥

रूक्षमस्निग्धम्॥ ४३ ॥

आघट्टयति चालयति। वृत्तिच्छेदं जीवनाक्षेपम्॥ ४४ ॥

अन्यथेति दोषेणेत्यर्थः। अपर्वणि अप्रस्तावे। विरसीभवन् विरक्तीभवन्॥ ४५ ॥

सुप्तलक्षेण सुप्तव्याजेन तिष्ठति। तदापि यत्नेनाराध्यमानः सुप्तवच्च विचेष्टते दीर्घनिःश्वासादिना॥ ४६ ॥

---

१. 'न्नोऽपि हि नि' क. पाठः. २. 'रहस्येष्ववशङ्कते' क, पाठः.

इत्यादि ह्यनुरक्तस्य विरक्तस्य च लक्षणम् ।
रक्ताद् वृत्तिं समीहेत विरक्तं[2] च[3] परित्यजेत् ॥ ४७ ॥
निर्गुणं ह्यपि भर्त्तारमापत्सु न परित्यजेत् ।
ततः परतरो नास्ति य आपत्सूपतिष्ठते ॥ ४८ ॥
स्वस्थवृत्तेषु सत्त्वाढ्या नोपयान्त्यभिलक्ष्यताम् ।
विरोधे[4] कर्मधुर्याणां तेषां नामातिरिच्यते ॥ ४९ ॥
श्लाघ्यों चानन्दनी चैव महतामुपकारिता ।
काले कल्याणमाधत्ते स्वल्पापि सुमहोदयम् ॥ ५० ॥
अकार्या[6]त् प्रतिषेधश्च कार्ये चैवानुवर्तनम् ।
सङ्क्षेपादिति सद्वृत्तं बन्धुमित्रानुजीविनाम् ॥ ५१ ॥

विरक्तं च परित्यजेत् । तस्य न केवलमाराधनं निष्फलं, दोषकरमपि स्यात् ॥ ४७ ॥

निर्गुणमपि किमुत गुणवन्तम् । ततः परतर इति । उत्कृष्टतरः ॥ ४८ ॥

तदेव स्फुटयन्नाह — **स्वस्थवृत्तेष्विति** । स्वस्थावस्थेषु स्वामिषु सत्त्वाढ्या भृत्याः । विरोधे पराभियोगप्रभवे । नामातिरिच्यते एते एव सद्वृत्याः, यैरुपकृतमस्मिन् काल इति ॥ ४९ ॥

तदेवोपकृतं स्तौति — **श्लाघ्येत्यादिना** । तदात्वे तावल्लोके स्पृहणीया । आनन्दनी च महतामावर्जनात् । काले आयत्यां कल्याणमाधत्ते । सुमहोदयं निरवद्यं महाफलं च ॥ ५० ॥

एतत्तावदव्युत्पन्नबुद्धीनामनुग्रहार्थं विस्तरतो वृत्तमुक्तम् । व्युत्पन्नबुद्धीनामाह — **अकार्यादित्यादि** । अधर्म्यानर्थ्यविद्विष्येषु प्रवर्त्तमानस्य स्वामिनो व्यावर्त्तनं, धर्म्यार्थ्यद्विष्येषु प्रवर्त्तमानस्यानुवर्त्तनमित्येतावदेवाराधनायालम् । बन्धुमित्रग्रहणमनुजीविभिस्तुल्यं[7]योगक्षेमदर्शनार्थम् ॥ ५१ ॥

---

१. 'त्येवमनु' क. पाठः. २. 'क्ते तां प-' ख-ग. पाठः. ३. 'तु' इति मूलकोशे पठ्यते. ४. 'घ' क-ख. पाठः. ५. 'ध्यैवान' क. पाठः. ६. 'र्यै प्र' क. पाठः. ७. 'ल्यं यो' क-ख. पाठः.

पानस्त्रीद्यूतगोष्ठीषु राजानमभितश्चराः ।
बोधयेयुः प्रमाद्यन्तमुपायैर्नालिकादिभिः ॥ ५२ ॥
राजानं ये ह्युपेक्षन्ते सज्जमानं विकर्मसु ।
ते गच्छन्त्यकृतात्मानः सह तेन पराभवम् ॥ ५३ ॥
जयाज्ञापय देवे[1]ति नाथ जीवेति चादरात् ।
आज्ञा[2]मस्य प्रतीच्छन्तो भृत्याः कुर्युरुपासनम् ॥ ५४ ॥
भर्तुश्चित्तानुवर्त्तित्वं सद्वृत्तम[3]नुजीविनाम् ।
रक्षांस्यपि हि गृह्यन्ते नित्यं छन्दानुवर्त्तिभिः ॥ ५५ ॥
धीसत्त्वोद्योगयुक्तानां किं दुरापं महात्मनाम् ।
छन्दानुवर्त्तिनां लोके कः परः प्रियवादिनाम् ॥ ५६ ॥

कथमकार्यात् प्रतिषेधयेयुरित्याह — **पानेत्यादिना** । अभितश्चराः राजपार्श्ववर्त्तिनः । उपायैर्नालिकादिभिरिति । उक्तं हि – "सुवर्णमाषकाश्चत्वारश्चतुरङ्गुलायामोः तत्प्रमाणकुम्भाच्छिद्रेण जलाढकस्य यावता कालेन स्रुतिः स कालो नालिके" (कौटि. अर्थ. २-२०-३८)ति । आदिशब्दात् त्रिपौरुष्यादिच्छायापरिग्रहः । तैः पटहशब्दादिभिः व्यक्तैरुपायैः बोधयेयुरियमनुष्ठानान्तरवेला वर्त्तत इति ॥ ५२॥

अबोधने दोषमाह — **राजानमित्यादि** । अकृतात्मानः अकृतार्थत्वात् । पराभवं नाशं यान्ति ॥ ५३ ॥

तस्मान्मा भूत् पराभव इत्येवं प्रबोधयन्त उपासीरन् इत्याह — **जयाज्ञापय देवेत्यादि** । आज्ञामस्य प्रतीच्छन्त इति प्रबोधनफलमेतत्, अन्यथा ह्यप्रतिबोधितः कथं कार्याकार्येष्वाज्ञां प्रयच्छेत् ॥ ५४ ॥

सङ्क्षिप्ततरमनुजीविवृत्तमाह — **भर्तुरित्यादि** । चित्तानुवर्त्तित्वं चित्तानुविधायित्वम् । रक्षांस्यपि हि गृह्यन्ते, किमुत तत्तुल्यधर्माणो मनुष्याः । छन्दः अभिप्रायः ॥ ५५ ॥

धीसत्त्वोद्योगयुक्तानामिति । अत्र धीः शास्त्रानुगा बुद्धिर्द्रष्टव्या, तया-

---

१. 'जीवेति नाथ देवेति चा' ख-ग. पाठः.　२. 'ज्ञां चास्य' ख-ग. पाठः.　३. मुपजी' क. पाठः.　४. 'माः कुम्भच्छिद्रमाढकमम्भसो वा नालि' मुद्रितकौटिलीयार्थशास्त्रपाठः.

अलसस्याल्पदोषस्य निर्विद्यस्याकृतात्मनः ।
प्रदानकाले भवति मातापि हि पराङ्मुखी ॥ ५७ ॥

ये शूरा ये च विद्वांसो ये च सेवाविपश्चितः ।
तेषामेव विकासिन्यो भोग्या नृपतिसम्पदः ॥ ५८ ॥

अप्रियोऽपि हि पथ्यः स्यादिति वृद्धानुशासनम् ।
वृद्धानुशासने तिष्ठन् प्रियतामुपगच्छति ॥ ५९ ॥

आजीव्यः सर्वभूतानां राजा पर्जन्यवद् भवेत् ।
निराजीव्यं त्यजन्त्येनं शुष्कं सर इवाण्डजाः ॥ ६० ॥

वश्यं कार्यसिद्धेः । एतदुक्तं भवति – दुष्प्रापार्थस्य प्रापणे प्राधान्येन बुद्ध्यादिगुणत्रयं व्याप्रियते, परमात्मसात्करणे छन्दानुविधायित्वमिति ॥ ५६ ॥

अस्यैव पूर्वार्द्धोक्तं व्यतिरेकेण स्फुटयन्नाह — **अलसस्येति** निरुद्योगस्य । अल्पदोषस्य सत्त्वहीनस्य । निर्विद्यस्य अश्रुतशास्त्रत्वान्निर्बुद्धेः । एवञ्च सत्यकृतात्मनः अनात्मवतः । मातापि न स्निह्यति पराङ्मुखी भवति, किं पुनरन्ये ॥ ५७ ॥

इदानीमुभयार्द्धोक्तमेव सन्धाय फलं प्रदर्शयन्नाह — **ये शूरा** इति[2] । सत्त्वोद्योगे[1]युक्ता इत्यर्थः । विद्वांसः प्रकृष्टबुद्धित्वात् । सेवाविपश्चितः भर्तुश्चित्तानुविधायितया सेवाकुशलाः ॥ ५८ ॥

अप्रियोऽपि हि पथ्यः स्यादिति । यदापि स्वामिनि द्वेष्यः, तदापि तच्चित्तानुविधायित्वेनैव हितः स्यात् । स हि कालान्तरेण प्रियतामेति ॥ ५९ ॥

इदानीं स्वामिनोऽनुजीविषु वृत्तमेकत्रिंशता श्लोकैराह — **आजीव्य** इत्यादि । यथायथं जीवनसंविभागेनाजीव्यः स्यात्, अन्यथा निष्फलं कथं सेव्येत । यदाह — निराजीव्यमित्यादि ॥ ६० ॥

---

१. 'गयोगा इ' क-ख-ग-घ, पाठः. २. 'र्तृचि' ग-घ-ङ-च. पाठः,

कुलं वृत्तं श्रुतं शौर्यं सर्वमेतन्न गण्यते ।
दुर्वृत्ते वा सुवृत्ते वा जनो दातरि रज्यते ॥ ६१ ॥
अर्थार्थी जीवलोकोऽयं ज्वलन्तमुपसर्पति ।
क्षीणक्षीरां निराजीव्यां वत्सस्त्यजति मातरम् ॥ ६२ ॥
अहापयन् नृपः कालं भृत्यानामनुवर्त्तिनाम् ।
कर्मणामानुरूप्येण वृत्तिं समनुकल्पयेत् ॥ ६३ ॥
काले स्थाने च पात्रे च न हि वृत्तिं विलोपयेत् ।
एतद्वृत्तिविलोपेन राजा भवति गर्हितः ॥ ६४ ॥
अपात्रवर्षणं जातु न कुर्यात् सद्विगर्हितम् ।
अपात्रवर्षणात् किं स्यादन्यत् कोशक्षयादृते ॥ ६५ ॥
कुलं विद्यां श्रुतं शौर्यं सौशील्यं भूतपूर्वताम् ।
वयोऽवस्थां च संवीक्ष्य स्वाद्रियेत महामनाः ॥ ६६ ॥

सर्वमेतन्न गण्यते प्राणधारणाक्षमत्वात् । दातरि रज्यते दानप्रतिबद्धत्वाच्छरीरस्थितेः ॥ ६१ ॥

तदेव दृष्टान्तेन स्फुटयन्नाह---**अर्थार्थीति** । ज्वलन्तं विभूत्या । तन्मा भून्मय्यनाश्रयणमित्यनुजीविनां वृत्तिं कल्पयेत् ॥ ६२ ॥

कथमित्यत्राह---**अहापयन्नित्यादि** । वृत्तिकालमनतिपातयन् । अनुवर्त्तिनां, नान्येषां "कर्मणा भुज्यते वृत्तिरि"ति न्यायात् । तत्रापि कर्मणामानुरूप्येण उत्तममध्यमाधमकर्मापेक्षयेत्यर्थः ॥ ६३ ॥

काले स्थाने च पात्रे चेति । कार्त्तिक्यादिपर्वकाले । देवगृहादिस्थाने । श्रोत्रियादिपात्रे च । पूर्वजैः स्वयं वा कल्पितां वृत्तिं न विच्छेदयेत् ॥ ६४ ॥

पापिष्ठं **वर्षणं** दानं सद्भिर्विगर्हितं दृष्टादृष्टाभावात् ॥ ६५ ॥

आदरं च भृत्यानां गुणानवेक्ष्य कुर्यादित्याह—**कुलमित्यादि** । भूतपूर्वतां

---

१. 'शीलं श्रु' क. पाठः. २. 'कुलीने वा' ख-ग. पाठः. ३. 'वां' ख-ग. पाठः. ४. 'वधाय नृ' ख-ग. पाठः. ५. 'ष्टार्थाभा' ङ-च. पाठः. ६. 'न् सगुणानपेक्ष्य' ङ-च. पाठः.

कुलीनान् नावमन्येत सम्यग्वृत्तान् मनस्विनः ।
त्यजन्त्येते हि भर्त्तारं घ्नन्ति वा मानहेतवः ॥ ६७ ॥
गुणैरुदारैः संयुक्तान् प्रोन्नयेन्मध्यमाधमान् ।
महत्त्वं[2] प्राप्नुवन्तस्ते वर्द्धयन्ति नरेश्वरम् ॥ ६८ ॥
उत्तमाभिजनोपेतान् न नीचैः सह वर्द्धयेत् ।
कृशोऽपि हि विवेकज्ञो याति संश्रयणीयताम् ॥ ६९ ॥
निरालोके हि लोकेऽस्मिन् नासते तत्र पण्डिताः ।
जात्यस्य हि मणेर्यत्र काचेन समता मता ॥ ७० ॥
विश्राम्यन्ति महात्मानो यत्र कल्पतराविव ।
स श्लाघ्यो भवति[3] श्रीमान् सत्सम्भोग[4]फलाः श्रियः ॥ ७१ ॥

पितृपैतामहताम् । वयो वार्द्धकम् । अवस्थां कार्यसम्भववशात् । स्वाद्रियेत, यथा ते तुष्येयुः ॥ ६६ ॥

नावमन्येत । यदि नाद्रियेत सम्यग्वृत्तान् विद्याश्रुतादिगुणयुक्तान् । मानहेतव इति । मान एव हेतुर्येषां त्यागे घाते च ॥ ६७ ॥

मध्यमाधमान् इति । एतदुक्तं भवति । मध्यमाधमकर्मसु ये नियुक्ताः, तानुत्तमगुणैर्युक्तान् नीचान् । प्रोन्नयेद् उत्तमकर्मसु समारोपयेत् । ते हि महत्त्वं प्राप्नुवन्तो राजानं वर्द्धयन्तीति ॥ ६८ ॥

उत्तमान् अभिजनयुक्तान् । नीचैः सह न वर्द्धयेत् तत्तुल्यमानान् न कुर्यात् । एवञ्च सति विवेकज्ञत्वाद् बन्धुमित्रसज्जनानामाश्रयणीयो भवति । यदाह — कृशोऽपि क्षीणोऽपि, किमुत सम्पूर्णकोशबलः ॥ ६९ ॥

निरालोक इति । अस्मिन् लोके यो न विवेकज्ञः, तत्र नासत इति सम्बन्धः ॥ ७० ॥

आश्रयणफलमाह — **विश्राम्यन्तीत्यादि** । कल्पतराविवेत्याश्रयिण आश्रयसाफल्यं दर्शयति ॥ ७१ ॥

---

१. 'तुना' इति मूलकोशेषु पाठः. २. 'त्वं' ख-ग. पाठः. ३. 'जी' क. पाठः. ४. 'त्संयोग' क. पाठः.

लक्ष्म्या लक्ष्मीवतां लोके विकासिन्यापि किं तया ।
बन्धुभिश्च सुहृद्भिश्च विस्रब्धं या न भुज्यते ॥ ७२ ॥
आयद्वारेषु सर्वेषु कुर्यादाप्तान् परीक्षितान् ।
आददीत धनं तैस्तु भास्वानुस्रैरिवोदकम् ॥ ७३ ॥
अभ्यस्तकर्मणस्तज्ज्ञान् शुचीन् शुद्धार्थसङ्गतान् ।
कुर्यादुद्योगसम्पन्नानध्यक्षान् सर्वकर्मसु ॥ ७४ ॥
यो यद् वस्तु विजानाति तं तत्र विनियोजयेत् ।
अशेषविषयप्राप्ताविन्द्रियार्थेष्विवेन्द्रियम् ॥ ७५ ॥
कोष्ठागारेऽभियुक्तः स्यात् तदायत्तं हि जीवितम् ।
नात्यायं च व्ययं कुर्यात् प्रत्यवेक्षेत चान्वहम् ॥ ७६ ॥

विकासिन्यापि प्रकृष्टयापीत्यर्थः ॥ ७२ ॥

एवं स्वानुरूपप्रतिपत्त्या सम्मानितानामिदानीं यथार्हं कर्मनियोगमाह — **आयद्वारेष्वित्यादि** । शुल्कदण्डपौतबाह्यादिष्वायस्थानेषु । कुर्यात् स्थापयेत् । तेभ्यो द्रव्यस्यादानाद् आप्तान् अविसंवादकान् । परीक्षितान् उपधाभिः । उस्रैरिव रश्मिभिरिवायुक्तकैः ॥ ७३ ॥

किंविशिष्टान् पुनस्तान् कुर्यादित्याह — **अभ्यस्तकर्मण** इत्यादि । प्रयोगतो बहुधा दृष्टकर्मणः । तज्ज्ञान् अर्थतः । शुचीन् उपधाशुद्धान् । शुद्धार्थसङ्गतानिति । विज्ञातेन सङ्ख्यायकादिकरणवर्गेणाधिष्ठितानित्यर्थः । उद्योगसम्पन्नानिति कर्मसूद्योगप्रमुखा गुणा व्याप्रियन्त इति दर्शयति । सर्वकर्मसु उत्तममध्यमाधमेषु ॥ ७४ ॥

तत्रानेकत्वात् कर्मणां न सर्वः सर्वं वेत्तीत्याह — **यो यद्वस्त्वित्यादि** । अशेषविषयप्राप्ताविति । यथान्तरात्मा रूपाद्यर्थोपभोगमिन्द्रियैः साधयन् स्वविषय एवेन्द्रियं प्रवर्त्तयति तद्योग्यत्वाद्, एवं राजापीन्द्रियस्थानीयमध्यक्षकर्मसिद्धये तद्विषय एव कर्मणि नियोजयेत् । तथाहि अक्षवदधिक्रियन्त इत्यध्यक्षाः ॥ ७५ ॥

तैश्चादीयमानानामर्थानां कोशगृहं कोष्ठागारं पण्यागारं च । तत्र कोष्ठागारस्य प्रधानत्वात् तद्व्यापारमाह — **कोष्ठागार** इत्यादि । कोष्ठमुदरं, तदर्थं य-

कृषिर्वणिक्पथो दुर्गं सेतुः कुञ्जरबन्धनम् ।
खन्याकरो वनादानं शून्यानां च निवेशनम् ॥ ७७ ॥
अष्टवर्गमिमं साधु स्वस्थवृत्तं विवर्द्धयेत् ।
जीवनार्थमिहाजीव्यैः कारयेत् करणान्वितैः ॥ ७८ ॥
यया ययेह वर्द्धेत वृत्त्या क्षीणोऽपि पार्थिवः ।
तस्यां तस्यां न संरोधं कुर्यात् पण्योपजीविनाम् ॥ ७९ ॥

दगारं तत् कोष्ठागारं, तत्र अभियुक्त आदृतः स्यात् । अत्यायं[2] चेति आयमतिक्रान्तम् आयादधिकमित्यर्थः । प्रत्यवेक्षेत चान्वहम् कियदद्य दातव्यं दापितं चेति ॥ ७६ ॥

यत्कर्मप्रतिबद्धाश्चायाः स्युः, तानि कर्माण्याह --- **कृषिरित्यादि** । कृषिः पूर्वमध्यापरावापसस्यनिष्पत्तये कर्म । वणिक्पथः स्थलपथो वारिपथश्च । दुर्गं पर्वतादि । सेतुबन्धः सस्यनिष्पत्तये जलाधारबन्धनम् । अस्मात् कर्षणं भिन्नमिति प्रथमं कृषिग्रहणम् । आचार्यस्तूभयोः सस्यफलत्वात् कर्षणं सेतावेवान्तर्भाव्य सप्तवर्गमुपदिष्टवान् । तद्यथा "दुर्गसेतुकर्मवणिक्पथशून्यनिवेशखनिद्रव्यहस्तिवनकर्माणि"(कौटि. अर्थ. ७-१-९९)ति । कुञ्जरबन्धनं प्राप्यादिपदाष्टकम् । खन्यन्त इति खनयः सुवर्णरजतादयः तेषामाकरः क्षेत्रम् । वनादानं सारदार्वादिच्छेदनम् । शून्यानां निवेशनम् उद्वासितानाम् अनिविष्टपूर्वाणां वा भूमिभागानामध्यासनम् ॥

स्वस्थवृत्तमिति । स्वस्थावस्थायां राज्ञा प्रवर्त्यमानत्वादष्टवर्गस्य । तद् जीवनार्थम् अकृतं कारयेत् कृतं च विवर्द्धयेत् । इहेति स्वभूमौ । आजीव्यैः आस्वाद्यैः, यैर्भक्षितमपि पुनर्दास्यत इत्यर्थः । करणान्वितैः सङ्ख्यायकलेखकादिवर्गोपेतैः ॥ ७८ ॥

पण्यागारमधिकृत्य परभूमिजपण्यादानोपायमाह — **ययेत्यादि** । एतदुक्तं भवति – स्थलजलपण्योपजीविनां वाणिजकानां परदेशात् संव्यवहारार्थमिहागतानां वृत्तिमनुचितादानेन न विरोधयेद् मा भूत् परभूमिजपण्यक्षयादिहायापनमिति ॥ ७९ ॥

---

१. 'त्तः' इति मूलकोशेषु पाठः. २. 'इयदद्यादातव्यं भावितं' क-ख-ग-घ. पाठः.

§सुसंरक्षेत निपुणैः सस्यं कण्टकशाखया।
फलाय लगुडः कार्यो दस्युभोग्यमिदं जगत्॥८०॥
आयुक्तकेभ्यश्चोरेभ्यः परेभ्यो राजवल्लभात्।
पृथिवीपतिलोभाच्च प्रजानां पञ्चधा भयम्॥ ८१ ॥
पञ्चप्रकारमप्येतदपोह्य नृपतिर्भयम्।
आददीत फलं काले त्रिवर्गपरिवृद्धये॥ ८२ ॥
यथा गौः[2]पाल्यते काले दुह्यते च तथा प्रजा।
सिच्यते चीयते चैव लता पुष्पप्रदा यथा॥ ८३ ॥
आस्रावयेदुपचितान् साधु दुष्[3]टव्रणानिव।
आयुक्तास्ते च[4] वर्त्तेरन् अग्नाविव महीपतौ॥ ८४ ॥

स्वभूमिजसस्येषु का प्रतिपत्तिरित्याह—सुसंरक्षेतेत्यादि। कण्टकशाखयेति। प्रजातोदनाद् ग्रामकण्टकाश्चोरादयः, तेषामपवारणेन। लगुडः कार्य इति। लोकेन सङ्गृहीतेषु सस्येषु फलार्थो दण्डः पातनीयः परिभोगार्थं च, अन्यथा ह्यत्युपचितो लोको न भोग्यः स्यात्॥ ८० ॥

अस्यैव श्लोकस्य पूर्वार्द्धमधिकृत्याह—आयुक्तकेभ्य इत्यादि। आयुक्तकाः अधिकृताः। परे शत्रवः। राजवल्लभः स्यालादिः। पृथिवीपतेर्लोभ एषः॥

[5]उत्तरार्धमधिकृत्याह—आददीत फलमिति। काले सस्यनिष्पत्तौ सत्याम्॥ ८२ ॥

तदेव दृष्टान्तेन प्रतिपादयन्नाह—यथा गौरित्यादि॥ ८३ ॥

कृतकर्मसु चायुक्तकेषु विधिमाह—आस्रावयेदित्यादि। साधु सम्यग् वर्त्तेरन् अग्नाविव। यथाहुः

१. 'णं' क. पाठः. २. 'का' ख-ग. पाठः. ३. 'ष्प्रवणा' ख-ग. पाठः. ४. 'तु' क. पाठः. ५. अवतारिका न पठ्यते क-ख. पुस्तकयोः.

§ तद्धि प्रमाणं मृग्यम्।

स्वल्पमप्यपकुर्वन्ति ये पापाः पृथिवीपतौ ।
ते वह्नाविव दह्यन्ते पतङ्गा मूढचेतसः ॥ ८५ ॥
संवर्द्धयेत् तथा कोशमाप्तैस्तज्ज्ञैरधिष्ठितम् ।
काले चास्य व्ययं कुर्यात् त्रिवर्गप्रतिपत्तये ॥ ८६ ॥
धर्मार्थं क्षीणकोशस्य कृशत्वमपि शोभते ।
सुरैः पीतावशेषस्य शारद्धिमरुचेरिव ॥ ८७ ॥
बृहस्पतेरविश्वास इति शास्त्रार्थनिश्चयः ।
विश्वासी न तथा च स्याद् यथा संव्यवहारवान् ॥ ८८ ॥
विश्वासयेच्चाविश्वस्तं विश्वस्तं नातिविश्वसेत् ।
यस्मिन् विश्वासमायाति विभूतेः पात्रमेव सः ॥ ८९ ॥

"अत्यासन्ना विनाशाय दूरस्था न फलप्रदाः ।
तस्माद् योगेन संसेव्या भृत्यैः पार्थिववह्नयः" ॥

इति । ननु च स्वामिनो वृत्तिरधिकृता । सत्यम् । सैवानुजीविद्वारेण कथ्यते आयुक्तकेष्वभिवद् वर्तेत । येऽपकुर्वन्ति तान् पतङ्गानिव दहेदिति ॥ ८४ ॥

तदेव दर्शयति स्वल्पमित्यादिना ॥ ८५ ॥

कोशव्यापारमाह — संवर्द्धयेदित्यादि । तज्ज्ञैः कुशलैः । काले चेति । त्रिवर्गसाधनकाले ॥ ८६ ॥

धर्मार्थं क्षीणकोशस्य कृशत्वं शोभते, धर्मेण पुनरापूर्यमाणत्वात् । यथा सुरैः सुषुम्णया नाड्या कृष्णपक्षे पीतावशेषस्य चन्द्रमसः पुनरिडया नाड्या शुक्लपक्षे तैरेव पूरणम् । कामात् तु क्षीणस्य पूरणाभावान्न कृशत्वं शोभते । तथार्थादपि क्षीणस्य, यद्यर्थो न निष्पन्नः स्वल्पो वा स्यात् ॥ ८७ ॥

एवमनुजीविषु वर्त्तमानोऽपि न विश्वसेदित्याह --- बृहस्पतेरित्यादि । यथा संव्यवहारवानिति । यावता परो विश्वसिति तावन्मात्रं विश्वसेदित्यर्थः ॥ ८८ ॥

तदेव स्फुटयति --- विश्वासयेदित्यादिना । विभूतेः पात्रमेव स इति । स ह्यतिविश्वस्तत्वाद् राज्ञो यद्यदिच्छति तत्तदाप्नोति ॥ ८९ ॥

---

१. 'यः कार्यत्रि' ख-ग. पाठः. २. 'अविश्वासी त' क-पाठः. ३. 'न विश्वसेद' ख. ग. पाठः ४. 'स्ते' मूलकोशेषु पाठः. ५. 'त्यै' क-ख-ग-घ. पाठः.

प्रादुर्भवन्त्यर्थसमं यस्माच्चित्तान्यनुक्षणम् ।
तस्माद् योगीव सततं तानि पश्येत् समाहितः ॥ ९० ॥

स्वनुगतपरितोषितानुजीवी
मधुरवचाश्चरितानुरक्तलोकः ।
सुनिपुणपरमाप्तसक्ततन्त्रो
भवति चिरं नृपतिः प्रदीप्तरश्मिः ॥ ९१ ॥

(इति स्वाम्यनुजीविवृत्तं नामाष्टमं प्रकरणम्)

इति कामन्दकीये नीतिसारे स्वाम्यनुजीविवृत्तं नाम

पञ्चमः सर्गः ।

अनुजीविनां च चित्तानित्यत्वात् कस्य कोऽभिप्राय इति योगिवन्निरूपयेत् यदाह — **प्रादुर्भवन्तीत्यादि** । अर्थसमं कार्यतुल्यम् । यथा यथा कार्यं प्रतिक्षणं विलक्षणमुत्पद्यते, तथा तथा तद्वदभिप्राया अपीति ॥ ९० ॥

स्वामिवृत्तफलमाह — **स्वनुगत**त्यादिना । स्वविधेयाः स्ववृत्त्या परितोषिताः स्वामिवृत्त्यानुजीविनो यस्येति विग्रहः । लोकः प्रजा । सुनिपुणपरमाप्तसक्ततन्त्र इति । सुनिपुणं शास्त्रकलासु, परमम् उत्कृष्टम् आप्तम् अविसंवादकं सक्तमनुबद्धं तन्त्रं स्वसैन्यं यस्येति समासः । रश्मिः प्रतापो भूतिर्वा ॥ ९१ ॥

(इति स्वाम्यनुजीविवृत्तं नामाष्टमं प्रकरणम्)

इति शङ्करार्यकृतायां कामन्दकीयनीतिसारपञ्जिकायां जयमङ्गलायां

स्वाम्यनुजीविवृत्तं नाम

पञ्चमः सर्गः ।

अथ षष्ठः सर्गः ।

* १. कण्टकशोधनप्रकरणम् *

लोके वेदे च कुशलः कुशलैः परिवेष्टितः[1] ।
आदृतश्चिन्तयेद् राज्यं सबाह्याभ्यन्तरं नृपः ॥ १ ॥
आभ्यन्तरं शरीरं स्वं बाह्यं राष्ट्रमुदाहृतम् ।
अन्योन्याधारसम्बन्धादेकमेवेदमिष्यते[2] ॥ २ ॥
राज्याङ्गानां तु सर्वेषां राष्ट्राद् भवति सम्भवः ।
तस्मात् सर्वप्रयत्नेन राजा राष्ट्रं समुन्नयेत् ॥ ३ ॥
लोकानुग्रहमन्विच्छन् शरीरमनुपालयेत् ।
राज्ञः संरक्षणं धर्मः शरीरं धर्मसाधनम् ॥ ४ ॥

एवमनुगतैः परितोषितैश्चानुजीविभिः परिवारितः सबाह्याभ्यन्तरं राष्ट्रं निरूपयेत्, यथा स्वपरैर्नोपहन्यत इति तदुपघातप्रतिविधानाय सर्गद्वयमुच्यते । तदेवाद्यश्लोकेन दर्शयति — **लोके वेदे च कुशल** इति । दृष्टव्यवहारो दृष्टशास्त्रश्चेत्यर्थः । स हि पापान्निघ्नन्नपि न संक्लिष्टचित्तो भवति । कुशलैरनुजीविभिः ॥ १ ॥

शरीरं स्वमिति । स्वामिप्रकृतिरित्यर्थः । बाह्यं राष्ट्रमुदाहृतम् अमात्यादिकम् । राज्यशब्दः समुदायवृत्तिरप्यवयवेषु वर्तते देहपादवत् । बाह्याभ्यन्तरभावेन कल्पितमप्येकमेवेदमिष्यते अन्योन्याश्रयाश्रयिभावाद् रथवत् ॥ २ ॥

तत्र बाह्यं राष्ट्रं प्रधानं, शेषाणां तत उत्पत्तेरित्याह — **राज्याङ्गाना**मिति । उक्तञ्च "कोशो दण्डः कुप्यं विष्टिर्वाहनं निचयाश्च जनपदादुत्तिष्ठन्ते तेषामभावो जनपदाभावे स्वाम्यमात्ययोश्चानन्तर" (कौटि. अर्थ. ८-१-१२७) इति । तस्मात् सर्वप्रयत्नेन राष्ट्रमेव प्रसाधयेत् कण्टकोद्धरणेन ॥ ३ ॥

स्वशरीरसंरक्षणं चास्य लोकसंरक्षणार्थमेवेत्याह — **लोकानुग्रहमित्यादि** ।

---

१. 'वारितः' क. पाठः. २. 'मुच्यते' ख-ग. पाठः.

धर्म्यामारेभिरे हिंसामृषिकल्पा महीभुजः ।
तस्मादसाधून् धर्माय निघ्नन् दोषैर्न लिप्यते ॥ ५ ॥
धर्मसंरक्षणपरो धर्मायार्थं विवर्द्धयेत् ।
ये ये प्रजाः प्रबाधेरन् तांस्तान्[1] शिष्यान्महीपतिः ॥ ६ ॥
यमार्याः क्रियमाणं हि शंसन्त्यागमवेदिनः ।
स धर्मो यं विगर्हन्ति[2] तमधर्मं प्रचक्षते ॥ ७ ॥
धर्माधर्मौ विजानन् हि शासनेऽभिरतः सताम् ।
प्रजा रक्षेन्नृपः साधु हन्याच्च परिपन्थिनः ॥ ८ ॥

लोकानुग्रहं लोकपालनम् । शरीरमनुपालयेत्, तस्य ह्यसंरक्षतो दूष्यैः शरीरोपघातात् । यद्येवं तर्हि किं लोकसंरक्षणेनेत्याह — राज्ञः संरक्षणं धर्म इति । स च शरीरसाध्य इत्यानुषङ्गिकं शरीरपालनम् । तस्मात् प्रधानत्वाद् राष्ट्र एव कण्टकशोधनमस्मिन् सर्गेऽभिधीयत इति प्रकरणक्रमः ॥ ४ ॥

तत्रापि हिंसा काचित् क्रियमाणा धर्मार्हा भवतीत्याह – **धर्म्यामित्यादि** । धर्मादनपेतां हिंसां पश्वालम्भनवत् । ऋषिकल्पा मन्वादयो राजानः । असाधून् प्रजाबाधकान् पापात्मनः असाधुतयैव । दोषैर्न लिप्यते, तेषां निग्रहेण भूयसो जनस्यानुग्रहाद् व्याघ्रादिघातवत् ॥ ५ ॥

कान् पुनस्तान् हन्यादित्याह – **धर्मसंरक्षणपर** इत्यादि । यथायथं लोकस्येज्याध्ययनादिको धर्मः संरक्ष्यः । धर्मायेति । आत्मनो राजसूयादिप्रवर्तनार्थम् । विवर्द्धयन् आर्जयन्नित्यर्थप्राप्तम् । ये ये प्रजा बाधेरन्निति । अप्रबाधकशासने तु स्यादेव दोषलेपनमिति भावः ॥ ६ ॥

ननु शिष्टसंरक्षणं तावद्धर्मो युज्यते, अशिष्टनिग्रहस्तु कथमिति चेद् आगमप्रामाण्यात्, यदाह – **यमार्या** इत्यादि । यमित्यशिष्टनिग्रहम् । आर्याः ये उपायविकल्पे कृतलक्षणाः । यं विगर्हन्ति शिष्टनिग्रहम् ॥ ७ ॥

धर्माधर्मौ विजानन्निति । सद्भिः शंसितगर्हितावेतौ विजानन् । शासनेऽभिरतः सतां करणीयमिदं, नेदमित्यास्मिन् वृद्धानुशासने स्थितः । परिपन्थिनश्चोरादिकण्टकान् ॥ ८ ॥

---

१. 'हन्यान्म' ख-ग. पाठः. २. 'न्ते' ख-ग. पाठः.

राज्योपघातं कुर्वीरन् ये पापा राजवल्लभाः ।
एकैकशः संहता वा तान् दूष्यान् परिचक्षते ॥ ९ ॥

दूष्यानुपांशुदण्डेन हन्याद् राजाविलम्बितम् ।
प्रदूष्य वा प्रकाशं हि लोकविद्वेषमागतान् ॥ १० ॥

राजा रहसि दूष्यं हि दर्शनायोपमन्त्रयेत् ।
गूढशस्त्रा विशेयुस्तं पश्चादासञ्जिता नराः ॥ ११ ॥

विश्वस्ता हि विचिन्वीयुर्द्वाःस्थाः कक्ष्यान्तरागतान् ।
ते शस्त्रग्राहिणो ब्रूयुः प्रयुक्ताः स्म इति स्फुटम् ॥ १२ ॥

इत्यादि दूष्यान् सन्दूष्य प्रजानामभिवृद्धये ।
[1]विनयञ्छ्रियमुत्कर्षं राजा शल्यं समुद्धरेत् ॥ १३ ॥

दूष्या अपि राज्यतोदनात् कण्टका हन्तव्या इत्युपदिशन्नाह — **राज्योपघातमित्यादि** । राजवल्लभाः प्रागेव दोषोत्पत्तेः, दोषोत्पत्तौ तु राज्ञो दूषणार्हाः दूष्याः ॥ ९ ॥

ते तु दृढभक्तिताख्यापनार्थं प्रकाशं न हन्तव्या इत्याह --- **दूष्यानुपांशुदण्डेनेति** । विषशस्त्रादिना हन्यादेव विलम्बितम्, अन्यथा त एवैनं प्रतीपं हन्युः । प्रदूष्य वेति । दोषेण लोकविद्विष्टान् कृत्वा प्रकाशं वा हन्यात् ॥ १० ॥

तद्दूषणोपायमाह — **राजेत्यादि** । रहसि विविक्ते दर्शनायोपमन्त्रयेद् आह्वयेत् । गूढशस्त्रा अदृश्यशस्त्राः विशेयुः । तमिति रहोदेशम् । राजप्रणिहिताः पश्चादासञ्जिताः दूष्यस्य पृष्ठतः संश्लिष्टाः ॥ ११ ॥

विश्वस्ता इति गूढशस्त्रैः प्राक् कृतसञ्ज्ञा नादौवारिकाः । विचिन्वीयुः अन्तःप्रवेशाय शोधयेयुः । कक्ष्यान्तरागतान् मध्यमकक्ष्याप्राप्तान् । प्रयुक्ताः स्म इति दूष्येण भर्त्रा राजवधार्थम् ॥ १२ ॥

सन्दूष्य प्रजानामभिवृद्धये । एवञ्च नामादुष्टदूषणं नाधर्माय । विनयन् विविधप्रकारेणोत्कर्षं नयन् । श्रियम् आत्मनः प्रजायाश्च । शल्यमुद्धरेद् दण्डेन, अन्यथा कण्टकशालितया प्रजा क्षीयमाणा कथं फलाय स्यात् ॥ १३ ॥

---

१. 'निर्नाधुः श्रिय' इति मूलकोशेषु पाठः. २. 'अप्रकाशं ह' ङ-च. पाठः. ३. 'य आ' क-ख. पाठः.

यथा बीजाङ्कुरः सूक्ष्मः परिपुष्टोऽभिरक्षितः ।
काले फलाय भवति साधु तद्वदियं प्रजा ॥ १४ ॥
उद्वेजयति तीक्ष्णेन मृदुना परिभूयते ।
तस्माद् यथार्हतो दण्डं नयेत् पक्षमनाश्रितः ॥ १५ ॥

(इति कण्टकशोधनं नाम नवमं प्रकरणम्)

इति कामन्दकीये नीतिसारे
कण्टकशोधनं नाम
षष्ठः सर्गः ।

तदेव प्रतिपादयन्नाह — यथेत्यादि । तद्वदिति अभिरक्षिता परिपुष्टा च ॥ १४ ॥

तत्रापि यथापराधदण्डप्रणयनेनैवाभिरक्ष्यते नान्यथेति प्रागुक्तमप्यर्थं पुनर्दृढीकरणार्थमाह — उद्वेजयतीत्यादि । पक्षमनाश्रित्य इच्छाद्वेषावपास्य ॥ १५ ॥

(इति कण्टकशोधनं नाम नवमं प्रकरणम्)

इति शङ्करार्यकृतायां कामन्दकीयनीतिसारपञ्जिकायां
जयमङ्गलायां कण्टकशोधनं नाम
षष्ठः सर्गः ।

अथ सप्तमः सर्गः ।

* १० राजपुत्ररक्षणप्रकरणम् *

प्रजात्मश्रेयसे राजा कुर्वीतात्मजरक्षणम् ।
लोलुभ्यमानास्तेऽर्थेषु हन्युरेनमरक्षिताः ॥ १ ॥

राजपुत्रा मदोन्मत्ता गजा इव निरङ्कुशाः ।
भ्रातरं वाँपि निघ्नन्ति पितरं वाभिमानिनः ॥ २ ॥

राजपुत्रैर्मदोन्मत्तैः प्रार्थ्यमानमितस्ततः ।
दुःखेन रक्ष्यते राज्यं व्याघ्राघ्रातमिवामिषम् ॥ ३ ॥

रक्ष्यमाणा यदिच्छिद्रं कथञ्चित् प्राप्नुवन्ति ते ।
सिंहशाबा इव घ्नन्ति रक्षितारमसंशयम् ॥ ४ ॥

इदानीमाभ्यन्तरराज्योपघातप्रतिविधानमस्मिन् सर्गे प्रकरणद्वयेनोच्यते । तत्र स्वशरीरोपघातः स्वेभ्यः पुत्रदारमन्त्र्यादिभ्यः परेभ्यश्च सामन्ताटविकेभ्यः । तत्र कर्कटकसधर्माणो राजपुत्रा जनकभक्षा इति तेषामेव तावद् रक्षणमुच्यतेऽष्टभिः श्लोकैः । **प्रजे**त्यादि । लोलुभ्यमानाः अत्यर्थं (गर्ध? गृध्य)मानाः । अरक्षिता इति असंरक्षिताः । दूरक्षिताश्च हन्युरिति सामर्थ्यसिद्धम् ॥ १ ॥

तदेव दृष्टान्तेन स्फुटयन्नाह—**राजपुत्रा** इत्यादि । निरङ्कुशा अनियमिताः* ॥ २ ॥

प्रार्थ्यमानमितस्ततः सर्वोपायैः प्रार्थ्यमानम् ॥ ३ ॥

रक्ष्यमाणा इत्यादि । नारक्षिताः । राज्ञा सुष्ठु रक्षणीयाः, अन्यथा स्ववधाय कृत्योत्थापनया यतन्त इति ॥ ४ ॥

---

१. 'चा' क. पाठः. २. 'धोपायकृत्योत्थापनाय यतन्त इति दर्शयति' ङ-च. पाठः.

* एतदनन्तरम् '(उ)भयस्वमेवेति राज्यलुब्धा राज्ञा नियन्तुं न शक्यन्ते' इत्यधिकं ङ-च-पुस्तकयोः पठ्यते.

विनयोपग्रहान् भूत्यै कुर्वीत नृपतिः सुतान् ।
अविनीतकुमारं हि कुलमाशु विनश्यति ॥ ५ ॥
विनीतमौरसं पुत्रं यौवराज्येऽभिषेचयेत् ।
दुष्टं गजमिवोद्वृत्तं कुर्वीत सुखबन्धनम् ॥ ६ ॥
राजपुत्रः परित्यागं सुदुर्वृत्तोऽपि नार्हति ।
क्लिश्यमानः स पितरं परमाश्रित्य हन्ति हि ॥ ७ ॥
व्यसने सज्जमानं हि क्लेशयेद् व्यसनाश्रयैः ।
तथा च क्लेशयेदेनं यथा स्यात् पितृगोचरः ॥ ८ ॥

(इति राजपुत्ररक्षणं नाम दशमं प्रकरणम्)

तद्रक्षणोपायमाह --- **विनयोपग्रहा**नित्यादि । विनयेनोपग्रहो येषामिति विग्रहः । आदावेव विनयेनोपगृह्णीयादित्यर्थः । अन्यथा ह्यविनीतकुमारं राजकुलम् अस्वामिप्रकृतिसम्पन्नं पराभियोगकाले निराश्रयत्वाद् विशीर्यते ॥ ५ ॥

विनीतम् आत्मसम्पन्नम् । औरसं कृतक्रियायां स्वयं जातम् । उद्वृत्तम् अविनीतम् । कुर्वीत सुखबन्धनं, न परित्यजेत् । सुखसंवर्धनेन ह्युपायेन वद्धो नितरां नाभिद्रुह्यति, पित्रा कल्पितवृत्तित्वात् ॥ ६ ॥

अन्यथा परित्यक्तः क्लिश्यमानः परान् सामन्ताटविकादीनाश्रित्य पितरमेव हन्यादिति । यदाह -- **राजपुत्र** इत्यादि ॥ ७ ॥

व्यसने सज्जमानमिति अतिसुखोपरुद्धत्वाद् व्यसने यदा सज्जते । व्यसनाश्रयैरिति । मृगयादिप्रतिबद्धैरुपायैरित्यर्थः । तद् यथा -- मृगयाकामं प्रतिरोधकव्यञ्जनैः कदर्थयेत् । द्यूतकामं द्यूतकारव्यञ्जनैः संरोधेन वाक्पारुष्यादिखलीकारेण । मद्यकामं मदनीययोगपानेन । परस्त्रीषु मनः कुर्वाणमार्याव्यञ्जनाभिरमेध्याभिः स्त्रीभिः शून्यागारे रात्रौ क्लेशयेद्, यदनुभवान्न पुनः प्रवर्तेत । पितृगोचर इति पितुर्विधेयश्च स्यादित्यर्थः ॥ ८ ॥

(इति राजपुत्ररक्षणं नाम दशमं प्रकरणम्)

---

१. 'पितरं ना' ङ-च. पाठः.

* ११ आत्मरक्षितकप्रकरणम् *

यानेे शय्यासने भोज्ये पाने वस्त्रे विभूषणे ।
सर्वत्रैवाप्रमत्तः सन् बुध्येत विषदूषितम् ॥ ९ ॥
विषघ्नैरुदकैः स्नातो विषघ्नमणिभूषणः ।
परीक्षितं समश्नीयाज्जाङ्गलीविद्भिषग्वृतः ॥ १० ॥
भृङ्गराजः शुकश्चैव शारिका चेति पक्षिणः ।
क्रोशन्ति भृशमुद्विग्ना विषपन्नगदर्शनात् ॥ ११ ॥
चकोरस्य विरज्येते नयने विषदर्शनात् ।
सुव्यक्तं माद्यति क्रौञ्चो म्रियते मत्तकोकिलः ॥ १२ ॥
जीवञ्जीवस्य च ग्लानिर्जायते विषदर्शनात् ।
तेषामन्यतमेनापि समश्नीयात् परीक्षितम् ॥ १३ ॥
मयूरपृषतोत्सर्गान्न[1] भवन्ति भुजङ्गमाः ।
तस्मान्मयूरपृषतौ भवने नित्यमुत्सृजेत् ॥ १४ ॥

इदानीं सामान्येनैव स्वेभ्यः परेभ्यश्च शरीरोपघातत्राणार्थमात्मरक्षितकं प्रकरणमुच्यते-- **यान** इत्यादिना ग्रन्थेन । सर्वत्रैवाप्रमत्तः स्यात्, पानादिषु हि स्वपरैर्विषशस्त्रादिप्रणिपातसम्भवात् । बुध्येत वक्ष्यमाणपरीक्षया ॥ ९ ॥

तामाह विंशत्या श्लोकैः । **विषघ्नैरित्यादि** । विषघ्नौषधिसंसर्गाद् विषघ्नैः । विषघ्नो मणिर्वज्रमुक्तादिः । जाङ्गलीविद्[2] यो दंष्ट्रोपलक्षितविषतन्त्रविद् भिषक्, अष्टाङ्गायुर्वेदविदिति यावत् ॥ १० ॥

भृङ्गराजः पक्षिविशेषः ॥ ११ ॥

विरज्येते स्वभाववर्णत्यागात् । माद्यति विह्वलीभवति ॥ १२ ॥

ग्लानिर्दीनता ॥ १३ ॥

पृषतो मृगविशेषः । न भवन्ति भुजङ्गमाः तैर्भक्ष्यमाणत्वात् ॥ १४ ॥

---

१. 'र्गे न' ख-ग. पाठः. २. 'द् जाङ्गलीविद्योपलक्षितो विषतन्त्रविद् यो' क-ख-ङ-च. पाठः.

भोज्यमन्नं परीक्षार्थं प्रदद्यात् पूर्वमग्नये।
वयोभ्यश्च ततो दद्यात् तत्र लिङ्गानि लक्षयेत्॥ १५॥
धूमार्चिर्नीलता वह्नेः शब्दस्फोटश्च जायते।
अन्नेन विषदिग्धेन वयसां मरणं भवेत्॥ १६॥
अक्लि[1]न्नता सोदकत्वमाशु शैत्यं विवर्णता।
अन्नस्य विषदिग्धस्य तथा[2] स्निग्धत्वमेव च॥ १७॥
व्यञ्जनस्या[3]शु शुष्कत्वं कथनं[4] श्यामफेनता।
गन्धस्पर्शरसाश्चैव नश्यन्ति विषदूषणात्॥ १८॥
छायातिरिक्ता हीना वा द्रवे च[5] विषदूषिते।
दृश्यते राजिरूर्ध्वा च फेनमण्डलमेव च॥ १९॥
रसस्य नीला पयसश्च ताम्रा मद्यस्य तोयस्य च कोकिलाभा।
श्यामा च दध्नो विषदूषितस्य मध्ये भवत्यूर्ध्वगता च रेखा॥ २०॥

पूर्वमग्नये वयोभ्यश्च दद्यात्, परीक्षार्थं बलिहरणाचारानुवर्तनार्थं च॥ १५॥

धूमार्चिर्नीलतेति। धूमस्यार्चिषां च नीलत्वम्। स्फोटः चटचटाशब्दः। वयसां पक्षिणां काकादीनां बलिभुजाम्॥ १६॥

अक्लिन्नता असम्यक्पाकता। सोदकत्वमिति सिक्थैकीभावः अवैशद्यं वा। आशु शैत्यम् अनुचितात् कालादित्यर्थः। विवर्णता शाल्योदनस्य मलिनता। स्निग्धत्वं मेचकत्वं मयूरकण्ठसदृशत्वम्॥ १७॥

व्यञ्जनस्य सूपादेः। कथनं तक्रादिकस्यैवाग्नि[6]वियोगादुत्कथनम्। श्यामता अविदग्धेऽपि तत्प्रदेशे। सफेनता वह्नेश्चिरावतारितस्यापि॥ १८॥

छाया स्वप्रतिबिम्बम्। द्रवे यूषादौ। राजिरूर्ध्वा उपरिरेखा। फेनमण्डलं सिध्यमानावस्थायामिव॥ १९॥

राजिविशेषमाह—रसस्येत्यादिना। इक्ष्वादिरसस्य। पयसः क्षीरस्य। श्यामा वैदूर्यवर्णा॥ २०॥

---

१. 'स्वि' क. पाठः. २. 'थोष्मास्निग्धमे' क. पाठः. ३. 'स्य च शु' क. पाठः. ४. 'ने' क. पाठः. ५. 'स्याद् वि' क. पाठः. ६. 'विषयो' क-ख-ग-घ. पाठः.

आर्द्रस्य सर्वस्य भवेत्तु सद्यः प्रम्लानभावो विषदूषितस्य ।
उत्पक्वता क्वाथविनीलता च [1]प्रश्यामता चेति वदन्ति तज्ज्ञाः ॥
शुष्कस्य सर्वस्य विषोपदेहाद् विशीर्णता चाशु विवर्णता च ।
खरं मृदु स्यान्मृदुनः खरत्वं तदन्तिके [2]चाल्पकजन्तुघातः ॥
प्रावारास्तरणानां च श्याममण्डलकीर्णता ।
तन्तूनां पक्ष्मणां लोम्नां स्याद् भ्रंशश्च विषाश्रयात् ॥ २३ ॥
लोहानां च मणीनां च मलपङ्कोपदिग्धता ।
[3]प्रभावस्नेहगुरुतावर्णस्पर्शवधस्तथा ॥ २४ ॥
संशुष्कश्यामवक्त्रत्वं वाग्भङ्गो[4] जृम्भणं मुहुः ।
स्खलनं वेपथुः स्वेदो ह्यावेशो दिग्विलोकनम् ॥ २५ ॥

आर्द्रस्येति । दाडिमादेः । सद्यः प्रम्लानभावः आशु कृष्णत्वम् । उत्पक्वता पूतिभावः । क्वाथता द्रवीभावः, नीलभावः अवनीफलानां कार्ष्ण्यम् । प्रश्यामता वैवर्ण्यम् ॥ २१ ॥

शुष्कस्य वल्लूरादेः । आशु शीर्णता द्रुतमवयवविशरणम् । विवर्णता उचितवर्णपरिवृत्तिः । खरं कठिनं नालिकेरादि । मृदुनः कदलीफलादेः । तदन्तिक इति । यथोक्ताहारजातस्य पार्श्वे । अल्पकजन्तुघातः विषवायुस्पर्शघ्राणादिभिर्मक्षिकादिमरणम् ॥ २२ ॥

प्रावारास्तरणानामिति । कार्पासाविकवल्कलकृमिजातानाम् । श्याममण्डलकीर्णता अनातपशुष्काणामिव विवर्णमण्डलाकीर्णता । तत्र तान्तवानां तन्तुभ्रंशः, पुष्पपैटलवर्णकम्बलादीनां पक्ष्मभ्रंशः, ऊर्णाचर्ममयानां लोमभ्रंश इति ॥ २३ ॥

लोहानां सुवर्णादीनाम् । मणीनां स्फटिकादीनाम् । मलपङ्कोपदिग्धता मलपङ्केनावलिप्तता । प्रभावः स्वकार्यसाधनसामर्थ्यम् । स्नेहः स्निग्धता ॥ २४ ॥

विषप्रदस्य परिहारार्थं तन्निग्रहार्थं च लिङ्गान्याह --- **संशुष्केत्यादिना** । श्यामत्वं विवर्णता । वाग्भङ्गः वाचि प्रतिबन्धः । स्खलनं समेऽपि । आवेशः परवशता ॥ २५ ॥

---

१. 'स' क. पाठः. २ 'प्यल्प' क. पाठः. ३. 'स्व' ख-ग. पाठः. ४. 'पटव' क-ख-ग-घ. पाठः.

स्वकर्मणि स्वभूमौ स्यादनवस्थानमेव च ।
लिङ्गान्येतानि निपुणं लक्षयेद् विषदायिनाम् ॥ २६ ॥
औषधानि च सर्वाणि पानं पानीयमेव च ।
तत्कल्पकैः समास्वाद्य प्राश्नीयाद् भोजनानि च ॥ २७ ॥
प्रसाधनादि यत्किञ्चित् तत् सर्वं परिचारकाः ।
उपनिन्युर्नरेन्द्राय सुपरीक्षितमुद्रितम् ॥ २८ ॥
परस्मादागतं यच्च तत्तत् सर्वं परीक्षयेत् ।
स्वेभ्यः परेभ्यश्च तदा रक्ष्यो राजा हि रक्षिता ॥ २९ ॥
यानवाहनमारोहेद् ज्ञातं ज्ञातोपपादितम् ।
अविज्ञातेन हि पथा सङ्कटेन च न व्रजेत् ॥ ३० ॥

अनवस्थानं लक्ष्यमाणादन्यत्र गमनम् ॥ २६ ॥

पानमिति । मदिरादि । तत्कल्पकैरिति । औषधं वैद्यैः, पानं पानीयं च तत्कर्मान्तिकैः, भोजनं सूपकारैः परोपजापशुद्ध्यर्थं प्रतिस्वाद्य स्वयमश्नीयात् ॥२७॥

प्रसाधनादीति । प्रसाधनं शलाकाञ्जनादि । आदिशब्दात् क्षुरकर्तरी-सन्दंशादिपरिग्रहः । परिचारकाः प्रसाधककेशकल्पकादयः । उपनिन्युः अन्तर्वंशिकहस्तादादाय परिचरणार्थम् । सुपरीक्षितमुद्रितं प्राक् स्थापितम् ॥ २८ ॥

परस्मादिति । परगृहात् सामन्तादेर्वा शत्रोर्वा सकाशाद् । आगतमवश्योपयोग्यम् । परीक्षयेत् स्वगृहोपकरणवत् । कस्मात् स्वपरोपकरणपरीक्षणमिति चेद्, राज्ञः सदा रक्षणीयत्वात्, यदाह --- स्वेभ्यः परेभ्यश्चेति । कस्माद् रक्ष्य इत्याह --- रक्षितेति । स हि लोकस्य पालयिता ॥ २९ ॥

तत्र बहिर्विषयां रक्षामेकादशभिः श्लोकैराह --- **यानेत्यादि** । यानं शिबिका, वाहनम् अश्वादि । ज्ञातमात्मीयम् । ज्ञातोपपादितम् आप्तपुरुषोपनीतम् । **सङ्कटेन** एकयानमार्गेण ॥ ३० ॥

१, 'तत् सर्वं सुप' क. पाठः. २. 'त्म' क-ख-ग-घ.पाठः.

वीक्षितादुष्टकर्माणमाप्तं वंशक्रमागतम् ।
संविभक्तं च कुर्वीत जनमासन्नवर्त्तिनम् ॥ ३१ ॥

अधार्मिकांश्च क्रूरांश्च दृष्टदोषान् निराकृतान् ।
परेभ्योऽभ्यागतांश्चैव दूरादेतान् समाचरेत् ॥ ३२ ॥

महावातपरिभ्रान्तां[2][3] परीतानाप्तनाविकाम् ।
अन्यनौप्रतिबद्धां वा नोपेयान्नावमातुराम् ॥ ३३ ॥

परितापिषु वासरेषु पश्यंस्तटलेखान्तिकमाप्तसैन्यचक्रः ।
सुविशोधितमीननक्रजालं व्यवगाहेत जलं सुहृत्समेतः ॥ ३४ ॥

गहनानि विसर्जयेद्[1] विशुद्धं
बहिरुद्यानवनं समभ्युपेतः ।
विहरन् मधुरं वयोनुरूपैर्[4] च
माद्येद् विषयोपभोगरागात् ॥ ३५ ॥

वीक्षितादुष्टकर्माणं । यद् विश्वासकरं तददुष्टकर्म, तद् दृष्टं यस्य । वंशक्रमागतं मौलम् । संविभक्तं जीवनेन ॥ ३१ ॥

क्रूरान् तीक्ष्णपुरुषान् । निराकृतान् दानमानावक्षिप्तान् । परेभ्योऽभ्यागतान् शरणागतान् रक्षणीयान्, कारणागतान् कारणागतत्वात् तर्कणीयान् । दूरेण समाचरेत् नासन्नवर्तिनः कुर्यादित्यर्थः ॥ ३२ ॥

(अभिग्रहो नियमनम्[5] अनभिप्रेते वाते मितग्रही मनुष्यसञ्चारादित्यर्थः !) **नाविकः** कर्णधारादिः । अन्यनौकाप्रतिबद्धां परनौभिर्गुणैः प्रतिबद्धत्वात् तदनुसाराम् । आतुरां जर्जराम् ॥ ३३ ॥

परितापिष्विति । ग्रैष्मिकेषु । सुहृत्समेतः मनस्सचिवैः परिवृतः ॥ ३४ ॥

विशुद्धं व्यालग्राह्यादिभिरपनीतसर्पादिभयत्वात् । विहरन् क्रीडन् । मधुरं मन्दम् । न च माद्येत् न प्रमत्तः स्यात् ॥ ३५ ॥

---

१. 'विवर्जयेत्' इति मूलकोशेषु पाठः. २. 'समुद्धूतां' क. पाठः. ३. 'न्तामपरीक्षितना' क. पाठः. ४. 'रैः' ख-ग. पाठः. ५. 'अभिप्रेते वातेऽरित्रग्राहिमनुष्यसञ्चारः स्यादि' ङ-च. पाठः.

सुविनीतसुवेषपृष्ठयानः सुखगम्या-
मुचितां च लक्ष्यसिद्ध्यै ।
सुपरीक्षितरक्षितान्तसीमां[1]
लघुकोष्ठस्तु मृगाटवीमुपेयात् ॥ ३६ ॥

कारयेद् भवनशोधनमादौ
मातुरन्तिकमपि प्रविविक्षुः ।
आप्तशस्त्र्यनुगतः प्रविशेत् तत्
सङ्कटे च गहने न च तिष्ठेत् ॥ ३७ ॥

पांसूत्करोत्कर्षिणि वाति वाते
संसक्तधाराजलदे च काले ।
अत्यातपे वापि तथान्धकारे
स्वस्थस्तु सन् न क्वचिदभ्युपेयात् ॥ ३८ ॥

निर्गमे च प्रवेशे च राजमार्गे समन्ततः ।
प्रोत्सारितजनं[2] गच्छेत् सम्यगाविष्कृतोन्नतिः ॥ ३९ ॥

पृष्ठयानं तुरगादि । सुखगम्यां स्थाणुश्वभ्राद्यभावात् । उचिताम् अभ्यस्तचरीं, प्रयत्नतो विहितत्वादपेतशङ्कां च । तद्विधानं सप्तव्यसनवर्गे वक्ष्यति । लक्ष्यसिद्ध्यै चललक्षायेत्यर्थः । सुपरीक्षिता मौलाः । लघुकोष्ठः परिमिताहारः । मृगाटवीं मृगभवनम् ॥ ३६ ॥

भवनशोधनमिति । यद्यत् कार्यवशात् स्वकीयमन्यदीयं वा भवनं प्रविविक्षुः, तत्तद् उत्सारितजनादिकं कारयेत् । मातुरन्तिकमपीति । यतो विजितगुप्तस्यैव मगधराजस्य माताप्यभिचरति स्मेति । प्रविशेत् तद् भवनमिति सम्बन्धः ॥

स्वस्थस्तु सन्निति । आत्ययिकेषु तु कार्येषु कृतप्रतिविधानोऽभ्युपेयादेव ॥ ३८ ॥

निर्गमे च प्रवेशे चेति निष्कासप्रवेशवेलायाम् । समन्ततः पुरस्तात् पृष्ठत उभयपार्श्वतश्च । आविष्कृतोन्नतिः आप्तशस्त्रिभिर्दर्शितार्थाभ्युच्चयः ॥ ३९ ॥

---

१. 'स' क. पाठः. २. 'नः' क. पाठः.

यात्रोत्सवसमाजेषु जनसंबाधशालिनः ।
प्रदेशान् नावगाहेत नातिवेलं च संपतेत् ॥ ४० ॥

निषेवितो वर्षवरैः कञ्चुकोष्णीषधारिभिः ।
अन्तःपुरेषु विचरेत्[1] कुब्जकैरातवामनैः ॥ ४१ ॥

नीचैरन्तःपुरामात्याः शुचयश्चित्तवेदिनः ।
शस्त्राग्निविषवर्जं हि नर्मयेयुर्महीपतिम् ॥ ४२ ॥

अन्तर्वंशिकसैन्यं हि सन्नद्धं साधुसम्मतम् ।
रक्षेदायुक्तकुशलमन्तःपुरगतं नृपम् ॥ ४३ ॥

आशीतिकाश्च पुरुषाः पञ्चाशत्काश्च योषितः ।
[2]पश्येयुरवरोधानां शौचमागारिकाश्च ये ॥ ४४ ॥

यात्रा देवतानाम्, उत्सवः वसन्तादिः, समाजो जन[3]समुदायः, तेषु । ये जनसङ्कुलाः जनमालाभिश्च गोष्ठीप्रयोजनाभिः परिक्षिप्ताः प्रदेशाः, तान् नावगाहेत दुर्विभाव्यपरपुरुषत्वात् । नातिवेलम् अतिक्रान्तवेलम् अननुरूपवेलायां च न यायादित्यर्थः ॥ ४० ॥

अन्तर्गृहविषयां रक्षां चतुर्दशभिः श्लोकैराह – **निषेवित** इत्यादि । **वर्षवरैः** षण्डैः । **कैराताः** तद्देशभवा म्लेच्छजातयः ॥ ४१ ॥

नीचैः नर्मयेयुरिति सम्बन्धः, अन्यथा तु क्रीडाव्यसनमेव स्यात् । **अन्तःपुरामात्याः** वर्षवरादयः । चित्तवेदिन इति । राज्ञो नर्माभिप्रायं बुद्ध्वेत्यर्थः । **शस्त्राग्निविषवर्जमिति** । शस्त्राग्निविषाणि [4]प्रोक्षणीयाङ्गानि मुक्त्वान्यैरुपकरणैरित्यर्थः ॥ ४२ ॥

अन्तर्वंशिकसैन्यम् अन्तःपुररक्षानियुक्तम् । साधुसम्मतम् उपधाशुद्धत्वात् । आयुक्तकुशलमिति । तत्परं कृतास्त्रं चेत्यर्थः ॥ ४३ ॥

आशीतिका अशीतिजीवितपरिमाणाः । तथा पञ्चाशत्का वीतरागत्वाद् बाह्यैर्न संसृज्यन्ते । शौचम् उपधा[5]शुद्धिः । आगारिकाः वर्षवरादयः, गृहे नियुक्तत्वात् ॥ ४४ ॥

---

१. 'व्र' ख-ग. पाठः. २. 'बुध्येरन्नव' क. पाठः. ३. 'नपदसमवायः' ङ-च. पाठः. ४. 'प्रे' क-ख पाठः. ५. 'धापरिशु' क-ख. पाठः.

रूपाजीवाः स्त्रियः स्नाताः परिवर्त्तितवाससः ।
राजानमुपतिष्ठेयुर्विशुद्धस्त्रग्विभूषणाः ॥ ४५ ॥
कुहकैर्जटिलैश्चापि मुण्डैश्चाभ्यन्तरो जनः ।
संसर्गं न क्वचिद् गच्छेद् बाह्यैर्दासीजनैस्तथा ॥ ४६ ॥
निर्गच्छेत् प्रविशेच्चापि सर्वत्राभ्यन्तरो जनः ।
विज्ञातद्रव्यसञ्चारी करणेनोपलक्षितः ॥ ४७ ॥
न चानुजीविनं पश्येदकल्यं पृथिवीपतिः ।
अन्यत्रात्ययिकात् कार्यात् सर्वत्रात्ययिको गुरुः ॥ ४८ ॥
स्नातानुलिप्तः सुरभिः स्रग्वी रुचिरभूषणः ।
स्नातां विशुद्धवसनां पश्येद् देवीं सुभूषणाम् ॥ ४९ ॥

रूपाजीवाः वेश्याः । स्नाताः परसम्भोगादौ प्रतिषेधार्थम् । परिवर्तितवाससः विशुद्धस्रग्विभूषणाः विषशस्त्रपरिहारार्थम् ॥ ४५ ॥

कुहकाः ये मायायोगदर्शनेन विस्मापयन्ति । मुण्डजटिलाः प्रव्राजिताः परप्रणिधयोऽपि सम्भाव्यन्ते । बाह्यैः राजसम्बन्धिभिरपि, ते ह्यनियतपुरुषसम्भोगत्वाद् दूषयन्ति ॥ ४६ ॥

विज्ञातद्रव्यसञ्चारीति । यत्किञ्चिन्निष्कास्यते प्रवेश्यते च, तद्दौवारिकविज्ञातं द्वारं द्वारं सञ्चारयितुं शीलमस्येति । तत्रापि करणेनोपलक्षितः अन्तर्द्वाराधिकृतमुद्रया तत्प्रत्ययेन सङ्क्रान्तेतरद्वार इत्यर्थः ॥ ४७ ॥

न चानुजीविनं पश्येद् अन्तःपुरवर्तिनमपि । अकल्यं व्याधितम् अप्रशस्तत्वात् । आत्ययिकात् प्राणहरात् ॥ ४८ ॥

पश्येद् देवीमिति । दर्शनेऽपि प्रतिक्रिया, किं पुनः सम्प्रयोग इति दर्शयति ॥ ४९ ॥

---

१. 'युः शुद्धस्रगगन्धभू' क. पाठः. २. 'श्चैव मु' ख-ग. पाठः. ३. स्यैवातुरे गु' क. पाठः. ४. 'स्वदत्तव' क. पाठः. ५. 'स' क. पाठः.

न च[1] देवीगृहं गच्छेदात्मीयात् सन्निवेशनात् ।
अत्यन्तं वल्लभोऽस्मीति[2] विस्रम्भं स्त्रीषु न व्रजेत् ॥ ५० ॥
देवीगृहं[3] गतो भ्राता [4]भद्रसेनममारयत् ।
मातुः शय्यान्तरालीनः कारूशं चौरसः सुतः ॥ ५१ ॥
लाजान् विषेण संयोज्य मधुनेति विलोभ्य तम् ।
देवी तु काशिराजेन्द्रं निजघान रहोगतम् ॥ ५२ ॥
[5]विषादिग्धेन सौवीरं मेखलामणिना नृपम् ।
नूपुरेण च वैरूप्यं[6] ‡जारुथ्यं दर्पणेन च ॥ ५३ ॥

स्वसन्निवेशसमागतास्वपि **स्त्रीषु** न विश्वसेत् ॥ ५० ॥

तद्गृहगमने विस्रम्भे च दोषमाह—**देवीगृहं गत** इत्यादि । कलिङ्गराजस्य भद्रसेनस्य भ्राता वीरसेनः तद्भार्ययाथ कृतजल्पः तद्गृहैकदेशप्रच्छादितात्मा राज्यमपि जिहीर्षुः कलिङ्गराजं भद्रसेनं व्यापादितवान् । मातुः शय्यायाश्चाधोऽवलीन औरसः पुत्रो राज्यार्थमन्यस्मिन् पुत्रे स्निह्यन्तं का(रले? रू)शं करूशदेशाधिपं देवीगृहगतममारयत् * ॥ ५१ ॥

तथाहवोपरुद्धबन्धुता कोपतप्ता देवी बलात्कारेणाभिगच्छन्तम् एकदा विषमिश्रलाजभोजने मधुना मिश्रमिति विलोभ्य भोजयित्वा स्वयमक्षता **काशिराजेन्द्रं** निजघान ॥ ५२ ॥

तथा सौवीरराजं परन्तपनामानम् अतिवाक्पारुष्योपतापिता तन्मन्युमोक्षार्थिनी देवी स्वयमगदप्रकृतप्रतीकारा स्पर्शविषादिग्धेन मेखलामणिना प्रणयकोपात् किलाहत्य जघान । तथा सपत्नीभिर्मिथ्याभिशस्ता विपत्त्योपगृहीता विषदिग्धबहिःपार्श्वेन नूपुरेण क्रीडन्ती किलाहत्यावन्तिराजं वैरूप्यं देवी जघान । तथा जारुथ्यमयोध्यापतिं दारान्तरासक्तं बाह्योपचारमात्रोपहृता तत्सम्भोगपीडिता प्रसाधनकाले विषदिग्धेन दर्पणेन प्रमादात् किल स्खलितेनाभिलिप्य मुखं विषस्पर्शाद्विसर्पोपद्रुतं देवी जघान ॥ ५३ ॥

---

१ 'हि' क. पाठः. २. 'पीह त्रि' क. पाठः. ३. 'हगतं' क. पाठः, 'हागतं' ख ग. पाठः. ४. 'वीरसे' ख-ग. पाठः. ५. 'पाक्तेन च सौ' क. पाठः. ६. 'राज्यं जा' ख-ग. पाठ..

‡ 'जालूथमादर्शेन' इति मुद्रितकौटिलीयार्थशास्त्रपुस्तके. * 'एतदुत्तरं 'सुतावरोधं जघान' (?) इत्यधिकं क-ख-ग-घ. पुस्तकेपु पठ्यते.

वेण्यां शस्त्रं समाधाय तथा चापि विडूरथम् ।
इति वृत्तं परिहरेच्छत्रौ चापि प्रयोजयेत् ॥ ५४ ॥

यस्य दाराः सुगुप्ताः स्युः पुरुषैराप्तकारिभिः ।
सर्वभोगान्वितं तस्य हस्ते लोकद्वयं स्थितम् ॥ ५५ ॥

धर्ममिच्छन् नरपतिः सर्वदाराननुक्रमात् ।
गच्छेदनुदिनं नित्यं वाजीकरणबृंहितः ॥ ५६ ॥

विचार्य कार्यावयवान् दिनक्षये
विसृज्य लोकं प्रमदाकृतक्रियः ।
अशस्त्रबन्धेन हि साधु पाणिना
स्वपेदसक्तं परमाप्तरक्षितः ॥ ५७ ॥

तथा **विडूरथं** वृष्णीनामन्यतमं वेश्याभिः सहोपभुक्तभार्यार्थं तदर्थमप्यात्मानमर्थयन्तं धनमक्षममाणा देवी केशवेण्यामल्पप्रमाणं तीक्ष्णं शस्त्रं निधाय स्वगृहे निद्रावशंगतं मर्मच्छेदाद् जघान । इति वृत्तम् एवंप्रकारं वृत्तं परिहरेत् । न भ्रातरं पुत्रं वा गृहं प्रवेशयन्ननिर्वृतिमभिगच्छेत् । नातिवाक्पारुष्यादिभिरुद्वेजयेत् । न विमानितामधिगच्छेत् । न सम्भोगेन पीडयेत् । न तद्धनं सपत्नीभिः सह भुञ्जीत । शत्रौ च प्रयोजयेदतिसन्धानार्थम् ॥ ५४ ॥ ५५ ॥ ५६ ॥

इदानीमहोरात्रापेक्षायामाह – **विचार्येत्यादिना** । कार्यावयवानिति । तद्दिनमष्टधा विभज्य कार्यभेदान् निरूपयेदित्यर्थः । दिनक्षये विसृज्य लोकम् आपराह्णिकास्थानगतमिति शेषः । प्रमदाकृतक्रिय इति । रात्रौ प्रमदासु रक्षापूर्वकं कृताभिगमनादिक्रियः । अशस्त्रबन्धेन पाणिना, सन्निहितनखशिरोरक्षाशस्त्रत्वात् । असक्तमिति क्रियाविशेषणं निद्रासक्तिं त्यक्त्वेत्यर्थः । परमाप्तरक्षितः अन्तर्वंशिकसैन्येन परिरक्षितः ॥ ५७ ॥

---

१. 'बन्ध्येन' मूलकोशेषु पाठः.

नयेन जाग्रत्यनिशं नरेश्वरे
सुखं स्वपन्तीह निराधयः प्रजाः।
प्रमत्तचित्ते स्वपति त्रसद् भयात्
प्रजागरेणास्य जगत् प्रबाध्यते ॥ ५८ ॥

इतिस्म पूर्वे मुनयो बभाषिरे
नृपस्य राज्यस्य च साधु रक्षणम्।
तदेतदेवं परिपालयन् नया-
न्नरेश्वरः पालनकल्यतां व्रजेत् ॥ ५९ ॥

(इत्यात्मरक्षितकं नामैकादशं प्रकरणम्)

इति कामन्दकीये नीतिसारे राजपुत्ररक्षणमात्मरक्षितकं नाम
सप्तमः सर्गः।

प्रकरणार्थानुष्ठानफलमाह — **नयेनेत्यादि**। यथोक्तरक्षापूर्वकेण नयचक्षुषा कार्याकार्यं पश्यति सति सुखं स्वपन्ति विस्रब्धं तिष्ठन्ति। प्रमत्तचित्ते स्वपति प्रमत्तचित्तत्वात् कार्याकार्यं न पश्यति प्रजागरेण चिन्तया बाध्यते कुतोऽस्माकं परित्राणं भवितेति ॥ ५८ ॥

इदानीं स्वमण्डलगतव्यापारमुपसंहरति — **इतीत्यादिना**। राज्यस्यामात्यादेः। तदेतदेवमिति। तस्मादेतत् स्वराज्यं सर्गषट्कोक्तेन नयेन परिपालयन्। पालनकल्यतामिति। पालने निर्दोषतां व्रजेत्। अन्यथा पालयन् गर्हिततामित्यर्थादापन्नम् ॥ ५९ ॥

(इत्यात्मरक्षितकं नामैकादशं प्रकरणम्)

इति शङ्करार्यकृतायां कामन्दकीयनीतिसारपञ्जिकायां जयमङ्गलायां
राजपुत्ररक्षणमात्मरक्षितकं नाम
सप्तमः सर्गः।

अथाष्टमः सर्गः ।

* १२ मण्डलयोनिप्रकरणम *

उपेतः कोशदण्डाभ्यां सामात्यः सह मन्त्रिभिः ।
दुर्गस्थश्चिन्तयेत् साधु मण्डलं मण्डलाधिपः ॥ १ ॥

रोचते सर्वभूतेभ्यः शशीवाखण्डमण्डलः ।
सम्पूर्णमण्डलस्तस्माद् विजिगीषुः सदा भवेत् ॥ २ ॥

रथीव राजते राजा विशुद्धे मण्डले चरन् ।
अशुद्धे मण्डले सर्वं शीर्यते रथचक्रवत् ॥ ३ ॥

एवं प्रतिष्ठितस्वराज्यस्य राज्ञः परराज्यलाभायेदानीं त्रयोदशभिः सर्गैरुपायः प्रदर्श्यते । स च षाड्गुण्यम् । तत्रास्मिन् सर्गे प्रकरणद्वयं मण्डलयोनिर्मण्डलचरितं च । तत्र षाड्गुण्यस्य मण्डलं कारणमिति मण्डलयोनिरुच्यते । यदाह— **उपेत** इत्यादि । द्रव्यप्रकृतियुक्तो मण्डलं चिन्तयेत् । तथा तत्सम्पूर्णं विशुद्धं च मण्डलं भवतीति सङ्क्षेपार्थः । तत्राद्यं प्रकरणं सम्पूर्णतार्थं, द्वितीयं विशुद्ध्यर्थम् । सामात्य इति सिद्धत्वान्मन्त्रिग्रहणं बुद्धिसचिवोऽत्यन्तमस्मिन् व्याप्रियत इति दर्शनार्थम् । दुर्गस्थ इति परराज्यविजिगीषाकाले दुर्गमाद्रियेतेति तिष्ठतिप्रयोगेण दर्शयति । मण्डलाधिप इति मण्डलशब्दो जनपदे द्रष्टव्यः । स्वराष्ट्राधिप इत्यर्थः ॥ १ ॥

रोचत इत्यादिना श्लोकद्वयेन प्रकरणद्वये व्यापारफलं दर्शयति । अखण्डमण्डलः सम्पूर्णमण्डल इत्यर्थः । सम्पूर्णमण्डलस्तस्माद् विजिगीषुरिति निगमनम् । अत्र राजेति वक्तव्ये विजिगीषुग्रहणं यदा प्रतिष्ठितराज्यो राजा परराज्यं विजिगीषते, तदा विजिगीषुरिति विशेषसंज्ञां लभत इति दर्शनार्थम् । तेनेतःप्रभृति विजिगीषुरधिक्रियते ॥ २ ॥

रथीवेति । रथीव चरन्निति सम्बन्धः । राजा विजिगीषयावस्थितः । मण्डले चक्रनेमिवद् विशुद्धे सति ॥ ३ ॥

अमात्यराष्ट्रदुर्गाणि कोशो दण्डश्च पञ्चमः ।
एताः प्रकृतयस्तज्ज्ञैर्विजिगीषोरुदाहृताः ॥ ४ ॥
एताः पञ्च तथा मित्रं सप्तमः पृथिवीपतिः ।
सप्तप्रकृतिकं राज्यमित्युवाच बृहस्पतिः ॥ ५ ॥
सम्पन्नस्तु प्रकृतिभिर्महोत्साहः कृतश्रमः ।
जेतुमेषणशीलश्च विजिगीषुरिति स्मृतः ॥ ६ ॥
कौलीन्यं वृद्धसेवित्वमुत्साहः स्थूललक्षता ।
चित्तज्ञता बुद्धिमत्त्वं प्रागल्भ्यं सत्यवादिता ॥ ७ ॥

अमात्यादियुक्तो मण्डलं चिन्तयेदित्युक्तम् । तत्र राज्ञोऽमात्यादिपञ्चकस्य(चा) नयोः कस्य प्रधानगुणभाव इत्याह --- **अमात्येत्यादि** । एताः प्रकृतय इति । द्रव्यप्रकृतित्वादेताः पञ्च विजिगीषोः स्वत्वेनोदाहृताः । मित्रं राजप्रकृतित्वात् स्वामिप्रकृतावन्तर्भूतम् । तेन सप्त प्रकृतयो राजराज्यभेदाद् द्विधावस्थिताः । तथा चोक्तं --- "राजा राज्यमिति प्रकृतिसङ्क्षेप" (कौटि. अर्थ. ८-२-१२८) इति । तत्र राज्यम् अमात्यादिप्रकृतिपञ्चकम् । शेषा राजप्रकृतिः ॥ ४ ॥

सप्तप्रकृतिकं राज्यमिति । एवं मन्यते—यथा राज्यमित्यभिधानप्रत्ययोः प्रवृत्तिनिमित्तं द्रव्यप्रकृतयः, एवं राजप्रकृतिरपि । तस्मात् प्रकृतिसप्तकमेव राज्यमिति ॥ ५ ॥

कः पुनर्विजिगीषुरित्याह --- **सम्पन्न** इत्यादि । प्रकृतिभिरमात्यादिभिः । महोत्साहग्रहणमन्यगुणभावेऽपि विजिगीषोरुत्साहोऽत्यन्तं प्रधानमिति दर्शनार्थम् । कृतश्रमः अनेकधा विजिगीषायाम् । जेतुमेषणशीलश्च । अन्यथा विजिगीषाभावाद् राजैव स्यान्न विजिगीषुः ॥ ६ ॥

इदानीं विजिगीषुगुणानाह --- **कौलीन्यमित्यादिना** श्लोकपञ्चकेन । तत्रोत्साहः प्रधानम् । तथा ह्यस्य गुणानस्मिन् सर्गे निर्देक्ष्यति । चित्तज्ञता पराभिप्रायज्ञता ॥ ७ ॥

---

१. 'जि' इति मूलकोशेषु पाठः.

अदीर्घसूत्रताक्षौद्यं प्रश्रयः स्वप्रधानता।
देशकालज्ञता दार्ढ्यं सर्वक्लेशसहिष्णुता ॥ ८ ॥

सर्वविज्ञानिता दाक्ष्यमूर्जः संवृतमन्त्रता।
अविसंवादिता शौर्यं भक्तिज्ञत्वं कृतज्ञता ॥ ९ ॥

शरणागतवात्सल्यममर्षित्वमचापलम्।
स्वकर्मदृष्टशास्त्रत्वं कृतित्वं दीर्घदर्शिता ॥ १० ॥

जितश्रमत्वं वाग्मित्वमक्रूरपरिवारता।
प्रकृतिस्फीतता चेति विजिगीषोर्गुणोदयः ॥ ११ ॥

सर्वैर्गुणैर्विहीनोऽपि स राजा यः प्रतापवान्।
प्रतापयुक्तात् त्रस्यन्ति परे सिंहान्मृगा इव ॥ १२ ॥

अदीर्घसूत्रता उत्साहगुणः क्षिप्रकारितेत्यर्थः। अक्षौद्यं गुणवत्सङ्ग्रहणशीलता। प्रश्रयः सादरता। स्वप्रधानता अनेयता ॥ ८ ॥

सर्वविज्ञानिता सर्वसमयवित्त्वम्। दाक्ष्यमुत्साहगुणः। ऊर्जं औदार्यं, बलम्। शौर्यम् उत्साहगुणः। भक्तिज्ञत्वं भृत्यभक्त्यनुरूपानुष्ठानत्वम् ॥ ९ ॥

शरणागतवात्सल्यमिति। वात्सल्यं स्नेहः। अमर्षित्वम् उत्साहगुणः। स्वकर्मदृष्टशास्त्रत्वमिति। स्वकर्मणि विजिगीषणे यच्छास्त्रं षाड्गुण्याभिधायकं, तदर्थतः प्रयोगतश्च दृष्टं येनेति समासः पश्चाद् भावप्रत्ययः। कृतित्वम् अशेषशास्त्रपरिज्ञानात् पाण्डित्यम् ॥ १० ॥

जितश्रमत्वं युद्धाध्वगमनादिष्वपरिरुग्णता। अक्रूरपरिवारता अक्षुद्रपरिषत्कता। प्रकृतिस्फीतता स्वसम्पदुपेतामात्यादिप्रकृतियुक्तता। शेषा गुणा व्याख्यातप्रायाः। एते गुणा राज्ञो विजिगीषावस्थायां प्राधान्येन व्याप्रियन्ते। तेन प्रागुक्तायामपि स्वामिसम्पदि न पुनरुक्ततादोषः। एवं सति केचित् तत्रानुक्ता अपीहोक्ताः चित्तज्ञताप्रश्रयभक्तिज्ञत्वादयः। तत्रोक्ता अप्यन्ये कार्यसम्भववशादिह नोक्ताः क्रोधलोभद्रोहवर्जनादयः ॥ ११ ॥

अत्राप्युत्साहः प्रधानमिति कार्यद्वारेण दर्शयितुं श्लोकद्वयमाह—**सर्वैरित्यादि**। गुणैरिति विजिगीषुगुणैः। स राजा विजगीषावस्थायां स्थित इति शेषः ॥ १२ ॥

---

१. 'न' ङ-च. पाठः. २. 'षास्थि' ग-घ. पाठः.

प्रतापयुक्तो नृपतिः प्राप्नोति महतीं श्रियम् ।
तस्मादुत्थानयोगेन प्रतापं जनयेत् प्रभुः ॥ १३ ॥

एकार्थाभिनिवेशित्वमरिलक्षणमुच्यते ।
दारुणस्तु स्मृतः शत्रुर्विजिगीषुगुणान्वितः ॥ १४ ॥

लुब्धः क्रूरोऽलसोऽसत्यः प्रमादी भीरुरस्थिरः ।
मूढो योधावमन्ता च सुखोच्छेद्यो[1] रिपुः स्मृतः ॥ १५ ॥

अरिर्मित्रमरेर्मित्रं मित्रमित्रमतःपरम् ।
†मित्रारिमित्रमित्रं च विजिगीषोः पुरः स्मृताः[2] ॥ १६ ॥

उत्थानेति उत्साहयोगेन, तत्कार्यत्वात् प्रतापस्य ॥ १३ ॥

यमरिं विजिगीषमाणो विजिगीषुस्तस्य लक्षणमाह --- **एकार्थाभिनिवेशित्वमित्यादि** । भूम्यनन्तरत्वादेकार्थाभिनिवेशिता । स च शत्रुर्द्विविधः दुरुच्छेदः सूच्छेदश्च । तत्र दुरुच्छेदमाह --- दारुण इति, दुरुच्छेद इत्यर्थः । विजिगीषुगुणान्वित इति । विजिगीषुगुणाः प्रागुक्ताः कौलीन्यादयः ॥ १४ ॥

सूच्छेदमाह --- लुब्ध इत्यादि । तत्र लुब्धः सम्प्रदानाभावादनाश्रयणीयः । क्रूरः सत्सङ्ग्रहाशीलः सतामनभिगम्यः । अलसः स्वयमेवावसीदति । असत्यः यथाप्रतिज्ञाताकरणान्मण्डलेनैवोपेक्ष्यते । प्रमादी स्वयमेव न भवतीति । भीरुर्दूरादेवापसर्पति । अस्थिरः दुर्गुणः । मित्ररहितः निराश्रयत्वादभियोगमात्रसाध्यः । मूढः अज्ञानबहुलत्वादवसीदति । योधावमन्ता स्वयोधैरेव हन्यते[3] । १५ ॥

यथा शत्रुं विजिगीषते, तथा मित्रादीनपीति दर्शयितुं तन्मण्डलमाह चतुर्भिः श्लोकैः । अरिरित्यादि । तत्र विजिगीषोः समन्ततो मण्डलीभूतो भूम्यनन्तरः शत्रुः । तथैव भूम्येकान्तरितं मित्रम् । तथा तदनन्तरमरेर्मित्रम् । ततो मित्रमित्रम् । विजिगीषोः पुरः स्मृता इति । यदा विजिगीषुररिमभियोक्तुं प्रवृत्तः, तदा पुरस्तादेते राजान एवंसंज्ञका व्यवह्रियन्ते[4] ॥ १६ ॥

१. 'दो रिपुर्मतः' क. पाठः. २. 'स्थि' ख-ग. पाठः. ३. 'नश्यते' क-ख-ग-घ. पाठः. ४. 'पदिश्यन्ते' ङ-च. पाठः.

† 'तथारिं' इति पाठोऽग्निपुराणादौ.

पार्ष्णिग्राहस्ततः पश्चादाक्रन्दस्तदनन्तरः ।
आसारावनयोश्चेति विजिगीषोस्तु पृष्ठतः ॥ १७ ॥
अरेश्च विजिगीषोश्च मध्यमो भूम्यनन्तरः ।
अनुग्रहे संहतयोर्व्य*स्तयोर्निग्रहे प्रभुः ॥ १८ ॥
मण्डलाद् बहिरेतेषामुदासीनो बलोधिकः ।
अनुग्रहे संहतानां व्यस्तानां च वधे प्रभुः ॥ १९ ॥

पृष्ठतः किंसंज्ञका इत्याह — **पार्ष्णीत्यादि**। विजिगीषोः शत्रुमभियुञ्जानस्य शत्रुहिताय पार्ष्णि गृह्णातीति पार्ष्णिग्राहः शत्रुमित्रम् । आगत्य पार्ष्णिग्राहं मे वारयेति विजिगीषुणाक्रन्द्यते आहूयत इत्याक्रन्दो विजिगीषुमित्रम् । आसारावनयोश्चेति अनुबलदानेन पार्ष्णिग्राहमासरतीति पार्ष्णिग्राहासारोऽरिमित्रमित्रम् । तथा आक्रन्दासारो विजिगीषुमित्रमित्रम् इत्येतद् विजिगीषोर्मण्डलं तज्जेयत्वात् । विजिगीषुणा हि नवयोजनसहस्रप्रमाणं चक्रवर्त्तिक्षेत्रं जेतव्यम् । तत्रैते दश राजानः सम्भवन्तीति सम्भवापेक्षयैतावन्त उक्ताः । यदा ह्यधिकं जयति, तदा परतो ह्यभ्यधिका भवन्ति ॥ १७ ॥

अत्रैव विशेषव्यवस्थामाह — **अरेश्चेत्यादि** । अरिविजिगीष्वोर्भूम्यनन्तर इति स्थाननिर्देशः तस्य विदिग्भागमाश्रित्य स्थितत्वात् । स च तयोर्भूम्यनन्तरत्वाच्छत्रुरपि भिन्नलक्षणत्वान्मध्यमसंज्ञो भवति। अनुग्रह इति। संहतयोरसंहतयोश्चेति शेषः । सन्धाय विगृह्य वा परं प्रति हन्तुकामयोररिविजिगीष्वोः कोशदण्डाभ्यामनुग्रहे समर्थः । व्यस्तयोर्वध इति । असंहतयोरेकैकमेव निग्रहीतुं समर्थः, न तु द्वौ संहतौ तयोस्ताद्विशिष्टबलत्वात् ॥ १८ ॥

मण्डलाद् बहिरेतेषामिति । अरिविजिगीषुमध्यमानां प्रकृतिभ्यो बहिरिति स्थाननिर्देशः। लक्षणमाह --- बलाधिक इति। मध्यमो बलवान्, तस्मादपि यो बलवत्तरः स उदासीनसंज्ञः । शेषं पूर्ववद् योज्यम् । तस्मादुदासीनात् परतोऽधिकतरो नास्ति । तस्माद् द्वादशैवैते राजानश्चक्रवर्त्तिक्षेत्रे सम्भवन्ति ॥ १९ ॥

१. 'सङ्गत' मूलकोशेषु पाठः. २. 'काऽन्वित.' ख-ग. पाठः. ३. 'सङ्गता' ख-ग. पाठः.

* 'समर्थो व्यस्तयोर्वधे' इत्येव चतुर्थपादस्य पाठो व्याख्यातुरिति भाति, 'व्यस्तयोर्वध' इति प्रतीकधरणात् समर्थपदोपादानाच्च व्याख्याने.

मूलप्रकृतयस्त्वेताश्चतस्रः परिकीर्त्तिताः ।
आहैतत् तन्त्रैकुशलश्चतुष्कं मण्डलं मयः ॥ २० ॥

विजिगीषुररिर्मित्रं पार्ष्णिग्राहोऽथ मध्यमः ।
उदासीनः पुलोमेन्द्रौ मण्डलं षट्कमूचतुः ॥ २१ ॥

उदासीनो मध्यमश्च विजिगीषोश्च मण्डलम् ।
उशना मण्डलमिदं प्राह द्वादशराजकम् ॥ २२ ॥

द्वादशानां नरेन्द्राणामरिमित्रे पृथक् पृथक् ।
षट्त्रिंशत्कमिति प्राहुस्ते च ते च महर्षयः ॥ २३ ॥

इदानीमेतेष्वेव पूर्वाचार्यमतेन मण्डलव्यवस्थाभेदमाहाष्टादशभिः श्लोकैः । **मूलप्रकृतय** इत्यादि । चतस्र इति अरिविजिगीषुमध्यमोदासीनाः । शेषाश्चाष्टौ शाखावदत्रैव प्रतिबद्धाः । तत्र मित्रमाक्रन्दस्तदासारश्च विजिगीषौ, शेषाः शत्रौ प्रतिबद्धाः । तस्माच्चतुष्कं मण्डलमिति मयः ॥ २० ॥

पुलोमेन्द्रौ षट्कमिति । अरिविजिगीषू मध्यमोदासीनाभ्यामनुगृहीतौ यदा परस्परं सन्धायासन्धाय वा स्वं स्वं शत्रुमभियुञ्जाते, तदैव राज्ञोऽधिकृतचिन्तेति षट्कं मण्डलं भवति ॥ २१ ॥

विजिगीषोश्च मण्डलमिति दशराजकम् । एवं मन्यते — द्वादशसु राजसु स्वमण्डलानुग्राहितया व्यवस्थितेषु यदारिविजिगीषू परस्परमतिसन्धातुकामौ व्युत्तिष्ठेते, तदा सर्वस्य चलनाद् द्वादशराजकमधिक्रियत इति यावन्मात्रकमाश्रित्य कार्यं चिन्त्यते, तावन्मात्रकमेव मण्डलं भवितुमर्हति ॥ २२ ॥

एवञ्च सत्याचार्याणां मतभेदः **अरिमित्रे पृथक् पृथगिति** । कार्यसम्भववशादेकैकस्यान्यतरपार्श्वतोऽन्ये शत्रुमित्रे योजयितव्ये इति । ते च ते चेति । द्वादश चतुर्विंशतिश्च राजानः षट्त्रिंशत्कं भवति ॥ २३ ॥

---

१. 'त्र' ख-ग. पाठः.

द्वादशानां नरेन्द्राणां पञ्च पञ्च पृथक् पृथक्।
अमात्याद्याश्च प्रकृतीरामनन्तीह मानवाः॥ २४॥

मौला द्वादश चैवैता[1] अमात्याद्यास्तथा च याः।
सप्ततिर्द्व्यधिका ह्येषां सर्वप्रकृतिमण्डलम्॥ २५॥

संयुक्तैस्त्वरिमित्राभ्यामुभयारिस्तथा[2] सुहृत्।
मौला द्वादश राजान इत्यष्टादशकं गुरुः॥ २६॥

अष्टादशानामेतेषाममात्याद्याः पृथक् पृथक्।
अष्टोत्तरशतं ह्येतन्मण्डलं कवयो विदुः॥ २७॥

एतेऽष्टादश चैतेषां शत्रुमित्रे[3] पृथक् पृथक्।
चतुष्पञ्चाशत्कमिति विशालाक्षः प्रभाषते॥ २८॥

पञ्च पञ्चेति अमात्याद्याः प्रकृतीरामनन्ति कथयन्ति॥ २४॥

सप्ततिर्द्व्यधिकेति। षष्टिर्द्रव्यप्रकृतयः द्वादश च राजप्रकृतय इत्यर्थः। सर्वप्रकृतिमण्डलमिति। राज्ञां प्रकृतीनां च समुदायस्य चिन्त्यमानत्वात् सर्वं प्रकृतिमण्डलमाहुर्मानवाः॥ २५॥

उभयारिस्तथा सुहृदिति। अरिविजिगीष्वोश्चोभयोरुपकारापकारित्वादरिर्मित्रं च। तयोः पार्श्वतोऽरिमित्रयोः स्थानं कल्पनीयम्। तद्बहिश्च तदरिमित्रयोरित्येवमेते षट्। मौलाश्च द्वादशेत्यष्टादशकं भवति॥ २६॥

अष्टोत्तरशतमिति। अष्टादश राजप्रकृतयो नवतिश्च द्रव्यप्रकृतय इति॥ २७॥

शत्रुमित्रे पृथक् पृथगिति। (उभयारेरुभयमित्रस्य चारिमित्रे प्रागुक्ते परित्याज्ये एव। शत्रुमित्रे पृष्ठतः स्थाप्ये। तदरिमित्रयोश्च मित्रशात्रवस्त्रिंशत्(?) **मौलाश्चाष्टादशेति** चतुष्पञ्चाशत्कं मण्डलं भवति॥ २८॥

---

१. 'याः प्रोक्ता अ' क. पाठः. २. '–क्तं चारि' ख-ग. पाठः. ३. 'मित्रशत्रू पृ' क. पाठः.

चतुष्पञ्चाशतो राज्ञाममात्याद्याः पृथक् पृथक् ।
[1]सचतुर्विंशतीदं हि मण्डलं त्रिशतं मतम् ॥ २९ ॥
सप्तप्रकृतिकं यत्तु विजिगीषोररेश्च तत् ।
चतुर्दशकमेवेह मण्डलं परिचक्षते ॥ ३० ॥
मण्डलं त्रिकमित्याहुर्विजिगीष्वरिमध्यमाः ।
मित्रयुक्ताः पृथक् चैते षट्[3]कमित्यपरे जगुः ॥ ३१ ॥
अमात्याद्याः प्रकृतय[2] एकैकस्यैव भूपतेः ।
मण्डलं मण्डलविदः षट्त्रिंशत्कं प्रचक्षते ॥ ३२ ॥
सप्तप्रकृतिकाः सर्वे विजिगीष्वरिमध्यमाः ।
एकविंशतिरित्याहुरपरे परिवादिनः ॥ ३३ ॥
चत्वारः पार्थिवा मौलाः पृथङ्मित्रैः सहाष्टकम् ।
अमात्यादिभिरेते च जगत्यक्षरसम्मिताः ॥ ३४ ॥

सचतुर्विंशति त्रिशतं मण्डलमिति । मौलाश्चतुष्पञ्चाशद् राजानः, द्रव्यप्रकृतयश्च सप्ततिशतद्वयमित्यर्थः ॥ २९ ॥

विजिगीषोररेश्च सप्तप्रकृतिकमित्येवम् । ततश्चतुर्दशकं भवति, तावति कार्यस्य चिन्त्यमानत्वात् ॥ ३० ॥

तथा त्रिकेऽपि मण्डले । **मित्रयुक्ता** इति । यदा तन्मित्राण्यपेक्ष्य चिन्ता, तदा षट्कं परं भवति ॥ ३१ ॥

षट्त्रिंशत्कमिति । अनन्तरोक्ताः षड् राजप्रकृतयः, त्रिंशच्च द्रव्यप्रकृतयः ॥ ३२ ॥

सप्तप्रकृतिकाः सर्वे आत्मप्रक्षेपात् ॥ ३३ ॥

चत्वारो मौलाः अरिविजिगीषुमध्यमोदासीनाः । एते चेति । अष्टौ

---

१. 'चतुर्विंशतिसंयुक्तं म' ख-ग. पाठः. २. 'यश्चैकैकस्येह भू' क. पाठः. ३. 'ट्कमिति भ' ङ-च. पाठः.

विजिगीषोः पुरस्ताच्च ये च पश्चात् प्रकीर्त्तिताः ।
दशकं मण्डलमिदं मण्डलज्ञाः प्रचक्षते ॥ ३५ ॥
दशानां भूमिपालानाममात्याद्याः पृथक् पृथक् ।
मण्डलं मण्डलविदः षष्टिसङ्ख्यं प्रचक्षते ॥ ३६ ॥
प्राग्यौ द्वौ विजिगीषुश्च पश्चिमौ चेति पञ्चकम् ।
अमात्याद्याः पृथक् चैषां त्रिंशत्कं हि प्रचक्षते ॥ ३७ ॥
अरेरप्येवमेवेति दृष्टं दृष्टिमतां वरैः ।
पञ्चकं मण्डलं न्याय्यं त्रितयं च मनीषिभिः ॥ ३८ ॥
द्वे एव प्रकृती न्याय्ये इत्युवाच पराशरः ।
अभियोक्तृप्रधानत्वात् तथान्यो योऽभियुज्यते ॥ ३९ ॥

राजानः । जगत्यक्षरसम्मिता इति । जगती नामच्छन्दोवृत्तिरष्टाचत्वारिंशदक्षरा, तत्सङ्ख्यं मण्डलं भवतीत्यर्थः ॥ ३४ ॥

दशकं मण्डलं मध्यमोदासीनावपास्य योज्यम् ॥ ३५ ॥

षष्टिसङ्ख्यमिति । दश राजप्रकृतयः, पञ्चाशद् द्रव्यप्रकृतयः ॥ ३६ ॥

पञ्चकमिति । विजिगीषुः शत्रुमित्रे पार्ष्णिग्राहाक्रन्दौ चेत्यर्थः । त्रिंशत्कमिति । पञ्च राजप्रकृतयः पञ्चविंशतिर्द्रव्यप्रकृतयः ॥ ३७ ॥

अरेरप्येवमेवेत्यतिदेशः । सोऽपि विजिगीषुवन्मण्डलं चिन्तयतीति तस्याप्ययं यथोक्तभेदो द्रष्टव्यः । एषां कतमन्न्याय्यमिति परमतेनाह—पञ्चकमित्यादि । आक्रन्देन पार्ष्णिग्राहं निवर्त्य शुद्धपृष्ठस्य मित्रेण चोत्पादितकोपं शत्रुं पश्चादभियुञ्जानस्य विजिगीषोः कार्यसंसिद्धिरिति पञ्चकं न्याय्यम् । त्रितयं चेति । अरिमभियुञ्जानस्य मध्यमेनैवैकेन शत्रुसिद्धिरिति तद् न्याय्यम् ॥ ३८ ॥

द्वे एव प्रकृती इति । अरिविजिगीषू । तत्राभियोक्तृत्वाद् विजिगीषुः प्रधानम् । इतरश्चाप्रधानम् अभियोज्यत्वात् । शेषाश्च स्वस्वमण्डलान्तर्गतत्वादभियोक्त्रभियोज्ययोरेवानुप्रविष्टाः ॥ ३९ ॥

---

१. 'ष एव स्याद् दृष्टो द' ख-ग. पाठः.

परस्पराभियोगेन विजिगीषोररेस्तथा ।
अरित्वविजिगीषुत्वे एका प्रकृतिरित्यतः ॥ ४० ॥

इतिप्रकारं बहुधा मण्डलं परिचक्षते ।
सर्वलोकप्रतीतं हि स्फुटं द्वादशराजकम् ॥ ४१ ॥

अष्टशाखं चतुर्मूलं षष्टिपत्रं द्वये स्थितम् ।
षट्पुष्पं त्रिफलं वृक्षं यो जानाति स नीतिवित् ॥ ४२ ॥

(इति मण्डलयोनिर्नाम द्वादशं प्रकरणम्)

यथा विजिगीषुरभियुङ्क्ते, तथा शत्रुरपि प्रत्यभियुङ्क्ते इति परस्पराभियोगित्वम् । ततश्च तस्यामवस्थायां द्वयोरेकरूपत्वादेका **प्रकृति**रिति पराशरः । एकसङ्ख्यं मण्डलमिति यावत् ॥ ४० ॥

इतिप्रकारमिति एवंभेदम् । इदानीं सर्वमण्डलसङ्ग्राहि मण्डलमाह — स्फुटं द्वादशराजकमिति । स्फुटं युज्यमानकम् । कस्मादिति चेत् सर्वलोकप्रतीतत्वात् । तथाहि — तद्व्यतिरेकेणान्यस्य सर्वस्याप्यप्रसिद्धत्वाद् इहैवं सङ्ग्रहः । यथा — येऽपि म(य? हर्षि)प्रोक्ते षट्त्रिंशत्के मण्डलेऽभ्यधिका 'अरिमित्रे पृथक् पृथगि'(स. ८. श्लो. २३)ति, गुरुप्रोक्ते चाष्टादशके 'संयुक्तस्त्वरिमित्राभ्यामुभयारिस्तथा सुहृदि'(स. ८. श्लो. २६)ति, तथा विशालाक्षभाषिते चतुष्पञ्चाशत्के 'मित्रशत्रू पृथक् पृथग्' (स. ८. श्लो. २८) इति, तेऽप्यर्यादीनामेव समन्ततो मण्डलीभूय तथावस्थितत्वादिति द्वादशराजकादप्यतिभिन्ना अमात्यादयोऽपि द्रव्यप्रकृतित्वात् तदवयवभूता इति द्वादशराजकमेव सर्वथा प्रतिपद्यते । तथा चौशनसम् —

अष्टशाखं चतुर्मूलं षष्टिपत्रं द्वये स्थितम् ।
षट्पुष्पं त्रिफलं वृक्षं यो जानाति स नीतिवित् ॥

इति । तत्र मित्रादिभिश्चतुर्भिः पार्ष्णिग्राहादिभिश्चतुर्भिश्चाष्टशाखम् । अरिविजिगीषुमध्यमोदासीनैश्चतुर्मूलम् । द्रव्यप्रकृतिभिर्मूलशाखाश्रिताभिः षष्टिपत्रम् । दैवे मानुषे च कर्मणि स्थितम् । षड्गुणाः पुष्पाण्यस्येति षट्पुष्पम् । क्षयस्थानवृद्धयस्तिस्रः फलान्यस्येति त्रिफलम् । यो जानाति स नीतिविद् । एतावन्मात्रत्वान्नयशरीरस्येति ॥ ४२ ॥

(इति मण्डलयोनिर्नाम द्वादशं प्रकरणम्)

* १३ मण्डलचरितप्रकरणम् *

पार्ष्णिग्राहस्तदासारः शत्रुमित्रे प्रकीर्त्तिते ।
आक्रन्दोऽथ तदासारो विजिगीषोरुदाहृते ॥ ४३ ॥

पुरो यायाद् विगृह्यैव मित्राभ्यां पश्चिमावरी ।
पश्चिमाविव पूर्वाभ्यामरिं तन्मित्रमेव च ॥ ४४ ॥

अरिमित्रस्य मित्रं तु कृतकृत्येन भूयसा ।
संस्तम्भ्योभयमित्रेण पश्चाद् गच्छेन्नरेश्वरः ॥ ४५ ॥

आक्रन्देनात्मना चैव पार्ष्णिग्राहं प्रपीडयेत् ।
आक्रन्देन तदासारमाक्रन्दासारभागिना ॥ ४६ ॥

तस्मिन् मण्डले तद्विशुद्ध्यर्थं कथं वर्त्तेतेति षाड्गुण्यव्यापाररूपं मण्डलचरितमुच्यते, तत्र पार्ष्णिग्राहादीनां शत्रुमित्रतायां प्राग् विशेषस्यानुक्तत्वात् । यदाह—**पार्ष्णिग्राह** इत्यादि । शत्रुमित्रे इति । शत्रोर्मित्रे इत्यर्थः । विजिगीषोरुदाहृते मित्रे इत्येव ॥ ४३ ॥

तत्र द्वादशराजके शत्रुमण्डलमधिकृत्य वृत्तिमेकादशभिः श्लोकैराह—**पुरो यायादित्यादि** । विगृह्यैवेति अन्तर्भावितण्यर्थत्वाद् विग्राह्यैवेत्यर्थः । मित्राभ्यां पश्चिमावरी इति । पार्ष्णिग्राहमाक्रन्देन आक्रन्दासारेण पार्ष्णिग्राहासारमिति यावत् । पश्चिमाविव पूर्वाभ्यां मित्राभ्यां पूर्वावरी विगृह्येति सम्बन्धः । कौ ताविव्याह—अरिं तन्मित्रमेव चेति । मित्रेण शत्रुं मित्रमित्रेण चारिमित्रमित्यर्थः ॥ ४४ ॥

अरिमित्रस्य मित्रमिति । अरिमित्रमित्रम् उभयमित्रेण संस्तम्भ्येति सम्बन्धः । तस्य विशेषणं कृतकृत्येन भूयसेति । अन्यथा ह्यसमापितस्वकार्यस्य स्वल्पतन्त्रस्य वा कथमुभयतो व्यापारः स्यात् । उभयमित्रेणेति विजिगीषोर्मित्रस्य चोभयोर्मित्रत्वात् । मित्रमित्रेणेत्यर्थः । यस्तूभयसुहृत् प्रागुक्तः, सोऽरिविजिगीष्वपेक्षया । पश्चाद् गच्छेत् । यातव्यमित्यर्थात् सिद्धम् ॥ ४५ ॥

एवं तावदेकपार्श्वतो विधिरुक्तः । इदानीमुभयत्राप्याह—**आक्रन्देनेत्यादि** । आत्मनेति विजिगीषुमाह । आक्रन्देन तदासारमिति । पार्ष्णिग्राहासारम् । आक्रन्दासारभागिनेति आक्रन्दविशेषणम् । आक्रन्दासारसहितेनेति यावत् ॥४६॥

---

१. 'ण्यरू' क-ख-ग-घ. पाठः.

मित्रेण चात्मना चैव कुर्वीतोद्धरणं रिपोः ।
मित्रेण हि समित्रेण[1] रिपुमित्रं प्रपीडयेत् ॥ ४७ ॥

अरिमित्रस्य मित्रस्य पीडनं पृथिवीपतिः ।
कुर्वीतोभयमित्रेण मित्रमित्रेण चैव हि ॥ ४८ ॥

अनेन क्रमयोगेन विजिगीषुः सदोत्थितः ।
पीडयेदहितं शत्रुं मित्राणामन्तरान्तरा ॥ ४९ ॥

पीड्यमानो ह्युभयतः सदोद्युक्तैर्मनीषिभिः ।
रिपुरुच्छेदमायाति तद्वशे वावतिष्ठते ॥ ५० ॥

सर्वोपायेन कुर्वीत सामान्यं मित्रमात्मसात् ।
भवन्ति मित्रादुच्छिन्नाः सुखोच्छेद्या हि विद्विषः ॥ ५१ ॥

कारणेनैव जायन्ते मित्राणि रिपवस्तथा ।
रिपवो येन जायेरन् कारणं तत् परित्यजेत् ॥ ५२ ॥

समित्रेणति । मित्रेण मित्रमित्रेण चेत्यर्थः ॥ ४७ ॥

अरिमित्रस्य मित्रस्येति । अरिमित्रमित्रस्येति यावत् । उभयमित्रेणेत्यस्य स्फुटीकरणार्थमाह — मित्रमित्रेण चैव हीति ॥ ४८ ॥

उत्थितः उद्युक्तः । अहितं प्रातिकूल्येनावस्थितम् । अन्तरान्तरा मित्रयोर्मध्ये मध्ये ॥ ४९ ॥

एवं सति किं भवतीत्याह — **पीड्यमान** इत्यादि । मनीषिभिः । मित्रैरिति शेषः ॥ ५० ॥

एवं तावदसाधारणमित्रापेक्षया क्रम उक्तः । इदानीं साधारणमित्रापेक्षया क्रममाह — **सर्वोपायेने**ति । शत्रौ विजिगीषौ च वर्तमानं सामान्यं मित्रं बहुभिरुपायैरात्मसात्कृत्यानेन शत्रुं पीडयेत् । यदाह — मित्रादुच्छिन्ना इति । स्वीकृतान्मित्राद् वियोजिता हि सूच्छेदा भवन्ति, मित्रापेक्षाभावात् ॥ ५१ ॥

ननु च यो यस्य मित्रं स तस्मात् (कस्माद्) वियुज्यत इति चेत्, शत्रुमित्रव्यवहारस्यानिसर्गसिद्धत्वात् । यदाह — **कारणेनैवे**त्यादि ॥ ५२ ॥

---

1. 'सहमि' ख-ग. पाठः.

प्राधान्येन हि सर्वत्र सर्वाः संरञ्जयेत् प्रजाः ।
तासां संवर्जनाद् राजा सर्वाङ्गीं श्रियमश्नुते ॥ ५३ ॥

दूरेचरान् माण्डलिकांस्तथान्यान् दुर्गवासिनः ।
मित्रीकुर्वीत तत्प्राणाः साधयन्तीह मण्डलम् ॥ ५४ ॥

चलेच्चेदूर्जितबलो मध्यमो विजिगीषया ।
एकीभूयारिणा तिष्ठेदशक्तः सन्धिना नमेत् ॥ ५५ ॥

उदासीने विचलति सर्वे मण्डलिनः सह ।
सङ्घधर्मेण तिष्ठेयुः सन्नमेयुरशक्तयः ॥ ५६ ॥

शत्रोर्मित्रस्य च मण्डले **सर्वाः प्रजाः** सर्वजनं, महान्तं मध्यममवरं चानुग्रहादिभिः स्वराष्ट्रे संश्लेषं नयेत् । तासां संवर्जनादिति । स्वराष्ट्रे प्रजानां निवेशनात् । सर्वाङ्गीं, कोशदण्डाभ्युपेतत्वात् । उक्तञ्च "कोशो दण्डः कुप्यं विष्टिर्वाहनं निचयाश्च जनपदादुत्तिष्ठन्त" (कौटि. अर्थ. ८-१-१२७) इति ॥ ५३ ॥

दूरेचरानिति । विजिगीषुमण्डलाद् बहिर्वर्तमानान् । माण्डलिकान् स्वमण्डलाधिपतीन् राज्ञः । दुर्गवासिनः अनुच्छेद्यान् । तत्प्राणाः तत्कृतावष्टम्भाः विजिगीषवः । इह मण्डलमिति विजिगीषुभूमावर्यादिमण्डलं व्युत्थिष्ठमानं नियमयति ॥ ५४ ॥

मध्यमोदासीनावधिकृत्य वृत्तिमाह— **चलेदित्यादिना** श्लोकत्रयेण । ऊर्जितबलः उद्यतसैन्यः । सम्भूयारिणा तिष्ठेद् विजिगीषुरित्यर्थात् । अरिविजिगीष्वोः संहतयोर्निग्रहे मध्यमस्यासमर्थत्वात् । अशक्तः सन्धिना नमेत्, यदा न शत्रुणा संहतासंहतयोर्निग्रहे मध्यमस्याशक्त(त्वात्? त्वम्) ॥ ५५ ॥

उदासीने विचलति । सतीति योज्यम् । सर्वे मण्डलिनः अरिविजिगीषुमध्यमाः । सङ्घधर्मेग एकीभावेन, तेषां हि संहतानां निग्रहे उदासीनस्यासमर्थत्वात् । सन्नमेयुरशक्तयः, यदा परस्परविश्लिष्टाः ॥ ५६ ॥

---

१. 'र्वजये' क-घ. पाठः. २. 'त्रं कु' ख-ग. पाठः.

समुत्पन्नेषु कृच्छ्रेषु सम्भूय स्वार्थसिद्धये ।
आपत्प्रतरणं सम्यक् सङ्घधर्म इति स्थितिः ॥ ५७ ॥

सहजः कार्यजश्चैव द्विविधः शत्रुरिष्यते ।
सहजः स्व[1]कुलोत्पन्न इतरः कार्यजः स्मृतः ॥ ५८ ॥

उच्छे[2]दनं चापचयः पीडनं कर्शनं तथा ।
इति विद्याविदः प्राहुः शत्रौ वृत्तं चतुर्विधम् ॥ ५९ ॥

उच्छेदनं तु विज्ञेयं सर्वप्रकृतिनाशनम् ।
[3]नाशो योग्यनरादीनां बुधैरपचयः स्मृतः ॥ ६० ॥

रेचनं कोशदण्डाभ्यां महामात्रवधस्तथा ।
एतत् कर्शनमित्याहुराचार्याः पीडनं परम् ॥ ६१ ॥

समाश्रयविहीनो वा दुर्बलं वा समाश्रितः ।
शक्योऽरिसम्पदा युक्त उच्छेत्तुं भूम्यनन्तरः ॥ ६२ ॥

सङ्घधर्मस्वरूपमाह – **समुत्पन्नेष्वि**त्यादि । कृच्छ्रेषु बलवत्पराभियोगादिषु । प्रतरणं निर्वहणम् ॥ ५७ ॥

पुनः शत्रुमण्डलमधिकृत्य वैशेषिकीं वृत्तिं त्रयोदशभिः श्लोकैराह – **सहज** इत्यादि । तृतीयस्तु शत्रुः प्रकृत्यमित्रः । स च भूम्यनन्तरत्वात् प्रागुक्तः । स्वकुलोत्पन्नः एकाभिपत्वाद् रावणस्येव विभीषणो दूरस्थस्तद्देशस्थो वा सहजः शत्रुः। इतर इति । न भूम्यनन्तरः स्वकुल्यो वा, किन्त्वपराधकारणात्, यो रामस्येव रावणः । स कार्यजः कृत्रिम इत्यर्थः ॥ ५८ ॥ ५९ ॥

उच्छेदनं स्थानप्रच्यवनम् । अपचयो योग्यपुरुषादीनां क्षयः ॥ ६० ॥

पीडनकर्शनयोर्लक्षणमाह – **रेचन**मित्यादि । महामात्रवधः प्रधाननायकव्यापादनम् । पीडन परमिति । कर्शनात् परं पीडनं मूलवर्जदेशविलोपनम् ॥ ६१ ॥

एतच्चतुर्विधं कदानुष्ठातव्यमित्याह – **समाश्रयविहीन** इत्यादि । भूम्य-

---

१. 'स' क. पाठः. २. 'दापचयौ काले पी' ख-ग. पाठः. ३. 'आशाखण्डनयोगस्तु बु' ख-ग. पाठः.

कर्शनं पीडनं काले कुर्वीताश्रयमानिनः ।
समाश्रयं दुर्गमाहुर्मित्रं वा साधुसम्मतम् ॥ ६३ ॥

विभीषणस्य सोदर्यस्तथा सूर्यसुतस्य च ।
सर्वतन्त्रापहारित्वात् तथोच्छेद्यो निजो रिपुः ॥ ६४ ॥

छिद्रं मर्म च वीर्यं च स जानाति निजो रिपुः ।
दहत्यन्तर्गतश्चैव शुष्कं वृक्षमिवानलः ॥ ६५ ॥

बलिना विगृहीतस्य जिगीषुः कृच्छ्रवर्त्तिनः ।
कुर्वीतोपचयं शत्रोरात्मोच्छित्तिविशङ्कया ॥ ६६ ॥

नन्तरः शत्रुः *यदानपाश्रयो वा शक्यो वा समुच्छेत्तुम्, अरिसम्पद्युक्तत्वात् तदोच्छेदनीयः ॥ ६२ ॥

आश्रयमानिन इति । सापाश्रयस्य पीडनं बलवदपाश्रयस्य वा **कर्शन**मिति पूर्वोक्तविपर्ययेणाश्रयमानिनो योजनीयम् । यः अरिसम्पद्युक्तविपर्ययो विजिगीषुगुणान्वितस्तस्याशक्यत्वादपचयं कुर्यादित्यर्थादापन्नम् । कः पुनः समाश्रय इत्याह ---समाश्रयमिति । साधुसम्मतं, तद्धि समाश्रयणीयं भवति ॥ ६३ ॥

यथा भूम्यनन्तरः प्रकृत्यमित्र उच्छेद्यः, तथा सहजोऽपीत्याह – **विभीषणस्येत्यादि** । सोदर्यो भ्राता रावणो विभीषणस्य, वाली सूर्यसुतस्य । तौ हि सर्वं राज्यमपहृत्य लङ्काकिष्किन्धानिवासिनौ स्थितावाभ्यां रामसमाश्रयादुच्छिन्नावित्यतिप्रतीतमेतत् ॥ ६४ ॥

अनुच्छिन्नश्चेच्छिद्रादिकं प्राप्य हन्तीत्याह ---**छिद्रमित्यादि** । छिद्रं रक्षाशैथिल्यम् । मर्म दुश्चेष्टितं, यद् विनाशकरम् । वीर्यं सारम् । अन्तर्गतः प्रत्यासन्नः । दहति हन्ति । कार्यजोऽपि यदि महापराधी स्याद् रामस्येव रावणः । सोऽप्युच्छेद्य इति बोद्धव्यम्, अन्यथा कर्शनीयः पीडनीयो वेति ॥ ६५ ॥

उच्छेदापवादमाह – **बलिनेत्यादि** । विगृहीतस्य शत्रोरिति सम्बन्धः । कृच्छ्रवर्तिनः सर्वतो निःष्पन्दीकृतस्य । उपचयम् अनुबलाधानम् । आत्मोच्छित्तिविशङ्कया, (न) तमुच्छिद्यमानमप्युच्छिन्द्याद् बलवत्त्वादिति ॥ ६६ ॥

---

१. 'न्तःस्थित' ख-ग. पाठः.

---

* यदेति । 'यदानपाश्रयो दुर्बलाश्रयो वा शक्यः समुच्छेत्तुम्' इत्यर्थकः पाठः स्यात्.

यस्मिन्नुच्छिद्यमाने तु रिपुरन्यः प्रवर्त्तते[1] ।
न तस्योच्छित्तिमातिष्ठेत् कुर्वीतैनं स्वगोचरम् ॥ ६७ ॥

वशं गतो रिपुर्यश्च विचलेद् दुरुपग्रहः ।
तस्य संयमनायाशु तत्कुलीनं समुन्नयेत् ॥ ६८ ॥

विषं विषेण व्यथते वज्रं वज्रेण भिद्यते ।
गजेन्द्रो दृष्टसारेण गजेन्द्रेणैव बध्यते ॥ ६९ ॥

मत्स्यो मत्स्यमुपादत्ते ज्ञातिर्ज्ञातिमसंशयम् ।
रावणोच्छित्तये रामो विभीषणमपूजयत् ॥ ७० ॥

यस्मिन् मण्डलसंक्षोभः कृते भवति कर्मणि ।
न तत्[2] कुर्वीत मेधावी प्रकृतीरनुरञ्जयेत् ॥ ७१ ॥

साम्ना दानेन मानेन प्रकृतीरनुरञ्जयेत् ।
आत्मीया भेददण्डाभ्यां परकीयास्तु भेदयेत् ॥ ७२ ॥

यस्मिन्नुच्छिद्यमाने विजिगीषुणा, रिपुरन्यः प्रवर्त्तते तदानीं भूम्यनन्तरात् परतो राज्ञः । स्वगोचरम् आत्माधीनम् ॥ ६७ ॥

यद्यात्मीयः कृतोऽपि दुरुपग्रहाद् विकुरुते, तदा विधिमाह— **वशं गत** इत्यादि । संयमनायै[3] नियमनाय तत्कुलीनं समुन्नयेद् उपगृह्योत्थापयेदित्यर्थः ॥६८॥

तदेव दृष्टान्तेन स्फुटयन्नाह— **विषमित्यादि** । सारः सामर्थ्यम् ॥ ६९ ॥

विभीषणमपूजयदिति । रावणेन खलीकृत्य निर्वासितं विभीषणं समुद्रस्योत्तरे तीरे रामो लङ्काराज्येऽभिषिक्तवानिति प्रसिद्धमेतत् ॥ ७० ॥

सङ्क्षेपेणापवादमाह— **यस्मिन्नित्यादि** । उच्छेदादिकर्मणामन्यतमे क्वचित् क्वचित् कृते सति । प्रकृतीरनुरञ्जयेत्, अन्यथा तत्क्षोभकरं कर्मानुतिष्ठन् कथममात्यादिप्रकृतिष्वनुरागं जनयेत् ॥ ७१ ॥

स्वपरप्रकृतीरधिकृत्य श्लोकद्वयेन वृत्तिमाह— **साम्नेत्यादि** । **मानेन** पूज-

---

१. 'र्ते' ख-ग. पाठः. २. 'र्यात्तु' क. पाठः. ३. 'य त' क-ख-ग-घ. पाठः.

आकीर्णं मण्डलं सर्वं मित्रैररिभिरेव च।
सर्वः स्वार्थपरो लोकः कुतो मध्यस्थता क्वचित् ॥ ७३ ॥
भोगप्राप्तं विकुर्वाणं मित्रमप्यैवपीडयेत्।
अत्यन्तविकृतं हन्यात् स पापीयान् रिपुर्मतः ॥ ७४ ॥

या। प्रकृतीरात्मीया इति सम्बन्धः, मित्रतन्मित्रप्रकृतीरित्यर्थः। परकीयाः शत्रुतन्मित्रप्रकृतीः ॥ ७२ ॥

कस्मात् पुनरेवं द्विधा समाचरेदिति चेद् अरिमित्रमण्डलस्य व्याप्तत्वात्। यदाह — **आकीर्णमित्यादि**। मण्डलं द्वादशराजकम्। सर्वः स्वार्थपरो लोकः यो मण्डले समवेतः, योऽपि परस्यारिणा विगृहीतस्यानुबलाधानेनार्थं साधयति, सोऽपि मा भून्ममाप्युच्छेद इति स्वार्थपर एव प्रवर्तते। स्वार्थं च परस्मात् सिषाधयिषुः मैत्र्या वैरेण वा साधयेद्, उपायान्तराभावात्। तस्मात् परतः स्वार्थसाधनाय मण्डले समवेतस्यानियतोऽरिमित्रभाव इति कुतो मध्यस्थता। मध्यमोदासीनावपि राजानावरिमित्रविशेषत्वात् तदव्यतिभिन्नावेव। यत्तूच्यते—

"मुनेरपि वनस्थस्य स्वानि कर्माणि कुर्वतः।
उत्पद्यन्ते त्रयः पक्षा मित्रोदासीनशत्रवः" ॥

इति। तत्र विजिगीषोरवस्थामाश्रित्य यो नापकरोत्युपकरोति वा, स उदासीनः। स यदा परस्मादर्थ(म)समीहमानः स्वभूमावेव स्वकीयकर्मानुष्ठानपर आस्ते, तदा निरीहत्वान्नैव मण्डलेऽन्तर्भाव्यते। यदा कार्यसम्भववशात् तस्यापि स्वार्थसाधनाय सामादयः प्रयुज्यन्ते, तदास्य साध्यमानस्यारिमित्रभावयोरन्यतररूपेणावस्थानात् कुतो माध्यस्थ्यमिति द्वाभ्यामेव मण्डलं व्याप्तम् ॥ ७३ ॥

इदानीं मित्रमण्डलमधिकृत्य साध्ये चतुर्दशभिः श्लोकैर्वृत्तिमाह — **भोगप्राप्तमित्यादि**। अतिवृद्धिप्राप्तत्वादुत्तिष्ठमानम्। अवपीडयेत् नियमयेदित्यर्थः। **अत्यन्तविकृतं हन्यात्**। अत्युपचरितस्य ह्यरिलक्षणं प्राप्तस्योच्छेदेऽपि नाधर्मः, पापीयस्त्वात् ॥ ७४ ॥

---

१. 'वैं' ख-ग. पाठः.　　२. 'प्युपपी' क. पाठः.

वर्त्तते पक्षपातेन मित्रं चेदुभयात्मकम् ।
वज्रीव हि त्रिशिरसं तदुच्छिन्द्यात् कृतत्वरः[1] ॥ ७५ ॥

अमित्रानपि कुर्वीत मित्राण्युपचयावहान् ।
अहिते वर्त्तमानानि मित्राण्यपि परित्यजेत् ॥ ७६ ॥

स बन्धुर्योऽनुबध्नाति हितेष्वत्याहितादरः ।
अनुरक्तं विरक्तं च तन्मित्रमुपकारि यत् ॥ ७७ ॥

मित्रं विचार्य बहुशो ज्ञातदोषं परित्यजेत् ।
त्यजन्नभूतदोषं हि धर्मार्थावुपहन्ति सः[2] ॥ ७८ ॥

उभयात्मकमिति । शत्रोर्विजिगीषोश्च यन्मित्रं तच्चेच्छत्राविव पक्षपातेन वर्त्तते । उच्छिन्द्याद् वज्रीव त्रिशिरसमिति । त्वष्टुः प्रजापतेरपत्यमसुरो ब्राह्मणस्त्रिशिरा नाम । सोऽत्यन्तमुग्रतया देवासुरयोरुभयोरपि मैत्र्यां वर्तमानोऽप्यसुरेषु पक्षपातेन प्रवृत्त इत्युपलभ्य शक्रेणासुरास्तावद् दुर्जया एवानेन चापरेणोग्रतपसा कृतावष्टम्भाः सुतरां दुर्जया इति जातशङ्केन सहसैव वज्रेणाहतोऽसौ मूर्छितः पपात । ततो यज्ञभागस्ते देय इति शक्रप्रलोभितस्तक्षा समुच्छ्वसत एवास्य शिरांसि चिच्छेद ॥ ७५ ॥

उपचयावहानरीनपि मित्रीकुर्वीत, मित्रलक्षणप्राप्तत्वात् । अहिते वर्तमानानि त्यजेत्, शत्रुलक्षणप्राप्तत्वात् ॥ ७६ ॥

तदेव स्फुटयन्नाह — **स बन्धुरि**त्यादि । बन्धुमप्यहिते वर्तमानममित्रवत् त्यजेदिति दर्शनार्थं प्रासङ्गिकं तद्वचनम् । अनुरक्तं विरक्तं चेति । मित्रव्यवहारेऽनुरागविरागौ नाद्रियेते, किन्तूपकार इत्यर्थः । उक्तञ्च "यावदुपकरोति तावन्मित्रं भवति । उपकारलक्षणं हि मित्रं, न मित्रं मित्रभावादुत्क्रान्तम्" (कौटि. अर्थ. ७-८-११६) इति ॥ ७७ ॥

मित्रत्यागोऽपि नाविचार्येत्याह — **मित्र**मिति । धर्मार्थावुपहन्ति स इति । अदुष्टदूषणाद्धर्मं हन्ति, तत्परित्यागाच्चार्थम् ॥ ७८ ॥

---

१. 'समुच्छि' क. पाठः. २. 'हि' क. पाठः.

स्वयं दोषगुणान्वेषी भवेत् सर्वत्र सर्वदा ।
स्वयं ज्ञातेषु दोषेषु शस्यं स्याद्दण्डपातनम् ॥ ७९ ॥

न ह्यविज्ञाय तत्त्वेन दोषं कुप्येत् कथञ्चन ।
भुजङ्गमिव मन्यन्ते निर्दोषक्रोधिनं जनाः ॥ ८० ॥

मित्राणामन्तरं विद्यात् समज्यायःकनीयसाम् ।
मध्यज्यायःकनीयांसि कार्याणि च पृथक् पृथक् ॥ ८१ ॥

न हि मिथ्याभियुञ्जीत शृणुयाच्चापि तद्विधम् ।
मित्रभेदं च ये कुर्युस्तान् समस्तान्[1] परित्यजेत् ॥ ८२ ॥

प्रायोगिकं मात्सरिकं माध्यस्थं पाक्षपातिकम् ।
सोपन्यासं च जानीयाद् वचः सानुशयं तथा ॥ ८३ ॥

भूतमपि दोषमन्यतः श्रुत्वा स्वयमेव निरूपयेदित्याह—**स्वयमित्यादि** । **सर्वत्र** भृत्यमित्रबन्धुषु । दण्डपातनं वधपरिक्लेशादि ॥ ७९ ॥

आस्तामज्ञातदोषेषु दण्डपातनम्, आत्मनः कोपमपि न दर्शयेदित्याह — **न हीत्यादि** ॥ ८० ॥

अन्तरं विद्यात् मध्यमोत्तमहीनकर्मसु नियोगार्थम् ॥ ८१ ॥

न हि मिथ्याभियुञ्जीत मम त्वयापचरितमिति । तद्विधमिति मिथ्या, इदं तु मित्रेण तवापचरितमिति । समस्तान् परित्यजेद्, अन्यथा हि मित्राद् वियोजितस्तैरेवोच्छिद्येत ॥ ८२ ॥

तेषां मित्राणां वचः वाक्यतात्पर्यं लक्षयेत्, यदाह — **प्रायोगिकमित्यादि** । तत्र परप्रयुक्तस्य प्रायोगिकम् । सम्पदसहिष्णोर्मात्सरिकम् । उभयपक्षावनाश्रितस्य माध्यस्थम् । एकपक्षमाश्रितस्य पाक्षपातिकम् । अर्थलिप्सोः सोपन्यासम् । प्रत्ययचिकीर्षोश्च सानुशयमिति ॥ ८३ ॥

---

१. 'स्सर्वांस्तान् परिवर्जयेत्' क. पाठः

प्रकाशपक्षग्रहणं न कुर्यात् सुहृदां स्वयम्।
अन्योन्यमत्सरं चैषां स्वयमेवाशु वारयेत्॥ ८४॥
कार्यस्य हि गरीयस्त्वान्नीचानामपि कालवित्।
सतोऽपि दोषान् प्रच्छाद्य गुणानप्यसतो वदेत्॥ ८५॥
प्रायो मित्राणि कुर्वीत सर्वावस्थानि भूपतिः।
बहुमित्रो हि शक्नोति वशे स्थापयितुं रिपून्॥ ८६॥
न तत्र तिष्ठति [२]भ्राता न तथान्योऽपि वा जनः।
पुंसामापत्प्रतीकारे सन्मित्रं यत्र तिष्ठति॥ ८७॥
अमित्रान् सर्वतो मित्रैर्निगृह्णीयाद् दृढव्रतैः[३]।
इति मण्डलवृत्तं [४]तद् मण्डलज्ञाः प्रचक्षते॥ ८८॥
मित्रोदासीनरिपव एतन्मात्रं तु मण्डलम्।
सम्यक् साधनमेतेषामिति मण्डलशोधनम्॥ ८९॥

प्रकाशपक्षग्रहणं न कुर्याद् अन्यथा हीतरस्येर्ष्यया वैमुख्यं स्यात्। अप्रकाशं तु कार्यवशात् [५]कुर्यादित्येवमर्थोक्तम्। अन्योन्यमत्सरं परस्परसम्पदसहिष्णुताम्। वारयेत्, मा भूदेषामन्योन्यक्षय इति॥ ८४॥

नीचानां निकृष्टानां। सतो विद्यमानानपि। असतः अविद्यमानानपि॥८५॥

ननु चासत्यमुक्त्वा किमर्थं नीचान् मित्रीकुर्यादित्याह----**प्राय** इत्यादि। सर्वावस्थाने मध्यमोत्कृष्टनिकृष्टानि॥ ८६॥

सन्मित्रं मित्रलक्षणप्राप्तम्॥ ८७॥

अमित्रान् मित्रैर्निगृह्णीयादिति मित्रोपग्रहफलं दर्शयति। सर्वतः समन्ततः। दृढव्रतैः स्थिरप्रकृतिभिः। इति मण्डलवृत्तमित्युपसंहारः। तद् यथोक्तं विजिगीषोर्मण्डलचरितम्॥ ८८॥

तच्च मण्डलं सङ्क्षेपेणाह–**मित्रोदासीनरिपव** इति। उदासीनस्योपादानं

---

१. 'नु' ख ग पाठः २ 'पिता न भ्राता नापि बान्धवः'। क. पाठः. ३ 'क्रियैः'। ख-ग. पाठः. ४. 'हि' मूलकोशेषु पाठः. ५. 'कुरुत इत्य' क-ख-ग-घ. पाठः.

इति स्म राजा नयवर्त्मना व्रजन्[1]
　　समुद्यमी मण्डलशुद्धिमाचरेत्।
विराजते साधु विशुद्धमण्डलः
　　शरच्छशीव प्रतिरञ्जयन् प्रजाः॥ ९०॥

(इति मण्डलचरितं नाम त्रयोदशं प्रकरणम्)

इति कान्मन्दकीये नीतिसारे मण्डलयोनिमण्डलचरिते नाम
अष्टमः सर्गः।

विजिगीषावस्थामाश्रित्य, यथोक्तं प्राक्। सम्यक् साधनं यथोक्तं चरितम्। तदेव मण्डलस्य शोधनम्॥ ८९॥

प्रकरणार्थानुष्ठानफलमाह—इतीत्यादिना। एवमुक्तेन तथान्येन च नयमार्गेण मण्डले चरन्। राजा विजिगीषावस्थावस्थितः। समुद्यमीति उत्साहः प्रधानमिति दर्शयति। मण्डलशुद्धिमाचरेद्, यथा तत्र कुप्येत्, कुपितं वा शाम्येत्। प्रतिरञ्जयन् प्रजा इति मण्डलशुद्धिफलमेतत्॥ ९०॥

(इति मण्डलचरितं नाम त्रयोदशं प्रकरणम्)

इति शङ्करार्यकृतायां कामन्दकीयनीतिसारपञ्जिकायां जयमङ्गलायां
मण्डलयोनिमण्डलचरिते नाम

अष्टमः सर्गः।

---

१. 'रन्' ख-ग. पाठः.　२. 'द्यत' इति क-ख-ङ. पाठः.

अथ नवमः सर्गः ।

* १४ सन्धिविकल्पप्रकरणम् *

बलिना विगृहीतः सन् नृपोऽनन्यप्रातिक्रियः ।
आपन्नः सन्धिमन्विच्छेत् कुर्वाणः कालयापनम् ॥ १ ॥
कपाल उपहारश्च सन्तानः सङ्गतस्तथा ।
उपन्यासः प्रतीकारः संयोगः पुरुषान्तरः ॥ २ ॥
अदृष्टनर आदिष्ट आत्मामिष उपग्रहः ।
परिक्रयस्तथोच्छिन्नस्तथा च परदूषणः ॥ ३ ॥
स्कन्धोपनेयः सन्धिश्च षोडशः परिकीर्त्तितः ।
इति षोडशकं प्राहुः सन्धिं सन्धिविचक्षणाः ॥ ४ ॥
(*तथान्तर्भेदरूपेण भवत्येकोऽप्यनेकधा ।)
कपालसन्धिर्विज्ञेयः केवलं समसन्धिकः ॥ ५ ॥

षाड्गुण्यस्य कारणं मण्डलं व्यापाररूपं च तच्चरितमुक्तम् । इदानीं षाड्गुण्यमेव स्वरूपतः सर्गत्रयेणोच्यते । तत्र षडेव गुणाः षाड्गुण्यं, चातुर्वर्ण्यवत् । ते च सन्धिविग्रहयानासनद्वैधीभावसमाश्रयाः । तत्र सन्धिविग्रहयोः प्रधानत्वात् तद्विकल्पः सर्गत्रयेणोच्यते । तत्र सन्धिमधिकृत्याह — **आपन्न** इत्यादि । आपन्न आपद्गतः बलीयसाभिभूयमानत्वात् । सन्धिं पणबन्धम् । कुर्वाणः कालयापनं स्वशक्तिपूरणार्थम् ॥ १ ॥

सन्धिविकल्पानाह --- **कपाल** इत्यादिना । अत्र सन्धेयो द्विविधः अनभियोक्ता अभियोक्ता च । तत्रोपन्यासप्रतीकारसंयोगास्त्रयः सन्धयोऽनभियोक्तरि द्रष्टव्याः । शेषास्त्रयोदशाभियोक्तरि द्रष्टव्याः ॥ २ ॥ ३ ॥ ४ ॥

उद्दिष्टानां निर्देशमाह सार्द्धैश्चतुर्दशभिः श्लोकैः --- **कपालसन्धिर्विज्ञेय**

---

१. 'लवद्वि' क. पाठः.

---

* अर्धमिदं सन्गयोः परं मूलकोशयोर्दृश्यते व्याख्यात्रा च न स्पृष्टम् .

सम्प्रदानाद् भवति य उपहारः स उच्यते ।
सन्तानसन्धिर्विज्ञेयो दारिकादानपूर्वकः ॥ ६ ॥
सद्भिः सङ्गतसन्धिस्तु मैत्रीपूर्व उदाहृतः ।
यावदायुःप्रमाणं तु समानार्थप्रयोजनः ॥ ७ ॥
सङ्गतः सन्धिरेवेह प्रकृष्टत्वात् सुवर्णवत् ।
अपरैः सन्धिकुशलैः काञ्चनः स उदाहृतः ॥ ८ ॥
सम्पत्तौ च विपत्तौ च कारणैर्यो न भिद्यते ।
सङ्गतः सन्धिरेवेह काञ्चनः समुदाहृतः ॥ ९ ॥
भव्यामेकार्थसिद्धिं तु समुद्दिश्य क्रियेत यः ।
स उपन्यासकुशलैरुपन्यास उदाहृतः ॥ १० ॥

इत्यादि । केवलं समसन्धिक इति । इदमुक्तं भवति—यथा कपालपुटयोस्तुल्यायामपि प्रत्यासत्तौ नैकीभावो दृष्टः सन्धेः, एवमनयोरविश्वासान्नैकात्म्यं, सन्धानमेव केवलं तुल्यमिति ॥ ५ ॥

सम्प्रदानादिति । स्वेच्छया द्रव्यस्यादावेव तावदुपह्रियमाणत्वाद् उपहारः । दारिकादानपूर्वक इति, कन्यां दत्त्वा यः क्रियते । सन्तानहेतुत्वात् सन्तानसन्धिः ॥ ६ ॥

मैत्रीपूर्वः सम्प्रदाने सत्यसति वा । यावदायुःप्रमाणं यावज्जीवम् । समानार्थप्रयोजन इति विश्वासादेकीभावगतत्वात् तुल्यरूपं प्रयोजनं यत्र सः ॥ ७ ॥

सख्यहेतुत्वात् **सङ्गत**सन्धिः । प्रकृष्टत्वात् सख्यस्य । सुवर्णवदिति । ऐकभूतयोः सुवर्णसन्धिः । अथवा सङ्गतसन्धिरेव सुवर्णवदिति सर्वलोहेभ्यः सर्वसन्धिभ्य उत्कृष्टत्वात् काञ्चनसन्धिरिति कैश्चिद् व्यवह्रियते । एते चत्वारः सन्धयोऽभियोक्तरि सन्धेया द्रष्टव्याः ॥ ८ ॥ ९ ॥

भव्यामिति कल्याणोदयाम् । अयं शत्रुरुभयापकारी, मयास्मिन्नुच्छिन्ने भवतोऽप्यर्थसिद्धिरित्युपन्यस्य यः सन्धीयमाने क्रियते, स उपन्यासः ॥ १० ॥

---

१. 'णस्तु' क. पाठः. २. 'सम्बन्धः' क-ख-ग-घ. पाठः. ३. 'यदेक' क-ख-ग-घ. पाठः. ४. 'वर्णमिव सर्व' क-ख-ग-घ. पाठः.

मयास्योपकृतं पूर्वमयं प्रतिकरिष्यति ।
इति यः क्रियते सन्धिः प्रतीकारः स उच्यते ॥ ११ ॥

उपकारं करोम्यस्य ममाप्येष करिष्यति ।
अयं चापि प्रतीकारो रामसुग्रीवयोरिव ॥ १२ ॥

एकार्थां सम्यगुद्दिश्य यात्रां यत्र हि गच्छतः ।
स संहतप्रयाणस्तु सन्धिः संयोग उच्यते ॥ १३ ॥

आवयोर्योधमुख्याभ्यां मदर्थः साध्यतामिति ।
यस्मिन् पणः[1] प्रक्रियते स सन्धिः पुरुषान्तरः ॥ १४ ॥

त्वयैकेन मदीयार्थः सम्प्रसा[2]ध्यस्त्वसाविति ।
यत्र शत्रुः पणं कुर्यात् सोऽदृष्टपुरुषः स्मृतः ॥ १५ ॥

अयं प्रतिकरिष्यति ममापन्नस्येत्युपकारः । अयं प्रतीकारहेतुत्वात् प्रतीकारसन्धिः ॥ ११ ॥

रामसुग्रीवयोरिवेति । तयोः समानव्यसनयो रामेण प्रत्युपकारकामेन सुग्रीवस्य वालिवधपूर्वकेण राज्यदानेन प्रथममुपकृतामिति प्रसिद्धमेतत् ॥ १२ ॥

एकार्थामिति । एकयातव्यविषयां गच्छतः वैरिविजिगीषू । **तयोर्यत्र संहतयोः** प्रयाणं, स संयोगसन्धिः सम्भूयैकत्र गमनात् । एते त्रयः सन्धयोऽनभियोक्तरि द्रष्टव्याः ॥ १३ ॥

आवयोर्योधमुख्याभ्यामिति । त्वदीयेन मदीयेन च सेनापतिना म(द)र्थः साध्यः । अस्मद्भूमौ व्युत्थानादिकं प्रसाधयितव्यम् । अयं विजिगीषोः **पुरुषान्तरेण** सन्धानात् पुरुषान्तरसन्धिः ॥ १४ ॥

त्वयैकेनेति । न मया[3] दण्डेन वा त्वयैवैकेन । **अयं विजिगीषोरमित्रार्थम**न्यत्र साधयतः परेणादृष्टत्वाद् अदृष्टपुरुषः सन्धिः ॥ १५ ॥

---

१. 'णश्च क्रि' क. पाठः. २. 'धार्यस्त्व' ख-ग. पाठः. ३. 'यादिष्टेन' क-ख-ग-घ. पाठः.

यत्र भूम्येकदेशेन पणेन रिपुरूर्जितः।
सन्धीयते सन्धिविद्भिरादिष्टः स उदाहृतः ॥ १६ ॥
स्वसैन्येन तु सन्धानमात्मामिष इति स्मृतः।
क्रियते प्राणरक्षार्थं सर्वदानमुपग्रहः ॥ १७ ॥
कोशांशेनाथ कुप्येन सर्वकोशेन वा पुनः।
शेषप्रकृतिरक्षार्थं परिक्रय उदाहृतः ॥ १८ ॥
भुवां सारवतीनां तु दानादुच्छिन्न उच्यते।
सर्वभूम्युत्थितफलदानेन परदूषणः ॥ १९ ॥
परिच्छिन्नं फलं यत्र स्कन्धस्कन्धेन नीयते।
स्कन्धोपनेयं तं प्राहुः सन्धिं[2] सन्धिविदो जनाः ॥ २० ॥

भूम्येकदेशेनेति। अर्द्धेन त्रिभागेन वा पणेन शेषप्रकृतिरक्षार्थं सन्धीयते। अयं परस्य बलवतोऽभिप्रेतत्वाद् आदिष्टसन्धिः ॥ १६ ॥

स्वसैन्येन तु सन्धानमिति। स्वसैन्येन सह स्वयं शत्रुसमीपमुपगम्य। अयमात्मानमामिषीकृत्य क्रियमाणत्वाद् आत्मामिषसन्धिः। सर्वदानमिति। आत्मनैव सम्पादनीयाः पुनरपि विषयाः, नतु प्राणा इति प्राणरक्षार्थं सर्वराज्यदानं यत्र स उपग्रहः, सर्वथा शत्रूपग्रहहेतुत्वात् ॥ १७ ॥

कोशांशेनेति त्रिभागेन चतुर्भागेन वा। कुप्येन वस्त्रकम्बलादिना। अयं शेषप्रकृतीनामच्छिन्नानामिव परिक्रयणात् परिक्रयसन्धिः ॥ १८ ॥

सारवतीनां कोशदण्डविष्टिजनिकानाम्। अयं सारभूम्युपहारादुच्छिन्नस्यैव सन्धिः उच्छिन्नसन्धिः। सर्वभूम्युत्थितफलदानेनेति। सर्वग्रहणमाधिक्यार्थम्। भूमिभ्यो यत् फलमुत्पद्यते तदतिरिक्तदानेनेत्यर्थः। अयं परस्य दूषणात् परदूषणः। तद् यथा—अरक्कुकानो ह्यन्यसायाद्भ्यधिकमिच्छतीति[1] ॥ १९ ॥

परिच्छिन्नं त्वयैतावदुपनेतव्यमिति। स्कन्धस्कन्धेन खण्डखण्डेन। एते नव सन्धयोऽभियोक्तरि द्रष्टव्याः ॥ २० ॥

१. 'तद्भूमिफलदानेन सन्धिः स्यात् प' क. पाठः. २. 'न्धिमर्थवित्' ख-ग. पाठः.

परस्परोपकारश्च मैत्रः सम्बन्धजस्तथा ।
उपहारश्च विज्ञेयाश्चत्वारोऽन्ये तु सन्धयः ॥ २१ ॥
एक एवोपहारस्तु सन्धिरेतन्मतं हि नः ।
उपहारस्य भेदास्तु सर्वेऽन्ये मैत्रवर्जिताः ॥ २२ ॥
अभियोक्ता बली यस्मादलब्ध्वा न निवर्तते ।
उपहाराद्दते तस्मात् सन्धिरन्यो न विद्यते ॥ २३ ॥
बालो वृद्धो दीर्घरोगी तथा ज्ञातिबहिष्कृतः ।
भीरुको भीरुकजनो लुब्धो लुब्धजनस्तथा ॥ २४ ॥
विरक्तप्रकृतिश्चैव विषयेष्वतिसक्तिमान् ।
अनेकचित्तमन्त्रश्च देवब्राह्मणनिन्दकः ॥ २५ ॥
दैवोपहतकश्चैव दैवचिन्तक एव च ।
दुर्भिक्षव्यसनोपेतो बलव्यसनसं[2]कुलः ॥ २६ ॥

श्लोकत्रयेण मतभेदमाह — परस्परेत्यादि । चत्वारः सन्धय इति केचिदाहुः । तत्र परस्परोपकारः प्रतीकारसन्धिः । तत्रोपन्याससंयोगयोरन्तर्भावः । तत्र ह्युभयोरपि राज्ञोरेकार्थसिद्ध्या परस्परोपकारात् । मैत्रः सङ्गतसन्धिः । सम्बन्धजः सन्तानसन्धिः । उपहारश्चतुर्थः सन्धिः । तत्र शेषा अन्तर्भूताः, कोशदण्डभूमीनामुपह्रियमाणत्वाद् इति ॥ २१ ॥

स्वमतमाह — एक एवेति । मैत्रवर्जिताः सङ्गतसन्धौ सम्प्रदानाभावात् । सोऽन्यकाले दुर्लभ इत्येक एवेत्यवधारयति ॥ २२ ॥

तदेव स्फुटयन्नाह — अभियोक्तेत्यादि । अलब्ध्वा न निवर्त्तते बलोद्वृत्तत्वात् । अनभियोक्ताप्युपन्यासप्रतीकारसंयोगसन्धिष्वलब्धिवाङ् न घटते । तस्मादुपहाराद्दते सन्धिरन्यो नास्ति ॥ २३ ॥

इदानीमसन्धेयानभियोक्तॄन् निरूपयति त्रिंशता श्लोकैः । तत्रासन्धेयानधिकृत्याह — बाल इत्यादि ॥ २४ ॥ २५ ॥ २६ ॥ २७ ॥ २८ ॥

१. 'रस्त्वेव सन्धयः' ख-ग. पाठः. २. 'सयुतः' क. पाठः.

अदेशस्थो बहुरिपुर्युक्तः कालेन यश्च सः।
सत्यधर्मव्यपेतश्च विंशतिः पुरुषा अमी ॥ २७ ॥

एतैः सन्धिं न कुर्वीत विगृह्णीयात् तु केवलम्।
एते विगृह्यमाणा हि ध्रुवं यान्ति रिपोर्वशम् ॥ २८ ॥

बालस्यान्यप्रमाणत्वान्न लोको योद्धुमिच्छति।
योद्धुं स्वयमशक्तः सन् परार्थे कोऽभियुज्यते ॥ २९ ॥

उत्साहशक्तिहीनत्वाद् वृद्धो दीर्घामयस्तथा।
स्वैरेव परिभूयेते द्वावप्येतावसंशयम् ॥ ३० ॥

सुखोच्छेद्यो हि भवति सर्वज्ञातिबहिष्कृतः।
त एवैनं विनिघ्नन्ति ज्ञातयस्त्वात्मसात्कृताः ॥ ३१ ॥

भीरुर्युद्धपरित्यागात् क्षिप्रमेव विनश्यति।
वीरोऽप्यवीरपुरुषः सङ्ग्रामे तैर्विमुच्यते ॥ ३२ ॥

लुब्धस्यासंविभागित्वान्न युध्यन्तेऽनुजीविनः।
लुब्धानुजीवी तैरेव दानभिन्नैर्निहन्यते ॥ ३३ ॥

कस्मादेवं विगृह्यमाणा वशं यान्तीत्याह—बालस्येत्यादि। बालस्याप्राप्तव्यवहारस्याप्रभावत्वाद्, अन्यप्रमाणः स्वयं प्रभुशक्त्यभावाद्, योद्धुं चासावशक्तः विक्रमस्याभावात् ॥ २९ ॥

दीर्घामयः राजयक्ष्मादिपीडितः ॥ ३० ॥

सर्वज्ञातिबहिष्कृतो निराश्रयः। आत्मसात्कृताः विजिगीषुणा। स्वयमेवानुगच्छन्ति विजिगीषुमित्यर्थः ॥ ३१ ॥

भीरुः विभीतः। अवीरपुरुषो भीरुसैन्यः। तैर्विमुच्यते भीरुपुरुषैः ॥ ३२ ॥

असंविभागित्वाद् अकल्पितभृत्यजीवितत्वात्। तैरेवेति लुब्धैरनुजीविभिः। विजिगीषुणा दानेन भिन्नैः ॥ ३३ ॥

---

१. 'स्तु क्षिप्रं या' ख-ग. पाठः. २. 'स्वयं योद्धुमशक्तस्य परार्थं योऽनुयुद्ध्यते' क. पाठः.

सन्त्यज्यते प्रकृतिभिर्विरक्तप्रकृतिर्युधि ।
सुखाभियोगो भवति विषयेष्वतिसक्तिमान् ॥ ३४ ॥

अनेकचित्तमन्त्रश्च द्वेष्यो भवति मन्त्रिणाम् ।
अनवस्थितचित्तत्वात् कार्ये तैः समुपेक्ष्यते ॥ ३५ ॥

सदाधर्मबलीयस्त्वाद् देवब्राह्मणनिन्दकः ।
विशीर्यते स्वयं ह्येव दैवोपहतकस्तथा ॥ ३६ ॥

सम्पत्तौ च विपत्तौ च दैवमेव हि कारणम् ।
इति दैवपरो ध्यायन्नात्मना न विचेष्टते ॥ ३७ ॥

दुर्भिक्षव्यसनी चैव स्वयमेवावसीदति ।
बलव्यसनयुक्तस्य योद्धुं शक्तिर्न विद्यते ॥ ३८ ॥

अदेशस्थो हि रिपुणा स्वल्पकेनापि हन्यते ।
ग्राहोऽल्पीयानपि जले गजेन्द्रमपि कर्षति ॥ ३९ ॥

ग्राहश्चानीरदेशस्थः शुनापि परिभूयते ।
बहुमित्रस्तु सन्त्रस्तः श्येनमध्ये कपोतवत् ॥ ४० ॥

येनैव गच्छति पथा तेनैवाशु विनश्यति ।
अकालयुक्तसैन्यस्तु हन्यते कालयोधिना ॥ ४१ ॥

विरक्तप्रकृतिः अदण्ड्यदण्डनाद्याचरणात् । विषयेषु स्त्रीपानादिषु ॥३४॥
द्वेष्यो भवति यथोक्तश्रवणात्। तैरिति मन्त्रिभिः ॥ ३५ ॥
दैवोपहतकः स्वयं कल्यमप्यारभमाणो यो न फलभाक् ॥ ३६ ॥
न विचेष्टते न पौरुषमारभते ॥ ३७ ॥
बलव्यसनम् 'उपरुद्धं परिक्षिप्तमि'(स.१४.श्लो.६७.)त्यादि वक्ष्यति ॥३८
अदेशस्थः स्वसैन्यव्यायामानामयोग्ये देशे स्थितः ॥ ३९ ॥
बहुमित्रः प्रकोपितबहुमण्डलतया ॥ ४० ॥
अकालयुक्तसैन्यः न युद्धयोग्ये काले नियुक्तं सैन्यं यस्येत्यर्थः ॥४१॥

कौशिकेन हतज्योतिर्निशीथ इव वायसः ।
सत्यधर्मव्यपेतेन न सन्दध्यात् कथञ्चन ॥ ४२ ॥

[सुसंहितोऽप्यसाधुत्वादचिराद् याति विक्रियाम् ।]

सत्यार्यौ धार्मिकानार्यौ भ्रातृसङ्घातवान् बली ।
अनेकविजयी चेति सन्धेयाः सप्त कीर्त्तिताः ॥ ४३ ॥

सत्योऽनुपालयन् सत्यं सन्धितो नैति विक्रियाम् ।
प्राणबाधेष्वपि व्यक्तमार्यो नायात्यनार्यताम् ॥ ४४ ॥

धार्मिकस्याभियुक्तस्य सर्व एव हि युध्यते ।
प्रजानुरागाद् धर्माच्च दुःखोच्छेद्यो हि धार्मिकः ॥ ४५ ॥

सन्धिः कार्यो ह्यनार्येण स प्रायः सादयन् द्विषः ।
रेणुकायाः सुत इव मूलेष्वपि न तिष्ठति ॥ ४६ ॥

कौशिकः उलूकः ॥ ४२ ॥

[**असाधुत्वाद्** अस्थिरप्रकृतित्वात् ॥]

अथ सन्धेयानाह — **सत्ये**त्यादिना ॥ ४३ ॥

कस्मादेते सन्धेया इत्याह — **सत्य** इत्यादि । सत्ययुक्तः प्राणबाधेष्वपि म्रियमाणोऽपि । आर्यः युक्तकारी ॥ ४४ ॥

धार्मिकस्य न्यायेन पालयतः । सर्व एवेति उदासीनः शत्रुश्च ॥ ४५ ॥

सन्धिः कार्यो ह्यनार्येण अयुक्तकारिणा । यद्यसौ[1] न सन्धीयते तदा शत्रून् प्राप्योत्सादयन् मूलेष्वपि न तिष्ठति निर्मूलं करोतीत्यर्थः । **रेणुकायाः सुत इवे**ति । जमदग्नेर्महर्षेर्भार्या रेणुका नाम । तस्याः पुत्रः परशुरामः । स किलाश्रमपदादाग्निहोत्रधेनुमपहृत्य गच्छता कार्त्तवीर्येण तन्मोचनार्थं जमदग्निं पितरं व्यायच्छ(न्तं? मानं) व्यापादितं श्रुत्वा जातमन्युः परशुना कार्त्तवीर्यं बाहुसहस्रेण वियोज्य घातितवान् । ततस्तद्रोषादन्यदपि क्षत्रकुलमनपराद्धमुत्सादयितुं प्रवृत्तत्वादनार्यः । तस्मात् तथाविधेन सह सर्वात्मना सन्धानमेव युक्तम् ॥ ४६ ॥

---

१. 'यत् सन्तोदयेद् द्वि' क. पाठः.

सङ्घातवान् यथा वेणुर्निबिडः कण्टकैर्वृतः ।
न शक्यते समुच्छेत्तुं भ्रातृसङ्घातवांस्तथा ॥ ४७ ॥

समाक्रान्तस्य बलिना सर्वयत्नवतोऽपि हि ।
हरिणस्येव सिंहेन शरणं नैव विद्यते ॥ ४८ ॥

ईषदायच्छमानोऽपि सिंहो मत्तानपि द्विपान् ।
[1]निहन्ति बलवांस्तस्मात् सन्धेयः शिवमिच्छता ॥ ४९ ॥

बलिना सह योद्धव्यमिति नास्ति निदर्शनम् ।
प्रतिवातं न हि घनः कदाचिदपि सर्पति ॥ ५० ॥

बलीयसि प्रणमतां काले विक्रामतामपि ।
सम्पदो नापगच्छन्ति प्रतीपमिव निम्नगाः ॥ ५१ ॥

जमद[2]ग्नेः सुतस्येव सर्वः सर्वत्र सर्वदा ।
अनेकयुद्धजयिनः प्रतापादेव भिद्यते ॥ ५२ ॥

निबिडः संहतत्वादेव हि दुःखप्रवेशो भवति ॥ ४७ ॥

बलिना शक्तित्रययुक्तेन ॥ ४८ ॥

आयमनम् उद्योगः ॥ ४९ ॥

निदर्शनम् आगमः । प्रतिवातं वाताभिमुखम् ॥ ५० ॥

काले विक्रामतामपीति । अभ्युच्चयकाले विक्रममाणा अप्यनभ्युचिताश्चेत् प्रणमन्ति तदैषां सम्पदो नापगच्छन्ति । बलीयसोऽनेकोदाहरणमावश्यकार्थम्॥५१॥

जमदग्नेः सुतस्येति । भिन्नाधिकरणा षष्ठी । **अनेकयुद्धजयिन इति** । स हि पितृवधामर्षितः कार्त्तवीर्यं निहत्य रोषादेकविंशतिं वारान् निःक्षत्रां पृथिवीं चकार । तस्य चाभियोक्तुः प्रतापादेव । सर्वो ज्यायान् समो [3]हीनः । सर्वत्र दुर्गे चादुर्गे च । सर्वदाभियोक्ताभियोक्ष्यमाणश्च भज्यते ॥ ५२ ॥

---

१. 'हिनास्ति' क. पाठः. २. 'ग्निसु' इति मूलकोशेषु पाठः. ३. 'हि नीचः । स' क-ख. पाठः.

अनेकयुद्धविजयी सन्धानं यस्य गच्छति ।
तत्प्रतापेन तस्याशु वशं गच्छन्ति विद्विषः ॥ ५३ ॥
न जातु गच्छेद् विश्वासं संहितोऽपि हि बुद्धिमान् ।
अद्रोहे समयं कृत्वा वृत्रमिन्द्रः पुरावधीत् ॥ ५४ ॥
विकारं याति पुत्रोऽपि राज्यालीढस्तथा पिता ।
तल्लोकवृत्तान्नृपतेरन्यद् वृत्तं प्रचक्षते ॥ ५५ ॥
अभियुक्तो बलवता तिष्ठन् दुर्गे प्रयत्नवान् ।
तद्बलीयस्तराह्वानं कुर्वीतात्मविमुक्तये ॥ ५६ ॥

सन्धानं यस्य गच्छतीति । न केवलं तत्सन्धाने विजिगीषोरात्मत्राणम्, अन्येऽपि शत्रवोऽस्य विधेया भवन्ति ॥ ५३ ॥

कृतसन्धौ श्लोकद्वयेन विधिमाह — **न जात्वित्यादि** । संहितोऽपि समयेन कृतसन्धिरपि । वृत्रमिन्द्रः पुरावधीदिति । त्रिशिरसः पुत्रस्य वधामर्षितेन त्वष्ट्रा शक्रवधाय वृत्रो नाम बलीयानसुरः सृष्टः । तेन च शक्रोऽनेकधा युद्धे निराकृतः तमेकदा न केनचिद् विरोद्धव्यमिति शपथपूर्वकं सन्धाय जातविस्रम्भं स्ववज्रावध्यं दधीचास्थिघटितेन वज्रेण हत्वा व्यापादितवान् ॥ ५४ ॥

तथाद्यत्वेऽप्ययं व्यवहारो दृश्यत इति दर्शयन्नाह — **विकारमित्यादि** । लोकवृत्तात् लोकव्यवहारात् ॥ ५५ ॥

इदानीमभियोक्त्रपेक्षया व्यापारं सप्तभिः श्लोकैराह — **अभियुक्त इत्यादि** । अभियोक्तारस्त्रयो ज्यायान् समो हीनश्च । तत्र मन्त्रोत्साहप्रभावशक्तिभिरभ्युच्चितो ज्यायान् । अपचितो हीनः । तुल्यशक्तिः समः । तत्र ज्यायांश्चेन्न सन्धिमिच्छेद् दुर्गं समाश्रयेत् । यदाह — तिष्ठन् दुर्ग इति । प्रयत्नवान् दुर्गसंरक्षणपरः । तद्बलीयस्तराह्वानमिति । अभियोक्तुर्विशिष्टबलं सामन्तमाहूयात्मानमुपरुद्धं मोचयेत् ॥

---

१. 'यायाद्' क. पाठः. २. 'व्यवहारं' क-ख-ग-घ. पाठः.

स्वशक्त्युत्साहमुद्वीक्ष्य विगृह्णीयान्महत्तरम् ।
केसरीव द्विपमिति भरद्वाजः प्रभाषते ॥ ५७ ॥

एकोऽपि सिंहः साहस्रं यूथं मथ्नाति दन्तिनाम् ।
तस्मात् सिंहमिवोदारमात्मानं वीक्ष्य सम्पतेत् ॥ ५८ ॥

ज्यायांसमल्पसैन्यस्य बलाद् विक्रम्य निघ्नतः[2] ।
प्रतापसिद्धाः सर्वत्र भवन्ति रिपवो वशे ॥ ५९ ॥

सन्धिमिच्छेत् समेनापि सन्दिग्धो विजयो युधि ।
न हि संशयितं[3] कुर्यादित्युवाच बृहस्पतिः ॥ ६० ॥

आ सम्प्रवृद्धेरभिवृद्धिकामः
समेन सन्धानमिवोपगच्छेत् ।
अपक्वयोर्वा घटयोरवश्य-
मन्योन्यभेदी समसन्निपातः ॥ ६१ ॥

यदि दुर्गं क्षीयमाणनिचयं मन्येत, तद् विशिष्टबलाभावे निचयक्षये च किं कुर्यादित्याह — **स्वशक्ती**ति । आत्मनो विक्रमबलं ज्ञात्वा दुर्गमुन्मुच्य विगृह्णीयात् । महत्तरं ज्यायांसम् । विक्रमशक्त्यभावे तु विधानान्तरं वक्ष्यति । नन्वत्र सन्धिः प्रस्तुतः । सत्यम् । तस्यैवापवादः, सन्ध्युपायो वा, यस्मान्नातप्तं लोहं लोहेन सन्धत्त इति ॥ ५७ ॥

उक्तमेवार्थं स्पष्टीकुर्वन्निगमयति — **एकोऽपी**त्यादिना । उदारं विक्रमाधिकम् ॥ ५८ ॥

अल्पसैन्यस्य विजिगीषोः । बलाद् उत्साहशक्त्या । प्रतापसिद्धा भवन्तीति फलान्तरं दर्शयति ॥ ५९ ॥

समसन्धिमधिकृत्याह — **सन्धिमिच्छे**दित्यादिना ॥ ६० ॥

समेनेति । अभियोक्रेति शेषः ॥ ६१ ॥

---

१. 'स्वोत्साहशक्तिमु' क. पाठ. २. 'तिष्ठतः' क. पाठः. ३. 'सांशयिकम्' ख-ग. पाठः.

युद्धे विनाशो नियतः कदाचिदुभयोरपि ।
सुन्दोपसुन्दावन्योन्यं समवीर्यौ हतौ न किम् ॥ ६२ ॥

विहीनोऽपि हि सन्धेयो व्यसने रिपुरागतः ।
पतन्[1] दुनोति हिमवत्तोयबिन्दुरिव क्षते[2] ॥ ६३ ॥

न सन्धिमिच्छेद्धीनश्चेत्[3] तत्र हेतुरसंशयः ।
तस्य विस्रम्भमालक्ष्य प्रहरेत् तत्र निःस्पृहः[4] ॥ ६४ ॥

बलीयसाभिसन्धाय तं प्रविश्य प्रयत्नवान् ।
तथासावुपगन्तव्यो[5] यथा विस्रम्भमाप्नुयात् ॥ ६५ ॥

सुन्दोपसुन्दाविति । तौ सोदर्यावसुरौ परस्पराभेद्यौ विन्ध्ये तपसा ब्रह्माणमाराध्य वरप्रदानात् परस्यावध्यतां प्राप्य सर्वं लोकमभिबभूवतुः । ततो देवास्तद्वधार्थं ब्रह्माणमुपगम्य तदनुज्ञातेन प्रजापतिना रूपयौवनवतीं तिलोत्तमामप्सरसमुत्पाद्य तदाश्रमं प्रेषयामासुः । तौ च तां दृष्ट्वा जातरागावेकद्रव्याभिनिवेशाद् युध्यमानौ तुल्यबलत्वादन्योन्यमेव क्षयं जग्मतुः ॥ ६२ ॥

हीनमधिकृत्याह — **विहीनोऽपी**ति । व्यसने विजिगीषोर्ज्यायसो दैवे मानुषे वा समुत्पन्ने अभियोक्तुमागतः । हिमवत्तोयबिन्दुरल्पीयान् दुनोति दुःखयति ॥ ६३ ॥

तत्र हेतुरसंशयः । कोऽसावित्याह — तस्य विस्रम्भमिति । अभियोगस्थैर्यमालक्ष्य निस्संशयं प्रहरेत् । कदाचित् स्थिराभियोगी दुःखसाध्योऽपि स्यात् । तत्रेति सन्धौ निःस्पृहः ॥ ६४ ॥

इदानीं कृतसन्धौ ज्यायस्यतिसन्धानविधिं श्लोकत्रयेणाह — **बलीयसे**त्यादि । प्रविश्य प्रियहितद्वारेण । प्रयत्नवान् यथा हि प्रविष्टो नेता नातिसन्धीयते । विस्रम्भमासाद्य प्रहरेदित्येव ॥ ६५ ॥

---

१. 'काले दु' ख-ग. पाठः. २. 'क्षितौ' क पाठः. ३. श्च त' ख-ग. पाठः. ४. 'निर्दय' इति मूलकोशेषु पाठः. ५. 'साध्वनुग' क. पाठः.

विस्रम्भे नित्यमुद्युक्तो निगूढाकारचेष्टितः ।
प्रियाण्येवाभिभाषेत यत् कार्यं कार्यमेव तत् ॥ ६६ ॥

विस्रम्भात् प्रियतामेति विस्रम्भात् कार्यमिच्छति ।
विस्रम्भेण हि देवेन्द्रो दितेर्गर्भमपा[१]तयत् ॥ ६७ ॥

युवराजेन सन्धाय प्रधानपुरुषेण वा[२] ।
अन्तः प्रकोपं जनयेदभियोक्तुं स्थिरात्मनः ॥ ६८ ॥

अर्थोत्सर्गेण महता लेखैश्चाप्यर्थसंहितैः[३] ।
प्रधानपुरुषस्येह [४]कुर्वीतार्थदूषणम् ॥ ६९ ॥

स्वकार्ये **निगूढाकारचेष्टितः** । कार्यसंवरणार्थं प्रियाण्येवाभिभाषेत । जातविस्रम्भेऽपि यत् कार्यं हृदि स्थितं तत् प्रच्छन्नं कर्त्तव्यमेव, तदर्थत्वादन्यस्येति ॥ ६६ ॥

देवेन्द्रो दितेर्गर्भमपा[५]तयत् । देवासुराणां विरोधे व्यापादितानेकपुत्रत्वाद् दितिः शोकसन्तप्ता भक्त्या भर्त्तारं काश्यपमाराध्य 'शक्रस्य हन्ता मे पुत्रोऽस्त्वि'ति वरं वव्रे । सोऽपि यदि वर्षशतमनाशौचा गर्भं धारयसि तदा यथासमीहितस्ते पुत्रो भवेदित्युक्तवान् । तस्यां च तथेत्यङ्गीकृतवचनायां गर्भमादधे । ततस्तां गर्भसंरक्षणाय व्रतचारिणीं वटुव्यञ्जनो भूत्वा शक्रः स्खलितान्वीक्षणपरः परिचरन् एकदा तस्याः पादशौचमकृत्वा शयनमारुह्य सुप्तायाः योगबलात् कुक्षिं प्रविश्य वज्रेण गर्भं सप्तधा कृत्वा पुनरेकैकं सप्त खण्डानकरोत् । तेनैकोनपञ्चाशन्मरुतोऽभवन् ॥ ६७ ॥

यद्यभियोक्ता न सन्धिमिच्छेत्, आत्मनश्च न विक्रमशक्तिं पश्येत्, तदा विधानान्तरमेकादशभिः श्लोकैराह — **युवराजेनेत्यादि** । अन्तः कोपे हि जनितेऽभियोक्ता शिथिलाभियोगः स्यात् ॥ ६८ ॥

स्थिरात्मनो दीर्घाभियोगे अन्तःप्रकोपजननमाह — **अर्थोत्सर्गेणेति** । यथाभियोक्ता जानाति तथार्थमुत्सृजेत् लेखं च प्रेषयेदित्यर्थः । अर्थसंहितैरिति अर्थावगाढैः, ये पठितमात्रा एव शङ्कां जनयन्ति । प्रधानपुरुषस्येत्युपलक्षणार्थं युवराजस्यापि ॥ ६९ ॥

---

१. 'शा' ख-ग. पाठः. २. 'च' ख-ग. पाठः. ३ 'ह' क. पाठः. ४. 'कुर्वीतार्थप्रद' ख-ग. पाठः. ५. 'शा' ङ-च. पाठः.

दूषिते हि महामात्रे रिपुरुग्रोऽपि धीमता ।
स्वपक्षे यात्यविश्वासमित्थंभूतश्च निष्क्रियः ॥ ७० ॥

अरेरमात्यान्[1] सन्धाय तदारम्भं शमं नयेत् ।
भिषग्भेदेन वा शत्रुं रसदानेन शातयेत् ॥ ७१ ॥

अरेः सर्वप्रयत्नेन पश्चात् कोपं प्रकल्पयेत् ।
पश्चात् कोपमथानिष्टमनुसृत्य प्रधर्षयेत् ॥ ७२ ॥

तद्देशकृतसंवासैश्चारैर्नैमित्तिकैरपि[3] ।
[4]उपोढव्यसनादेशं कारयेत् सिद्धलक्षणैः ॥ ७३ ॥

क्षयव्ययायासवधादिदोष-
व्यपेक्षयान्वीक्षितसाधुकृत्यः ।
कामं तु पीडामपि काञ्चिदिच्छे-
न्न विग्रहं तत्प्रभवा हि दोषाः ॥ ७४ ॥

दूषिते विजिगीषुणा धीमतेति सम्बन्धः । स्वपक्षे यात्यविश्वासं यथायं महामात्रो विजिगीषुकार्ये स्थितः तथायमपि कथं न भवेदिति । एवम्भूतश्चाविश्वासी निष्क्रियः संहृताभियोगो भवति । उग्रोऽपि बलवानपीत्यर्थः ॥ ७० ॥

अमात्यानिति बुद्धिसचिवान् कर्मसचिवांश्च । तदारम्भम् अभियोक्तुरमात्यानां वाभियोगव्यापारम् । भिषग्भेदेन वेति । शत्रुवैद्यं वा भेदयित्वा तेनैकरसं दापयित्वा शत्रुं साधयेत् ॥ ७१ ॥

पश्चात् कोपं प्रकल्पयेद् मित्रेण । अनुसृत्य[5] प्रधर्षयेत् उभयतः संपीडनेन ॥ ७२ ॥

चारैर्नैमित्तिकैरपीति नूतननाक्षत्रिकशाकुनिकव्यञ्जनैश्चारैर्वा तद्देशनिवासिभिः । उपोढव्यसनादेशमिति । अभियास्यतः शत्रोर्महाव्यसनं भवितेत्यादेशयेद् यात्राविघ्नार्थम् । सिद्धलक्षणैः सिद्धादेशैः उल्कारुधिरवृष्ट्यादिभिर्वा कृतकैः ॥

कस्मादेवं यथोक्तमाचरेत् । क्षयेत्यादि । क्षयव्ययौ वक्ष्यति 'मनुष्ययुग्या-

---

१. 'स्यैः' इति मूलकोशेषु पाठः. २. 'समुन्न' क. पाठः. ३. 'ररेः' ख-ग. पाठः. ४. 'उत्पातव्य' क. पाठः. ५. 'स्मृ' क-ख-ग-घ. पाठः.

कलत्रमात्मा सुहृदो धनानि
वृथा भवन्तीह निमेषमात्रात् ।
मुहुर्मुहुश्चाकुलितानि तानि
तस्मान्न विद्वानतिविग्रही स्यात् ॥ ७५ ॥

सुहृज्जनं तथा राज्यमात्मानं कीर्त्तिमेव च ।
इति सन्देहदोलास्थं को हि कुर्यादबालिशः ॥ ७६ ॥

साम्ना प्रदानेन विभेदनेन
सन्धापयेत्[1] साध्वभियुज्यमानः ।
सन्धित्सुरारात् समसैन्यचक्रं[2]
सामन्तमायान्तमपेतसन्धिम् ॥ ७७ ॥

पचयः क्षयो हि हिरण्यधान्यापचयो व्ययस्तु' (स. १६. श्लो. २३) इति । आयासः शरीरक्लेशः । आदिशब्दान्मित्रकलत्रादिवियोगः । एते दोषा विग्रहे भवन्ति । तस्मात् तद्यपेक्षया न विग्रहमिच्छेत् । अन्वीक्षितसाधुकृत्यः इदमत्र प्राप्तकालमिति । काममित्यभ्युपगमे । काञ्चित् पीडामभियोगमात्रकृताम् । तत्प्रभवा दोषाः विग्रहप्रभवाः क्षयादयः ॥ ७४ ॥

तदेव स्फुटयति — **कलत्रेत्यादि** । आकुलितानि दुरवस्थानात् । नातिविग्रही स्यात्, यावता तु परः सन्दध्यात्, तावन्मात्रकं कुर्यादेव तेजसः सन्धानकारणत्वात् ॥ ७५ ॥

सन्देहदोलास्थं स्यान्न वेति ॥ ७६ ॥

तस्मादुपायत्रयं प्रयुञ्जीत । यदाह — **साम्नेत्यादि** । आयान्तं दूरादेव सन्धापयेत् । साधु शोभनं, येन स्वयमेव सन्धिं याचेत । समसैन्यचक्रं समबलन्यायात् सन्धानार्थं प्राप्तम् । सामन्तत्वाच्छत्रुम् । यद्येवमपि न सन्धिमिच्छेत्, तदा तमपेतसन्धिं (साध?सन्ताप)येदिति वक्ष्यमाणश्लोकेनानुबन्धः ॥ ७७ ॥

---

१. 'संस्तम्भये' क. पाठः. २. 'क्रः' ख-ग. पाठः.

स्वगुप्तिमाधाय सुसंहतेन
बलेन धीरो विचरन्नरातिम् ।
सन्तापयेद् येन सुसम्प्रतप्त-
स्तप्तेन[2] सन्धानमुपैति तप्तः ॥ ७८ ॥

इति स्म सन्धिं खलु सन्धिवित्तमा
बभाषिरे पूर्वतना महर्षयः ।
तदेतदेवं[3] विनयेन्नरेश्वरः
संवीक्ष्य कार्यं गुरु चेतरद् द्विधा ॥ ७९ ॥

(इति सन्धिविकल्पो नाम चतुर्दशं प्रकरणम्)

इति कामन्दकीये नीतिसारे सन्धिविकल्पो नाम
नवमः सर्गः ।

स्वगुप्तिं स्वरक्षां कृत्वा सुसंहतेन परस्याभेद्येन सन्तापयेद्, येन शत्रुः सम्प्रतप्तः स्यात् । ततश्चोभयसन्तापात् सन्धानं, यदाह — तप्तेन सन्धानमुपैति तप्त इति ॥ ७८ ॥

प्रकरणार्थमुपसंहरन्नाह — इतीत्यादि । तदेतदेवमिति । तस्मादेतद् यथोक्तम् । एवं विनयेद् उक्तेन विधिना प्रयुञ्जीत । गुरु चेतरदिति । परात्मनोर्बलाबलं बुद्ध्वा चेत्यर्थः ॥ ७९ ॥

(इति सन्धिविकल्पो नाम चतुर्दशं प्रकरणम्)

इति शङ्करार्यकृतायां कामन्दकीयनीतिसारपञ्जिकायां जयमङ्गलायां सन्धिविकल्पो नाम
नवमः सर्गः ।

---

१. 'हि' इति मूलकोशेषु पाठः.　२. 'तप्तस्य स' ख-ग. पाठः.　३. 'बलात् तदेनं वि' क. पाठः, 'तदेवमेनं वि' ख-ग. पाठः.

अथ दशमः सर्गः ।

* १९ विग्रहविकल्पप्रकरणम् *

अमर्षोपगृहीतानां[1] मन्युसन्तप्तचेतसाम् ।
परस्परापकारेण पुंसां भवति विग्रहः ॥ १ ॥

आत्मनोऽभ्युदयाकाङ्क्षी पीड्यमानः परेण वा ।
देशकालबलोपेतः प्रारभेतैव विग्रहम् ॥ २ ॥

राज्यस्त्रीस्थानदेशानां ज्ञानस्य च बलस्य च ।
अपहारो मदो मानः पीडा वैषयिकी तथा ॥ ३ ॥

ज्ञानार्थशक्तिधर्माणां विघातो दैवमेव च ।
मित्रार्थं चावमानश्च तथा बन्धुविनाशनम् ॥ ४ ॥

भूतानुग्रहविच्छेदस्तथा मण्डलदूषणम् ।
एकार्थाभिनिवेशित्वमिति विग्रहयोनयः ॥ ५ ॥

सन्ध्युपायत्वाद् विग्रहस्य तदनन्तरं विग्रहविकल्पा उच्यन्ते । तत्र लोकप्रतीत्या विग्रहोत्पत्तिं दर्शयन्नाह — **अमर्षे**त्यादि । अमर्षः परिभवासहिष्णुता । मन्युशब्दोऽत्र दुःखे वर्तते । परस्परापकारेणेति विग्रहस्य स्वरूपमाह । इदमुक्तं भवति — अमर्षात् शरीरद्रव्यपीडनादिदुःखाच्च लोके परस्परापकारलक्षणो विग्रहो भवतीति । तथा चोक्तम् "आरण्योऽग्निरिव हि दुःखामर्षजं तेजो विक्रमयती"(कौटि. अर्थ. ७-२-१०१)ति ॥ १ ॥

वैशेषिकं विधिमाह — **आत्मन** इत्यादि । अजातदुःखामर्षोऽप्यात्मवृद्धिं वाञ्छन्, परेण वा राज्यापहारादिना पीड्यमानो जातदुःखामर्षो विगृह्णीयात् । देशकालबलोपेत इत्युभयत्रापि द्रष्टव्यम् । बलं शक्तिः । देशकालाद्यभ्युचित इत्यर्थः । प्रारभेतैवेत्यवधारणादयमेव पक्षो ज्यायानिति दर्शयति ॥ २ ॥

यैः परेण पीड्यमानो विगृह्णीयात्, तान् विग्रहहेतूनाह — **राज्ये**त्यादिश्लोकत्रयेण । अत्र ज्ञानग्रहणमेकमपहारशब्देन सम्बध्यते । द्वितीयं विघातशब्देन सम्बन्धनीयम् । एते विंशतिर्विग्रहहेतवः ॥ ३ ॥ ४ ॥ ५ ॥

---

१. 'र्षातिगृ' ख-ग. पाठः.

राज्यस्त्रीस्थानदेशानां दानेन च दमेन च।
विग्रहस्य तु युक्तज्ञैरिति प्रशमनं स्मृतम् ॥ ६ ॥
एतदेव तु विज्ञेयं स्वार्थधर्मविघातजे।
विषयध्वंसजे शत्रोर्विषयप्रतिपीडनम् ॥ ७ ॥
ज्ञानापहारसम्भूते ज्ञानशक्तिविघातजे।
शमस्तदर्थत्यागेन क्षान्त्या वोपेक्षणेन वा ॥ ८ ॥

तत्र देशकालबलोपेतश्चेद् विगृह्णीयीत्, नो चेदभ्युपायैः शमयेदित्युपायानाह दशभिः श्लोकैः। राज्येत्यादि। सप्तोपायान् वक्ष्यति —

"साम दानं च भेदश्च दण्डश्चेति चतुष्टयम्।
मायोपेक्षेन्द्रजालं च सप्तोपायाः प्रकीर्तिताः ॥" (सर्ग. १८, श्लो. ३.)

इति। तत्र राज्यं प्रकृतयः, स्त्री अवरोधसम्बद्धा, स्थानं दुर्गं, देशो राष्ट्रम्। एषामन्यतमापहारजस्य विग्रहस्य प्रशमनमिति सम्बन्धः। दानेन दमेन चेति। कोशदण्डभूमीनामन्यतमप्रदानेन राज्यप्रत्यानयनहेतुना, दमेन चेत्यप्रकाशेन दण्डेन। इदमुक्तं भवति---राज्यादिकमपहरन्तं शत्रुं तूष्णींयुद्धेनोपताप्य प्रकाशयुद्धान्निवर्तयेदिति ॥ ६ ॥

स्वार्थधर्मविघातजे विग्रह इति विपरिणतमनुषज्यते। "ज्ञानार्थशक्तिधर्माणां विघात" (श्लो. ४) इत्यत्रार्थधर्मौ निर्दिशति। ज्ञानशक्ती तु निर्देक्ष्यति। स्वार्थो दुर्गादिकर्म, स्वधर्मश्चाश्वमेधादिप्रवर्तनम्। विषयध्वंसज इति पीडां वैषयिकीं निर्दिशति। शत्रोर्विषयप्रतिपीडनं यावन्मात्रं शत्रुर्दाहविलोपादिनापकुर्यात्[3], तावन्मात्रमस्य प्रत्यपकुर्यात् तेजसः सन्धानकारणत्वात् ॥ ७ ॥

ज्ञानापहारसम्भूते ज्ञानशक्तिविघातज इति। अशास्त्रचक्षुर्बालिशतर इति परेण सम्भूतज्ञानेन विलोपात् तेजस्विनो विग्रहः सम्भवति, तथा शास्त्रादिपरिज्ञानं मा भूदस्येतीर्ष्ययाचार्यनिवारणादिव्यापारेण ज्ञानविघातादपि सम्भवति, यथा दुर्योधनेनार्जुनस्य। विजिगीषोः परेण पार्ष्णिग्राहादिना शक्तिविघाताद् विग्रहो भवति। एषु त्रिषु यथासम्भवं शमोपायत्रयम्। तत्र शक्तिविघातजे तद-

१. 'क्ति' ख-ग. पाठः, 'क्तज्ञैः सम्यक् प्र' क. पाठः २. 'प्रज्ञानापहारिव' क-ख-ग-घ. पाठः ३. 'दि कु' ङ-च. पाठः ४. 'द्भूत' ग-घ पाठः. ५. 'ज्ञानवि' ङ-च पाठः ६. 'तोऽपि' क-ख-ग-घ. पाठः.

अधर्मद्रोहसंयुक्ते मित्रजातेऽप्युपेक्षणम् ।
आत्मवन्मित्रजाते तु प्राणानपि परित्यजेत् ॥ ९ ॥

अपमानात् तु सम्भूतं मानेन प्रशमं नयेत् ।
सामपूर्व उपायो वा प्रणामो वाभिमानजे ॥ १० ॥

रहस्येन प्रयोगेण रहस्यकरणेन वा ।
विग्रहं शमयेद् धीरो[1] बन्धुनाशसमुद्भवम् ॥ ११ ॥

र्थत्यागेन शमोऽभियुञ्जानस्य, यदर्थमयं शक्तिं विहन्यात्, तमर्थं त्यजेत् । अथवा पराभियोगादभियोगसाध्यार्थसम्प्रदानेन शमः । क्षान्त्या च ज्ञानापहारसम्भूते शमः । तत्र शुष्कविग्रहे बलवतोऽपि क्षान्तिरेव श्रेयसी । सा च क्रोधोपशमस्वभावत्वात् सामरूपैव । उपेक्षणेन च ज्ञानविघातजे शमः । कियन्तं कालं ज्ञानविघातं मे करिष्यतीति बलवानप्युपेक्षेत, न साहसाद् विगृह्णीयात् ॥ ८ ॥

मित्रजात इति मित्रार्थं निर्दिशति । तत्राधार्मिकस्य कृतद्रोहस्य च मित्रस्यार्थादन्येन सहोत्पन्नं विग्रहं बलवानप्युपेक्षेत । आत्मवन्मित्रजाते त्विति । धार्मिकस्य मित्रभाविनश्च[2] मित्रस्यार्थादन्येनोत्पन्ने विग्रहे दुर्बलोऽपि प्राणानपि परित्यजेत् । तथाहि "मित्रगोब्राह्मणार्थेषु सद्यः प्राणान् परित्यजेद्" इति निदर्शनम् ॥ ९ ॥

अपमानात् त्विति । विजिगीषुणा परस्य वाक्पारुष्याद्यपमानात् । मानेन सान्त्वपूर्वेण सत्कारेण । अभिमानज इति मानं निर्दिशति । असाध्येऽभ्युन्नतमनस्कतां दर्शयतो रावणस्येव विग्रह उत्पद्यते । तत्र सामपूर्व उपायः, दानभेदात्मकः प्रणामो वा शमहेतुः । ननु च तत्राहमित्यात्मोपनिधानं प्रणामः सामैव । सत्यम् । अभिमानजे प्रधानमात्मोपनिधानमिति दर्शनार्थं पृथङ् निर्देशः ॥ १० ॥

बन्धुनाशसमुद्भवमिति । विजिगीषुणा परस्य बन्धुविनाशाद् विग्रह उत्पद्यते । तत्र दुर्बलश्चेद्, रहस्येन प्रयोगेण सामादीनां चतुर्णामुपांशुप्रयोगेण । रहस्यकरणेन वा मायेन्द्रजालसम्पादनेन शमयेद्, अन्यथानेन मे बन्धुर्हत इति परः परशुराम इव कार्त्तवीर्यं नियतमेनं विगृह्णीयात् ॥ ११ ॥

१. 'मान् ब' क. पाठः. २. 'भावितस्य मि' ङ-च. पाठः.

येन पीडा न जायेत तादृशं तु विचक्षणः।
कुर्यादर्थपरित्यागमेकार्थाभिनिवेशजे ॥ १२ ॥
धनापहारजे[1] जातु विरोधं न समाचरेत्।
कदाचिद् विग्रहे पुंसां सर्वनाशो[2]ऽपि जायते ॥ १३ ॥
दृष्टोपन्याससयुक्तेन सम्प्रदानादिकेन च।
महाजनसमुत्पन्नं भेदेन प्रशमं नयेत् ॥ १४ ॥
भूतानुग्रहविच्छेदजातस्यान्तं व्रजेद् वशी।
दैवमेव तु दैवोत्थे शमनं साधुसम्मतम् ॥ १५ ॥
मण्डलक्षोभसम्भूतमुपायैः प्रशमं नयेत्।
सापत्नं वास्तुजं स्त्रीजं वाग्जातमपराधजम् ॥ १६ ॥

येन पीडा न जायेतेति। यस्तु परित्यज्यमानः पीडामावहति, तं न परित्यजेत्, तदर्थमेव तस्याभिनिवेशात् ॥ १२ ॥

धनापहारज इति। परेण कोशस्यैकदेशापहाराद् विग्रह उत्पद्यते। तत्र विरोधं न समाचरेत्, क्षान्तिमेव कुर्यात्, मा भूत् सर्वनाश इति ॥ १३ ॥

महाजनसमुत्पन्नमिति मदं निर्दिशति। शौर्याद्यवलेपाल्लोकमभिभवतो महाजनविरोधो भवति। तं भेदेन शमयेत्। बहूनां संहतानां भेदसाध्यत्वात् ॥ १४ ॥

भूतानुग्रहविच्छेदजातस्येति। भूतरक्षणं राज्ञो धर्मः। तस्मिन् परेण विच्छिद्यमानेऽवश्यम्भावी विग्रहः, तस्यान्तं व्रजेद् दुर्बलोऽपि लोकानुग्रहमेव साधयेत्, स्वयमेव वा न भवेदित्यर्थः। दैवोत्थ इति। दैवहेतुके ग्रहोपसृष्टप्रभव इति यावत्। दैवमेव शमनम् अथर्वविहितं कर्म शान्तिकपौष्टिकम्। साधुसम्मतं पुरोहिताभिप्रेतम् ॥ १५ ॥

मण्डलक्षोभसम्भूतमिति। मण्डलं हि प्रकोपयतस्तत्संक्षोभाद् विरोध उत्पद्यते। उपायैः सामदानादिभिः। मतान्तरमाह श्लोकत्रयेण। सापत्नमित्यादि।

---

१. 'जाते तु' क. पाठः. २. 'शः प्रजा' क. पाठः.

वैरप्रभेदनिपुणैर्वैरं पञ्चविधं स्मृतम् ।
जातं भूम्युपरोधेन[1] तथा शक्तिविघातजम् ॥ १७ ॥
भूम्यनन्तरजातं च मण्डलक्षोभजं तथा ।
चतुर्विधं वैरजातं बाहुदन्तिसुतोऽब्रवीत् ॥ १८ ॥
कुलापराधजे प्राहुर्वैरे द्वे एव मानवाः ।
किञ्चित्फलं निष्फलं च सन्दिग्धफलमेव च ॥ १९ ॥
तदात्वे दोषजननमायत्यां चापि निष्फलम् ।
आयत्यां च तदात्वे च दोषस्य[2] जननं तथा ॥ २० ॥

दैवस्याचिन्त्यत्वान्मानुषोत्थं **पञ्चविधं** विरोधकारणं, शेषाणामत्रैवान्तर्भावादिति केचित् । तत्र सपत्नीभवं (?) सापत्नं विभीषणरावणयोरिव, अत्रैकार्थाभिनिवेशजोऽन्तर्गतः, स्त्रीजवास्तुजयोः स्त्रीस्थानापहारजौ, वाग्जाते ज्ञानापहारजावमानसम्भूतौ। अपराधजे च परिशिष्टाश्चतुर्दशान्तर्भूताः। अपराधस्यानेकप्रकारत्वाच्च**चतुर्विध**मित्यपरः । तत्र भूम्युपरोधजाते स्थानदेशापहारजावन्तर्भूतौ । शक्तिविघातजं मण्डलक्षोभजं च स्वरूपत एवोक्ते, भूम्यनन्तरजाते च परिशिष्टाः पञ्चदशान्तर्भूताः भूम्यनन्तरस्य शत्रोरनेकधापराध्यमानत्वात् । वैरमेव वैरजातं द्रव्यजातवत् ॥ १६ ॥ १७ ॥ १८ ॥

अन्ये सहजकृत्रिमभेदाद् द्विविधमाहुः । तत्र कुलक्रोधजे सहजविरोधे एकार्थाभिनिवेशजस्यान्तर्भावः । अपराधजे च कृत्रिमे च परिशिष्टानामिति । देशकालबलोपेतोऽपि विग्रहं कुर्वन् षोडशविधं त्यजेदित्यपवादमाह श्लोकाष्टकेन । किञ्चित्फलमित्यादि । तदात्वे चायत्यां च स्वल्पफलं निष्फलं सन्दिग्धफलं च न कुर्यादेव । विग्रहमिति वक्ष्यमाणेन प्रतिपदं योज्यम् ॥ १९ ॥

तदात्वे दोषजननमिति[3] । आयत्यां सफलम् । तदात्वे प्रतिकार्ये पश्चात्कोपादिदोषकरम् आयत्यां चापि निष्फलम् । तदात्वे दोषस्य जननमिति । आयत्यां मण्डलकोपादिदोषस्य तदात्वे च पार्ष्णिग्राहादिदोषस्य जननम् ॥ २० ॥

---

१. 'त्यु' क. पाठः. २. 'सञ्ज' इति मूलकोशेषु पाठः. ३. 'ति । आयत्यां मण्ड' क-ख-ग-घ. पाठः.

अपरिज्ञातवीर्येण परेण स्तोभितोऽपि वा ।
परार्थं स्त्रीनिमित्तं च दीर्घकालं द्विजोत्तमैः ॥ २१ ॥

अकालदैवयुक्तेन बलोद्धृत्तसखेन च ।
तदात्वे फलसंयुक्तमायत्यां फलवर्जितम् ॥ २२ ॥

आयत्यां फलसंयुक्तं तदात्वे निष्फलं तथा ।
इतीमं षोडशविधं न कुर्यादेव विग्रहम् ॥ २३ ॥

तदात्वायतिसंशुद्धमारभेत विचक्षणः ।
तदात्वायतिशुद्धानि सर्वकर्माणि चिन्तयेत् ॥ २४ ॥

अपरिज्ञातवीर्येण अन्तस्तत्त्वतोऽपरिच्छिन्नबलेन हि परेण सह विग्रहस्य क्षयादिदोषकरत्वात्। स्तोभितोऽपि वा 'हन्यतां कालिना कलिरि'ति मन्यमानेनापरेणालीकदोषप्रख्यापनात् सन्दीपितोऽपि वा । परार्थम् अनुपकारिणः परस्यार्थेनेत्यर्थः । स्त्रीनिमित्तं सामान्ययोषिदर्थम् । दीर्घकालं दीर्घविग्रहस्य क्षयादिदोषफलत्वात् । द्विजोत्तमैः प्रकृष्टक्रियादियुक्तैः सह विग्रहो विनाशायैव ॥ २१ ॥

अकालदैवयुक्तेन अकस्माद् दैवसम्पन्नेन लब्धवरत्वात् । बलोद्वृत्तसखेन च शक्त्यभ्यधिकमित्रयुक्तेन । तदात्वे फलसंयुक्तं परदेशविलोपादिलाभाद्, आयत्यां फलवर्जितं शत्रोः सापाश्रयस्यानुच्छेदात् ॥ २२ ॥

आयत्यां फलसंयुक्तं मण्डलस्य शत्रोरुच्छेदे विजिगीषोर्मण्डलानुग्राह्यतालाभात्, तदात्वे निष्फलं देशविलोपादिफलाभावात् ॥ २३ ॥

ननु चास्मिन् विग्रहद्वये तावद् दोषरहितेन फलेन योगोऽस्ति । तदात्वे आयत्यां चेति विशेषः । अतः कथमिदं न कुर्यादित्याह—**तदात्वेत्यादि** । संशुद्धमिति । विग्रहो हि क्षयव्ययप्रवासप्रत्यवायहेतुत्वादगत्या क्रियते । स चेत् कालद्वयेऽपि न फलवान्, किं तेनारब्धेन । तथान्यदपि कर्म कालद्वयसंशुद्धमारभेतेत्यनुषङ्गादाह—सर्वकर्माणीति ॥ २४ ॥

---

१. 'त्त्याभ्यधिकेन' क-ख-ग-घ. पाठः. २. 'शक्त्या' क-ख-ग-घ. पाठः. ३. 'दपि का' क-ख-ग-घ. पाठः.

तदात्वायतिसंशुद्धमातिष्ठन्नैति वाच्यताम् ।
साधु लोकद्वयग्राहि विद्वान् कर्म समाचरेत् ॥ २५ ॥
परित्यजेदिमं लोकं नार्थलेशोपलोभितः[1] ।
परलोकविरुद्धानि कुर्वाणं दूरतस्त्यजेत्[2] ॥ २६ ॥
इत्यागमप्रमाणत्वात् साधु कल्याणमाचरेत् ॥ २६½ ॥
यदा मन्येत मतिमान् हृष्टं पुष्टं स्वकं बलम् ।
परस्य विपरीतं च तदा विग्रहमाचरेत् ॥ २७½ ॥
स्फीतं यदानुरक्तं च भवेत् प्रकृतिमण्डलम् ।
परस्य विपरीतं च तदा विग्रहमाचरेत् ॥ २८½ ॥

नैति वाच्यतां विचक्षण इति । वर्तमानदेहापेक्षया कालद्वयपरिशुद्धिं निरूप्य भविष्यद्वर्तमानदेहापेक्षया निरूपयन्नाह — साध्वित्यादि । लोकद्वयग्राहीति । उभयलोकाविरुद्धमित्यर्थः ॥ २५ ॥

तत्र वर्तमानकालपरिशुद्धमधिकृत्याह—**परित्यजेदिमं लोकमिति**। अर्थलवतृष्णयापि सहसा विगृह्णता विनाशसम्भवादयं लोकस्त्यक्तो भवति । भविष्यत्कालमधिकृत्याह — परलोकविरुद्धानीति । अदृष्टविरुद्धानि कर्माणि कुर्वाणं पुत्रमपि परित्यजेत् । स्वयं च न कुर्यादिति सामर्थ्यलब्धम् ॥ २६ ॥

आगमप्रमाणत्वादिति । अस्मिन् विषये आगमः प्रमाणं, प्रत्यक्षादिप्रमाणानामतीन्द्रियार्थाविषयत्वात् ॥ २६½ ॥

कदा तर्हि विगृह्णीयाद्, यदा परस्मादधिकमात्मानं पश्येत् । तदेव षड्भिः श्लोकैर्निर्दिशति — **यदे**त्यादि । हृष्टं पुष्टमिति उत्साहयुक्तम् उपचितं चतुरङ्गबलम् । परस्य विपरीतम् अहृष्टमपुष्टं च ॥ २७½ ॥

स्फीतमुपचितम् । अनुरक्तं विजिगीषौ । प्रकृतिमण्डलममात्यादिकम् ॥ २८½

---

१. 'शविलो' क. पाठः. २. 'मूलत' क. पाठः.

उपनामि यदा दैवं सुव्यक्तमुपलक्षितम् ।
परस्य विपरीतं तु तदा विग्रहमाचरेत् ॥ २९½ ॥
मित्रमाक्रन्द आसारो यदा स्युर्दृढभक्तयः ।
परस्य विपरीताश्च तदा विग्रहमाचरेत् ॥ ३०½ ॥
भूमिर्मित्रं हिरण्यं च विग्रहस्य फलं त्रयम् ।
यदैतन्नियतं भावि तदा विग्रहमाचरेत् ॥ ३१½ ॥
गुरु वित्तं ततो मित्रं तस्माद् भूमिर्गरीयसी ।
भूमेर्विभूतयः सर्वास्ताभ्यो बन्धुसुहृद्गणाः ॥ ३२½ ॥

उपनामि उपनमनशीलं दैवं सुव्यक्तमुपलक्षितं स्वल्पेनापि पौरुषेण बहुशोऽप्रतिहतार्थसिद्धिदर्शनाद् । विपरीतम् अनुपनामि ॥ २९½ ॥

दृढभक्तय इति । तत्र स्थिरस्नेहत्वान्मित्रं, शत्रोः पार्ष्णिं गृह्णातीति आक्रन्दः (विजिगीषुः पार्ष्णिग्राहमरिमित्रमित्रेणाक्रन्दितः ?) तस्य पार्ष्णिं गृह्णाति आसारश्च विजिगीषुमित्रमरिमित्रमित्रस्येति । परस्य विपरीता अदृढभक्तित्वात् । शत्रुमित्रं विजिगीषोः पार्ष्णिं न गृह्णाति तदासारश्चारिमित्रं विजिगीषुमित्रमित्रस्येति ॥ ३०½ ॥

नियतं भावीति । समस्तं व्यस्तं चावश्यं भावि ॥ ३१½ ॥

एषां च त्रयाणामन्यतमलाभे पूर्वं पूर्वं लिप्सेतेति दर्शयितुमाह—**गुरु वित्तमित्यादि** । ततो मित्रं गुरु । [२]सर्वतोभोगं हि मित्रं लब्धं हिरण्ये(ननु ? ना)हिरण्येनाप्युपयुज्यते । ननु "मित्रहिरण्यभूमिलाभानामुत्तरोत्तरलाभः श्रेयान्, मित्रहिरण्ये हि भूमिलाभाद् भवतो मित्रं हिरण्यलाभाद्" इत्युक्तं कौटिलीये । सत्यम् । इदमप्युक्तं "यो वा लाभः सिद्धः शेषयोरन्यतरं साधयति *स श्रेयान्" (कौटि. अर्थ. ७-८-११६.) इति । तस्माद् द्वितीयपक्षसन्दर्शनार्थं मित्रं वित्ताद् गुर्वित्यत्रोक्तम् ॥ ३२½ ॥

---

१. 'ज्ञनः' ख-ग. पाठः. २. 'सुतो' क-ख-ग-घ. पाठः.

---

* 'स श्रेयान्' अयमंशो मुद्रितकौटिलीयार्थशास्त्रे न दृश्यते ।

सर्वसम्पत्समे शत्राावुपायान् निक्षिपेद् बुधः ।
उपायैरप्रतिव्यूढे[1] समे दण्डः प्रशस्यते ॥ ३३½ ॥
आगतं विग्रहं विद्वानुपायैः प्रशमं नयेत् ।
विजयस्य ह्यनित्यत्वाद् रभसेन न सम्पतेत् ॥ ३४½ ॥
समाक्रान्तो बलवता काङ्क्षन्नभ्रंशिनीं श्रियम् ।
श्रयेत वैतसीं वृत्तिं न भौजङ्गीं कदाचन ॥ ३५½ ॥
क्रमाद् वेतसवृत्तिः सन् प्राप्नोति महतीं श्रियम् ।
भुजङ्गवृत्तिराप्नोति वधमेव तु केवलम् ॥ ३६½ ॥
मत्तप्रमत्तवत् स्थित्वा ग्रसेतोत्प्लुत्य पण्डितः ।
अपरिभ्रश्यमानं हि क्रमप्राप्तं मृगेन्द्रवत् । ३७½ ॥
कौर्मं सङ्कोचमास्थाय प्रहारमपि मर्षयेत् ॥ ३८ ॥

हीनेन विग्रहमुक्त्वा समेनापि श्लोकद्वयेन वृत्तिमाह — **सर्वसम्पदित्यादि** । विग्रहस्य प्रस्तुतत्वात् सर्वा सम्पद् विग्रहस्येति सत्यां विग्रहसम्पदि । सोऽपि तावत् सामादीन् प्रयुञ्जीत । समेन हि विग्रहस्य सुन्दोपसुन्दयोरिवोभयतः क्षयकारित्वात् । अप्रतिव्यूढे अप्रतिविहिते । दण्डो विग्रहः ॥ ३३½ ॥

अस्यैव पूर्वार्धं स्फुटीकुर्वन्नाह — **आगतमित्यादि** ॥ ३४½ ॥

अभ्रंशिनीम् अविनाशिनीम् । वैतसीं भौजङ्गीमिति । वेतसो बलीयसा नदीजवेनाक्रम्यमाणो नमति । भुजङ्गश्च तृणाग्रस्पृष्टोऽपि स्फटाटोपैरुद्धावति ॥ ३५½ ॥

प्रवृत्तिद्वयस्य फलमाह — **क्रमादित्यादि** । क्रमात् प्राप्नोति कालेनेत्यर्थः । वधमेव केवलं तदात्वे । तस्माद् वैतसीं वृत्तिमाश्रित्य विगृह्णीयात् ॥ ३६½ ॥

कथमिवेत्याह — **मत्तप्रमत्तवत् स्थित्वेत्यादि** । वेतसवृत्त्यसंश्रितोऽप्यात्मनः कृतकं व्यसनं प्रकाश्य जातविस्रम्भं क्रमप्राप्तत्वादपरिभ्रश्यमानं हन्यात् ॥ ३७½ ॥

कौर्मं सङ्कोचमिति । कूर्मवदङ्गानि गूहयित्वाकाले परपीडामपि सहेत ॥ ३८ ॥

---

१. 'ढैः' क. पाठः.

कालें प्राप्ते तु मतिमानुत्तिष्ठेत् क्रूरसर्पवत् ।
काले सहिष्णुर्गिरिवदसहिष्णुश्च वह्निवत् ॥ ३९ ॥

*स्कन्धेनापि वहेत् काले प्रियाणि समुदाहरन् ।
सम्प्राप्ते चैव काले तु भिन्द्याद् घटमिवाश्मनि ॥

नित्यं स्वार्थपरो लोकः स्वार्थसिद्धिर्यथा भवेत् ।
तथा तस्य प्रतीकारं यथोक्तं समुपाचरेत् ॥

प्रसादवृत्त्याहितलोकवृत्तया प्रविश्य शत्रोर्हृदयं निरन्तरम् ।
नयाग्रहस्तेन हि कालमास्थितः प्रसह्य कुर्वीत कचग्रहं श्रियः ॥ ४० ॥

कुलोद्गतं सम्यगुदारविक्रमं स्थिरं कृतज्ञं मतिमन्तमूर्जितम् ।
अतीव दातारमुपेतवत्सलं सुदुष्प्रसाधं प्रवदन्ति विद्विषम् ॥ ४१ ॥

असत्यता निष्ठुरताकृतज्ञता
भयं प्रमादोऽलसता विषादिता ।
वृथाभिमानोऽपि च दीर्घसूत्रता
तथाङ्गनाक्षादि विनाशनं श्रियः ॥ ४२ ॥

काले च क्रूरसर्पवद् दशेत् । सहिष्णुर्गिरिवदप्रकाशि(तं[2]+ +श ? ताशय) विकारत्वात् । असहिष्णुश्च वह्निवत् प्रदर्शिततेजस्त्वात् ॥ ३९ ॥

प्रसादवृत्त्येति प्रसन्नया वृत्त्या । आहितलोकवृत्तया प्रदर्शितलोकव्यवहारया । नयो विग्रहाख्यो गुणः । प्रसह्येति प्रकाश[3]युद्धं दर्शयति । अयं च बलीयसि कोऽपि विधिः आपातविग्रहेण दुष्प्रसाधे शत्रौ वेदितव्यः ॥ ४० ॥

कोऽसावित्याह — **कुलोद्गतमित्यादि** ॥ ४१ ॥

आपातविग्रहसाध्यतां शत्रोर्दर्शयितुमाह — **असत्यतेत्यादि** । **अङ्गनाक्षादीति** । आदिशब्दाद् मृगयापानादिव्यसनसंग्रहः ॥ ४२ ॥

---

१. यात्रया' ख-ग पाठः. २. 'त प्रकाशितप्रकाश' च. पाठः. ३. 'शं द' क-ख-ग-घ. पाठः.

---

* स्कन्धेनेत्यादि श्लोकद्वयं व्याख्यात्रा न स्पृष्टम्.

इति स्म दोषान्वितमाशु विद्विषं
त्रिशक्तियुक्तो विजिगीषया व्रजेत् ।
अतोऽन्यथासाधुजनस्य सम्मतः
करोत्यविद्वानुपघातमात्मनः ॥ ४३ ॥

समन्वितो राज्यपदोन्निनीषया मनीषयान्वीक्षितमण्डलक्रियः ।
इमं नृपो विग्रहमार्गमास्थितः स्थिरोद्यमः सम्प्रयतेत सिद्धये ॥ ४४ ॥

(इति विग्रहविकल्पो नाम पञ्चदशं प्रकरणम्)

इति कामन्दकीये नीतिसारे विग्रहविकल्पो नाम
दशमः सर्गः ।

इति स्मेति । इतिशब्दः प्रकारे, एवम्प्रकारैर्दोषैरन्वितामिति । त्रिशक्तियुक्तः मन्त्रप्रभावोत्साहशक्तियुक्तः । विजिगीषया आपातविग्रहेण जेतुमिच्छया - अतोऽन्यथेति । दुष्प्रसाधं शक्तिहीनो विजिगीषया व्रजन्नित्यर्थः । असाधुजनस्य सम्मतः । वृद्धजनाभिसम्मतस्तु वृद्धबुद्धित्वात् । अतश्चाविद्वानिति विशेषणमर्थवत् ॥ ४३ ॥

इदानीं प्रकरणार्थमुपसंहरति — **समन्वित** इत्यादिना । राज्यपदोन्निनीषया समन्वित इति सम्बन्धः । मनीषया प्रज्ञया । अन्वीक्षितमण्डलक्रियः समहीनज्यायस्त्वापेक्षया विभावितमण्डलव्यापारः । इममिति यथोक्तं विग्रहमार्गम् । स्थिरोद्यमः असमाप्यानुपरतः । अन्यथा ह्यनन्तरं दृष्टोत्साहस्य परस्मादेव प्रत्यवायः स्यात् ॥ ४४ ॥

(इति विग्रहविकल्पो नाम पञ्चदशं प्रकरणम्)

इति शङ्करार्यकृतायां कामन्दकीयनीतिसारपञ्जिकायां
जयमङ्गलायां विग्रहविकल्पो नाम
दशमः सर्गः ।

---

१. 'नेष्वसत्तमः क' ख-ग. पाठः. २. 'ह्येतैरन' क-ख-ग-घ. पाठः.

अथैकादशः सर्गः।

* ११ यानासनद्वैधीभावसंश्रयविकल्पप्रकरणम् *

उत्कृष्टबलवीर्यस्य विजीगीषोर्जयैषिणः।
गुणानुरक्तप्रकृतेर्यात्रा यानमिति स्मृतम्॥ १॥

विगृह्य सन्धाय तथा सम्भूयाथ प्रसङ्गतः।
उपेक्षा चेति निपुणैर्यानं पञ्चविधं स्मृतम्॥ २॥

विगृह्य याति हि यदा सर्वाञ्छत्रुगुणान् बली।
विगृह्ययानं यानज्ञास्तदाचार्याः प्रचक्षते॥ ३॥

अरिमित्राणि सर्वाणि स्वमित्रैः सर्वतो बलात्।
विगृह्य वारिगमनं विगृह्यगमनं स्मृतम्॥ ४॥

सन्धिविग्रहौ प्रधानगुणौ सर्गद्वयेनोपदिश्येदानीमस्मिन् सर्गे यानासनद्वैधीभावसंश्रयविकल्पानाह। तत्र यानमधिकृत्याह — **उत्कृष्टेत्यादि**। बलं शक्तिदेशकालानां, वीर्यम् उत्साहः, तदुभयं परापेक्षयोत्कृष्टं यस्य तस्य। जयैषिणः, अन्यथा न यातव्यं, जेतुमनिच्छतो यानासम्भावात्। गुणानुरक्तप्रकृतेरिति। स्वामिगुणैः प्रकृतैरनुरक्तामात्यादिप्रकृतेरित्यर्थः। यथा ह्युक्तं "गुणातिशययुक्तो यायाद्" (कौटि. अर्थ. ६-२-९९) इति॥ १॥

तद् यानं पञ्चविधमाह — **विगृह्येत्यादि**॥ २॥

तानि यथाक्रमं श्लोकाष्टकेनाह — **विगृह्य यातीति**। गुणशब्देनात्र द्रव्यप्रकृतयो द्रष्टव्याः, तासामप्रधानत्वात्। स्वामिप्रकृतिरेव प्रधानम्। यदा पश्चात् स्थायिनः शत्रोः सर्वा द्रव्यप्रकृतीर्दाहविलोपादिना बलाद् विगृह्य पुरस्ताच्छत्रुं याति, तदा विगृह्ययानमित्येकः प्रकारः॥ ३॥

द्वितीयमाह — **अरिमित्राणीति**। अरेर्यातव्यस्य मित्राणि। सर्वाणीति पुरस्तात् पश्चाच्च यानि स्थितानि। स्वमित्रैः पुरः पृष्ठतश्च स्थितैः करणभूतैः। बलाद् विगृह्य वेति सम्बन्धः। सर्वतः उभयसंपीडनेनेत्यर्थः॥ ४॥

---

१. 'चा' मूलकोशेषु पाठः.

(सन्धाय सार्धमरिभिश्चेष्टासंरोधकारिभिः ।
यदन्यत्र रिपौ यानं सन्धायगमनं हि तत् ॥)
सन्धायान्यत्र या यात्रा पार्ष्णिग्राहेण शत्रुणा ।
सन्धायगमनं प्रोक्तं तज्जिगीषोः फलार्थिनः ॥ ५ ॥

एकीभूय यदेकत्र सामन्तैः सामवायिकैः ।
शक्तिशौचयुतैर्यानं सम्भूयगमनं हि तत् ॥ ६ ॥

उभयारौ तु वा यानं द्वयोः प्रकृतिनाशने ।
सम्भूयगमनं प्रोक्तं हनूमत्सूर्ययोरिव ॥ ७ ॥

सन्धाय पार्ष्णिग्राहेण शत्रुणेति सम्बन्धः । अन्यत्र या यात्रा पार्ष्णिग्राहमित्रे यद् गमनम् । फलार्थिन इति । मा मे दीर्घयात्रां गतस्य पार्ष्णि ग्रहीष्यतीत्येवं फलार्थिनः ॥ ५ ॥

एकीभूयेति । यदा न शक्यमेकेन यातुम्, अवश्यं च यातव्यं, तदा सामन्तैरेकीभूय यद् गमनं, तत् सम्भूययानम् । एकत्रेत्येकास्मिन् यातव्ये । सामवायिकैः समवायप्रयोजनैरेकमतिभिः । शक्तिशौचयुतैरिति । शक्तिमान् हि पार्ष्णिग्रहणे साहाय्यदाने च शक्तः, शुद्धश्च सिद्धौ च यथास्थितकारी भवतीत्येकः प्रकारः ॥ ६ ॥

द्वितीयमाह—**उभयारौ तु** वेति । अरेर्विजिगीषोश्चोभयोर्यः शत्रुस्तस्मिन् द्वयोरपि सम्भूय यानम् । प्रकृतिनाशन इति उभयारिप्रकृतिविलोपादिनिमित्तम् । हनूमत्सूर्ययोरिवेति । हनूमान् किल बालावस्थायामालोहितं[2] भानुमन्तं दृष्ट्वा किमिदमिति चापलादुत्प्लुत्य[3] हस्ताभ्यां गृहीतवान् । तत्काल एव च राहुः सूर्यं ग्रसितुमाजगाम । तद्ग्रसनार्थं च तं मोचयितुं प्रयतमानं दृष्ट्वा हनूमान् किमिदमपरमिति भानुं मुक्त्वा तमेवाभ्यधावत् । आदित्येनापि ज्ञातं, ममाप्ययं राहुः शत्रुः । अतोऽस्य हनूमतः साहायकं प्रतिपद्येऽर्हामिति । सोऽपि तमभिजगामेत्येतावदत्रौपम्यकम् ॥ ७ ॥

---

१. 'शौर्यशक्तिगुणैर्या' क. पाठः, 'शक्तिकोशयु' ख. पाठः. २. 'तमुद्गच्छन्तं भा' च. पाठः. ३. 'दुपप्लु' क.ख-ग-घ. पाठः. ४. वे गृहीतमि' क-ख-ग-घ. पाठः.

([‡]उभयत्र तु या यात्रा द्वयोः प्रकृतिनाशने।
सम्भूययानं तत् प्रोक्तं रामसुग्रीवयोरिव॥

[*]अल्पसारानुपादाय प्रतिज्ञाय फलोदयम्।
गम्यते यत् परान् जेतुं सम्भूयगमनं हि तत्॥)

अन्यत्र प्रस्थितः सङ्गादन्यत्रैवं हि गच्छति।
प्रसङ्गयानं तत् प्रोक्तमत्र शल्यो निदर्शनम्॥ ८॥

रिपुं[२] यातस्य बलिनः सम्प्राप्यारिकृतं फलम्।
उपेक्ष्य तन्मि[३]त्रयानमुपेक्षायानमुच्यते॥ ९॥

निवातकवचान् हित्वा हिरण्यपुरवासिनः।
उपेक्षायानमास्थाय निजघान धनञ्जयः॥ १०॥

अन्यत्र प्रस्थित इति। द्वयोर्यातव्ययोरेकमभीष्टमभियोक्तुं प्रस्थितो यदा पथि कुतश्चित् प्रसङ्गादितरं प्रति याति, तदास्य प्रासङ्गिकं गमनम्। यथा कुरुपाण्डवानामुद्योगे मद्रराजस्य पाण्डवमातुलस्य शल्यस्य तदनुबलाधानार्थमेकयाक्षौहिण्या सह पाण्डवार्थे प्रस्थितस्य तस्य पथि दुर्योधनेनात्मनिवेदनात् पूर्वकेणोपकारेण हृतचेतसस्तत्प्रसङ्गात् कुरुषु लब्धशरव्यस्य पाण्डवान् प्रति गमनं दर्शयति—अत्र शल्यो निदर्शनमिति॥ ८॥

रिपुं यातस्येति रिपुं प्रति यातस्य। विजिगीषोरिति शेषः। बलिन इति द्वितीयाबहुवचनम्। इदमुक्तं भवति—यं रिपुमभियोक्तुं प्रयातो विजिगीषुस्तदनुबलाधानार्थं तत्सुहृदोऽपि येऽन्ये बलिनः समायातास्तान् सम्प्राप्य यदरिणा कृतं फलं प्रत्यभियोगलक्षणं तदुपेक्ष्य तन्मित्रेषु च बलिषु सम्प्राप्तेषु यद् यानं, तदुपेक्षायानम्॥ ९॥

तदेव दृष्टान्तेन स्फुटयन्नाह—**निवातकवचानिति**। शक्रः स्वर्गतमर्जुनं दिव्यास्त्राण्यधिगमय्य गुरुदक्षिणापदेशेन निवातकवचनाम्नोऽसुरान् जहीत्यभि-

---

१. 'वापि ग' ख. ग. पाठः. २. 'पोः' क. पाठः. ३. 'ते हि तद्यान' क. पाठः. ४. 'नात्तपरिधानपृ' ङ. च. पाठः. ५. 'चारेणापकृष्टचे' ङ. च. पाठः. ६. 'ध्याप्य गु' च. पाठः.

‡ इदं क-पुस्तके न दृश्यते व्याख्यात्रा च न स्पृष्टम्. * इदमपि व्याख्यात्रा न स्पृष्टम्.

स्त्रियोऽथ पानं मृगया तथाक्षा
दैवोपघातश्च बहुप्रकारः ।
इति प्रदिष्टं व्यसनं ह्यनेन
समन्वितो यो व्यसनी स गम्यः ॥ ११ ॥
परस्परस्य सामर्थ्या[1]विघातादासनं स्मृतम् ।
अरेश्च विजिगीषोश्च तत् पञ्चविधमुच्यते ॥ १२ ॥

हितवान् । सोऽपि तथेति प्रतिज्ञाय मातलि[2]सनाथं रथमारुह्य तानभियोक्तुं प्रयातः । अभियुक्तेषु तेषु तदनुबलाधानाय हिरण्यपुरवासिनः कालकञ्जनामानोऽसुरा बलीयांसः समायाताः । तान् सम्प्राप्य निवातकवचाः प्रत्यभियुयुजुः । ततस्तानुपेक्ष्य तत्सुहृद एव कालकञ्जानभियोक्तुं प्रयातस्तानभियुज्य निजघान, पश्चात् तानपीति ॥ १० ॥

कः पुनर्यातव्य इत्याह — **स्त्रिय** इत्यादि । व्यसनी यातव्यः । व्यसनं च दैवमानुषभेदेन द्विविधम् । तत्र मानुषं द्विविधं कामजं कोपजं च । तत्र स्त्रियः पानं मृगया द्यूतमिति कामजम् । वाक्पारुष्यं दण्डपारुष्यमर्थदूषणमिति कोपजमिति । तदिह 'कामात् क्रोधो *हि जायत' (भ. गी. २. ६२.) इति दर्शनार्थं साक्षात् कोपजं नोक्तम् । दैवोपघातश्चेति । स चाग्न्युदकदुर्भिक्षमरकादिभेदेन बहुप्रकारः । इति प्रदिष्टमिति । इतिशब्द आद्यर्थे । अनेन कोपजमप्युक्तं वेदितव्यम् ॥ ११ ॥

आसनमधिकृत्याह — **परस्परस्ये**त्यादि । अरेश्च विजिगीषोश्च परस्परस्येति सम्बन्धः । सामर्थ्याविघातादिति । यदा शत्रुर्विजिगीषोर्विजिगीषुश्च शत्रोर्विग्र[3]हे सामर्थ्यमुपसोढुं समर्थः, तदा यदुपेक्षणं, तदासनम् । तथा ह्युक्तं "न मां परो नाहं परमुपहन्तुं शक्त इत्यासीत" (कौटि. अर्थ. ७. १. ९८, ९९.) इति । तत् पञ्चविधं यानवत् ॥ १२ ॥

---

१. 'र्थ्यवि' ख-ग. पाठः. २. 'सारथिं र' च. पाठः. ३. 'हेणासामर्थ्यं विहन्तुमुपहन्तुं सोढुं वा न स' ङ. च. पाठः.

---

* 'भि' इति मुद्रितभगवद्गीतापाठः.

अन्योन्याक्रान्तिकरणं विगृह्यासनमुच्यते।
अरिं विगृह्य *वास्थानं विगृह्यासनमुच्यते॥ १३॥
यदा दुर्गस्थितः शत्रुर्ग्रहीतुं न च शक्यते।
विगृह्यैनं तदासीत हत्वास्यासारवीवधौ॥ १४॥
विच्छिन्नवीवधासारं प्रक्षीणयवसेन्धनम्।
विरज्यमानप्रकृतिं कालेनैव वशं नयेत्॥ १५॥
अरेश्च विजिगीषोश्च विग्रहे हीयमानयोः।
सन्धाय [2]समवस्थानं सन्धायासनमुच्यते॥ १६॥
निवातकवचैः सार्धं रावणः शत्रुरावणः।
ब्रह्माणमन्तरे कृत्वा सन्धायासनमास्थितः॥ १७॥

तदेव श्लोकदशकेन दर्शयति — **अन्योन्याक्रान्तिकरणमित्यादि**। आक्रान्तिरतिसन्धानम्। इदमुक्तं भवति — अरिविजिगीष्वोः परस्परमतिसन्धानपूर्वकं यदासनकरणं, तद् विगृह्यासनमित्येकः प्रकारः। द्वितीयमाह — अरिं विगृह्य वेति। देशविलोपादिना शत्रोरपकृत्येत्यर्थः। पूर्वत्रोभयोर्व्यापारः, इह तु विजिगीषोरेवेति विशेषः॥ १३॥

कदा विगृह्यासनमित्याह — **यदेत्यादि**। ग्रहीतुं नैव शक्यते, शुद्धेन विग्रहेण तदासीत। आसारवीवधाविति। 'धान्यादेर्वीवधः प्राप्तिरासारस्तु सुहृद्बलम्' (सर्ग. १४. श्लो. २७.) इति वक्ष्यति। उपलक्षणार्थं चैतत्। तेन यवसेन्धनादि च वीवध इति बोध्यम्॥ १४॥

एवञ्च विगृह्यासने सति क्रमेण शत्रुर्विरज्यमानप्रकृतिर्वध्यो भवति। यदाह— **विच्छिन्नेत्यादि**॥ १५॥

हीयमानयोरिति तुल्यबलत्वात् क्षीयमाण[3]योः॥ १६॥

निवातकवचैः सार्धमिति। रावणो हि[4] ब्रह्मवरप्रदानाल्लब्धत्रिलोकविजयो लोकत्रयं जित्वा लब्धोत्साहः पातालं जेतुं प्रविष्टः। तत्र भोगवती नाम पुरी।

---

१. 'छित्वा' क. पाठः. २. 'यदव' क. पाठः. ३. 'योरिति॥' क. ख. ग. घ. पाठः. ४. 'हि तुल्यबलत्वाद् ब्रह्मवरप्रसादाल्ल' च. पाठः.

---

*'चा' इति मूलकोशपाठः.

उदासीने मध्यमे च समानप्रतिशङ्कया ।
एकीभूय व्यवस्थानं सम्भूयासनमुच्यते ॥ १८ ॥

उभयारिं हि[1] वाञ्छन्तं विनाशमुभयोरपि ।
सम्भूयैनं प्रतिव्यूहेदधिकं सर्व[2]सम्पदा ॥ १९ ॥

यियासोरन्यमन्यत्र प्रसङ्गेन हि केन[3]चित् ।
आसनं यत् तदर्थज्ञैः प्रसङ्गासनमुच्यते ॥ २० ॥

अथोपेक्ष्यारिमधिकमुपेक्षासनमुच्यते ।
उपेक्षां कृतवानिन्द्रः पारिजातग्रहं प्रति ॥ २१ ॥

तत्रस्थान् निवातकवचान् दीर्घकालं योधितवान् । तयोश्चोभयोर्विग्रहे क्षीयमाणयोर्ब्रह्मा शिरोवेदनया समुपलब्धवृत्तान्तो विफलत्वमस्मद्वरप्रदानस्य मा भूदिति विचिन्त्यागत्य दैत्यान् विग्रहान्न्यवर्त्तयत् । रावणश्च सन्धित्सुस्तमेव ब्रह्माणं प्रातिभाव्ये स्थापयित्वा तैः सन्धायासितवान् ॥ १७ ॥

उदासीने मध्यमे चेति विषयसप्तमी । समानप्रतिशङ्कयेति अरिविजिगीष्वोस्तुल्यया मध्यमोदासीनविषयप्रतिशङ्कयेत्यर्थः । एकीभूयेति शत्रुणा ॥ १८ ॥

तदेव स्फुटयन्नाह — **उभयारिमि**त्यादि । यदा मध्यमोदासीनयोरन्यतरो विजिगीषुं विनाशयितुं वाञ्छति तदायमुभयोरप्यनयोरारिर्भवति । तमुभयारिमधिकं शत्रुणा सम्भूय प्रतिव्यूहेत् ॥ १९ ॥

यियासोरिति अन्यं शत्रुं यातुमिच्छोर्विजिगीषोः । अन्यत्र यातव्यात् । प्रसङ्गेन हीति अन्तरा मित्रोत्सवादिप्रसङ्गेन ॥ २० ॥

अथोपेक्ष्येति । स्थानमासनमुपेक्षणं चेत्यासनपर्यायाः । तत्र गुणैकदेशे स्थानम् । स्ववृद्धिप्राप्त्यर्थमासनम् । उपायानामप्रयोग उपेक्षणम् । तत्र बलवन्तमरिमुपायानाम् अप्रयोगपूर्वकमुपेक्ष्य यत् स्ववृद्धिप्राप्त्यर्थमासनं, तदुपेक्षासनमुच्यत । पारिजातग्रहं प्रतीति । विष्णोः प्रियां सत्यभामां पत्या स्वगृहमागतां शची

---

१. 'विधित्सन्तं' ख-ग. पाठः. २. 'सङ्घधर्मणा' क. पाठः. ३. 'केवलम् ।' क. पाठः.
४ 'त्य तौ द्वौ वि' क-ख-ग-घ. पाठः. ५. 'दु' क. ख. ग. घ. पाठः.

उपेक्षितस्य वान्यैस्तु कारणेनैव केनचित् ।
आसनं रुक्मिण इव तदुपेक्षासनं स्मृतम् ॥ २२ ॥
बलिनोर्द्विषतोर्मध्ये वाचात्मानं समर्पयन् ।
द्वैधीभावेन वर्त्तेत काकाक्षिवदलक्षितः ॥ २३ ॥

स्वमुद्यानं दर्शयामास । तत्र पारिजातमञ्जरीं दृष्ट्वा सत्यभामया प्रणयादभ्यर्थिता मानुषीत्यवज्ञया न ददौ । तदीर्ष्यया च जातकोपया तया प्रोत्साहितो विष्णुर्नन्दनं वनं गत्वा तदारक्षकान् निहत्य पारिजातकमेवोत्पाट्य द्वारकायां रोपितवान् । इन्द्रोऽपि देवकार्यमनेनानेकं कर्त्तव्यं, बलवांश्चेति विचिन्त्य तमुपेक्ष्य स्थितवान् इत्येकः प्रकारः ॥ २१ ॥

द्वितीयमाह — **उपेक्षितस्य वान्यैरिति** । यदा द्वयोरमित्रयोः परस्परमभियुक्तिकृतोः कार्यसम्भववशाद् यथास्वं पक्षमाश्रितेषु शत्रुविजिगीषुसमवायार्थिषु ताभ्यां गौरयुक्तोऽयमित्यनेन प्रकारेणोभाभ्यामप्युपेक्षितो न समवेतः, तदास्योपेक्षितस्य यदासनं, तदुपेक्षासनम् । रुक्मिण इवेति कुरुपाण्डवानामुद्यमे यथाप्रयोजनं द्विधा समाश्रितेषु सामवायिकेषु सर्वक्षत्रियेषु रुक्मी कथकैशिकेष्वेकाक्षौहिणीपरिवारः सन् शत्रुभ्यो भयात् कुरुपाण्डवान् साहाय्यदानेच्छया प्रत्येकमुपगम्योवाच 'यदि भीताः स्थ साहाय्यं करिष्यामि रण' इति । तैश्चासौ मन्दप्रयोजनोऽयं युयुत्सुरित्युपेक्षितो निवृत्यासितवान् ॥ २२ ॥

द्वैधीभावमधिकृत्य श्लोकचतुष्टयमाह — **बलिनोरित्यादि** । तत्र कौटिलीये द्विधा द्वैधीभाव उक्तः । तथा षाड्गुण्यसमुद्देश उक्तः "सन्धिविग्रहोपादानं द्वैधीभाव" इति । अवस्था चास्योक्ता "सहायसाध्ये कार्ये द्वैधीभावं गच्छेदि"(कौटि. अर्थ. ७-१-९८, ९९.)ति । तथा संश्रयवृत्तावुक्तं "पार्श्वस्थो वा बलस्थयोरासन्नभयात् प्रतिकुर्वीत, $दुर्गापाश्रयो वा द्वैधीभूतस्तिष्ठेत्, *सन्धिविग्रहहेतुभिर्वा चेष्टेते"(कौटि. अर्थ. ७-२-१००)ति । इह तु सन्धिविग्रहयोरुक्तत्वात् तत्समुदायोऽपि द्वैधीभावोऽर्थादुक्त एवेति नोक्तम् । इतरं तु द्वैधीभावमभिसन्धायाह — बलिनोर्द्विषतोरिति । वाचात्मानं समर्पयन् इदं राज्यमहं च त्वदर्पण इति द्वैधीभावेन उभयत्रात्मार्पणेन दुर्गापाश्रयो वर्त्तेत । काकाक्षिवदलक्षितः काकदृष्टिर्ह्येकाप्युभयत्र गोलके वर्त्तमाना नोपलक्ष्यते । द्वैधीभावश्चायमुभयाश्रयः संश्रयश्चैकाश्रय इत्यनयोर्भेदः ॥ २३ ॥

---

१. 'चान्येन का' क. पाठः. २. 'दु' क. पाठः ३. 'भ्यामस्यैव गौ' क-ख. पाठः, 'भ्यामस्यैव यु' ग-घ. पाठः. ४. 'था तत्सं' क-ख-ग-घ. पाठः.

$ 'दुर्गपालाश्र' इति, * 'सन्धिविग्रहक्रमहे' इति च मुद्रितकौटिलीयार्थशास्त्रपाठः.

यापयेद् यत्नमास्थाय सन्निकृष्टतरस्तयोः।
उभयोरपि सम्पाते सेवेत बलवत्तरम् ॥ २४ ॥

यदा द्वावपि नेच्छेतां संश्लेषं जातसंविदौ।
तदोपसर्पेस्तच्छत्रुमाधिकं वा समाश्रयेत् ॥ २५ ॥

द्वैधीभावो द्विधा प्रोक्तः स्वतन्त्रपरतन्त्रयोः।
स्वतन्त्र उक्तो ह्यन्यस्तु यः स्यादुभयवेतनः ॥ २६ ॥

उच्छिद्यमानो बलिना निरुपायप्रतिक्रियः।
कुलोद्भतं सत्यमार्यमाश्रयेत बलोत्कटम् ॥ २७ ॥

यापयेद् आत्मानमिति शेषः। सन्निकृष्टतरस्तयोस्तद्देशाक्रान्त्या द्वाभ्यामुपहितत्वात्। सम्पात इति स्वदेशात् सम्भूय विजिगीषुदेशमभिपततोरित्यर्थः। बलवत्तरं द्वयोरेवान्यतरम् ॥ २४ ॥

जातसंविदाविति उच्छेत्तव्योऽयमस्माभिर्न सन्धातव्य इति कृतसंवित्कौ। तच्छत्रुमिति तयोः शत्रुम्। अधिकं वा अशत्रुमपि विशिष्टबलम् ॥ २५ ॥

द्विधा प्रोक्तः स्वतन्त्रपरतन्त्रयोश्च भेदात्। तत्र स्वतन्त्र उक्तः। **अयमेव** विजिगीषुः, तस्य स्वकर्मप्रधानत्वात्। अन्यस्तु परतन्त्रः। कोऽसावित्याह — **यः स्यादुभयवेतन** इति। यो येभ्यां यत्र प्रणिहितः, स ताभ्यां वेतनमाददान उभयवेतनः। तयोरुभयोर्वर्तमानः परकर्मप्रधानत्वात् परतन्त्रः ॥ २६ ॥

संश्रयमधिकृत्य श्लोकाष्टकमाह — **उच्छिद्यमानः** स्वदेशादुत्थाप्यमानः। निरुपायप्रतिक्रिय इति उपायेन प्रतिक्रिया उपायप्रतिक्रिया सा शक्तिहीनत्वाद् व्यपेता यस्येति विग्रहः। तथा ह्युक्तं "शक्तिहीनः संश्रयेते" (कौटि. अर्थ. ७. ९८. ९९.)ति। कुलोद्भतं राजबीजकम्। आर्यं सद्वृत्तम्। **बलोत्कटं** शत्रोर्बलाधिकम् ॥ २७ ॥

---

१. 'तो' क. पाठः, 'दा समापतेच्छ' ख-ग. पाठः. २. 'येन य' क-ख-ग-घ. पाठः. ३. 'तन्त्रप्र' क-ख-ग-घ. पाठः.

तद्दर्शनोपास्तिकता नित्यं तद्भावभाविता ।
तत्कारिता प्रश्रयिता वृत्तं संश्रयिणां स्मृतम् ॥ २८ ॥

विनीतवत् तत्र कालं गमयित्वा गुराविव ।
तत्सङ्गात्[1] प्रतिपूर्णः सन् क्रमेण स्ववशो भवेत् ॥ २९ ॥

ददेद्[2] बलं वा कोशं वा भूमिं वा भूतिसम्भवाम् ।
आश्रयेदभियोक्तारं विसन्धिरनपाश्रयः ॥ ३० ॥

सर्वाणि चैतान्यार्त्तः सन् दद्यात् त्राणार्थमात्मनः ।
युधिष्ठिर इवाप्नोति पुनर्जीवन् वसुन्धराम् ॥ ३१ ॥

निष्पतेदात्मलाभे वा व्यसने वा रिपोः श्रियः ।
प्रहरेद्[3] वाबलीयस्या सैह्या वा काल उत्थितः ॥ ३२ ॥

समाश्रितस्य वृत्तिमाह --- **तद्दर्शनेत्यादि** । तद्दर्शनो[4]योपास्तिः उपासना यस्येति विग्रहः । पश्चात् कप्रत्ययान्तस्य भावप्रत्ययः । तद्भावभाविता तदभिप्रायानुकूलता । तत्कार्यकारिता तदर्थकारिता । प्रश्रयिता सादरता ॥ २८ ॥

विनीतवत् विनीत इव । तत्सङ्गात् प्रतिपूर्णः तत्संश्रयादभ्युचितः । स्ववशो भवेत् स्वकर्मप्रधानः स्यात् ॥ २९ ॥

बलं दण्डः । भूतिसम्भवां गुणवतीं भूमिम् । विसन्धिरनपाश्रय इति । यदा बलोत्कटो नास्ति, तदा निराश्रयोऽभियोक्त्रा सह सन्दध्यात् । तेनापि विसन्धिश्चे[8]दतिघोरमेवाश्रयेत् ॥ ३० ॥

कस्माद् बलादीनि दद्यादित्याह --- **सर्वाणीत्यादि** । त्राणार्थमात्मनः तस्य प्रधानत्वात्, जीवत[6]ः पुनरावृत्तिदर्शनात् । यदाह — युधिष्ठिर इवेति । युधिष्ठिरो हि द्यूतेन हृ[7]तराज्योऽपि जीवन् पुर्नरवाप्तवान् राज्यमित्यतिप्रसिद्धम् ॥ ३१ ॥

संश्रितः कदा निर्गच्छेदित्याह --- **निष्पतेदिति** । आत्मलाभे स्ववृद्धौ

---

१. 'त्प्रसङ्गात् समापू' क. पाठः. २. 'द्याद् ब' क. पाठः. ३. 'वृत्त्या वाथ ब' ख.ग. पाठः. ४. 'नोपास्तिः सेवावसरो य' क-ख-ग-घ. पाठः. ५. 'दभियोक्तारमे' ङ. च. पाठः. ६. 'तश्च पु' च. पाठः. ७. 'हारित' ङ. च. पाठः. ८. 'नस्तदेव' ङ.च. पाठः.

नाकारणात् सङ्गमियाज्ज्यायसा वेतरेण वा।
क्षयव्ययकृताद् दोषाद् विस्रम्भद्रोहजादपि ॥ ३३ ॥

संयोगं हेतुना गत्वा पितर्यपि न विश्वसेत्।
विश्वासमागतं सन्तं प्रायो द्रुह्यन्त्यसाधवः ॥ ३४ ॥

इति षाड्गुण्यमन्ये तु द्वैगुण्यमभिचक्षते।
यानासने विग्रहस्य रूपं[२] सद्भिः प्रकीर्तितम् ॥ ३५ ॥

सन्धेस्तु सन्धिमार्गज्ञैर्द्वैधीभावसमाश्रयौ।
सोऽभिगच्छंश्च तिष्ठंश्च विग्रहं कुरुते यतः ॥ ३६ ॥

सत्याम्। व्यसने वा शत्रोरन्तःकोपादौ प्रहरेद् वा। यदि न निष्पतेद्, आबलीयस्या वृत्त्येति शेषः। मत्तप्रमत्तवदि(स. १०. श्लो. ३७)त्यादिना प्रागुक्तया बलीयस्या वृत्त्या वा सैंह्या वा सिंहवृत्त्या वा स्वोत्साहमवेक्ष्येत्यर्थः ॥ ३२ ॥

नाकारणादिति। यदा परस्यारिविगृहीतत्वं न पश्येत्, तदा न संश्लिष्यात्। किन्त्वदृष्ट एव कोशादीन् ददत् संश्रयेत्। तथा चोक्तं "कोशदण्डभूमीनामन्यतमेनास्योपकर्तुमदृष्टः प्रयतेत। महादोषो हि निविष्टबलसमागमो राज्ञामन्यत्रारिविगृहीतादि"(कौटि. अर्थ. ७. २. १००.)ति। इतरेण समहीनाभ्यां वा। दोषादपि न सङ्गमियादिति सम्बन्धः। विस्रम्भद्रोहजात् विस्रम्भघातसमुत्थात् ॥ ३३ ॥

हेतुना कारणेन। पितर्यपि न विश्वसेत् किमुत शत्रुषु। विश्वासमागतं विश्वस्तम् ॥ ३४ ॥

इदानीं श्लोकसप्तकेन षाड्गुण्योपसंहारपूर्वं मतभेदं दर्शयति—**षाड्गुण्यमि**त्यादि[१]। प्रतिपादितमिति शेषः। द्वैगुण्यमिति सन्धिर्विग्रहश्च द्वावेव गुणौ। शेषाणामत्रैवान्तर्भावात् कारणात्। तदेव दर्शयति यानासने इत्यादिना ॥ ३५ ॥

सन्धेः परं रूपं द्वैधीभावसंश्रयौ। स इति विजिगीषुः। अभिगच्छंश्चेति। अपरभूमौ गच्छन् देशविलोपादिनोपकारलक्षणं विग्रहं च कुरुते। तिष्ठन् स्वभूमौ परमभिहन्तुमशक्तोऽप्यतिसन्धातुकामः। स्वदण्डैर्वा कर्शयन् विगृह्णाति ॥ ३६ ॥

---

१. 'मिति च' ख.ग. पाठः. २. 'द्वयं सन्धेः परं स्मृतम्' क. पाठः. ३ 'ना पराप' ङ.पाठः.

ततो यानासने प्राज्ञैर्विग्रहः परिकीर्त्यते ॥ ३६½ ॥
असन्धाय यतो नास्ति द्वैधीभावः समाश्रयः।
ततो द्वावपि तौ प्राज्ञै रूपं सन्धेरुदाहृतौ ॥ ३७½ ॥
†(सन्धायेति हि यत् प्रोक्तं तत् सन्धे रूपमुच्यते।
विगृह्येति च यत् प्रोक्तं विग्रहस्य तदुच्यते ॥
सन्धिश्च विग्रहश्चेति द्वैगुण्यमिति चक्षते।)
एतौ च संश्रयश्चैव त्रैगुण्यमिति चापरे ॥ ३८ ॥
तस्मादन्यं संश्रयेत बाध्यमानो बलीयसा।
तत्सन्धेः संश्रयो ह्यन्य इत्युवाच बृहस्पतिः ॥ ३९ ॥
न्याय्यो गुणो विग्रह एक एव
सन्ध्यादयोऽन्ये तु गुणास्तदुत्थाः।

असन्धायेति। सन्धिमकृत्वा कथं द्विधा वर्तेत, संश्रयेद्[1] वा, तस्मादुभावपि सन्धे रूपम्। यानासने[2]भेदा अपि यथास्वमत्रान्तर्भूतत्वादव्यतिभिन्ना एव। सम्भूयप्रसङ्गोपेक्षा अपि यथासम्भवं योज्याः ॥ ३७½ ॥

एताविति सन्धिविग्रहौ। संश्रयश्च तृतीयः ॥ ३८ ॥

तस्मादन्यमिति। अभियोक्तुरन्यं बलोत्कटं संश्रयेत। सन्धिः पुनरभियोक्त्रैव बलीयसा सह क्रियते ॥ ३९ ॥

एक एवेति। कौटिल्यदर्शनमेवैतत्। एवं मन्यते—यदि प्राधान्यचिन्तया गुणोपदेशः, तदा विग्रह एवैको गुणः, यस्मादभियोक्ताभियोज्यश्च द्वे प्रकृती इति। तत्र प्राधान्येन प्रथमं विग्रह एव व्याप्रियते, शेषास्तु तदङ्गभूतास्तद्भाविनो[3] गुणीभूता एव। अर्थे स्वकार्यावस्थापेक्षया गुणाख्यानं, तदा षडेव गुणा इत्याह—अवस्थया भेदमुपागतः षाड्गुण्यमिति। तथा चोक्तं 'षाड्गुण्यमेवैतदवस्थाभेदादिति

---

१. 'येत' च. पाठः. २. 'नरूपभे' च. पाठः. ३. 'नोऽनुगु' ङ. च. पाठः. ४. 'थाका' ङ. पाठः.

---

† इदं सार्धं पद्यं व्याख्यात्रा न स्पृष्टम्.

अवस्थया भेदमुपागतः सन्
षाड्गुण्यमित्येव गुरोर्मतं नः ॥ ४० ॥

(इति यानासनद्वैधीभावसंश्रयविकल्पनं नाम षोडशं प्रकरणम्)

इति कामन्दकीये नीतिसारे यानासनद्वैधीभावसंश्रयविकल्पनं नाम

एकादशः सर्गः ।

कौटिल्यः । तत्र' 'हीयमानः *सन्धीयेत, अभ्युच्चीयमानो विगृह्णीयात्, न मां परो नाहं परमुपहन्तुं शक्त इत्यासीत, गुणातिशययुक्तो यायात्, शक्तिहीनः संश्रयेत, †साहाय्यसाध्ये कार्ये द्वैधीभावं गच्छेदि'ति (कौटि. अर्थ. ६.२.९९) ॥ ४० ॥

(इति यानासनद्वैधीभावसंश्रयविकल्पनं नाम षोडशं प्रकरणम्)

इति शङ्करार्यकृतायां कामन्दकीयनीतिसारपञ्जिकायां जयमङ्गलायां

यानासनद्वैधीभावसंश्रयविकल्पनं नाम

एकादशः सर्गः ।

---

* 'सन्दधीत' † 'सहायसाध्यकार्ये' इति च मुद्रितकौटिलीयार्थशास्त्रपाठः.

अथ द्वादशः सर्गः ।

* १७ मन्त्रविकल्पप्रकरणम् *

षाड्गुण्यनिश्चितमतिर्गुह्यं गूढप्रचारवान् ।
मन्त्रयेतेह मन्त्रज्ञो मन्त्रज्ञैः सह मन्त्रिभिः ॥ १ ॥

मन्त्रार्थकुशलो राजा सुखं विजयमश्नुते ।
विपरीतस्तु विद्वद्भिः स्वतन्त्रोऽप्यवधूयते ॥ २ ॥

दुर्मन्त्रमेनं रिपवो यातुधाना इव क्रतुम् ।
समन्ततो विलुम्पन्ति तस्मान्मन्त्रपरो भवेत् ॥ ३ ॥

मन्त्रयेतेह कार्याणि सहाप्तेन विपश्चिता ।
आप्तं मूर्खमनाप्तं च मन्त्रिणं परिवर्जयेत् ॥ ४ ॥

परमण्डलविजयोपायः षाड्गुण्यं सर्गत्रयेणोक्तम् । तत्र विज्ञाततत्स्वरूपस्यापि मन्त्रहीनस्य तत्प्रयोगासम्भव इति षाड्गुण्यप्रयोगाय तच्छेषभूतो मन्त्रस्य विमर्शोऽस्मिन् सर्गे[1] विधीयत इति प्रकरणक्रमः । यदाह — **षाड्गुण्यनिश्चितमतिरित्यादि** । यथोक्ते षाड्गुण्ये प्रतिष्ठितमतिः[2] । विग्रहे गूढप्रचारवान् स्वपरैरविज्ञातचेष्टितत्वात्[3] । इहेति स्वपरमण्डले[4]विषये, गुह्यं मन्त्रं मन्त्रयेतेति सम्बन्धः । मन्त्रज्ञः तदङ्गतत्त्वपरिज्ञानात् । सह मन्त्रिभिः । तथाहि[5] 'नैकस्य मन्त्रसिद्धिरस्तीति विशालाक्षः[6]' (कौटि. अर्थ. १-१४-११.) ॥ १ ॥

मन्त्रज्ञ इत्यस्य स्थिरीकरणाय श्लोकद्वयमाह — **मन्त्रार्थकुशल** इत्यादि । विपरीतो मन्त्रार्थाकुशलः । स न केवलं भूतिं न समश्नुते, अवधूयते च विद्वद्भिर्मूर्खोऽयमिति । स्वतन्त्रोऽपि स्वयं कार्यं प्रवर्तयन्नपि ॥ २ ॥

दुर्मन्त्रम् अविशुद्धमन्त्रम् । यातुधानाः राक्षसाः । क्रतुं यज्ञम् । तस्मान्मन्त्रपरो भवेत्, तत्पूर्वत्वात्[7] सर्वारम्भाणाम् ॥ ३ ॥

मन्त्रज्ञैः सह मन्त्रिभिरित्यस्य विशेषमाह — **सहाप्तेन विपश्चितेति** । आप्तेन मन्त्रज्ञेन च मन्त्रिणा कार्याणि मन्त्रयेतेत्यर्थः । यः पुनरनाप्तः, योऽपि न मन्त्रज्ञस्तदुभयमपि त्यजेत् ॥ ४ ॥

---

१. 'सर्गेऽभिसन्धीय' क-ख-ग-घ. पाठः. २. 'तिरिति विग्रहः । गू' च. पाठः. ३. 'चेष्टत्वा' च. पाठः. ४. 'ले गुह्यं मन्त्रये' च. पाठः. ५. 'त्युक्तं नै' ङ. पाठः. ६. 'क्ष इति ॥' ङ. पाठः. ७. 'वक्त्वा' च. पाठः.

मार्गं सन्मार्गगतिभिः सिद्धये सिद्धकर्मभिः ।
पूर्वैराचरितं सद्भिः शास्त्रीयं न परित्यजेत् ॥ ५ ॥
उच्छास्त्रपदविन्यासः सहसैवा[1]भिसम्पतन् ।
शत्रुखड्गमुखग्रासमगत्वा न निवर्त्तते ॥ ६ ॥
प्रभावोत्साहशक्तिभ्यां मन्त्रशक्तिः प्रशस्यते ।
प्रभावोत्साहवान् काव्यो जितो देवपुरोधसा ॥ ७ ॥

असम्मन्त्र्यैव कस्मान्न कार्यं कुर्यादित्याह — मार्गमित्यादि । शास्त्रीयं मार्गं मन्त्रनिर्णयाख्यं सिद्धये न परित्यजेदिति सम्बन्धः । पूर्वैराचरितं सेवितम् । ते ह्यमुमेवाश्रित्य सिद्धकर्माणोऽभवन् ॥ ५ ॥

तत्परित्यागे दोषमाह — **उच्छास्त्रपदविन्यास** इति । उच्छास्त्रः पदविन्यासः कार्यानुष्ठानलक्षणो यस्येति विग्रहः । सहसैव विना निर्णयेन ॥ ६ ॥

शक्तित्रये च मन्त्रशक्तिर्गरीयसीत्याह --- **प्रभावे**त्यादि । काव्यो जितो देवपुरोधसेति । देवासुरसङ्ग्रामे देवैर्निहतानसुरांस्तन्मन्त्री शुक्रः सञ्जीवन्या[2] विद्यया जीवयतीति श्रुत्वा[3] बृहस्पतिर्देवमन्त्री चिन्तामापन्नस्तदतिसन्धानोपायं च ज्ञानबलेनालोच्य तद्विद्याग्रहणार्थं कचाख्यं स्वपुत्रं शिष्यत्वेन प्रहितवान्[4] । तस्य च तैमाराधयतस्तद्दुहित्रा[5] देवयान्यां[6] सह महान् स्नेहोऽभवत् । तं चैकदा शत्रुं[7]पक्षीय इति बहिर्गत[8]मसुरा निजघ्नुः । देवयान्या च तमपश्यन्त्या 'तात कचो नायाती[9]'ति पृष्टेन शुक्रेण योगचक्षुषा मृतमालोच्य[10] पठित्वा च विद्याम् 'एहि कचे'त्याहूतस्तन्मूल एवोपतस्थौ । एवमनेकधा व्यापादितं प्रापितजीवितं चासुरास्तं पुनरेकदा हत्वा पिष्ट्वा च तस्मै[11] मदिरामदविह्वलाय शुक्राय पानेन सह ददुः । पुनश्च तया तथैव पृष्टो निरूपयन्[12] स्वोदरगतं ददर्श । तत्र विद्याबलात् सुसम्पूर्णदेहोऽपि कुक्षि[13]मविदार्य न निर्गच्छतीति शुक्रस्तत्रस्थायैव तस्मै विद्यां ददौ । भित्त्वा[14] च कच उदरान्निर्गत्य विद्यया पुनस्तमजीवयदिति ततो विद्यापहाराज्जितः । पानव्यसनाच्चायं दोष इति ततः प्रभृत्युशना द्विजानां मद्यमपेयं भविष्यतीति शापमुत्सृष्टवान् ॥ ७ ॥

---

१. 'व नृपः प' क. पाठः. २. 'वनविद्यया यावज्जी' क-ख-ग-घ. पाठः. ३. 'द्याकर्षणा' च. पाठः. ४. 'प्रणिहि' च. पाठः. ५. 'स' क-ख-ग-घ. पाठः. ६. 'न्या सुम' क-ख-ग-घ. पाठः. ७. 'क' क-ख-ग-घ. पाठः. ८. 'गर्हित' क-ख-ग-घ. पाठः. ९. 'नागच्छती' च. पाठः. १०. 'तद्वृत्तमा' ङ-च. पाठः. ११. 'स्मा एव म' च. पाठः. १२. 'नूउद' ङ. पाठः. १३. 'क्षिं विदार्य नि' क-ख-ग-घ. पाठः. १४. 'हित्वा च तदुदरं नि' ङ. पाठः.

†(असुरान् मोहयामास शुक्ररूपी बृहस्पतिः।
बृहस्पतिं तथा शुक्रः शशापानुपमद्युतिः।)

अशिक्षितनयः सिंहो हन्तीभं केवलं बलात्।
तं च धीरो नरस्तेषां शतानि मतिमान् जयेत्॥ ८ ॥

पश्यद्भिर्दूरतोऽपायान् सूपायप्रतिपत्तिभिः।
भवन्तीह फलायैव विद्वद्भिर्मन्त्रिताः[1] क्रियाः॥ ९ ॥

उपायपूर्वं लिप्सेत कालं वीक्ष्य समुत्पतेत्।
पश्चात्तापाय भवति[2] विक्रमैकरसज्ञता ॥ १० ॥

शक्याशक्यपरिच्छेदं कुर्याद् बुद्ध्या प्रसन्नया।
केवलं दन्तभङ्गाय दन्तिनः शैलताडनम्॥ ११ ॥

अशक्यारम्भवृत्तीनां कुतः क्लेशादृते फलम्।
आकाशमास्वादयतः कुतस्तु कबलग्रहः॥ १२ ॥

अशिक्षितनयः मन्त्रशक्तिविकलः। बलाद् उत्साहशक्त्या। तत्र सिंहश्च तेषां हस्तिनां शतानि जयेदिति सम्बन्धः। मतिमान् मन्त्रशक्त्युपेतः॥ ८ ॥

तस्मान्मन्त्रशक्त्या निरूपित एव कार्यारम्भः फलायेत्याह—**पश्यद्भिरि**त्यादि। सूपायप्रतिपत्तिभिः सदुपायानुष्ठानैः॥ ९ ॥

इदानीं मन्त्रनिर्णयमेव विस्तरतो गुणख्यापनेन स्थिरीकर्तुं विंशतिश्लोकानाह। **उपायपूर्वमि**ति मन्त्रशक्तिव्यापारं सूचयति। विक्रमैकरसज्ञता उत्साहशक्तितत्परता॥ १० ॥

बुद्ध्या प्रसन्नया अन्यथा ह्यपरिच्छेदमोहादशक्येषु प्रवर्तमानस्याङ्गवैकल्यं निष्फलक्लेशता विपत्तिरन्तस्तापश्चेति दोषाः स्युः। तान् दर्शयति—**केवलमि**त्यादिना। दन्तभङ्गायेति। गजो हि निर्मलशिलातलेषु स्वबिम्बं दृष्ट्वा प्रतिगजोऽयमिति मन्यमानो मोहात् तस्मिन् परिणतो दन्तभङ्गमवाप्नोति॥ ११ ॥

कुतस्तु कबलग्रहः शून्यत्वात्॥ १२ ॥

---

१. 'श्चिन्तिताः' क. पाठः. २. 'निर्दिष्टा वि' क. पाठः.

† पद्यमिदं क-संज्ञके मूलकोशे न पठ्यते, व्याख्यात्रा च न स्पृष्टम्.

नाग्निं पतङ्गवद् गच्छेत् स्पृश्यमेव तु संस्पृशेत्।
किमन्यत् स्यादृते दाहात् पतङ्गस्याग्निमृच्छतः॥ १३ ॥

मोहात् प्रक्षिपतश्चेष्टां दुःखलभ्येषु वस्तुषु ।
भवन्ति परितापिन्यो व्यक्तं कर्मविपत्तयः॥ १४ ॥

बुद्ध्या बोध्यानुगतया परीयात् सम्पदः पदम् ।
विशुद्धपदविन्यासः पर्वताग्रमिवोन्नतम् ॥ १५ ॥

दुरारूढं पदं राज्ञां सर्वलोकनमस्कृतम् ।
स्वल्पेनाप्यपचारेण ब्राह्मण्यमिव दुष्यति ॥ १६ ॥

आरब्धानि यथाशास्त्रं कार्याण्यमलबुद्धिभिः।
वनानीव मनोहारि प्रयच्छन्त्यचिरात् फलम् ॥ १७ ॥

सम्यगारभ्यमाणं हि कर्म[2] यद्यपि निष्फलम् ।
न तत्[3] तथा तापयति यथा मोहसमीहितम् ॥ १८ ॥

स्पृश्यमेव तु संस्पृशेत् शक्यमेवारभेत ॥ १३ ॥

चेष्टां प्रक्षिपतः कुर्वतः । परितापिन्यः परितापनशीलाः । कर्मविपत्तयः कर्मव्यापदः ॥ १४ ॥

यस्मादपरिच्छेद्या एते दोषास्तस्माद् बुद्ध्या सर्वं परिच्छिन्द्यादित्याह—**बुद्ध्येति** । बोध्यानुगतया यथावस्थितवस्तुविषयया विशुद्धपदविन्यास इति सम्बन्धः । परीयात् सम्पदः पदम् आक्रामेद् राज्यम् ॥ १५ ॥

अविशुद्धे च पदन्यासे तत् स्वल्पेनापि दोषेण दुष्येदित्याह—**दुरारूढमित्यादि** ॥ १६ ॥

गुणख्यापनेन मन्त्रनिर्णयं स्थिरीकर्तुमाह—**आरब्धानीत्यादिना** । वनानीवेति । तान्यपि[4] वृक्षायुर्वेदविहितेन विधिना ज्ञात्वारब्धानि अचिरात् फलं ददतीति ॥ १७ ॥

ननु[5] सम्यगारब्धमपि कर्म कदाचिन्निष्फलं भवत्येव । ततश्च निर्णयानिर्णययोः को भेद इत्याह—**सम्यगित्यादि** । न तापयति, तत्र पुरुषस्यानुपालभ्यत्वात् ॥ १८ ॥

---

१. 'रारोहं प' क. पाठः. २. 'कार्यं य' क. पाठः. ३. 'तथा तापमयति' ख-ग. पाठः. ४. 'प्यायु' क. ख. ग. घ. ङ. पाठः. ५ 'नु च स' च. पाठः.

यत् तु सम्यगुपक्रान्तं कार्यमेति विपर्ययम् ।
पुमांस्तत्रानुपालभ्यो दैवान्तरितपौरुषः ॥ १९ ॥

प्रयत्नस्तावदास्थेयः फलायामलबुद्धिना ।
अथर्ववेदनिपुणः शेषं दैवं समाश्रयेत् ॥ २० ॥

आत्मानं च परं चैव वीक्ष्य धीरः समुत्पतेत् ।
एतदेव हि विज्ञानं यदात्मपरवेदनम् ॥ २१ ॥

निष्फलं क्लेशबहुलं सन्दिग्धफलमेव च ।
न कर्म कुर्यान्मतिमान् महावैरानुबन्धि च ॥ २२ ॥

तदात्वायतिसंशुद्धं सुविशुद्धक्रमागतम् ।
हितानुबन्धि च सदा कर्म सद्भिः प्रशस्यते ॥ २३ ॥

यदाह --- **यत् तु सम्यगित्यादि** । उपक्रान्तम् आरब्धम् । विपर्ययं नैष्फल्यम् । दैवान्तरितपौरुषः अलक्षणेन दैवेन बलवता तिरस्कृतपुरुषकार इत्यर्थः । तत्र दैवमेवोपालभ्यम्, अत्र पुमान् ॥ १९ ॥

यदि दैवं प्रधानं किं तर्हि पुरुषकारेणेत्याह -- **प्रयत्न** इत्यादि । **अमलबुद्धि-नेति** विचारपूर्वकः पुरुषकारः कार्य इति दर्शयति । अथर्ववेदनिपुणः अकाण्ड-विनाशकुशलः । दैवं समाश्रयेत् सहकारितया ॥ २० ॥

उत्साहवंतोऽपि विक्रमो विचारपूर्वक एव फलवानिति दर्शयितुमाह --- **आत्मानं** चेत्यादि । एतदेव हि विज्ञानं बुद्धेः कौशलं, यत् प्रथममेवात्मपरवे-दनम् अभ्युच्चयापचयाभ्याम् ॥ २१ ॥

उपायपूर्वकं लिप्सेतेत्युक्तम् । कीदृशं पुनस्तत् कर्म लिप्सेत त्यजेच्चेति प्रसङ्गादाह --- **निष्फलमित्यादिना** ॥ २२ ॥

सुविशुद्धक्रमागतं देशकालोपेतत्वात् ॥ २३ ॥

---

१. 'न ति' क-ख-ग-घ. पाठः.

हितानुबन्धि तज्जातु गच्छेद् येन न वाच्यताम् ।
तस्मिन् कर्मणि सज्जेत तदात्वकटुकेऽपि हि ॥ २४ ॥

बुद्ध्यैवोपक्रमः श्रेयान् फलनिष्पत्तये सदा ।
क्वचित् कल्याणमित्रस्य दृश्यते[1] सिंहवृत्तिता ॥ २५ ॥

सहसोत्पत्य दुष्टेभ्यो दुष्करं सम्पदार्जनम् ।
उपायेन पदं मूर्ध्नि न्यस्यते मत्तहस्तिनः ॥ २६ ॥

न किञ्चित् क्वचिदस्तीह वस्त्वसाध्यं विपश्चिताम् ।
*अयोऽभेद्यमुपायेन द्रवतामुपनीयते ॥ २७ ॥

वाह्यमानमयःपिण्डं महच्चापि न कृन्तति ।
तदल्पमपि धारावद् भवतीप्सितसिद्धये ॥ २८ ॥

लोकप्रसिद्धमेवैतद् वारि वह्नेर्नियामकम् ।
उपायोपगृहीतेन तत् तेनैव विशोष्यते ॥ २९ ॥

तदात्वकटुकेऽपि आरम्भकाले समुद्वेजनेऽपि तिक्तौषधपानवद् ॥ २४ ॥

बुद्ध्यैवोपक्रमः श्रेयान् यथोक्तेषु कर्मसु । क्वचिदिति भीते । तत्रापि कल्याणमित्रस्य सुसहायस्येत्यर्थः ॥ २५ ॥

सहसोपक्रमे चार्थसिद्धिर्दुष्करैवेत्याह --- **सहसोत्पत्येति** । उपायेन बुद्धिपूर्वकेण ॥ २६ ॥

न किञ्चित् क्वचिदस्तीत्यादि उपायस्याभिव्यापितां दर्शयति । अयो द्रवतां नीयत इति सम्बन्धः । अभेद्यमपि सद् ॥ २७ ॥

वाह्यमानं व्यापार्यमाणम् । तत्रापि स्वल्पमपिच्छेद्यम् । धारावद् धारोपेतम् । ईप्सितसिद्धये छिदयारिपीडयैव ॥ २८ ॥

उपायोपगृहीतेनेति । वह्निनाधस्तात् प्रतप्यमानायां स्थाल्यां तद्गतं वारि शोष्यते । तस्मान्मन्त्रनिर्णयः कार्य इति स्थिरीकृतम् ॥ २९ ॥

---

१. 'शस्यते' क. पाठः.

---

* 'यो द्रव्यमु' मूलकोशेषु पाठः.

अविज्ञातस्य विज्ञानं विज्ञातस्य विनिश्चयः।
अर्थद्वैधस्य सन्देहच्छेदनं शेषदर्शनम् ॥ ३० ॥
विदुषां शासने तिष्ठन् नावमन्येत कंचन[1]।
सर्वस्यैवोपशृणुयात् सुभाषितजिघृक्षया ॥ ३१ ॥
मदोद्वृत्तः क्रियामूढो योऽतिक्रामति मन्त्रिणम्[2]।
अचिरात् तं वृथामन्त्रमतिक्रामन्ति विद्विषः ॥ ३२ ॥
संरक्षेन्मन्त्रबीजं हि तद्बीजं हि महीभृताम्।
तस्मिन् भिन्ने ध्रुवो भेदो गुप्ते गुप्तिरनुत्तमा ॥ ३३ ॥

इदानीं मन्त्रस्य ज्ञानरक्षाप्रकाशनप्रशस्ताङ्गव्यापारोत्पत्तिक्रमशुद्धिसिद्ध्यावर्तनधारणप्रदेशानष्टादशभिः श्लोकैराह --- **अविज्ञातस्ये**त्यादि । मन्त्रनिर्णयो मन्त्रज्ञानम्। तच्च मन्त्रिभिः सह मन्त्रयमाणस्य, नैकाकिनः। तथाहि देशकालान्तरितत्वादसाक्षात्कृतस्य विज्ञानं मन्त्रिभ्य एव । मन्त्रिसाक्षात्कृतस्यापि तत्त्वाभासनिश्चयभूयस्त्वे निश्चयो बुद्ध्यन्तरात्। अर्थद्वैधस्य दशया यातव्ययोः कं प्रति यायाद् इत्यादिसन्देहे तच्छेदनं मन्त्र्युपदेशात्। शेषदर्शनम् एकदेशदृष्टस्येति शेषः। सन्धिविग्रहयोः सन्धिः श्रेयानिति शेषोपलब्धिः। एतच्चतुष्टयरूपं मन्त्रिसाध्यमिति तेषां शृणुयात् ॥ ३० ॥

यदाह -- **विदुषामिति**। शासनम् उपदेशः। सर्वस्य अशास्त्रज्ञानस्यापि। सुभाषितजिघृक्षया अर्थवद् वाक्यं ग्रहीतुमिच्छया ॥ ३१ ॥

अवमानने दोषमाह --- **मदोद्वृत्त** इति । अहमेव ज्ञानवानिति मदावलिप्तः। क्रियामूढः प्रयोगानभिज्ञः। वृथामन्त्रं निष्फलमन्त्रम् ॥ ३२ ॥

रक्षितो मन्त्रः फलवानित्याह — **संरक्षेदि**ति । निर्णयकालात् प्रभृति यावत्कर्मारम्भकालम्। मन्त्र एव बीजं, ततो राज्यफलप्रसवात्। यदाह --- **तद्बीजमि**ति। भेदो विनाशः। अनुत्तमा श्रेयसी ॥ ३३ ॥

---

१. 'कर्हिचित्' ख.ग. पाठः.　　२. 'त' ख.ग. पाठः.

सिंहवच्चेष्टमानस्य काले कर्म विपश्चितः ।
क्रियमाणं स्वकुल्यास्तु विद्युरस्यै परे कृतम् ॥ ३४ ॥

अपश्चात्तापकृत् सम्यगनुबन्धिफलप्रदः ।
अदीर्घकालोऽभीष्टश्च प्रशस्तो मन्त्र इष्यते ॥ ३५ ॥

सहायाः साधनोपाया विभागो देशकालयोः ।
विपत्तेश्च प्रतीकारः सिद्धिः[2] पञ्चाङ्ग इष्यते[3] ॥ ३६ ॥

कदा तर्हि मन्त्रः प्रकटीभवतीत्याह — **सिंहवदित्यादि** । सर्वकृतप्रतिविधानत्वात् सिंहस्येव निश्शङ्कं चेष्टमानस्य। काले प्रागवधारिते । क्रियमाणं स्वकुल्या विद्युः, नतु चिकीर्षितम् । परे कृतं समाप्तं विद्युः । अनेन क्रियानुमेयतां मन्त्रस्य दर्शयति ॥ ३४ ॥

प्रशस्ते च मन्त्रे यत्नः कार्य इति दर्शयितुमाह — **अपश्चात्तापेत्यादि** । अदीर्घकालः चिरेण कालेन यो न निष्पद्यते। अभीष्टः ईप्सितार्थसाधनत्वात्॥३५॥

प्रशस्तः स्वाङ्गसाफल्याद् भवतीति तान्यङ्गान्याह — **सहाया इत्यादि** । अत्र दुर्गकर्मणि सहाया मुख्याः क्षुद्राश्च पुरुषाः । साधनोपायाः दुर्गस्यारम्भं प्रत्युपायाः कुद्दालकुठारकरपत्रादयः । विभागो देशकालयोरिति । तत्र जनपदान्ते जनपदमध्ये चेति देशविशेषः । वर्षासु काष्ठादिकर्म, ग्रीष्मे हेमन्ते चेष्टकादिकर्मेति कालविभागः । विपत्तेश्चेति आरब्धे दुर्गकर्मणि दैव्या मानुष्याश्चोत्प-(र्याय ? न्नाया)विपदः अथर्वभिरुपायैः सामादिभिश्च प्रतीकारः । सिद्धिरिति कार्यस्येति शेषः । (तत्र मन्त्रविपर्यान्ते निष्पन्नदुर्गमविषह्यमाश्रितः परकर्माण्यपहनिष्यामि जनपदमध्ये च समुदायस्थानं भवतीत्यादि ?)पञ्चाङ्ग इष्यते मन्त्र इत्येव । उक्तञ्च — "कर्मणामारम्भोपायः पुरुषद्रव्यसम्पद् देशकालविभागो विनिपातप्रतीकारः कार्यसिद्धिश्चेति पञ्चाङ्गो मन्त्र" (कौटि.अर्थ. १.१५.११) इति॥३६

---

१. 'स्याप' ग. पाठः. २. 'मन्त्रः प' मूलकोशेषु पाठः. ३. 'उच्यते' मूलकोशेषु पाठः. ४. 'न्दा' च. पाठः.

अनुतिष्ठेत् समारब्धमनारब्धं प्रयोजयेत् ।
अनुतिष्ठंश्च संवृत्त्यै[1] विशेषेणोपपादयेत् ॥ ३७ ॥
प्रचारयेन्मन्त्रविदः कार्यद्वारेषु[2] नैकधा ।
यत्र तच्चेतसां साम्यं [3]तेषु साधु समुत्पतेत् ॥ ३८ ॥
यत्र मन्त्रिमनस्साम्यं यत्र चेतो न शङ्कते ।
यत्र[4] सन्तो न निन्दन्ति तत् परीयाच्चिकीर्षितम् ॥ ३९ ॥
धृतेऽपि मन्त्रे मन्त्रज्ञैः स्वयं भूयो विचारयेत् ।
तथा वर्त्तेत [5]मन्त्रज्ञो यथा स्वार्थं न पीडयेत् ॥ ४० ॥
मन्त्रिणः स्वार्थतात्पर्याद् दीर्घमिच्छन्ति विग्रहम् ।
तेषां च भोग्यतामेति दीर्घकार्याकुलो नृपः ॥ ४१ ॥

मन्त्रव्यापारं दर्शयितुमाह --- **अनुतिष्ठेत्** समापयेत् । प्रयोजयेद् आरम्भयेत् । संवृत्त्येति इदमनेन विशिष्टं भवतीति कुशलैः सं(पा ?वा)द्य ॥ ३७ ॥

मन्त्रोत्पत्तिक्रममाह --- **प्रचारयेन्मन्त्रविद** इति । इदं कार्यमुपस्थितं, तत्र किमाहुर्भवन्त इति कार्योपायेषु प्रवर्तयेत् । मन्त्रशुद्धिमाह --- यत्रेति मन्त्रे । तच्चेतसां साम्यं मन्त्रिणामेकाभिप्रायता । तेषु समुत्पतेत् तेषु कार्येषु प्रवर्तेत ॥ ३८

यथा मतिसाम्यं शुद्धिप्रवृत्त्योर्निबन्धनं (तथा) शङ्कानिन्दा(भ्युपगमा ? भ्याम)शुद्धिर्निवृत्तिश्चेत्याह ---- **यत्रेत्यादि** । चिकीर्षितमिति कार्यद्वारेण मन्त्रशुद्धिरुक्ता ॥ ३९ ॥

इदमपरं शुद्धिकारणं, यत्[6] स्वयमेव पुनर्विमर्शनमित्याह --- **धृतेऽपीत्यादि** । इदमेव कर्तव्यमित्यवधारितेऽपि तथा वर्तेत, यथा स्वार्थं न पीडयेदिति । इदमुक्तं भवति --- नहि मन्त्रिमतेनैव तज्ज्ञो वर्तेत, स्वार्थतात्पर्या(प्य ? द्व)न्यथाप्युपदिशेयुरिति ॥ ४० ॥

यदाह ---- **मन्त्रिण** इत्यादि । दीर्घकार्याकुलः दीर्घविग्रहादिकार्यव्याकुलः ॥ ४१ ॥

---

१. 'त्या' ख ग. पाठः. २. 'ष्वनेकशः' क पाठः. ३. 'तत्र सा' मूलकोशपाठः.
४. 'त्र तु स' ख. ग. पाठः. ५. 'नीतिज्ञः' क. पाठः. ६. 'त् पुनः स्व' क. ख. पाठः.

मनःप्रसादः श्रद्धा च तथा करणपाटवम् ।
सहायोत्थानसम्पच्च कर्मणां सिद्धिलक्षणम् ॥ ४२ ॥
लघूत्थानान्यविघ्नानि सम्भवत्साधनानि च ।
कथयन्ति पुनः सिद्धिं करणान्येव कर्मणाम् ॥ ४३ ॥
आवर्तयेन्मुहुर्मन्त्रं धारयेच्च प्रयत्नतः ।
अप्रयत्नधृतो मन्त्रः प्रचलन्नग्निवद् दहेत् ॥ ४४ ॥
आप्तासन्ततेर्मन्त्रं संरक्षेत् तत्परस्तु सन् ।
अरक्ष्यमाणं मन्त्रं हि भिनत्त्याप्तपरम्परा ॥ ४५ ॥
मदः प्रमादः कामश्च सुप्तप्रलपितानि च ।
भिन्दन्ति मन्त्रं प्रच्छन्नाः कामिन्योऽवमतास्तथा ॥ ४६ ॥

मन्त्रसिद्धिमूलान्याह---- **मनःप्रसाद** इत्यादि । संशयाभावान्मनसो वैमल्यम् । श्रद्धा साध्येषु । करणपाटवं बुद्धिकर्मेन्द्रियाणां स्वविषयव्यापारसामर्थ्यम् । सहायसम्पत् सत्त्वप्रतिज्ञादियोगो बाहुल्यं च । उत्थानसम्पल्लघूत्थायिता । कर्मणामारभ्यमाणानाम् । तत्कर्मसिद्धिरेव मन्त्रसिद्धिरिति मन्त्राणामिति नोक्तम् ॥४२॥

लघूत्थानानि करणानीति सम्बन्धः । साध्यस्य यान्युपादानसाधनानि तेषु विजिगीषोर्लघू(न्यु)त्थानानीति सप्तम्यर्थे बहुव्रीहिः । सम्भवत्साधनानि सम्भवत्सहकारिकारणानि ॥ ४३ ॥

धृतस्य मन्त्रस्याप्रयोगकालमावर्तनं धारणं च कुर्यादित्याह---- **आवर्तयेदि**ति । अविस्मरणार्थं धारयेद् यथाधिष्ठानान्तरं न (चा ? या)ति । प्रचलन्नधिष्ठानान्तरं गच्छन् ॥ ४४ ॥

संरक्षेन्मन्त्रबीजमित्युक्तं, तत् कुतो रक्षेदित्याह---- **आप्तासन्ततेरि**ति । कथमिदमेवं स्यादिति निर्णयाय विजिगीषुराप्तं मन्त्रिणं पृच्छति, सोऽपि वृ(द्धन्तमु ? द्धं तदु)पजीविष्वन्यं, सोऽप्यन्यमित्याप्तपरम्परा भिनत्ति । ततः संरक्षेन्मन्त्रबीजमित्युक्तम् ॥ ४५ ॥

तथान्येऽपि मन्त्रभिद इत्याह — **मद** इत्यादि । सुरापानादिजनितो मदः । प्रमादः कार्यान्तरप्रसङ्गात्[1] । कामः स्त्रीषु विश्वासहेतुः । सुप्तप्रलपितानि स्वप्नावस्थायाम् । प्रच्छन्नाः स्तम्भादितिरस्कृताः । कामिन्यः पार्श्ववर्तिन्यः । *अवमताः (दिच्छा ?)मूकसमानाः ॥ ४६ ॥

१. 'ङ्गः' ङ. च. पाठः.

* 'अवमता न किमपि जानन्तीत्यवज्ञाताः शुकशारिकाबालव्याधिप्रपीडितादयः' इति राजेन्द्रलालमित्रसंशोधितायाम् उपाध्यायनिरपेक्षासारिण्याख्यटीकायां व्याख्यातम् ।

निरस्तम्भे निर्गवाक्षे च नि[1]ष्कुड्यान्तरसंश्रये ।
प्रासादाग्रे ह्यरण्ये वा मन्त्रयेदविभावितः ॥ ४७ ॥

द्वादशेति मनुः प्राह षोडशेति बृहस्पतिः ।
उशना विंशतिरिति मन्त्रिणां मन्त्रिमण्डलम् ॥ ४८ ॥

यथासम्भवमि[2]त्यन्ये तत प्रविश्य यथाविधि ।
मन्त्रयेताहितमनाः कार्यं बुद्धिविवृद्धये ॥ ४९ ॥

एकैकेनापि कार्याणि प्रविचार्य पुनः पुनः ।
प्रविशेत् स्वहितान्वेषी मतमेषां पृथक् पृथक् ॥ ५० ॥

मन्त्रप्रदेशमाह --- **निरस्तम्भ** इत्यादि । निष्कुड्यान्तरसंश्रय इति । मध्ये कुड्यमवस्थाप्य यदवस्थानं क्रियते तत् कुड्यान्तरसंश्रयम् । भित्त्यन्तरेति वा पाठः । तेन रहिते । अविभावितः अनुपलक्षितः । प्रज्ञा हि दूरादेवौष्ठपतनादिभिरभिप्रायं विन्दन्ति ॥ ४७ ॥

यतो मन्त्रज्ञानं, तद् मन्त्रिमण्डलम् । तत्र वृत्तं चतुर्भिः श्लोकैराह --- **द्वादशेत्यादि** । उत्तरमन्त्रिव्यतिरेकेणेयं चिन्ता । तत्रोत्तरमन्त्रिणस्त्रयश्चत्वारो वा कर्तव्याः । तद्व्यतिरेकेणान्ये द्वादशराजकेतिकर्तव्यतापरिज्ञानाय द्वादश मन्त्रिणः स्युः । षोडशेति । एते चान्ये चारिविजिगीषुमध्यमोदासीनेषु चतुर्षु मण्डलेषु द्रव्यप्रकृतिपञ्चकस्वरूपविदश्चत्वार इति । विंशतिरिति । दशराजके तत्स्वरूप[3]विदो दश, द्रव्यप्रकृ[4]तिविशेषविदश्च दशेति ॥ ४८ ॥

यथासम्भवमिति । अन्ये कौटिलीयाः । यस्य यावन्तो गुरुलघुकार्यापेक्षया सम्भवन्ति तस्य तावन्तः स्युः । तस्यैव कार्यसामर्थ्याद्धि पुरुषसामर्थ्यं प्रकल्प्यते । तत्र वृत्तमाह—तदित्यादिना । मन्त्रिमण्डलं प्रविश्य यथाविधि आहितमना एकाग्रचित्तः, अनुद्धतवेषो भूत्वेत्यर्थः । बुद्धिविवृद्धये मन्त्रप्रयोगार्थं तूत्तरमन्त्रिभिरेव सह मन्त्रयेतेत्याचार्येणोक्तम् *'एतत् त्रिभिश्चतुर्भिर्वा मन्त्रयेते' (कौटि. अर्थ. १. १५. ११)ति ॥ ४९ ॥

एकैकेनामात्येन सह सम्भूय मतं प्रविशेत, कस्य किंसमुत्थोऽभिप्राय इति विद्यात् ॥ ५० ॥

---

१. 'निर्भित्त्यन्तर' इति मूलकोशेषु पाठः. २. 'त्येके त' ख-ग. पाठः ३. 'दः तद्द्र' क. ख. ग. घ. पाठः. ४. 'निविद' ङ. च. पाठः. ५. 'स्युः का' ङ. च. पाठः.

---

* मन्त्रिभिस्त्रिभिश्चतुर्भिर्वा सह मन्त्रयेतेति मुद्रितकौटिलीयार्थशास्त्रपाठः ।

महापक्षो यथाशास्त्रं दृष्टकर्मा हितः सुधीः।
यद्यद् ब्रूयान्मतारूढस्तत्तत् साधु समाचरेत् ॥ ५१ ॥

नातीयात् कार्यकालं हि कृत्वा मन्त्रविनिश्चयम्।
अतिक्रान्तं[1] तु तं भूयो यथायोगं प्रकल्पयेत् ॥ ५२ ॥

न कार्यकालं मतिमानतिक्रामेत् कदाचन।
कथञ्चिदेव भवति कार्ययोगः सुदुर्लभः ॥ ५३ ॥

सतां मार्गेण मतिमान् काले कर्म समाचरेत्।
काले समाचरन् साधु रसवत्[2] फलमश्नुते ॥ ५४ ॥

इति चेति च सम्पश्यन् काले देशे सहायवान्।
§विशुद्धपार्श्वसंसिद्धः समाक्रामेन्न चापलात् ॥ ५५ ॥

तत्रैषां यो महापक्षादिगुणयुक्तो यद् ब्रूयात्, तदाचरेदित्याह— **महापक्ष** इत्यादि। बहुभिर्मन्त्रिभिरनुगम्यमानत्वान्महापक्षः। यथाशास्त्रं कुर्यादिति सम्बन्धः। दृष्टकर्मा अन्यत्र दृष्टमन्त्रप्रयोगः। हितः स्वामिने। मतारूढः निश्चयमतारूढः ॥ ५१ ॥

तत्रोत्तरमन्त्रिभिः परिषदा वा मन्त्रं विनिश्चित्य कार्यकालं न हापयेदिति श्लोकत्रयेण दर्शयति— **नातीयाद्**इत्यादिना। यथायोगमिति। यो यस्य साध्यस्य कालेन योगस्तं तेन पुनः प्रकल्पयेदिति ॥ ५२ ॥

कालस्य कार्ययोगो न सुलभ इति मन्यमान आह— **न कार्यकालमि**त्यादि ॥ ५३ ॥

तस्मात् तत्रैव काले कर्म समाचरेदित्याह— **सतां मार्गेणे**ति। मन्त्रिणामुपदेशेन स्वादु साधु फलमश्नुते रसवत्त्वात्। अन्यथा कालातिपत्तिः प्रत्यग्रं कार्यरसं विहन्ति ॥ ५४ ॥

तत्रापि मन्त्राङ्गसव्यपेक्ष एव कार्यमारभेत, न चापलादिति श्लोकत्रयेण दर्शयति— **इती**त्यादिना। अयमस्य साधनोपाय[3] इत्यादा(तुं य ?तव्य)स्य देशे

---

१. 'न्तंऽपि त' ख.ग. पाठः. २. 'सम्पत्फलमुपाश्नु' ख. ग. पाठः. ३. 'सन्धानो' ख. ग. पाठः

---

§ 'विशुद्धपार्श्व' इति 'तद्' इति च पदयोर्व्याख्याने ग्रहणात् 'विशुद्धपार्श्वस्तद्वस्तु' इति पाठो गम्यते। 'विशुद्धपार्ष्णिस्सद्वस्तु' इति मुद्रितव्याख्यान्तरपाठः.

अहिते हितबुद्धिरल्पधीरवमन्येत मतानि मन्त्रिणाम् ।
चपलः सहसैव सम्पतन्नरिखड्गाभिहतः प्रबुध्यते ॥ ५६ ॥
अविचार्य बलाबलं द्विषामहमित्येव समुद्धतोऽनयात् ।
चपलः स्वमतेन सम्पतन्ननिपत्याल्पमना न बुध्यते ॥ ५७ ॥
इति मन्त्रबलान्महीपतिर्महतो दुष्टभुजङ्गमानिव ।
विनयेन्नयमार्गमास्थितो वशमुद्योगसमन्वितो रिपून् ॥ ५८ ॥

(इति मन्त्रविकल्पो नाम सप्तदशं प्रकरणम्)

इति कामन्दकीये नीतिसारे मन्त्रविकल्पो नाम
द्वादशः सर्गः ।

काले प्रविभक्ते । क्षुद्रैर्मुख्यैश्च सहायैरुपेतः । विशुद्धपार्श्वः कृतविपत्प्रतीकारत्वात् । तदिति सद्यःसिद्धिकरम् । न चापलादिति । चपलो मन्त्रिभिः स्वयं वा अविमृश्यकारी ॥ ९५ ॥

तदुभयमप्याह — अहितइत्यादि । दुःखहेतौ सुखहेतुरित्येवं बुद्धिरल्पबुद्धित्वात् । मतानि कृतपञ्चाङ्गविनिर्णयानुपदेशान् योऽवमन्यते । सहसा सम्पतन् मन्त्रिभिरविमृश्य वर्तमानः शत्रुभिश्छिद्रेपु प्रहृतश्चेतयते ॥ ५६ ॥

अविचार्य स्वयं बलादहमिति जातदर्पो हि न स्वयं विमृशति । स्वमतेन विचारशून्येन । अनिपत्य न बुध्यते स्वपदात् परिभ्रष्ट एव वेदयते । अल्पमनाः अल्पबुद्धिः ॥ ५७ ॥

प्रकरणानुष्ठानफलमाह—इतीत्यादि । महतो रिपूनिति सम्बन्धः । दुष्टभुजङ्गमानिव । तेऽपि मन्त्रबलादेव वशीक्रियन्ते । विनयेद् वशमिति सम्बन्धः । नयमार्गं षाड्गुण्यविधिम् । उद्योगसमन्वित इति उद्योगः सर्वत्र प्रधानमिति मन्यते ॥ ५८ ॥

(इति मन्त्रविकल्पो नाम सप्तदशं प्रकरणम्)

इति शङ्करार्यकृतायां कामन्दकीयनीतिसारपञ्जिकायां
जयमङ्गलायां मन्त्रविकल्पो नाम
द्वादशः सर्गः ।

---

१. 'यमेव सम्पतन् निपतत्यात्ममना न तिष्ठति' इति मूलकोशेषु पाठः. २. 'प्राग्वि' ङ. च. पाठः. ३. 'वप्र' ङपाठः.

अथ त्रयोदशः सर्गः ।

* १८ दूतप्रचारप्रकरणम् । *

कृतमन्त्रः सुमन्त्रज्ञो मन्त्रिणं मन्त्रिसम्मतम् ।
यातव्याय प्रहिणुयाद् दूतं दूत्याभिमानिनम् ॥ १ ॥

प्रगल्भः स्मृतिमान् वाग्मी शस्त्रे शास्त्रे च निष्ठितः ।
अभ्यस्तकर्मा नृपतेर्दूतो भवितुमर्हति ॥ २ ॥

निसृष्टार्थो मितार्थश्च तथा शासनहारकः ।
सामर्थ्यात् पादतो हीनो दूतस्तु त्रिविधः स्मृतः ॥ ३ ॥

अस्मिन् सर्गे प्रकरणद्वयं दूतप्रचारश्[1]चारविकल्पश्च । सन्धिविग्रहाद्यर्थो मन्त्रः । स च [2]स्वपरमतसम्पादनाधीनः । तच्च प्रस्तावज्ञाद् दूतात् चाराच्[3]च भवति । अतो मन्त्रविकल्पानन्तरमुभयविधि:[4] षाड्गुण्यशेषभूत[5] उच्यते । तत्र प्राधान्याद् [6]दूतविधिमाह --- **कृतमन्त्र** इत्यादि । कृतमन्त्रः उद्धृतमन्त्रः । दूत्याभिमानिनमिति । यो मन्त्री दूतकर्मणि जाताभिमानो मन्त्रिसम्मतश्च, तं दूत्येन यातव्याय शत्रवे प्रेषयेत् । तस्य कार्यसाधनयोग्यत्वात् ॥ १ ॥

दूतगुणानाह --- **प्रगल्भ** इत्यादि । अमात्यस्वरूपो दूतः । तस्य प्रकृतिसम्पदि गुणा उक्ता एव । पुनरिह कतिपयगुणोपादानं प्राधान्यार्थम् । निष्ठितः प्रकृष्टः । अभ्यस्तकर्मा बहुधा कृतदूत्यः ॥ २ ॥

निसृष्टार्थः यथाकामेन निसृष्टः सन्ध्यादिरर्थो यस्मिन् । परिमितार्थः त्वयैतावद् वाच्यमिति । शासनहारकः लेखनहारकः । सामर्थ्यात् पादतो हीन इति अमात्यगुणांश्चतुर्धा विभज्य योजनीयम् । तत्र गुणसाकल्यं सामर्थ्यमस्य, तदुपेतो निसृष्टार्थो वेदितव्यः । तस्य पादतो हीनः पादत्रययुक्तः परिमितार्थः । तस्यापि पादतो हीनः पादद्वययुक्तः शासनहारकः । तेन भेद्यापेक्षया पादतो हीन इति द्विरावर्त्तनीयम् । उक्तञ्च "अमात्यसम्पदोपेतो निसृष्टार्थः, पादगुणहीनः परिमितार्थः, अर्धगुणहीनः शासनहारकः" (कौटि.अर्थ.१.१६.१२.) इति ॥ ३ ॥

---

१. 'च' ङ.च. पाठः. २. 'स्वमतपरमतसाधना' ङ. पाठः. ३. 'द्वा' क. ख. पाठः. ४. 'धषा' क-ख-ग-घ. पाठः. ५. 'तस्तद्भेद उ' क.ख.ग.घ. पाठः. ६. 'तमधिकृत्याह' ङ च. पाठः.

स भर्तुः शासनाद् गच्छेद् गन्तव्यं ह्युत्तरोत्तरम्।
स्ववाक्यपरवाक्यानामिति चेति च चिन्तयन् ॥ ४ ॥

अन्तपालांश्च कुर्वीत मित्राण्याटविकांस्तथा।
जलस्थानानि मार्गांश्च विद्यात् स्वबलसिद्धये ॥ ५ ॥

नाविज्ञातः पुरं[1] शत्रोः प्रविशेन्न च संसदम्[2]।
कालमीक्षेत कार्यार्थमनुज्ञातश्च निष्पतेत् ॥ ६ ॥

सारवत्तां च राष्ट्रस्य दुर्गं तद्गुप्तिमेव च।
छिद्रं च शत्रोर्जानीयात् कोशमित्रबलानि च ॥ ७ ॥

उद्यतेष्वपि शस्त्रेषु यथोक्तं शासनं वदेत्।
रागापरागौ जानीयाद् दृष्टिवक्त्रविचेष्टितैः ॥ ८ ॥

इदानीमेकविंशत्या श्लोकैस्तत्प्रचारमाह—**स भर्तुरित्यादि**। स इति निसृष्टार्थः। शासनाद् आज्ञया। गन्तव्यं यातव्यं शत्रुम्। इति चेति शासनमेवं वाच्यं[3], पर एवं वक्ष्यति, एवं तस्येदं प्रतिवाच्यम्, एवमतिसन्धातव्यमित्युत्तरोत्तरं चिन्तयन् ॥ ४ ॥

अन्तपालान् जनपदान्तरक्षाधिकृतान् मित्राणि कुर्यादुपजापार्थं स्वबलसिद्धये ॥ ५ ॥

अभियोगकाले **नाविज्ञातः प्रविशेत्** शङ्कानिवृत्तये। पुरं दुर्गम्। संसदं सभाम्। कालमीक्षेत कार्यार्थम् इदं कार्यमस्मिन् काले सिध्यतीति। अनुज्ञातः शत्रुणा विसर्जितः ॥ ६ ॥

सारवत्तां स्फीतताम्। दुर्गं जानीयात् कियता बलेनाधिष्ठीयते विलुप्यते चेति। तद्गुप्तिं विषमस्थानम्। छिद्रम् अन्तःकोपादि ॥ ७ ॥

उद्यतेष्वपीति प्राणबाधार्थमुत्खातेष्वपि, किमुत विभीषिकादौ। शासनं

---

१. 'पदं श' ख.ग. पाठः. २. 'दि' ख.ग. पाठः. ३. 'च्यः परः, स प्रवक्ष्यत्येवं, तस्यैवं, प्रतिवाच्यमेवम्, इति सन्धा' च. पाठः.

सहेतानिष्टवचनं कामं क्रोधं च वर्जयेत् ।
नान्यैः शयीत संरक्षेद् भावं विद्यात् परस्य च ॥ ९ ॥

रागापरागौ जानीयात् प्रकृतीनां च भर्तरि ।
कृत्यपक्षोपजापं च कुर्यादनेभिलक्षितः ॥ १० ॥

वध्यमानोऽपि न ब्रूयात् स्वस्वामिप्रकृतिच्युतिम् ।
ब्रूयात् प्रश्रितया वाचा सर्वं वेद भवानिति ॥ ११ ॥

कुलेन नाम्ना द्रव्येण कर्मणा च गरीयसा ।
कुर्याच्चतुर्विधं स्तोत्रं पक्षयोरुभयोरपि ॥ १२ ॥

स्वामिसन्देशम् । रागापरागौ जानीयात् सन्देशमाचिख्यासुराख्याय वा । दृष्टिवक्त्रविचेष्टितैरिति । तत्रोर्ध्वाधस्तिर्यक्प्रसारितत्वं नैर्मल्यमुत्फुल्लता चेति दृष्टेर्विचेष्टितानि, पुलकिता विकासश्चेति वक्त्रस्य । तै रागं लक्षयेद्, विपरीतैरपरागम् ॥ ८ ॥

अनिष्टवचनम् अधिक्षेपादिकम् । कामं वेश्यासु । क्रोधं द्वेष्येषु । मन्त्रभेदनिवृत्त्यर्थं नान्यैः शयीत वक्ष्यमाणदोषात् । भावम् अभिप्रायम् ॥ ९ ॥

प्रकृतीनां भर्तरीति । शत्रुप्रकृतीनां स्वभर्तरि । कृत्यपक्षोपजापं कुर्यात् क्रुद्धलुब्धभीतावमानितान् भिन्द्यादित्यर्थः । अनभिलक्षितः शत्रोः ॥ १० ॥

स्वस्वामिप्रकृतिच्युतिमिति । स्वभर्तुः प्रकृतीनामसारतामल्पतां च न ब्रूयात्, किन्तु व्याजेनोपसरेत् । यदाह — ब्रूयादिति । प्रश्रितया अनुकूलया । सर्वं वेद भवानिति किमिहाविदितं युष्माकं चारचक्षुषां, वयं त्वात्मव्यापारमात्रविद एवेति ॥ ११ ॥

कुलेन उदितोदितेन । नाम्ना दिगन्तरव्यापिना । द्रव्येण स्वपरोपकारिणा । कर्मणा सतामनिन्द्येन । उभयोरपि भर्तुः शत्रोश्च ॥ १२ ॥

---

१. 'भावं स्वं रक्षेद् वि' क. पाठः. २. 'नुपल' मूलकोशपाठः. ३. 'नि, नैर्मल्यं पु' च. पाठः. ४. 'नो भि' च. पाठः. ५. 'न प्रेरयेत्' क. ख. ग. घ. पाठः.

विद्याशिल्पापदेशेन संश्लिष्योभयवेतनैः ।
कृत्यपक्षं विजानीयात् तद्भर्तुश्च विचेष्टितम् ॥ १३ ॥

तीर्थाश्रमसुरस्थाने शास्त्रविज्ञानहेतुना ।
तपस्विव्यञ्जनोपेतैः स्वचारैः सह सम्पतेत् ॥ १४ ॥

प्रतापं कुलमैश्वर्यं त्यागमुत्थानसौष्ठवम् ।
[1]अक्षुद्रतां दक्षतां च भर्तुर्भेद्येषु कीर्तयेत् ॥ १५ ॥

भावमन्तर्गतं व्यक्तं सुप्तो मत्तश्च भाषते ।
तस्मादेकः स्वपेन्नित्यं [2]स्त्रियः पानं च वर्जयेत् ॥ १६ ॥

अपदेशेन व्याजेन शङ्कापरिहारार्थम् । उभयवेतनैः, ते हि पूर्वप्रणिहिताः कथयितारः । कृत्यपक्षम् उपजापार्थं, तद्भर्तुश्च विचेष्टितं प्रतिविधानार्थं विजानीयात् ॥ १३ ॥

तीर्थस्थान पुण्यनदीसमु[3]द्देशः, आश्रमस्थानम् ऋषीणां निवासः, सुरस्थानं देवायतनम् । तत्र सम्पतेदिति सम्बन्धः । तेषु तपस्विव्यञ्जनस्य सन्निधानात् । **शास्त्रविज्ञानहेतुने**ति सम्प्रधारणोपायः । तपस्विव्यञ्जनोपेतैरिति । तापसव्यञ्जनाः साध्वाचारा यत्र, तत्र परस्परं चाराणां सम्पातो भवति, तद्युक्तैः स्वचारैः सह सम्पतेत्, शत्रुप्रचारज्ञानार्थम् ॥ १४ ॥

उत्थानसौष्ठवम् उत्साहसम्पदम् । अक्षुद्रतां सत्सङ्ग्रहशीलताम् । दक्षताम् अनालस्यम् । भेद्येषु कृत्यपक्षेषु । तत्र क्रुद्धेषु प्रतापमुत्थानसौष्ठवं दाक्ष्यं (च)दर्शयेत् । त्रितयमप्यक्षुद्रतायुक्तं [4]भीतेषु । तदेव चतुष्टयं कुलसहितं मानिषु । लुब्धेषु त्यागैश्वर्ये ॥ १५ ॥

सुप्तो मत्तश्चेति । तयोः स्वापमदाभ्यां परवशत्वात् । तस्मादेकः शयीत, नान्यैः ॥ १६ ॥

---

१. 'भद्रतां दक्षतां चापि भ' ख.ग. पाठः. 'अक्षुद्रतां भद्रतां' क. पाठः. २. 'द्यूतं पा' ख. ग. पाठः. ३. 'मुद्रादिनिर्देशः' क-ख-ग-घ. पाठः. ४. 'हीनेषु' क.ख.ग.घ. पाठः.

काले व्रजति मेधावी न खिद्येतार्थसिद्धये ।
क्षिप्यमाणं च बुध्येत कालं नानाविलोभनैः ॥ १७ ॥

एतेष्वहस्सु गच्छत्सु तत्र नः पृथिवीपतेः ।
पश्यति व्यसनं किञ्चित् स्वयं वा कर्तुमीहते ॥ १८ ॥

स्वान्तःप्रकोपमथवा विनेतुं नीतिवित्तमः ।
सस्यादेः सङ्ग्रहं कर्तुं दुर्गे वा दुर्गसत्क्रियाम् ॥ १९ ॥

स्वपक्षाभ्युदयाकाङ्क्षी देशकालावुदीक्षते ।
उत यात्रां स्वयं दातुं येनास्मान्न समीहते ॥ २० ॥

न खिद्येत इहागतस्य मम बहवो दिवसा वर्तन्त इति । अर्थसिद्धये यथोपन्यस्तसन्धिविग्रहादिसिद्धये । क्षिप्यमाणं परेण स्वार्थं पश्यता । बुध्येत वक्ष्यमाणप्रकारेण । नानाविलोभनैः स्थीयतां तावदभिमतं ते करिष्यामीति ॥ १७ ॥

नः पृथिवीपतेः अस्माकं राज्ञः । व्यसनं दैवं मानुषं वा पश्यति । तत्र सन्दध्यात् । स्वयं वा सामन्ताटविकादीनुत्थाप्य व्यसनं कर्तुमीहते अभियोक्ष्यामीति ॥ १८ ॥

स्वान्तःप्रकोपमिति । स्वयं वा मन्त्र्यादिप्रकोपमपनेतुमीहते यथेष्टं सन्धाय इति । सस्यादेः सङ्ग्रहं कर्तुमीहते परिक्षीणपुराणभक्तम् अगृहीतनवभक्तं परमभियोक्ष्यामीति । दुर्गसत्क्रियां भिन्नस्फुटितप्राकारादिसंस्कारं कर्तुमीहते दुर्गमविषह्यमाश्रित्य परकर्माण्युपहनिष्यामीति ॥ १९ ॥

स्वपक्षो मित्रं, यद् विजिगीषुमभियुञ्जानस्य साहाय्यं दास्यति, तस्य वा वृद्ध्याकाङ्क्षी तदनुगुणौ देशकालावुदीक्षते । स्वयं वा यात्रां दातुं स्वसैन्यव्यायामयोग्यौ देशकालावुदीक्षते, येनास्मान्न समीहते न प्रेषयति, प्रेषिते हि विजिगीषुः प्रतिविधास्यति ॥ २० ॥

---

१. 'वद् इदमभिहितमिदं ते' क-ख-ग-घ. पाठः २. 'यां प्राकारादिभिर्विषयसं' क-ख.पाठः.

यात्राकालक्रियार्थी वा तत्र चायं विलम्बते ।
काले विक्षिप्यमाणे तु तर्कयेदिति पण्डितः ॥ २१ ॥

कार्यकालव्यपेतं च व्यक्तं ज्ञात्वा विनिष्पतेत् ।
तिष्ठन् वार्ताविशेषार्थी भर्त्रे सर्वं निवेदयेत् ॥ २२ ॥

रिपोः शत्रुपरिच्छेदः सुहृद्बन्धुविभेदनम् ।
दुर्गकोशबलज्ञानं कृत्यपक्षोपसङ्ग्रहः ॥ २३ ॥

राष्ट्राटव्यन्तपालानामात्मसात्करणं तथा ।
युद्धापसारभूज्ञानं दूतकर्मेति कीर्तितम् ॥ २४ ॥

दूतेनैव नरेन्द्रस्तु [2]कुर्यादरिविमर्शनम् ।
स्वपक्षे च विजानीयात् परदूतविचेष्टितम् ॥ २५ ॥

(इति दूतप्रचारो नामाष्टादशं प्रकरणम्)

यात्राकालक्रियार्थी वेति । यात्राकाले यत् परबलापेक्षया बलसमुत्थान-कर्म ततोऽपेक्षी (नार्थी ?)वा। तत्र च कर्मण्ययं प्रविलम्बमानो न प्रेषयति॥ २१ ॥

कार्यकालव्य[3]पेतं कार्यकालयोरतिक्रमणम् । वार्त्ताविशेषार्थीति। अस्मान-नादृत्यान्यत्रानेन सन्धिविग्रहादिकं प्रस्तुतं, तत्रास्य किं स्थितमिति[4] निश्चयार्थी चेत्, तदा तत्रैव तिष्ठन् सर्वं यथोक्तं भर्त्रे निवेदयेत् प्रतिविधानार्थम् ॥ २२ ॥

सङ्क्षेपेण दूतव्यापारमाह --- **रिपो**रित्यादि । शत्रुपरिच्छेद एतावन्तोऽस्य शत्रव इति । बलं सैन्यम् ॥ २३ ॥

अटवी तात्स्थ्यादाटविकाः । युद्धाप[5]सारभूज्ञानमिति हस्त्यश्वरथपदातीना-मेता युद्धयोग्या भूमयः, एषा च बलवताभियुक्तस्य कलत्रस्थानमिति ॥ २४ ॥

यथा दूतामात्येन यथोक्तं विमर्शनं कुर्यात्, तथा किमन्येनाप्यमात्येने-

---

१. 'क्ति' क पाठः. २. 'जानीयादरिचेष्टितम्' ख.ग. पाठः. ३. 'व्यवायं का' ङ. पाठः. ४ 'ति तन्नि' क. ख. ग. घ. पाठः. ५. 'वसर' च. पाठः.

* १९ दूतचरविकल्पप्रकरणम् *

तर्केङ्गितज्ञः स्मृतिमान् मृदुर्लघुपरिक्रमः ।
क्लेशायाससहो दक्षश्चारः स्यात् प्रतिपत्तिमान् ॥ २६ ॥

तपस्विलिङ्गिनो धूर्ताः शिल्पपण्योपजीविनः ।
चराश्चरेयुः परितः पिबन्तो जगतां मतम् ॥ २७ ॥

निर्गच्छेयुर्विशेयुश्च सर्ववार्ताविदोऽन्वहम् ।
चराः सकाशं नृपतेश्चक्षुर्दूरचरं हि ते ॥ २८ ॥

सूक्ष्मसूत्रप्रचारेण पश्येद् वैरिविचेष्टितम् ।
स्वपन्नपि हि जागर्ति चारचक्षुर्महीपतिः ॥ २९ ॥

त्याह—दूतेनैवेति, अन्यस्य परमण्डलगमनासम्भवात् । (वि)जानीयात् परदूतविचेष्टितं, यस्मात् परो विजिगीषुपदे च सञ्चारिणं दूतं प्रेषयति ॥ २५ ॥

(इति दूतप्रचारो नामाष्टादशं प्रकरणम्)

यथा दूतादरिविमर्शनं तथा चरादपीति चरविकल्प उच्यते पञ्चविंशत्या श्लोकैः । तत्र चरः किंगुणः स्यादित्याह—**तर्केङ्गितज्ञ** इत्यादि । तर्क ऊहः, गूढवस्तूत्प्रेक्षणमिति यावत् । इङ्गितम् अन्यथावृत्तिः । मृदुरनुद्भटः । स ह्यनुपलक्षितो भवति । लघुपरिक्रमः शीघ्रगमनक्षमः । प्रतिपत्तिमान् भयस्खलितेष्वाशु प्रतिविधाता ॥ २६ ॥

तस्य व्यापारमाह—**तपस्वीत्यादि** । तापसलिङ्गित्वं शिल्पपण्योपजीवित्वं च सञ्चरणोपायः । धूर्ताः परातिसन्धानचतुराः । परितः पिबन्तः विदन्तः विशेयुर्नृपतेः सकाशमिति सम्बन्धः ॥ २७ ॥

निर्गच्छेयुः तस्यैव सकाशादित्यर्थः । अन्वहं प्रतिदिनम् । चक्षुर्दूरचरं हि ते, इतरत् तु चक्षुरर्वाक्चरम् ॥ २८ ॥

सूक्ष्मसूत्रप्रचारेणेति। चारेणेति शेषः। पटे ह्यूयमानं सूत्रं सञ्चरत् सूक्ष्मत्वान्नोपलभ्यते, तस्येव प्रचारोऽस्येति विग्रहः ॥ २९ ॥

---

१. 'लघुर्मृदुप' ख.ग. पाठः. २. 'प्रस्तुतोत्प्रे' च. पाठः ३. 'त्क' क.ख.ग.घ. पाठः..

विवस्वानिव तेजोभिर्नभस्वानिव चेष्टितैः ।
राजा चारैर्जगत् कृत्स्नं व्याप्नुयाल्लोकसम्मतैः ॥ ३० ॥
चारचक्षुर्नरेन्द्रस्तु सम्पतेत् तेन भूयसा ।
अनेनासम्पतन् मार्गात् पतत्यन्धः समेऽपि हि ॥ ३१ ॥
सर्वसम्पत्समुदयं सर्वावस्थाविचेष्टितम् ।
चारेण द्विषतां विद्यात् तद्देशप्रार्थनादि च ॥ ३२ ॥
प्रकाशश्चाप्रकाशश्च चरस्तु द्विविधः स्मृतः ।
अप्रकाशोऽयमुद्दिष्टः प्रकाशो दूत उच्यते ॥ ३३ ॥

नभस्वान् वायुः। चेष्टितैः गतिभिः। जगत् कृत्स्नं व्याप्नुयात् तन्मर्तपरिच्छित्तये। लोकसम्मतैरिति। यस्य यद्देशभाषादिष्वभिरतिरस्ति तस्य तदीयदेशादितया सम्मतैः ॥ ३० ॥

तेन भूयसा चरसंज्ञकेन चक्षुषा प्रभूततरेण। तेनासम्पतन्, किन्तु मांसचक्षुषैव प्रवर्तते। स च कृत्स्नलोकतत्त्वापरिज्ञानान्मूढोऽन्धोऽधः पतति न पश्यति। समेऽपि स्थले। (वाय?) विषममार्गे (सतां?) किम्पुनरित्यर्थाद् ॥ ३१ ॥

वैरिविचेष्टितमिति सामान्येनोक्तं विशेषेणाह—**सर्वसम्पत्समुदयमिति**। सर्वेषाममात्यादीनां सम्पदं समुदयं च कोशम्। सर्वावस्थाविचेष्टितं सर्वासु व्ययमानव्यवस्थासु विचेष्टितम्। तद्देशप्रार्थनादि चेति। आदिशब्दादर्थकोशप्रार्थनम् ॥

यथा चरेण विद्यात् तथा दूतेनापि, तस्यापि चरत्वादित्याह—**प्रकाश** इति। अयम् अनन्तरोक्तोऽप्रकाशः। प्रकाशो दूतो यः प्रागुक्तः, सोऽपि चरः परचर्यासु चरतीति कृत्वा ॥ ३३ ॥

---

१. 'न्त्र' क.ख.ग घ. पाठः. २. 'ढोऽधः' क.ख.ग.घ. पाठः. ३. 'विनश्य' क.ख.ग.घ. घ. पाठः. ४. 'द् दण्डको' ङ. पाठः. ५. 'पि तत्स्वरू (पाद्? पत्वाद्) इत्या' ङ. पाठः, 'तत्स्वरूपाचारत्वादि(?)' क. ख. पाठः.

चरेण प्रचरेत् प्राज्ञः सूत्रेणर्त्विगिवाध्वरे ।
दूते सन्धानमायत्तं चरे चर्या प्रतिष्ठिता ॥ ३४ ॥

संस्थानवत्यः संस्थाश्च कार्याः कार्यसमृद्धये ।
तिष्ठेयुर्यासु सञ्चाराः परचर्योपवेदिनः ॥ ३५ ॥

वणिक् कृषीवलो लिङ्गी भिक्षुकोऽध्यापकस्तथा ।
संस्थाः स्युश्चारसंस्थित्यै दत्तदायाः सुखाशयाः ॥ ३६ ॥

सूत्रेणेति कात्यायनीयादियज्ञसूत्रेण । दूते सन्धानमायत्तं, प्राधान्येन तस्य सन्धिविग्रहनियुक्तत्वात् । इतरदानुषङ्गिकं कर्म वेदितव्यम् । चरे चर्या प्रतिष्ठिता अप्रकाशे चरे परप्रचारज्ञानं निश्चितम्[2] ॥ ३४ ॥

अप्रकाशाश्चराः संस्थानामानश्च सन्तीत्याह---**संस्थानवत्य** इत्यादि । संस्थानं वेषश्चरितं च, तदुपेताः संस्थाश्चराः कार्याः । सञ्चाराः वक्ष्यमाणाः ॥ ३५ ॥

किंसंस्थानाः संस्थाः स्युरित्याह—**वणिगि**त्यादि । वणिग् वैदेहक इति द्वितीयनामा । कृषीवलो गृहपतिरिति द्वितीयनामा । लिङ्गी मुण्डो जटिलो वा तापसः । भिक्षुक इति कुत्सायां कन्, तस्य प्रव्रज्याप्रत्यवसितत्वात् । तस्योदास्थित इति द्वितीयं नाम । अध्यापकः छात्रवृत्त्या स्थितः । तस्य कापटिक इत्यपरं नाम । तथाचोक्तं 'गूढपुरुषानुत्पादयेत् कापटिकोदास्थितगृहपतिकवैदेहकतापसव्यञ्जनान् सत्रितीक्ष्णरसदभिक्षुकीश्चे(कौटि. अर्थ. १. ११. ७.)'ति । एषु पञ्चसु सञ्चाराः सन्तिष्ठन्त इति संस्थाः । यदाह – चारसंस्थित्यै इति । सञ्चाराणां हि वैदेहकादिभिर्ग्रासाच्छादनादिसम्पादनात् तैरपि तत्र प्रचारार्पणाद् । दैत्तदार्योः[3] कल्पितवृत्तयः । सुखाशया इति । आशयशब्दोऽत्रावस्थाने वर्त्तते । सुखावस्थाना इत्यर्थः । तथा ह्याशयाशो† वह्निरुच्यते । अन्ये सुखाश्रया इति स्पष्टमेव पठन्ति ॥ ३६ ॥

---

१. 'कुर्यात् कार्यप्रसिद्ध' क. पाठः. २. 'स्थितम्' ङ. पाठः. ३. 'त' ङ. च. पाठः. ४. 'यात् क' ङ. च. पाठः.

---

† 'आशेतेऽत्रेत्याशय आधारः । आश्रयाश इत्येके' इत्यमरटीकायां क्षीरस्वामी ।

स्वपक्षे परपक्षे च यावान् कश्चिद् विवक्षितः।
सर्वस्मिंस्तत्र सञ्चारास्तिष्ठेयुश्चित्तवेदिनः ॥ ३७ ॥

तीक्ष्णः प्रव्रजिता चैव सत्री रसद एव च।
एते प्रधानं सञ्चाराः सर्वे नान्योन्यवेदिनः ॥ ३८ ॥

स्वपक्षे परपक्षे वा यो न वेद[2] चिकीर्षितम्।
जाग्रत्स्वरिषु सुप्तोऽसौ न भूयः प्रतिबुध्यते ॥ ३९ ॥

स्वपक्षे परपक्षे च स्वविषये परविषये च। यावान् कश्चिद् विवक्षितः कार्ययोगितया। तत्र कार्ययोगीन्यष्टादश तीर्थानि सम्भवन्ति। तद्यथा 'मन्त्रिपुरोहितसेनापतियुवराजदौवारिकान्तर्वंशिकप्रशास्तृसमाहर्तृसन्निधातृप्रदेष्टृनायकपौरव्यावहारिकपरिषदध्यक्षदण्डदुर्गान्तपालाटविकाः'। तत्र सर्वस्मिंस्तिष्ठेयुः ॥ ३७ ॥

के पुनस्ते सञ्चारा इत्याह—**तीक्ष्ण** इत्यादि। यः शूरस्त्यक्तात्मा निस्त्रिंशः स तीक्ष्णः। तस्य प्राधान्येन शस्त्रव्यापारे नियोगः। प्रव्रजिता गृहीतलिङ्गा भिक्षुकी। सत्रं छद्म[3]चरितं तेनात्मच्छादनाद्। वक्ष्यति च 'सत्रं छद्म प्रकीर्तितम्' (स. १९. श्लो.१८.) इति। तदस्यास्तीति सत्री। स च स्त्रीपुंसलक्षणाद्यभिज्ञापदेशचारितया परान् विश्वासयति। रसदो विषस्य दाता। एते प्रधानं सञ्चारयन्तीति सञ्चाराः। सर्वे नान्योन्यवेदिन इति[4] संस्थाः संस्थान्तरवेदिनः सञ्चाराश्च सञ्चारान्तरवेदिनो न स्युः[5] संवादपरिहारार्थम्। एकस्मिन् वा परिज्ञाते §मा भूत् सर्वग्रहणमिति ॥ ३८ ॥

यो न वेद चिकीर्षितं तीर्थप्रणिहितैः सञ्चारैः। जाग्रत्सु विजिगीषोश्छिद्रान्वेषणतत्परेषु। सुप्तो निश्चिन्तः। न प्रतिबुध्यते न पुनश्चेष्टते, विनाशाघ्रातत्वात् ॥ ३९ ॥

---

१. 'शस्त्री' मूलकोशपाठः. २. 'वेत्ति चि' मूलकोशपाठः. ३. 'द्म ते' ङ. पाठः. ४. 'ति संज्ञान्तरवेदि सः सञ्चाराः स्वसञ्चा' क. ख. ग. घ. पाठः. ५. 'संगा? शङ्काप' क. ख. ग. घ. पाठः.

---

§ 'मा भूदिति सर्वग्रहणम्' इति पाठेऽर्थः समञ्जसः.

कारणाकारणक्रुद्धान् बुध्येत स्वपरिग्रहे।
पापानकारणक्रुद्धान् तूष्णींदण्डेन साधयेत् ॥ ४० ॥

ये तु कारणतः क्रुद्धास्तान् वशीकृत्य संविशेत्।
शमयेद् दानमानाभ्यां छिद्रमण्वप्यरेर्मुखम् ॥ ४१ ॥

कण्टकान् मुखभङ्गेन राज्यस्य प्रशमं नयेत्।
उद्युक्तः सामदानाभ्यां छिद्रं[2] च परिपूरयेत् ॥ ४२ ॥

अणुनापि प्रविश्यारिश्छिद्रेण बलवत्तरम्[3]।
निःशेषं मार्जयेद् राज्यं यानपात्रमिवोदकम् ॥ ४३ ॥

तत्र स्वपक्षे विजिगीषोश्चरैः सह व्यापारमाह — **कारणाकारणक्रुद्धानिति**। विजिगीषोर्दोषेण वा क्रुद्धान् बुध्येत। सत्रिभिरिति शेषः। स्वपरिग्रहे स्वपक्षे। पापानिति दुष्टान् अकारणक्रुद्धान् तूष्णींदण्डेन साधयेत् तीक्ष्णैरुपांशु[1] हन्यात्। अपापांस्तु कारणक्रुद्धान् कारणनिवृत्त्या परिक्लेशार्थहरणाभ्यां यथायोगं साधयेदित्यर्थोक्तम् ॥ ४० ॥

तान् वशीकृत्य वक्ष्यमाणप्रकारेण **संविशेत्** सुप्यात्, निश्चिन्तः स्यादित्यर्थः। छिद्रं प्रकृतिदोषाः क्रोधलोभभयमानाख्याः। तच्चारेर्मुखं द्वारं, तेन तस्य प्रवेशात्। तदल्पमप्युपेक्षितमनर्थाय भवति। तत्र क्रुद्धं मानिनं च दानमानाभ्यां द्वियोगेन शमयेत्। शेषयोः शमनं वक्ष्यति ॥ ४१ ॥

कण्टकान् राज्यस्येति[4] सम्बन्धः। मुखभङ्गेन प्रधानवधेन, हते मुख्ये शेषाणां प्रशमनात्। छिद्रं च परिपूरयेदिति। भीतं लुब्धं च सामदानाभ्यां द्वियोगेन परितोषयेत् ॥ ४२ ॥

बलवत्तरं ज्यायांसम्। मार्जयेत् नाशयेत् ॥ ४३ ॥

---

१. 'तीक्ष्णद' ख. ग. पाठः. २. 'द्वाणि प' मूलकोशपाठः. ३. 'रः' ख. ग. पाठः.
४. 'आश्रित्येति' ङ. पाठः.

जडमूकान्धबधिरच्छद्मानः पण्डकास्तथा ।
किरातवामनाः कुब्जास्तद्विधा ये च कारवः ॥ ४४ ॥

भिक्षुक्यश्चारणा दास्यो मालाकाराः कलाविदः ।
अन्तःपुरगतां वार्तां[1] निर्हरेयुरलक्षिताः[2] ॥ ४५ ॥

छत्रव्यजनभृङ्गारयानवाहनधारिणः ।
महामात्रा बहिर्वार्तां विद्युरन्ये च तद्विधाः ॥ ४६ ॥

अन्नव्यञ्जनकर्तारः कल्पकाः स्नापकास्तथा ।
प्रसाधका भोजकाश्च गात्रसंवाहका अपि ॥ ४७ ॥

जलताम्बूलकुसुमगन्धभूषणदायकाः ।
कर्तव्या रसदा ह्येते ये चान्येऽभ्याशवर्तिनः ॥ ४८ ॥

संज्ञाभिर्म्लेच्छितैर्लेख्यैराकारैरिङ्गितैरपि ।
सञ्चारयेयुरव्यग्राश्चाराश्चर्यां परस्परम् ॥ ४९ ॥

परपक्षे प्रणिहितानां व्यापारमाह — **जडेत्यादि** । जडादिच्छद्मानः पाषण्डकादयश्चान्तःपुरप्रवेशानर्हा अविश्वास्याश्च भवन्ति । तद्विधा ये च कारवो वामनकुब्जादिरूपा वर्धक्यादयः ॥ ४४ ॥

चारणा नटनर्तकादयः । कलाविदश्चित्रादिकुशलाः, ये छत्रादिधारणेनान्तःपुरप्रवेशार्हाः ॥ ४५ ॥

महामात्राः हस्तिशिक्षानियुक्ताः । अन्ये च तद्विधाः रथारोहाश्वारोहादयः महाश्वपतिकादयः ॥ ४६ ॥

अन्नव्यञ्जनकर्तारः[3] भक्तसूपकादिरन्धकाः । कल्पकाः नापिताः । गात्रसंवाहकाः मर्दकाः ॥ ४७ ॥

दायकशब्दो जलादिभिः प्रत्येकं योज्यः । अभ्याशवर्तिनः समीपवर्तिनः ॥ ४८ ॥

अन्तःपुरगतानां बहिरनिष्कासे प्रसारसञ्चारणोपायमाह — **संज्ञाभिरि-**

---

१. 'का' क. पाठः. २. 'र्तामाहरेयुश्च ल' क. पाठः. ३. 'रः सूदा भक्तरन्धकाः' क. ख. ग. घ. पाठः.

समापिबन्तो जगतां मतानि
जलानि भूमेरिव सूर्यपादाः।
अनेकशिल्पाध्ययनप्रवीणा-
श्चाराश्चरेयुर्बहुलिङ्गि[1]रूपाः ॥ ५० ॥

येन प्रकारेण परानुपेयात्
परावरज्ञः स्वसमृद्धिहेतोः।
तमात्मनि स्वस्थमतिश्च तज्ज्ञैः
प्रयुज्यमानं च परेण विद्यात् ॥ ५१ ॥

(इति दूतचरविकल्पो नामैकोनविंशं प्रकरणम्)

इति कामन्दकीये नीतिसारे राजोपदेशे दूतप्रचारो दूतचरविकल्पश्च

त्रयोदशः सर्गः।

ति। पूर्वसङ्केतितवीणादिवाद्यसंज्ञाभिः। म्लेच्छितैः अव्यक्तवचनैः। लेख्यैर्गूढैः। आकारैः मुखनयनादिविकारैः। इङ्गितैश्चेष्टितैः। सञ्चारयेयुः परस्परमिति सम्बन्धः। अव्यग्राः सावधानाः ॥ ४९ ॥

सङ्क्षेपेण च व्यवहारमाह—**अनेकशिल्पाध्ययनप्रवीणाः** विश्वासार्थं बहुविधलिङ्गिरूपाः ॥ ५० ॥

मुण्डजटिलादिरूपेण यथा विजिगीषुः सञ्चारान् प्रणिधत्ते, तथा परोऽपीति तत्प्रतिविधानं श्लोकेनाह—**येन प्रकारेणेति**। तापसव्यञ्जनादिप्रणिधानप्रकारेण। परावरज्ञः परात्मवित्। *तत्प्रकारेण स्वस्थमतिः सावधानः। तज्ज्ञैः तत्प्रकारज्ञैः स्वचरैर्विद्यादिति सम्बन्धः ॥ ५१ ॥

(इति दूतचरविकल्पो नामैकोनविंशं प्रकरणम्)

इति शङ्करार्यकृतायां कामन्दकीयनीतिसारपञ्जिकायां
जयमङ्गलायां दूतप्रचारो दूतचरविकल्पश्च
त्रयोदशः सर्गः।

---

१. 'ङ्ग' क. ग. पाठः.

* 'तं प्रकारम्' इति स्यात्.

अथ चतुर्दशः सर्गः ।

* २० उत्साहप्रशंसाप्रकरणम् *

अन्वहं चरचर्याभिर्विफले दूतचेष्टिते ।
यायाद् यथोक्तयानस्तु सूक्ष्मबुद्धिपुरस्सरः ॥ १ ॥
सूक्ष्मा सत्त्वप्रयत्नाभ्यां दृढं बुद्धिरधिष्ठिता ।
प्रसूते हि फलं श्रीमदरणीव हुताशनम् ॥ २ ॥
धातोश्चामीकरमिव सर्पिर्निर्मथनादिव ।
बुद्धिप्रयत्नोपगताद् व्यवसायाद् ध्रुवं फलम् ॥ ३ ॥

सन्धिविग्रहार्थं प्रहितेऽपि दूते यथाभिहिततापसव्यञ्जनादिप्रणिधानप्रकारेण च यथाप्रस्तुतकार्यासिद्धौ स्वयमेव यायादित्याह — **अन्वहमित्यादि** । चरचर्याभिरिति चारप्रचारैः सह । विफले इदमुक्तं भवति — सन्धाने यो मन्त्रिव्यापारः, चाराणां च कृत्यपक्षोपजापादौ येऽन्वहं प्रचाराः, तेषु विफलेषु, यदि वा चरैरेव कृतोपजापत्वाद् विफलीकृते दूतचेष्टिते । यथोक्तयानः 'उत्कृष्टबलवीर्यस्य.... गुणानुरक्तप्रकृतेर्यात्रा यानम्' (स. ११. श्लो. १.) इत्यनेन शक्तिदेशकालबलान्वितो यायादित्यर्थः । सूक्ष्मबुद्धिपुरस्सरः सूक्ष्मया बुद्ध्या प्राङ्निरूपिताभ्युच्चयत्वात् तत्पुरस्सरः ॥ १ ॥

अभ्युच्चयश्च व्यसनिनो न सम्भवतीति तत्प्रतीकारार्थं तावत् सर्गद्वयेन षाड्गुण्यशेषभूता व्यसनचिन्ता क्रियते । तत्रास्मिन् सर्गे प्रकरणत्रयम् उत्साहप्रशंसा प्रकृतिकर्म प्रकृतिव्यसनानि च । तत्रोत्साहपूर्वकत्वाद् यानादिचिन्ताया इति तत्प्रशंसोच्यते षोडशभिः श्लोकैः । तत्र सूक्ष्मापि बुद्धिः सत्त्वानाधिष्ठिता निष्प्रयत्ना चाफलेत्याह — **सूक्ष्मेत्यादि** । सत्त्वप्रयत्नाभ्यामिति । सत्त्वं व्यसनेऽभ्युदये चाविकारकरम् अध्यवसायकरं वा, प्रयत्नो बुद्धेर्व्यापार ऊहापोहलक्षणः आभ्यां दृढमत्यर्थम् अधिष्ठिता सूक्ष्मा बुद्धिः फलं प्रसूते । श्रीमद् उत्कृष्टम् ॥ २ ॥

उत्साहोऽपि बुद्धिप्रयत्नपूर्वकः क्रियमाणः फलवानित्याह — **धातोरित्या-**

धीमानुत्साहसम्पन्नः व्यवसायसमन्वितः ।
भाजनं परमं श्रीणामपामिव महार्णवः ॥ ४ ॥
नलिनीवाम्बुसम्पत्त्या बुद्ध्या श्रीः परिपाल्यते ।
उत्थानाध्यवसायाभ्यां विस्तारमुपनीयते ॥ ५ ॥
लक्ष्मीरुत्साहसम्पन्नाद् बुद्धिशुद्धं प्रसर्पतः ।
नापैति कायाच्छायेव विस्तारं चोपगच्छति ॥ ६ ॥
वीतव्यसनमश्रान्तं महोत्साहं महामतिम् ।
प्रविशन्ति महालक्ष्म्यः सरित्पतिमिवापगाः ॥ ७ ॥
सत्त्वबुद्ध्युपपन्नोऽपि व्यसनग्रस्तमानसः ।
श्रीभिः षण्ड इव स्त्रीभिरलसः परिभूयते ॥ ८ ॥

दि । बुद्धिप्रयत्नोपगतादिति । यः सत्त्वाधिष्ठिताया बुद्धेर्व्यापारः तद्युक्तादित्यर्थः[2] । व्यवसायादिति । समुत्थानमुत्साहो व्यवसाय इत्येकार्थाः । तस्मात् त्रितययोगादेव फलम् ॥ ३ ॥

तदेव स्फुटयन्नाह — **धीमानुत्साहसम्पन्नो व्यवसायसमन्वित**[3] इति । तत्र बुद्धेः कार्यालोचनम्, उत्साहाद् योगक्षेमसाधनं, सत्त्वात् फलाध्यवसानमिति ॥ ४ ॥

तमेव व्यापारं दर्शयति — **नलिनीवे**त्यादिना । बुद्ध्या श्रीः परिपाल्यते, तथा रक्षणोपायस्य चिन्त्यमानत्वात् । उत्थानाध्यवसायाभ्यां विस्तारमुपनीयते, अनुद्युक्तस्यानध्यवस्यतो भूतिविस्तारासम्भवात् ॥ ५ ॥

तथा त्रितययोगाद् विभूतेस्तद्भावभाविता प्रतीपप्रार्थना चेति श्लोकद्वयेन दर्शयति — **लक्ष्मीरि**त्यादि । बुद्धिशुद्धमिति क्रियाविशेषणम् । प्रसर्पतः लक्ष्मीमध्यवस्यत इत्यर्थः । नापैतिच्छायेवेति तद्भावभावितां दर्शयति ॥ ६ ॥

वीतव्यसनं त्रितययोगादेव । अश्रान्तम् असन्तुष्टं महासत्त्वम् । महामतिं सूक्ष्मबुद्धिम् । प्रविशन्ति लक्ष्म्य† इति । ता एव प्रतीपं प्रार्थयन्त इत्यर्थः ॥ ७ ॥

त्रयाणामप्युत्साहः प्रधानं, तस्य साधकतमत्वादित्याह — **सत्त्वबुद्ध्युपपन्नोऽपी**त्यादि । व्यसनग्रस्तमानस उत्साहवैकल्यादेव ॥ ८ ॥

---

१. 'प्रभुशक्त्या स' मूलकोशपाठः. २. 'र्थः । स' क. ख. ग. घ. पाठः. ३. 'वहारस' ङ. पाठः.

---

† एवन्तु 'प्रविशन्ति स्वयं लक्ष्म्यः' इति व्याख्यातृपाठः स्यात्.

उत्थानेनैधयेत् सत्त्वमिन्धनेनेव पावकम् ।
श्रियो[1] हि सततोत्थायी दुर्बलोऽपि समश्नुते ॥ ९ ॥

भोक्तुं पुरुषकारेण दुष्टां स्त्रियमिव श्रियम् ।
व्यवसायं सदैवेच्छेन्न हि क्लीबवदाचरेत् ॥ १० ॥

वशे[2] श्रियं सदोत्थायी सैंहीं वृत्तिं समाश्रितः ।
कचग्रहेण कुर्वीत दुर्वृत्तामिव योषितम् ॥ ११ ॥

किरीटमणिचित्रेषु मूर्धसु[3] त्राणधारिषु ।
नाकृत्वा विद्विषां पादं पुरुषो भद्रमश्नुते ॥ १२ ॥

प्रयत्नप्रेर्यमाणेन महता चित्तहस्तिना ।
रूढवैरिद्रुमोत्खातमकृत्वेह कुतः सुखम् ॥ १३ ॥

उत्थानेनैधयेत् सत्त्वम्इति उ[4]त्साहस्यैव प्राधान्यं दर्शयति । सततमुत्साहेन संवर्धयेत् सत्त्वम्, अन्यथा तदागन्तुकत्वादपैत्यपि । ततश्चाध्यवसायाभावान्नासौ फलमश्नुते । सततोत्थायि[5]तायां तु नायं दोष इत्याह — श्रियो हीत्यादि । दुर्बलोऽपि कोशदण्डहीनोऽपि ॥ ९ ॥

शौर्यममर्षः शैघ्र्यं दाक्ष्यं चेत्युत्साहगुणाश्चत्वारः । तत्र 'श्रीभिरलसः परिभूयत' इत्यनेन दाक्ष्यमुदाहृतम् । शेषानपि श्लोकपञ्चकेन दर्शयति — **भोक्तु**मित्यादि । पुरुषकारेण शौर्येण व्यवसायमिच्छेद्, अन्यथा कथं पुरुषकारं कुर्यात् । तस्योत्साहगुणत्वात् ॥ १० ॥

वशे श्रियं कुर्वीतइति सम्बन्धः । सैंहीं वृत्तिं शौर्यलक्षणाम् ॥ ११ ॥

मूर्धसु विद्विषाम्इति सम्बन्धः । त्राणधारिषु शिरस्त्राणप्रधानेषु । अपकारिणां शिरस्सु पदमकृत्वा न भद्रमश्नुते ॥ १२ ॥

तथा **रूढवैरिद्रुमोत्खातमकृत्वा कुतः सुखम्**इति परिभवासहिष्णुतालक्ष-

---

१. 'यं' क. पाठः. २. 'श्रियं वश्यां स' क. पाठः. ३. 'सूत्तालरश्मिषु' क. पाठः. ४. 'उत्थानस्यै' ङ. पाठः. ५. 'यिनां तु' क.ख.ग.घ. पाठः.

हेलाकृष्टस्फुरत्तीक्ष्णखड्गांशुपरिपिञ्जरैः ।
श्रीमत्करिकराकारैराह्रियन्ते भुजैः श्रियः ॥ १४ ॥

उच्चैरुच्चैस्तरामिच्छन् पदान्यायच्छते महान् ।
नीचो नीचैस्तरां याति निपातभयशङ्कया ॥ १५ ॥

प्रमाणाभ्यधिकस्यापि महत् सत्त्वमधिष्ठितः ।
करोत्येव पदं मूर्ध्नि केसरी मत्तहस्तिनः ॥ १६ ॥

गतभीर्भीतिजननं भोगं भोगीव दर्शयेत् ।
यथाबलं च कुर्वीत रिपोर्दण्डनिपातनम् ॥ १७ ॥

(इत्युत्साहप्रशंसा नाम विंशं प्रकरणम्)

णममर्षं दर्शयति । प्रयत्नप्रेर्यमाणेनेति । यदा चेतासि संरम्भात्मकः प्रयत्नविशेष उत्पद्यते, तदा तेन प्रेर्यमाणं चित्तं हस्तिस्थानीयं रूढवैरिद्रुमानुत्खातुं प्रवर्तते ॥ १३ ॥

हेलेत्यादिना शीघ्रतां दर्शयति । हेलया क्षिप्रकारितयाकृष्टाः स्फुरन्तस्तीक्ष्णा ये खड्गाः, तेषामंशुभिः परिपिञ्जरैर्भुजैरिति सम्बन्धः ॥ १४ ॥

इदानीमुत्साहसंवर्धितस्य सत्त्वस्य माहात्म्यं दर्शयति — **उच्चै**रित्यादिना । उच्चैः पदान्यायच्छत इति सम्बन्धः । महान् सत्त्वाधिकः केसरीव । नीचः सत्त्वहीनः करीव ॥ १५ ॥

तदेव स्फुटयन्नाह — **प्रमाणाभ्यधिकस्यापीति** । महत् सत्त्वमधिष्ठितः महति सत्त्वे स्थित इत्यर्थः ॥ १६ ॥

गतभीरित्यादिना प्रकरणार्थमुपसंहरति । गतभीरिति सत्त्वाधिष्ठानं दर्शयति । भोगं शौर्याद्याभोगम् । यथाबलमिति बुद्धिव्यापारं सूचयति । दण्डनिपातनं शस्त्रव्यापारणम् ॥ १७ ॥

(इत्युत्साहप्रशंसा नाम विंशं प्रकरणम्)

---

१. 'दानेन' ङ. पाठः.

* २१ प्रकृतिकर्मप्रकरणम् *

प्रकृतिव्यसनं यत् स्यात् तत् प्रशाम्य समुत्पतेत् ।
अनयापनयाभ्यां तज्जायते दैवतोऽपि च[1] ॥ १८ ॥
यस्मात्[2] तद् व्यस्यति श्रेयस्तस्माद् व्यसनमुच्यते ।
***व्यसत्यधो वा व्रजति तस्मात् तत् परिवर्जयेत् ॥ १९ ॥**

एवं दर्शितोत्साहेन विजिगीषुणा व्यसनी परो यातव्यः । यदा तु स्वयं प्रकृतिव्यसनापन्नः स्यात्, तदैवोत्साहमेवास्थाय तत् प्रतिकृत्य यायात् । अन्यथा प्रकृतयो व्यसनापन्ना न स्वकर्माणि कुर्युरिति प्रकृतिकर्म प्रकृतिव्यसनानि चेति प्रकरणद्वयमुच्यते । तत्र व्यसनानां कारणनिर्वचनभेदप्रतीकारान् श्लोकपञ्चकेनाह — **प्रकृतिव्यसन**मित्यादि । समुत्पतेद् यायात् । कुतश्चैतत् स्यादित्याह — अनयापनयाभ्यामित्यादि । दैवं मानुषं च कर्म लोकं पा[3]लयति । तत्र दैवमनयो नाम, मानुषमपनयो नाम । यत् पूर्वजन्मकृतं कर्म तद् दैवम् । तस्मिन्निष्टेन फलेन योगोऽयः, अनिष्टेनानयः । यदिह क्रियते तन्मानुषम् । अस्मिन् योगक्षेमनिष्पत्तिर्नयः, विपत्तिरपनयः । तत्रानयापनयाभ्यां संयुक्ताभ्यां प्रकृतीनां व्यसनमुत्पद्यते । दैवतो[4]ऽपि चेति । अपिशब्दान्मानुपतोऽपि । इदमुक्तं भवति — दैवाद् वा केवलादनयलक्षणाद्, मानुषाद् वा केवलादपनयलक्षणादिति ॥ १८ ॥

कथं तत उत्पन्नं व्यसनमित्युच्यत इत्याह — **यस्मा**दित्यादि । व्यस्यति क्षिपति श्रेयः अभिमतमर्थमिति व्यसनम् । अ[5]धो वा व्रजतीति 'अस गतिदीप्त्यादानेष्वि'त्यस्य धातोः प्रयोगं दर्शयति । [6]विशब्दोऽधःशब्दार्थे नाशे वा । अधो नाशं वा असति व्रजत्यनेनेति व्यसनम् ॥ १९ ॥

---

१. 'वा' मूलकोशेषु पाठः. २. 'द् व्यस्यति हि श्रेयस्तत् स्याद् व्य' ख.ग. पाठः. ३. 'यापयति' ङ. पाठः. ४. 'एकतोऽपि चेति । एकैकस्मादपि । इ' ङ. पाठः. ५. 'अपथेन(?)वा' क. ख. ग. घ. पाठः. ६. 'विनाशं व्यसनं व्रज' क.ख.ग.घ. पाठः.

---

* व्याख्यानुसारादेवं पाठो निवेशितः । मूलकोशेषु तु 'व्यसन्यधोऽधो व्रजति' इत्येव दृश्यते.

हुताशनो जलं व्याधिर्दुर्भिक्षं मरणं तथा ।
इति पञ्चविधं दैवं व्यसनं मानुषं परम् ॥ २० ॥

दैवं पुरुषकारेण शान्त्या वा प्रशमं नयेत् ।
उत्थायित्वेन नीत्या वा मानुषं कार्यतत्त्ववित् ॥ २१ ॥

स्वाम्यादिमित्रपर्यन्तं प्राकृतं मण्डलं हि यत् ।
तस्य कर्म प्रवक्ष्यामि व्यसनं च यथाक्रमम् ॥ २२ ॥

मन्त्रो मन्त्रफलावाप्तिः कार्यानुष्ठानमायतिः ।
आयव्ययौ दण्डनीतिरमित्रप्रतिषेधनम् ॥ २३ ॥

पञ्चविधं दैवमिति । यदा पूर्वजन्मकृतमनवदातं कर्म स्वानुरूपकार्योत्पादनाभिमुखं, तदा तत्प्रेरिता हुताशनादयः पीडाहेतुत्वाद् दैवं व्यसनमित्युच्यते । मानुषं परं दैवादन्यत् । तथाह्युक्तं 'गुणप्रातिलोम्यमभावः *प्रदोषसम्प्रयोगः पीडा वा व्यसनम्'(कौटि. अर्थ.८.१९.१२८)इति । तत्र पीडा दैवी मानुषी च । दैवी हुताशनादिका । मानुषी स्वपरचक्रादिका । तत्र दैवं पीडनं मुक्त्वान्यत् सर्वं मानुषम् ॥ २० ॥

तत् प्रशाम्य समुत्थेयमित्युक्तम् । तस्य शमनोपायमाह -- **दैवमिति** । पुरुषकारेण मानुष्या प्रतिक्रियया वह्न्यादिप्रतिपक्षोपकरणसम्पादनेनेत्यर्थः । शान्त्या दैव्या अथर्ववेदविहितया । उत्थायित्वेन दुर्गादिकर्मसु चेष्टया । नीत्या सन्ध्यादीनां सामादीनां च यथोद्देशप्रयोगेण । कार्यतत्त्वविदिति यथोपेयमुपायप्रयोगं दर्शयति ॥ २१ ॥

इदानीं प्रकृतिकर्म तद्व्यसनान्यभिधित्सुराह — **स्वाम्यादीत्यादि** । **प्राकृतं** मण्डलं सप्तप्रकृतिकं राज्यं, यदुक्तं प्राक् स्वाम्यादिप्रकृतिमण्डलम् ॥ २२ ॥

तत्र षट्त्रिंशता श्लोकैः प्रकृतिकर्माह — **मन्त्र इत्यादि** । बहुत्वात् स्वामिकर्म प्रकृतिकर्मणः पश्चाद् वक्ष्यति । मन्त्रः कार्यनिश्चयो मन्त्र्यायत्तः । मन्त्रफलावाप्तिः दूरादेवामित्रानुत्सार्य या साध्यस्य फलस्य प्राप्तिर्दूतायत्ता । कार्यानुष्ठानं दुर्गादिकर्मप्रवर्तनमध्यक्षाधीनम् । आयतिः प्रभावोऽमात्यैः क्रियते । आयव्ययौ अक्षपटलिकाधीनौ । दण्डनीतिः वधादीनां दण्डसाध्येषु यथार्हं नयनं धर्मस्थायत्तम् । अमित्रप्रतिषेधनं मित्राधीनम् ॥ २३ ॥

---

* 'प्रदोषः प्रसङ्गपीडा' इति मुद्रितकौटलीयार्थशास्त्रपाठः.

व्यसनस्य प्रतीकारो राजराज्याभिरक्षणम्।
इत्यमात्यस्य कर्मेदं हन्ति तद्व्यसनान्वितः॥ २४॥

अमात्यैर्व्यसनोपेतैर्ह्रियमाणो हि भूपतिः।
अशक्त एवोत्पतितुं छिन्नपक्ष इवाण्डजः[1]॥ २५॥

*[कोशो दण्डश्च कुप्यं च पिष्टवाहनमेव च]
हिरण्यवस्त्रधान्यादि वाहनादि तथैव च।
तथान्ये द्रव्यनिचयाः प्रजातः सम्भवन्ति हि॥ २६॥

वार्ता प्रजा साधयति वार्ता वै लोकसंश्रया।
प्रजायां व्यसनस्थायां न किञ्चिदपि सिध्यति॥ २७॥

प्रजानामापदि त्राणं रक्षणं कोशदण्डयोः।
पौराश्चैवोपकुर्वन्ति संश्रयायेह दुर्गिणाम्॥ २८॥

व्यसनस्य प्रकृतीनां प्रतीकारो मन्त्रिपुरोहिताधीनः। तथा राजराज्याभिरक्षणं मन्त्रिपुरोहिताधीनमेव॥ २४॥

ह्रियमाणः श्रेयसः सकाशात्। छिन्नपक्ष इव पक्षस्थानीयत्वादमात्यादीनाम्॥ २५॥

हिरण्यं सुवर्णरजतादि। वस्त्रं त्वक्फलकृमिरोमभेदाच्चतुर्विधम्। तदुभयं कोशप्रवेश्यम्। धान्यं (पूर्वमध्यापकवाचकं?) कोष्ठागारप्रवेश्यम्। वाहनं गजाश्वादि दण्डौपयिकम्। द्रव्यनिचयाः सारदार्वादयो दुर्गौपयिकाः। प्रजातः जनपदात्॥ २६॥

साधयति सम्पादयति। वार्ता लोकसंश्रया तत्प्रतिबद्धत्वाल्लोकस्थितेः॥

आपदि पराभियोगे जनपदस्य त्राणं रक्षणं कोशदण्डयोः, अन्यथा दुर्गाभावे कोशदण्डौ परेषामेव स्यातामित्याह—पौराः तन्निवासिनः। उपकुर्वन्ति कोशादिना। दुर्गिणां राज्ञाम्॥ २८॥

---

1. 'व द्विजः' क. पाठः.

---

* अर्धमिदं क. पुस्तके परं दृश्यते। व्याख्यात्रा च न स्पृष्टम्।

तूष्णींयुद्धं जनत्राणं मित्रामित्रपरिग्रहः ।
सामन्ताटविकाबाधानिरोधो दुर्गसंश्रयात् ॥ २९ ॥
स्वपक्षैः परपक्षैश्च दुर्गस्थः पूज्यते नृपः ।
एतद्धि दुर्गव्यसनात् सर्वमेव विपद्यते ॥ ३० ॥
भृत्यानां भरणं दानं भूषणं वाहनक्रियाः ।
स्थैर्यं परोपजापश्च दुर्गसंस्कार एव च ॥ ३१ ॥
सेतुबन्धो वणिक्कर्म प्रजामित्रपरिग्रहः ।
धर्मकामार्थसिद्धिश्च कोशादेतत् प्रवर्तते ॥ ३२ ॥
कोशमूलो हि राजेति प्रवादः सार्वलौकिकः ।
एतत् सर्वं जहात्याशु कोशव्यसनवान् नृपः ॥ ३३ ॥

तूष्णींयुद्धं योगगूढोपजापादिना । जनत्राणं दुष्टनिग्रहेण । मित्रामित्रपरिग्रहः प्रोत्साहेन । मध्यमोदासीनलिप्सायां हि दुर्गसंश्रयात् तदेव मित्रामित्रानुत्साहयेत् । आबाधा पीडा तस्या (धिरोह? निरोधः) । दुर्गसंश्रयाद् दुर्गे सर्वमेवैतत् कर्मोच्यते ॥ २९ ॥

स्वपक्षैः पूज्यते कालेऽस्माकं मताश्रय इति । अशक्योच्छेदोऽयमिति परपक्षैः स्तूयते ॥ ३० ॥

भरणं पोषणम् । दानं भृत्येभ्य एव तुष्टिकाले । स्थैर्यं कोशात्, सर्वापत्प्रतरणहेतुत्वात् (*परोपजापत्वात् तत्रा?)लब्धप्रकृतिभेदः ॥ ३१ ॥

सेतुबन्धः सस्यार्थं जलाधारबन्धः । वणिक्कर्म वाणिज्यम् । प्रजापरिग्रहः शून्यनिवेशकाले । मित्रपरिग्रहः पराभियोगकाले । धर्मसिद्धिः पात्रेभ्यः प्रदानात् । कामसिद्धिः शरीरपरिभोगकरणात् । अर्थसिद्धिः "अर्थैरर्था निबध्यन्त" इति न्यायात् ॥ ३२ ॥

कोशमूल इति । अन्यथा हि कोशविकलः कथं स्वामीत्युच्यते ऐश्वर्याभावात् ॥ ३३ ॥

---

१. 'बलत्रा' मूलकोशेषु पाठः. २. 'उच्यते ॥' मूलकोशेषु पाठः. ३. 'न विद्य' क. पाठः. ४. 'नं क्रयः' क. पाठः. ५. 'कः सर्वं जहातीह को' क. पाठः.

---

* 'तस्य परोपजापः अ' इति पाठो भवेत् ।

क्षीणं बलं वर्धयति स्वतो गृह्णाति च प्रजाः ।
कोशवान् पृथिवीपालः परैरप्युपजीव्यते ॥ ३४ ॥
मित्रामित्रहिरण्यानां भूमीनां च प्रसाधनम् ।
दूरकार्याशुकारित्वं लब्धस्य परिपालनम् ॥ ३५ ॥
परचक्रविघातश्च स्वदण्डस्य परिग्रहः ।
दण्डादेतत् प्रभवति याति तद्व्यसने क्षयम् ॥ ३६ ॥
अरयोऽपि हि मित्रत्वं यान्ति दण्डवतो ध्रुवम् ।
दण्डप्रायो हि नृपतिर्भुनक्त्याक्रम्य मेदिनीम् ॥ ३७ ॥
संस्तम्भयति मित्राणि शत्रूनुत्सादयत्यपि ।
भूकोशदण्डैर्व्रजति प्राणैश्चाप्युपकारिताम् ॥ ३८ ॥

क्षीणं बलं वर्धयति । स्वतो वित्ताद्, अन्यथा कोशाभावे दण्डः परं गच्छति । स्वतो गृह्णाति प्रजाः क्षीणाः । परैरपि शत्रुभिः ॥ ३४ ॥

मित्रामित्राणाम् अपचिकीर्षतां, हिरण्यानां दुस्साधानां च । भूमीनां सामन्ताटविकादिभिराक्रान्तानाम् । प्रसाधनं दण्डेनात्मसात्करणम् । दूरकार्याशुकारित्वं देशान्तरितस्य द्रुतसम्पादनशीलता । लब्धस्य कोशादेः ॥ ३५ ॥

परचक्रविघातः परबलस्याभियुञ्जानस्य व्याघातः । स्वदण्डस्य परिग्रहः स्वस्य दण्डैकदेशस्य पराभवशङ्कायां परिरक्षणेन परिग्रहः ॥ ३६ ॥

अरयोऽपि मित्रत्वं यान्ति दण्डवतः । दण्डप्रायो दण्डबहुलः ॥३७॥

मित्रकर्माह — **संस्तम्भयति मित्राणि** विजिगीषोर्यानि बलाधिकान्यरिमित्रा(णि) भवन्ति, विजिगीषुभयाद् वामित्रानाश्रयन्ति । प्राणैः पराभियोगकाले ॥ ३८ ॥

---

१. 'स्वतः पुष्णाति च' क. पाठः, 'यतो' ख.ग. पाठः. २. 'प्रतिपा' क. पाठः. ३. 'स्वद' ङ. च पाठः. ४. 'राबाधशङ्कया प' ङ. च. पाठः. ५. 'लानि तान्य' क.ख.ग.घ. पाठः.

तत्तत् करोति च बहिर्मित्रं स्नेहनिबन्धनम् ।
तस्मिन् व्यसनमापन्ने मित्रकर्म न विद्यते ॥ ३९ ॥

उपकाराद्दतेऽप्याशु मित्रं श्रेयसि तिष्ठति ।
मित्रवान् साधयत्यर्थान् दुस्साधानप्यनादरात् ॥ ४० ॥

अन्वीक्षणं च विद्यानां सद्वर्णाश्रमरक्षणम् ।
ग्रहणं शस्त्रशास्त्राणां युद्धमार्गोपशिक्षणम् ॥ ४१ ॥

व्यायामः शास्त्रविज्ञानं वर्मणां लक्षणानि च ।
गजाश्वरथपृष्ठेपु यथावत् सम्प्रवर्तनम् ॥ ४२ ॥

नियुद्धकौशलं माया परचित्तप्रवेदनम् ।
धूर्तता शाठ्ययुक्तेषु सत्सु सद्वृत्तदर्शनम् ॥ ४३ ॥

तत्तत् करोति यद्यद् विजिगीषोरनुकूलम् । स्नेहनिबन्धनं तद्ध्युपकार-निरपेक्षं भवति ॥ ३९ ॥

तदेव स्फुटयन्नाह — **उपकाराद्दत** इति । श्रेयसि विजिगीषुहिते ॥ ४० ॥

स्वामिकर्माह — **अन्वीक्षणम्** आलोचनम् । सद्वर्णाश्रमरक्षणमिति । स्व-कर्मसु ये स्थिता वर्णाश्रमाः, ते सन्त उच्यन्ते । ग्रहणं शस्त्रशास्त्राणाम् अध्ययनं धनुर्वेदानाम्। युद्धमार्गोपशिक्षणमिति शास्त्रज्ञानेऽपि योद्धुं न जानातीति तद्क्रिया-सशिक्षणम् ॥ ४१ ॥

व्यायामः प्लवनलङ्घनादिः । वर्मणां लक्षणानि तद्द्रव्याणां परिज्ञानानि । गजाश्वरथपृष्ठेपु यथावत् सम्प्रवर्तनं गजादिवाहिकाकौशलमित्यर्थः ॥ ४२ ॥

नियुद्धकौशलं मल्लयुद्धशिक्षणम् । माया तत्प्रवर्तनमिति; मायामुपायविकल्पे वक्ष्यति। परचित्तप्रवेदनम् इङ्गिताकारैः। धूर्तता शाठ्यम्। सत्सु सज्जनेषु ॥ ४३ ॥

---

१. 'क' क. पाठः. २. 'तदुप' क.ख.ग.घ. पाठः.

मन्त्रोद्योगोऽनुमन्त्रत्वं तद्रक्षा तात्स्थ्यमेव च ।
उपेक्षा साम दानं च भेदो दण्ड[1]श्च साधनम् ॥ ४४ ॥
प्रशास्तृ[2]सूतसेनानीमन्त्र्यमात्यपुरोधसाम् ।
सम्यक् प्रचारविज्ञानं दुष्टानां चावरोपणम् ॥ ४५ ॥
गतागतपरिज्ञानं दूतसम्प्रेषणानि च ।
प्रकृतिव्यसनापोहः क्रुद्धप्रशमनानि च ॥ ४६ ॥
गुरूणामनुवृत्तिश्च पूज्यानां[3]मनुपूजनम् ।
धर्मासनप्रतिष्ठानं राज्यकण्टकशोधनम् ॥ ४७ ॥
भृताभृतपरिज्ञानं कृताकृतपरीक्षणम् ।
तुष्टातुष्टविचारश्च सर्वेषामनुजीविनाम् ॥ ४८ ॥

मन्त्रोद्योगो[4]ऽनुमन्त्रत्वमिति । मन्त्रार्थं ज्ञानवृद्ध[5]संयोगः । मन्त्रिभिः सह सम्मन्त्र्य पश्चात् स्वयमेवैकाक्य मन्त्रणम् अनुमन्त्रत्वम् । तद्रक्षा मन्त्ररक्षा । तात्स्थ्यं मन्त्रतात्पर्यम् । उपेक्षा उपायविकल्पे वक्ष्यमाणा । साधनमिति उपेक्षादिपञ्चकस्य कर्मण उपायसाधनत्वात् ॥ ४४ ॥

प्रशास्ता बलाध्यक्षः, सूतः सारथ्य[6]कर्मनियुक्तः, सेनानीश्चतुरङ्गस्य नेता, मन्त्री बुद्धिसचिवः, अमात्यः सन्निधातृसमाहर्त्रादिः, पुरोधाः पुरोहितः । प्रचारविज्ञानं स्वकर्म किं केनानुष्ठितमिति । दुष्टानामवरोपणं तेषां कर्मसु विकुर्वाणानां पदात् प्रच्यावनम् ॥ ४५ ॥

गतागतपरिज्ञानमिति । किमयं कारणादकारणाद् वा गत आगतश्चेति । क्रुद्धप्रशमनानि कारणादकारणाद् वा क्रुद्धानां सामादिभिः प्रशमनानि ॥ ४६ ॥

गुरूणां [7]सगन्धानामगन्धानां च । पूज्यानां विद्यावृद्धानाम् । धर्मासनप्रतिष्ठानं धर्माधिकरणप्रवर्तनं धर्मस्थैः । राज्यकण्टकशोधनं प्रदेष्टृभिः ॥ ४७ ॥

भृताभृतपरिज्ञानं भृत्यभरणीये(न ? षु) । कृताकृतपरीक्षणं कर्मसु नियुक्तेन किं केन कृतमिति । (तुष्टातुष्टविचारः) भृत्यस्य तुष्टिरतुष्टिर्वेति विचारः॥४८

---

१. 'ण्डप्रसा' मूलकोशेपु पाठः. २. 'ग्रध्यक्षसे' मूलकोशेषु पाठः. ३. 'नां चापि पू' ख.ग. पाठः. ४. 'गो ज्ञा' क.ख.ग.घ. पाठः. ५. 'संग्रहः म' ङ. च. पाठः. ६. 'थ्य-सूनादिक' ङ. च. पाठः. ७. 'सहजानां सगन्धानां च' क.ख. पाठः.

मध्योदासीनचरितज्ञानं तत्सिद्धिपालनम्[1] ।
प्रतिग्रहश्च[2] मित्राणाममित्राणां च निग्रहः ॥ ४९ ॥

पुत्रदारादिगुप्तिश्च बन्धुवर्गपरिग्रहः ।
खनिद्वीपवनादीनां स्ववृत्तीनां प्रवर्तनम् ॥ ५० ॥

असतां च परिक्षेपः सतां च परिगूहनम् ।
अहिंसा सर्वभूतानामधर्माणां च वर्जनम् ॥ ५१ ॥

अकार्यप्रतिषेधश्च कार्याणां[3] च प्रवर्तनम् ।
प्रदानं च प्रदेयानामदेयानामसङ्ग्रहः[4] ॥ ५२ ॥

तत्सिद्धिपालनमिति । मध्यमोदासीनयोः साधनं[5] रक्षणं च । प्रतिग्रहः स्वीकरणम् ॥ ४९ ॥

पुत्रदारादिगुप्तिः पुत्राणां कर्कटकसधर्मत्वाद्, दाराणां चासन्नवृत्तित्वात् । खनिद्वीपवनादीनामिति । आदिशब्दाद् दुर्गसेतुवणिक्पथशून्यनिवेशद्रव्यवनपरिग्रहः । ता एव राज्ञो वृत्तयः ॥ ५० ॥

असतामिति । प्रज्ञाशौचशौर्यादियुक्ताः सन्तः, तद्विपर्ययेणासन्तः, तेषां परिक्षेपो दानमानव्यपरोपणम् । परिगूहनं पूजया स्वीकरणम् । $अभूतहिंसा अप्रवर्तितपूर्वा शास्त्रविगर्हिता[6] अधर्म्या यज्ञादन्यत्र या हिंसा ॥ ५१ ॥

कार्यं करणार्हम् इन्द्रमहादि । प्रदेया दानार्हाः क्षेत्रादयः[7] । **अदेयाः** अदानार्हा[8] अश्रोत्रियादीनामर्थाः, तेषाम्[9] असङ्ग्रहः असाधनम् ॥ ५२ ॥

---

१. 'त्सन्धिपा' मूलकोशपाठः. २. 'परिग्र' क. पाठः. ३. 'र्थे चैवानुव' ख. ग. पाठः. ४. 'मनर्हाणामस' ख.ग. पाठः. ५. 'सन्धिसाधनं वा रक्षणं वा प्र' ङ. च. पाठः. ६. 'स्त्रा-विहिता' ग. घ. पाठः. ७. 'ब्रह्मदेयादयः' ङ. च. पाठः. ८. 'र्हाः श्रो' क.ख.ग.घ. पाठः. ९. 'षां संग्रह आदानम्' ङ. च. पाठः.

$ 'अभूतानां च हिंसानाम्' इति मूलपाठं मन्यते.

अदण्डनमदण्ड्यानां दण्ड्यानां चापि दण्डनम्।
अग्राह्याग्रहणं चैव ग्राह्याणां ग्रहणं तथा ॥ ५३ ॥
अर्थयुक्तस्य करणमनर्थस्य च वर्जनम्।
न्यायतश्च करादानं स्वयं च प्रतिमोक्षणम् ॥ ५४ ॥
समर्थनं प्रधानानां निरस्यानां निराकृतिः।
वै[1]षम्याणां प्रशमनं भृत्यानां चा[2]विरोधनम् ॥ ५५ ॥
अविज्ञातस्य विज्ञानं विज्ञातस्य च निश्चयः।
आरम्भः कर्मणः शश्वदारब्धस्यान्तदर्शनम् ॥ ५६ ॥
अलब्धलिप्सा न्यायेन लब्धस्य च विवर्धनम्।
परिवृद्धस्य विधिवत् पात्रे सम्प्रतिपादनम् ॥ ५७ ॥
अधर्मप्रतिषेधश्च न्यायमार्गेण वर्तनम्।
उपकार्योपकारित्वमितिवृत्तं महीपतेः ॥ ५८ ॥

अदण्ड्याः फल्गुक्रीडादिष्वँ[3]पि शिष्टाचाराः । दण्ड्याश्चोरादयः । अग्राह्याः पूर्वविरोधिताः प्रकृतिविद्विष्टा वा । ग्राह्याः प्रज्ञादियुक्ताः स्निग्धा वा ॥ ५३ ॥

अर्थ(प्र?)युक्तं हीनविग्रहादि । अनर्थो बलवद्विग्रहादिः । न्यायतः पूर्वप्रसिद्ध्या । स्वयं प्रतिमोक्षणं धनानामनतिलोभेन ॥ ९४ ॥

समर्थनं गुणाध्यारोपणम् । प्रधानाः मुख्याः । निरस्याः दूष्याः । वैषम्यों[4]-(णां प्रशमनम्) असमानां समीकरणम् । विरोधनं परस्परदोपाख्यानेन ॥ ५५ ॥

आरम्भः कर्मणः अनारब्धस्येत्यर्थात् । अन्तदर्शनं समापनेन ॥ ५६ ॥

लिप्सा आर्जनम् । सम्प्रतिपादनं यदि प्राक् परिरक्षितं भवति । तस्मादरक्षितस्य रक्षणं चेत्यर्थाद् बोद्धव्यम् ॥ ५७ ॥

न्यायमार्गः धर्मशास्त्रविहितः । उपकार्योपकारित्वम् उपकर्तव्येपूपकारिता ॥ ५८ ॥

---

१. 'राणां च प्र' मूलकोशेषु पाठः. २. 'चानुरो' ख.ग. पाठः. ३. 'पु शि' च. पाठः.
४. 'म्यं समास' च. पाठः.

एतत् सर्वममात्यादि राजा नयपुरस्सरः ।
नयत्युन्नतिमुद्युक्तो व्यसनी क्षयमेव तु ॥ ५९ ॥
तस्मिन् धर्मार्थयोर्व्यग्रे तथैवास्वस्थचेतसि ।
सर्वमेतद्[१] विशेषेण मन्त्री सन्नेतुमर्हति ॥ ६० ॥

(इति प्रकृतिकर्म नामैकविंशं प्रकरणम्)

* २२ प्रकृतिव्यसनप्रकरणम् *

वाग्दण्डयोश्च पारुष्यमर्थदूषणमेव च ।
पानं स्त्री मृगया द्यूतं व्यसनानि महीपतेः ॥ ६१ ॥
आलस्यं स्तब्धता दर्पः प्रमादो वैरकारिता ।
इति पूर्वोपदिष्टं च [२]सचिवव्यसनं स्मृतम् ॥ ६२ ॥

सप्तानामपि स्वामिप्रकृतिः प्रधानमिति दर्शयन्नाह—**एतदित्यादि** । नयत्युन्नतिम् अतिवृद्धिम् । कूटस्थस्थानीयो हि स्वामी, तदायत्तत्वादमात्यादीनाम् ॥ ५९ ॥

अस्यापवादमाह—**तस्मिन्निति** । राज्ञि धर्मार्थयोर्व्यग्रे, [३]व्यसनप्रवृत्ते तु मन्त्र्यपि तद् विद्वान्न शक्नोति सन्नेतुमुन्नतिम् । स यच्छीलस्तच्छीला हि प्रकृतयो भवन्तीति । अस्वस्थचेतसि पर(वश)शरीरे ॥ ६० ॥

(इति प्रकृतिकर्म नामैकविंशं प्रकरणम्)

येषु व्यसनेषु प्रकृतिकर्म न विद्यते, तानि व्यसनान्येकत्रिंशता श्लोकैराह—**वागित्यादि** । एतानि सर्वे महाव्यसनानि कोपकामजानि विस्तरतो †द्वितीये सर्गे वक्ष्यति ॥ ६१ ॥

स्तब्धता मानः । दर्पो मदः । प्रमादोऽनवधानता । पूर्वोपदिष्टं वाक्पारुष्यादि ॥ ६२ ॥

१. 'दशे' ख.ग. पाठः. २. 'साचिव्यं व्य' ख.ग. पाठः. ३. 'प्रसनप्रवृत्ते तु मन्त्र्यपि तद्विधिना शक्नोति सन्नेतुमुन्नतिम् । संयतलीलस्तल्लीला हि प्रकृतयो भवन्तीति । स्वस्थचेतसि शरीरे' च. पाठः. ४. 'स्त व्य' क.ख.ग.घ. पाठः.

† 'उत्तर' इत्यर्थः.

अतिवृष्टिरनावृष्टिर्मूषिकाः शलभादयः ।
असत्करश्च दण्डश्च परचक्राणि तस्कराः ॥ ६३ ॥

राजानीकप्रियोत्सर्गो मारकव्याधिपीडनम् ।
पशूनां व्यसनं रोगो राष्ट्रव्यसनमुच्यते ॥ ६४ ॥

विशीर्णयन्त्रप्राकारपरिखात्वमशास्त्रता ।
क्षीणघासेन्धनान्नत्वाद् दुर्गव्यसनमुच्यते ॥ ६५ ॥

व्ययीकृतः परिक्षिप्तो भक्षितोऽसञ्चितस्तथा ।
मुषितो दूरसंस्थश्च कोशव्यसनमुच्यते ॥ ६६ ॥

उपरुद्धं परिक्षिप्तं विमानितममानितम् ।
अभृतं व्याधितं श्रान्तं दूरायातं नवागतम् ॥ ६७ ॥

परिक्षीणं प्रतिहतं प्रहताग्रजवं तथा ।
आशानिर्वेद[2]भूमिष्ठमनृतप्राप्तमेव च ॥ ६८ ॥

मूषिकाः शलभादय इति । आदिशब्दादग्निर्दुर्भिक्षोपग्रहः । असत्करः अशोभनः करः अतिमहत्त्वात् । परबलं पीडाहेतुत्वात् ॥ ६३ ॥

राजानीकप्रियोत्सर्ग इति । राज्ञो यत् सैन्यं, ये च वल्लभाः, तेषामनियमनमुत्सर्गः । मारकव्याधिपीडनं मनुष्याणाम् ॥ ६४ ॥

यन्त्रं सर्वतोभद्रादि । परिखा खातकम् ॥ ६५ ॥

व्ययीकृतः असद्व्ययेन । परिक्षिप्तः [3]मण्डलस्थानेषु खण्डखण्डेनावस्थितः । भक्षितः कृमिभिः । असञ्चितः दुर्न्यस्तः । मुषितः सामन्ताटविकादिभिः । दूरसंस्थो विजिगीषुप्रदेशात् ॥ ६६ ॥

दण्डव्यसनमाह — **उपरुद्ध**मित्यादि ॥ ६७, ६८, ६९, ७०, ७१ ॥

---

१. 'अवृष्टिरतिवृष्टिश्च मू' क. पाठः. २. 'दभूयिष्ठं' मूलकोशेषु पाठः. ३. 'स्थानस्थानेषु खण्डे' ख.च. पाठः.

कलत्रगर्भ्यतिक्षिप्तमन्तःशल्यं तथैव च।[1]
भिन्नगर्भं ह्यपसृतमवमुक्तं तथैव च॥ ६९॥[2]

क्रुद्धमौलारिमित्रं च निविष्टं चापि विद्विषाम्।[3][4]
दूष्ययुक्तं स्वविक्षिप्तं मित्रविक्षिप्तमेव च॥ ७०॥[6]

विच्छिन्नवीवधासारं शून्यमूलं तथैव च।[7]
अस्वामिसंहतं चैव भिन्नकूटं तथैव च॥ ७१॥[8]

दुष्पार्ष्णिग्राहमन्धं च बलव्यसनमुच्यते।[9]
अत्र किञ्चिदसाध्यं तु किञ्चित् साध्यं तदुच्यते॥ ७२॥

उपरुद्धं तु युध्येत निर्गत्यान्यत ऊर्जितम्।
परिक्षिप्तं न निर्मार्गं सर्वतः परिवेष्टितम्॥ ७३॥

अमानितं हि युध्येत कृतमानार्थसङ्ग्रहम्।
न विमानितमत्यर्थं प्रदीप्तक्रोधपावकम्॥ ७४॥

अत्र किञ्चिदिति त्रयस्त्रिंशद्बलव्यसनेषु। तदुच्यते यत् साध्यमसाध्यं च॥ ७२॥

अन्यत इति अनुपरुद्धेन मार्गेण निर्गत्य। सर्वतः परिवेष्टितं निर्गमाभावात् कथं युध्येत॥ ७३॥

कृतमानार्थसङ्ग्रहं कृतो मानार्थाभ्यां स्वीकारो यस्येति विग्रहः[10]। विमानितं[11] वाक्पारुष्यादिना। क्रोधपावकः क्रोध एव पावकः॥ ७४॥

---

१. 'धि' ख.ग. पाठः. २. 'तं परिसृष्टं त' क. पाठः. ३. 'लं विमिश्रं च' ख.ग. पाठः, 'लाविमिश्रं च' क. पाठः. ४. 'विं' ख.ग. पाठः. ५. 'पि' क. पाठः. ६. 'च' क. पाठः. ७. 'छिन्नमू' क. पाठः. ८. 'संहतं चापि भि' क. पाठः. ९. 'हसम्बद्धं ब' क. पाठः. १०. 'हः' च. पाठः. ११. 'तः' च. पाठः.

युध्येताभृतमत्यर्थं तदात्वकृतवेतनम् ।
न व्याधितमकर्मण्यं व्याधितं परिभूयते ॥ ७५ ॥

परिश्रान्तं हि युध्येत विश्रान्तं सुविधानतः ।
दूरायातं हतप्राणं न शस्त्रग्रहणे क्षमम् ॥ ७६ ॥

नवागतं हि युध्येत तद्देश्यैर्मिश्रितं नयात् ।
हतमु[2]ख्यप्रवीरं तु परिक्षीणं न युध्यते ॥ ७७ ॥

युध्यते हि प्रतिहतं प्रवीरैः सह सङ्गतम् ।
हताग्रवेगं श[3]क्तं न प्रमाथितपुरस्सरम् ॥ ७८ ॥

आशानिर्वेद्यलब्धार्थं पूर्णाशत्वात् तु युध्यते ।
अभूमिष्ठं प्रसारे न निरु[4]द्धेऽल्पतया भुवः ॥ ७९ ॥

तदात्वकृतवेतनं समुत्पन्नकार्यकाले दत्तवेतनम् । अकर्मण्यं व्याधिपीडितत्वाद् युद्धादिकर्मासमर्थं परिभूयते च ॥ ७५ ॥

विश्रान्तं सुविधानतः स्नानभोजनस्वप्नादिभिः । हतप्राणं दूराध्वपरिपीडितत्वात् ॥ ७६ ॥

नवागतम् अन्यदेशादागतम् । तद्देश्यैस्तत्रत्यैर्बलैः । मिश्रितं नयात् तद्देश्योपलब्धदेशम् । हतमुख्यप्रवीरम् अन्यत्राहवे । (परिक्षीणं) क्षीणवाहनयोधम् ॥ ७७ ॥

प्रतिहतं प्रथमसम्पातभग्नम् । प्रमाथितपुरस्सरं निहताग्रवीरं शूराभावान्न तच्छक्तम् ॥ ७८ ॥

आशानिर्वेदीति । प्रत्याशाया निर्वेदो भङ्गोऽस्यास्तीति मत्वर्थीयः । **अभूमिष्ठम्** अयुद्धयोग्यभूमिप्राप्तम् । प्रसारो व्यायामः, तस्मिन् भूमेरल्पत्वान्निरुद्धे ॥ ७९ ॥

---

१. 'हि' क. पाठः. २. 'मुग्यप्र' क. पाठः. ३. 'स्तं' ख.ग. पाठः. ४. 'युध्येताल्प' मूलकोशपाठः. ५. 'न्नकाले' क.ख.ग.घ. पाठः. ६. 'श' च. पाठः.

युध्येतानृतसम्प्राप्तं यथार्हायुधवाहनम् ।
कलत्रगर्भि चोन्नीतकलत्रं समरक्षमम् ॥ ८० ॥

अनेकराज्यान्तरितमतिक्षिप्तं[2] न युध्यते ।
अन्तर्गतामित्रशल्यमन्तःशल्यं हि[3] न क्षमम् ॥ ८१ ॥

अन्योन्यस्माद्[5] विनिर्भिन्नं भिन्नगर्भं न युध्यते ।
तथैवापसृतं शक्तं नैकराज्यान्तरीकृतम् ॥ ८२ ॥

[6]अवमुक्तमपक्रान्तमुख्यं तन्न क्षमं युधि ।
पितृपैतामहं मौलं तत् क्रुद्धं सान्त्वितं[7] क्षमम् ॥ ८३ ॥

यथा(शक्त्या?र्हा)युधवाहनं यथाकालैरायुधवाहनैर्युक्तम् । कलत्रगर्भि चेति । अयुद्धयोग्यः स्त्रीकर्मकरवर्गः कलत्रं, तेनान्तःप्रविष्टेन युक्तम् । समरं युद्धम् ॥ ८० ॥

अनेकराज्यान्तरितं शत्रुमित्रादिराज्यैातिक्रान्तम् । अमित्र एव शल्यम् ॥ ८१ ॥

अन्योन्यस्माद् विनिर्भिन्नं परस्परभयान्न युध्येत । नैकराज्यान्तरीकृतमिति शत्रुराज्येनैकान्तरितं न युध्यते । एतच्चातिक्षिप्ताल्लघु व्यसनम् ॥ ८२ ॥

अपक्रान्तमुख्यमिति । शौर्यादियुक्ता मुख्याः, तेऽपसृता[9] यस्मात् तद् बलमपक्रान्तमुख्यम् । तन्न क्षमं युधि । मुख्येषु हि युद्धं, न क्षुद्रेषु[10] । सान्त्वितं क्षममिति । यत्र मौलं कुपितं, तत् सान्त्वितं[11] युधि क्षममिति योज्यम् ॥ ८३ ॥

---

१. 'सङ्गर' क. पाठः. २. 'क्षीणं न' ख.ग. पाठः. ३, 'च तत्सम' ख.ग. पाठः. ४. 'कोपनि' क. पाठः. ५. 'तु' ख.ग. पाठः. ६. 'परिमृष्टमविक्रा' क. पाठः. ७. 'बलम्' क. पाठः. ८. 'ज्यान्तरितम्' ङ च. पाठः. ९. 'ते प्रसृ' ग.घ. पाठः. १०. 'षु तत् क्षतम् । सा' क.ख.ग.घ. पाठः. ११. 'तं बलं यु' क.ख.ग.घ. पाठः

मित्रं शत्रुभिरेकस्थं तदाक्रान्ततयाक्षमम् ।
शत्रोरुपनिविष्टं तत्सामर्थ्यान्न क्षमं युधि ॥ ८४ ॥
दूष्ययुक्तं [1]तदुद्धाराद् युध्येतोद्धृतकण्टकम् ।
प्रधानयोधसंगुप्तं दूष्ययुक्तं समुत्पतेत् ॥ ८५ ॥
स्वविक्षिप्तं स्वविषये क्षिप्तमापद्युदाहृतम् ।
प्रकृष्टदेशकालत्वान्मित्रक्षिप्तमयौगिकम् ॥ ८६ ॥
धान्यादेर्विवधः प्राप्तिरासारस्तु सुहृद्बलम् ।
विच्छिन्नवीवधासारं बलं युद्धाय नेष्यते ॥ ८७ ॥
कृतजानपदारक्षं शून्यमूलं युधि क्षमम् ।
पितृपैतामहं मौलं तेन शून्यं [2]हि न क्षमम् ॥ ८८ ॥

एकस्थमिति शत्रुभिः सह यात्रायामेकस्थानस्थितम् । तदरिमित्रं बलम् । तदाक्रान्ततयेति अरिमित्रापगृहीतत्वादक्षमम् । उप[3]निविष्टं शत्रोः समीपे निविष्टं । पृथग्यानावस्थितं[4] प्राधान्यानवस्थानादाक्रान्तं भवति । ततश्चासामर्थ्यान्न क्षमं युधि ॥ ८४ ॥

तदुद्धारादिति । शल्योद्धारादुद्धृतकण्टकं भवति । अनुद्धारे वा गत्यन्तरमाह —प्रधानयोधसंगुप्तमिति । आप्तयोधाधिष्ठितं हि दूष्ययुक्तं समुत्पतेद् युध्येत ॥ ८५ ॥

स्वविक्षिप्तम् आपद्युदाहृतम् । कौटिलीये तथाह्युक्तं "स्वविक्षिप्तं स्वभूमौ विक्षिप्तं सैन्यमापदि *शक्यमावाहयितुं, न मित्रविक्षिप्तं प्रकृष्टदेशत्वाद्" (कौ. अर्थ. ८.५.१३३, १३४.) इति । मित्रविक्षिप्तम् असाध्यसाधनार्थं मित्रेषु दत्तम् ॥ ८६ ॥

धान्यादेरिति । आदिशब्दात् स्नेहक्षारलवणभैषज्यादिपरिग्रहः । स्वदेशात् तेषां पृष्ठतः प्राप्ति[6]र्विवधः । मित्रबलमासारः । तदुभयं विच्छिन्नं यस्य तदाहारादिवैकल्यान्न युद्धाय ॥ ८७ ॥

शून्यमूलमिति । शून्यं स्थानीयं यस्य तद् जानपदैः कृतमूलरक्षणं सर्वसन्दोहेन युध्येत ॥ ८८ ॥

---

१. 'न युध्येत यु' मूलकोशेषु पाठः. २. 'तदक्ष' ख.ग. पाठः. ३. 'पविष्टं पृ' क-ख.ग घ. पाठः. ४. 'तं तदा' ङ.च. पाठः. ५. 'चापि विध्यन्त' ङ. पाठः. ६. 'वी' च. पाठः.

---

*'शक्यमपस्रावयितुं, न मित्रविक्षिप्तं विप्रकृष्टदेशकालत्वात्' इति मुद्रितकौटिलीयार्थशास्त्रपाठः,

युध्यते शून्यमूलं हि यत्नान्मौलेन पालितम् ।
अस्वामिसङ्गतं नैव स्वामिना यद् विनाकृतम् ॥ ८९ ॥
न युध्यते भिन्नकूटं भिन्नकूटमनायकम् ।
पश्चात् कोपातिसन्तप्तं दुष्पार्ष्णिग्राहमक्षमम् ॥ ९० ॥
अदेशिकं स्मृतं ह्यन्धं तन्मूढत्वात् क्रियाक्षमम् ।
बलव्यसनमित्यादि तत् समीक्ष्य समुत्पतेत् ॥ ९१ ॥
दैवोपपीडितं[1] ग्रस्तं मित्रं शत्रुबलेन च ।
कामक्रोधसमुत्थैश्च दोषैः संपरिकीर्तितैः ॥ ९२ ॥
नरेन्द्राद्याः प्रकृतयः सप्त याः परिकीर्तिताः ।
पूर्वपूर्वं गुरुतरं तासां व्यसनमुच्यते ॥ ९३ ॥

स्वामिना यद् विनाकृतमिति । यन्नापद्यधिष्ठितं तदस्वामिसङ्गतं नैव युधि क्षमम् ॥ ८९ ॥

भिन्नकूटमनायकं विनष्टा(रिमी ? त्मी)यस्वामिपदम् । तद् भर्तृवधामर्षितं भर्तृपिण्डेन निर्वेशार्थं युध्येत । दुष्पार्ष्णिग्राहमिति । दुष्टः पार्ष्णिग्राहो यस्य तत्, किमयं करिष्यतीति पृष्ठाभिघातत्रस्तं, न तत् क्षमम् ॥ ९० ॥

अदेशिकमिति । देशिक उपदेष्टा । स्वयं तावद् बलमदेशकुशलं, तस्योपदेष्टापि नास्तीत्यदेशिकम् । मूढत्वादन्धत्वादस्य सर्पवत् प्रवर्तनं क्रियास्वक्षमम् । बलव्यसनमित्यादि । आदिशब्दात् कामकोपजव्यसनोपग्रहः । तत् समीक्ष्य साध्यासाध्यतया ॥ ९१ ॥

मित्रव्यसनमाह — **दैवोपपीडितमिति** । दैवव्यसनाभिभूतम् । कामक्रोधसमुत्थितैर्मृगयादिभिर्वाक्पारुष्यादिभिश्च स्वदोषैर्ग्रस्तम् ॥ ९२ ॥

अरिविजिगीष्वोः प्रकृतिव्यसनयौगपद्ये सौकर्यतो यातव्यं चेति दर्शयितुमाह — **नरेन्द्राद्या** इत्यादि । पूर्वपूर्वं गुरुतरमिति । तत्र मित्रव्यसनाद् दण्ड-

---

१. 'वेन पी' ख.ग. पाठः. २. 'ण्डे नि' च. पाठः. ३. 'त्वादस्य' ङ.च. पाठः. ४. 'व्यं रक्षितं चे' क.ख.च. पाठः.

इत्यादि सर्वं प्रकृतेर्यथावद् बुध्येत राजा व्यसनं प्रयत्नात् ।
बुद्ध्या च शक्त्या व्यसनस्य कुर्यादकालहीनं व्यवरोपणं सः[1] ॥९४॥

*प्रकृतिव्यसनादि भूतिकामः स्वमुपेक्षेत न हि प्रमाददर्पात् ।
प्रकृतिव्यसनान्युपेक्षते यो नचिरात् तं रिपवः पराजयन्ते ॥९५॥

इदमिदमिति सम्यक् कर्मणा योजनीयं
नियतमिति विचिन्त्य प्रापयेदीहमानः ।

व्यसनं गरीयः । दण्डेन मित्रामित्राणां साधनात् । दण्डवतो मित्रा(णाम ? णि) मित्रभावे तिष्ठन्ति, अमित्राश्च मित्रभावे । ततोऽपि कोशव्यसनं गरीयः । कोशेन हि क्षीणं बलं वर्धते । कोशाभावे च दण्डः परं गच्छति । ततोऽपि दुर्गव्यसनम् । तत्र हि कोशदण्डयोः संश्रयात् । तदभावे च कोशः परेषामेव स्यात् । ततोऽपि जनपदे[2]व्यसनम् । तन्मूलत्वाद् दुर्गकोशदण्डमित्राणाम् । तस्मादप्यमात्यव्यसनं गरीयः । जनपदे[3] हि सर्वारम्भाणाममात्यपूर्वकत्वात् सर्वकर्मसिद्धीनां तद्व्यसनप्रतीकारस्य च । ततोऽपि स्वामिव्यसनम् । स्वामिना हि शेषप्रकृतीनामसम्पन्नानां सम्पादनात् सम्पन्नानां चाभिवर्धनात् ॥ ९३ ॥

व्यसनप्रदर्शनफलमाह — **इत्यादी**ति । अकालहीनं व्यवरोपणं, कालातिक्रमे हि तदप्रतीकार्यमपि स्यात् ॥ ९४ ॥

यदाह — **प्रकृतिव्यसनानी**त्यादि । प्रमादाद् दर्पात् कामासङ्गात् शौर्यावलेपाच्च ॥ ९५ ॥

इदमिति वस्तुमात्राभिधानान्नपुंसकलिङ्गता । इतिशब्दस्तस्मादर्थे । प्रकृतिव्यसने यस्मादयं दोषस्तस्मादियं प्रकृतिरनेन कर्मणा योजनीया, तेन चेयमिति सम्यग् विचिन्त्य पश्चाच्चेष्टमानस्तद् नियतं कर्म प्रापयेत् प्रकृतिम् । ततः किं

---

१. 'यत्' ख.ग. पाठः.   २. 'दस्य व्य' क.ख.ग.घ. पाठः.   ३. 'देऽपि हि' ङ. पाठः.

---

* 'प्रकृतिव्यसनानि भूतिकामः समुपेक्षेत' इति व्याख्याभिमतः पाठः स्यात्.

सुनयपिहितरन्ध्रः[1] प्राकृतो यस्य वर्गः
क्षितिपतिरुपभुङ्क्ते स त्रिवर्गं चिराय ॥ ९६ ॥

(इति प्रकृतिव्यसनानि नाम द्वाविंशं प्रकरणम्)

इति कामन्दकीये नीतिसारे उत्साहप्रशंसा-प्रकृतिकर्म-प्रकृतिव्यसनानि नाम

चतुर्दशः सर्गः ।

स्यादित्याह — सुनयपिहितरन्ध्र इति, कर्मप्रापणलक्षणेन[2] सुनयेन प्रच्छादितव्यसनः । प्राकृतः सप्तप्रकृतिको वर्गः ॥ ९६ ॥

(इति प्रकृतिव्यसनानि नाम द्वाविंशं प्रकरणम्)

इति शङ्करार्यकृतायां कामन्दकीयनीतिसारपञ्चिकायां जयमङ्गलायाम्

उत्साहप्रशंसा-प्रकृतिकर्म-प्रकृतिव्यसनानि नाम

चतुर्दशः सर्गः ।

---

१. 'निर्हितमन्त्रः प्रा' क. पाठः. २ 'निपुणेन' क.ख.ग.घ. पाठः

अथ पञ्चदशः सर्गः ।

* २३ सप्तव्यसनवर्गप्रकरणम् *

अमात्याद्याः प्रकृतयो मित्रान्ता राज्यमुच्यते ।
अशेषराज्यव्यसनात् पार्थिवव्यसनं गुरु ॥ १ ॥

राजा त्वव्यसनी राज्यव्यसनापोहनक्षमः ।
न राजव्यसनापोहे समर्थं राज्यमूर्जितम् ॥ २ ॥

आत्मामात्यप्रजादुर्गकोशानां दण्डमित्रयोः ।
व्यसनेभ्यः समुन्नेता राजा यः स त्रिवर्गभाक् ॥ ३ ॥

अशास्त्रचक्षुर्नृपतिरन्ध इत्यभिधीयते ।
वरमन्धो न चक्षुष्मान् मदादाक्षिप्तसत्पथः ॥ ४ ॥

प्रकृतिव्यसनेषु सप्तवर्गस्य महाव्यसनत्वात् तद्दोषदर्शनार्थमस्मिन् सर्गे सप्तव्यसनवर्ग उच्यते । तत्रेदं विचिन्त्यते 'पूर्वंपूर्वं गुरुतरम्' (सर्ग. १४. श्लो. ९३.) इत्युक्तम् । तत्र राज्ञो राज्यस्य चोभयोर्व्यसने कतरद् गुर्वित्याह—**अमात्याद्या** इति । अशेषराज्यव्यसनात् पार्थिवव्यसनं गुर्विति सप्तप्रकृतिकं राज्यमिति नेह द्रष्टव्यमिति । अशेषराज्यव्यसनादिति । अमात्यानां बहुत्वात् तद्व्यसनमेव गुर्विति पूर्वपक्षवादिनोऽभिप्रायः ॥ १ ॥

राज्यव्यसनापोहनक्षमः स्वयमव्यसनित्वाद् राज्यव्यसनापोहनसमर्थः । राज्यमूर्जितमपि । स यच्छीलस्तच्छीलास्तस्य प्रकृतयो भवन्ति, उत्थाने प्रमादे च तदायत्तत्वात् । कूटस्थानीयो हि स्वामीति ॥ २ ॥

तस्मादात्मीयव्यसनापोहे स एव (प ?द)क्ष इत्याह — **आत्मे**त्यादि । तत्र द्विधा राजा चक्षुष्मान् (अचक्षुष्मांश्च) । चक्षुष्मानपि द्विविधः सुगृहीतशास्त्रोऽगृहीतशास्त्रश्च । तत्र यः सुगृहीतशास्त्रश्चक्षुष्मान् स व्यसनेभ्यः समुन्नेता समुत्थापयिता ॥ ३ ॥

अशास्त्रचक्षुरिति । शास्त्रमेव चक्षुस्तदस्य नास्तीति कृत्वान्ध उच्यते । वरमन्धो न चक्षुष्मानिति । चलितशास्त्रस्त्वचक्षुष्मान् । स हि शास्त्रादन्यथा निविष्टबुद्धिर्ज्ञानमदाक्षिप्तसन्मार्गो भवति ॥ ४ ॥

---

१. 'अनेकरा' क.ग पाठः. २. 'नान्युच्यन्ते' क.ख.ग.घ पाठः. ३. 'ज्यं ने' ङ.च. पाठः. ४. यं व्यसनित्वान्न रा' ङ. च. पाठः.

मन्त्रिभिर्मन्त्रकुशलैरन्धः पथि निवेश्यते ।
चक्षुष्मांस्तु मदान्धः सन्नात्मानं हन्त्यशेषतः ॥ ५ ॥
शास्त्रचक्षुर्नृपस्तस्मान्महामात्रमते स्थितः ।
धर्मार्थप्रतिघातीनि व्यसनानि परित्यजेत् ॥ ६ ॥
वाग्दण्डयोश्च पारुष्यमर्थदूषणमेव च ।
स्मृतं व्यसनतत्त्वज्ञैः क्रोधजं व्यसनत्रयम् ॥ ७ ॥
कामजं मृगया द्यूतं स्त्रियः पानं तथैव च ।
व्यसनं व्यसनार्थज्ञैश्चतुर्विधमुदाहृतम् ॥ ८ ॥
वाक्पारुष्यं परं लोक उद्वेजनमनर्थकम् ।
न कुर्याद् विप्रियां वाचं प्रकुर्याज्जनमात्मसात् ॥ ९ ॥
अकस्मादेव यः कोपात् परुषं बहु भाषते ।
तस्मादुद्विजते लोकः सस्फुलिङ्गादिवानलात् ॥ १० ॥

तदेव स्फुटयन्नाह—**मन्त्रिभिरिति** । 'अन्धः सञ्चार्यते धर्मादि'[1]त्याचार्यैरविगुप्तपादैः । अशेषतः सह राज्येन हन्तीत्यर्थः ॥ ५ ॥

यस्मादन्धे[2]ऽपि (न) दोषः, तस्मात् सुगृहीतशास्त्रचक्षुषा भवितव्यं, तस्यैव व्यसनापोहनसामर्थ्यात् । यदाह—**शास्त्रचक्षुरिति** । महामात्रमते स्थितः नृपामात्ययोर्हि परस्परानुकूलयोः सर्वसम्पत्सम्भवात् । धर्मार्थप्रतिघातीनीति । धर्मार्थयोः प्रधानत्वात् तदुपघातीनि त्यजेत् ॥ ६ ॥

तानि व्यसनान्याह—**वागित्यादि** । क्रोधजं व्यसनत्रयं, वाक्पारुष्यादीनां कोपसमुत्थत्वात् ॥ ७ ॥

कामजं व्यसनं चतुर्वर्गं, मृगयादीनामिच्छाप्रभवत्वात् ॥ ८ ॥

तत्रैकादशभिः श्लोकैः कोपजस्य दोषानाह—**वाक्पारुष्यमित्यादि** । अपवादः, कुत्सनम्, अभिभर्त्सनं चेति वाक्पारुष्यम् । तदनर्थकं न कुर्यात् । कार्यापेक्षया क्रियमाणं न व्यसनमिति ॥ ९ ॥

कथं तदुद्वेजनमित्याह—**अकस्मादित्यादि** । बहुभाषणं दुरुक्तमित्यर्थात् । तस्मादुद्विजते लोको दुर्वचनदण्डत्वात् ॥ १० ॥

---

१. 'तीक्ष्णं सुब' ख.ग. पाठः. २. 'दन्येऽपीत्येष दो' ङ. च. पाठः.

हृदये वागसिस्तीक्ष्णो मर्मच्छिन्निपतन् मुहुः[1] ।
तेजस्विनं दीपयति स दीप्तो याति वैरिताम् ॥ ११ ॥
नोद्वेजयेद् जगद् वाचा रूक्षया प्रियवाग् भवेत् ।
प्रायेण प्रियवाक्कर्मा[2] कृपणोऽपि हि सेव्यते ॥ १२ ॥
असिद्धसाधनं सद्भिः शासनं दण्ड उच्यते ।
तं युक्त्यैव नयेद् दण्डं युक्तदण्डः प्रशस्यते ॥ १३ ॥
उद्वेजयति भूतानि दण्डपारुष्यवान् नृपः ।
भूतान्युद्वेज्यमानानि द्विषतां यान्ति संश्रयम् ॥ १४ ॥
आश्रिताश्चैव लोकेन समृद्धिं[3] यान्ति विद्विषः ।
समृद्धाश्च[4] विनाशाय तस्मान्नोद्वेजयेत् प्रजाः ॥ १५ ॥
लोकानुग्रहकर्तारः प्रवर्धन्ते[5] महीभुजः ।
लोकवृद्ध्या नरेन्द्राणां वृद्धिस्तत्संक्षये क्षयः ॥ १६ ॥

दोषान्तरमाह — **हृदय** इत्यादि ॥ ११ ॥

नोद्वेजयेद् जगद् यथोक्तदोषपरिहारार्थम् । प्रियवाक्कर्मा प्रियाभिधायी । कृपणः अदाता ॥ १२ ॥

दण्डपारुष्यमाह — **असिद्धसाधनमिति** । अर्थहरणं ताडनं वधश्चैतत् त्रितयमसिद्धार्थसाधनादनुशासनं दण्डः । तं युक्त्यैव नयेद् अनुशास्ये यथार्हमेव प्रवर्तयेत् । युक्तदण्डस्य राज्ञः प्रशस्यत्वात् । तेनैवंविधो न व्यसनमिति ॥ १३ ॥

अयुक्तो दण्ड्ये चादण्ड्ये च प्रवर्तमानो दोषावहत्वाद् व्यसनमित्याह — **उद्वेजयतीत्यादि** ॥ १४ ॥

आश्रिता विद्विष इति सम्बन्धः । लोकेनोद्वेजितेन । विनाशाय विजिगीषोः ॥ १५ ॥

लोकानुग्रहकर्तार इति । धान्यपशुहिरण्योपसङ्ग्रहै[6]र्लोकमनुगृह्णन्तो वर्धन्ते[7] । दण्डवाक्पारुष्याच्च निगृह्णन्तः क्षीयन्ते । यदाह — लोकवृद्ध्येति । अनुगृहीते लोके जनवृद्ध्या राज्ञां वृद्धिः । निगृहीते तु तत्संक्षयात् क्षयः ॥ १६ ॥

---

१. 'निपतन् वागसिस्तीक्ष्णो हृदये मर्महा मुहुः' क. पाठः. २. 'वाग् लोके कृ' क. पाठः. ३. 'विवृद्धिं' क. पाठः. ४. 'विवृद्धा' क. पाठः. ५. 'र्तं' ख.ग. पाठः. ६. 'पग्र' घ. पाठः. ७. 'र्तं' क.ख.ग.घ. पाठः.

महत्स्वप्यपराधेषु दण्डं प्राणान्तिकं त्यजेत् ।
ऋते राज्यापहारात् तु तत्र दण्डः प्रशस्यते ॥ १७ ॥
दूष्यस्य दूषणार्थं हि परित्यागो महीयसः ।
अर्थस्य नीतितत्त्वज्ञैरर्थदूषणमुच्यते ॥ १८ ॥
तदकस्मात् समाविष्टः कोपेनातिबलीयसा ।
नित्यमात्महिताकाङ्क्षी न कुर्यादर्थदूषणम् ॥ १९ ॥
यानक्षोभो यानपातो यानाभिहरणं तथा ।
क्षुत्पिपासाश्रमायासशीतवातोष्णपीडनम् ॥ २० ॥

दण्डेष्वपि वधाख्यं दण्डं लोकजिघृक्षार्थं त्यजेदित्याह—**महत्स्वपीति** । बन्धताडने त्वनुशासनार्थं प्रवर्तयेदेव । ऋते राज्यापहारादिति । राज्यापहारे त्वपराधे वधाख्य एव दण्डः प्रशस्यते, तदर्थत्वात् प्रयासस्य ॥ १७ ॥

अर्थदूषणमाह—**दूष्यस्येत्यादि** । अर्थदूषणम् अर्थस्योपघातः । तथाह्युक्तम् *'अदानमादानं विनाशः परित्यागश्चार्थस्येत्यर्थदूषणम्' (कौटि. अर्थ. ८. ३. १२९.) तत्र पूर्वप्रवृत्तस्यार्थस्योच्छेदाददानम् । तस्य पण्यागारादिनाकर्षणम् आदानम् । स्वयमार्जितस्याग्न्यादिना विध्वंसनं विनाशः । कुतश्चिल्लभ्यमानस्य विघातनेन परित्यजनं परित्यागः । तदिदं क्रोधोत्कर्षसन्दर्शनार्थं परित्यागादर्थदूषणमुक्तम् । दूषणार्थम् अपकारार्थं, यद् दूष्योऽन्यस्तस्मान्महीयांसमर्थं प्राप्स्यति । तस्यार्थस्य विघातनेन परित्यजनमर्थदूषणम् ॥ १८ ॥

तच्च दूष्ये क्रियमाण(म)व्यसनम् । अन्यत्र तु व्यसनमेवेत्याह—**तदकस्मादिति** । कार्यं विनेत्यर्थः । कोपेनातिबलीयसेति महतः कोपात् परित्यागाख्यमर्थदूषणमुत्पद्यत इति दर्शयति, यस्मादन्यस्मादपि लभ्यमानमर्थं घातयति ॥ १९ ॥

इदानीं सप्तचत्वारिंशता श्लोकैः कामजस्य दोषा उच्यन्ते । तत्र मृगयामधिकृत्याह—**यानेत्यादि** । यानक्षोभः यानकृतोऽङ्गसंक्षोभः । यानात् प्रधावतः पातः । यानेन प्रजविना अभिहरणम् अनभिमतदेशप्रापणम् । पीडनशब्दः क्षुदादिभिः प्रत्येकं योज्यः । आयासः पण्यादीनां व्यापारक्लेशः ॥ २० ॥

---

१. 'साः शी' ख. ग. पाठः. २. 'ष्योऽस्मा' ङ. पाठः.

---

* 'दानमादानम्' इति मुद्रितकौटिलीयार्थशास्त्रपाठः.

अभियानस्य सम्पत्त्या यानव्यसनजं महत् ।
दुःखं प्रतप्तसिकताकुशकण्टकभूमयः ॥ २१ ॥

वृक्षसङ्कटजा देशा लताकण्टकपातनम् ।
शैलपातशिलाजालस्थाणुवल्मीकपीडनम् ॥ २२ ॥

प्रच्छन्नोपहितैः शैलसरिद्विपिनकुक्षिषु ।
वधबन्धपरिक्लेशै आसन्नाटविकादिभिः ॥ २३ ॥

स्वसैन्यैश्च स्वकुल्यैश्च परभिन्नैश्च मारणम्* ।
ऋक्षाजगरमातङ्गसिंहव्याघ्रभयादि[२] च ॥ २४ ॥

अभियानस्य सम्पत्त्येति । अभिमुखीभूतस्यान्यदीयाश्वस्य सम्पातेनात्मीयाश्वयानस्याघातः पातो वा व्यसनं, तस्माज्जातं महद् दुःखं भवति, अश्ववरानाक्रम्य तस्य सम्पतनात् । प्रतप्तसिकतादिभिः कुशकण्टकैश्च चितभूमयो दुःखहेतवः ॥ २१ ॥

वृक्षसङ्कटजा देशाः तत्र हि प्रविष्टस्य दुःखेन निर्गमनम् । तत्र कम्भारीकण्टकारिकादिलताकण्टकैः पातनम् । तथा शैलात् पातो मृगमनुसरतः शिलाजालादिभिः पीडनम् ॥ २२ ॥

प्रच्छन्नोपहितैरिति । अवस्कन्दादिदानार्थं शैलादिकुहरेषु प्रच्छन्नलीनैः । आसन्नाटविकादिभिरिति । आदिशब्दात् स्तेनावरुद्धाद्युपग्रहः ॥ २३ ॥

स्वकुल्यैः परभिन्नैरिति । राज्यार्हा यूयं, कथं विजिगीषुणैकेनोक्रामता भुज्यमानमुपेक्षन्ते भवन्तः, वयं च सहाया इति परेण भिन्नैर्विजिगीषुसैन्यैश्च मृगयां गतस्य प्रमापणमाघातः । साक्षादृक्षादिभ्यः प्राणोपघातिभ्यो भयादीति ॥ २४ ॥

---

१. 'शःसामन्ताट' क. पाठः. २. 'नि' क. पाठः. ३. 'थं तु वि' ङ. पाठः. ४. 'न भज्य' क.ख.ग.घ. पाठः.

* 'परभिन्नैः प्रमापणम्' इति व्याख्याभिमतः पाठः स्यात्.

दवाग्निधूमसंरोधो दिङ्मोहभ्रमणानि च ।
इत्यादि पृथिवीन्द्राणां मृगयाव्यसनं स्मृतम् ॥ २५ ॥
जितश्रमत्वं व्यायाम आममेदःकफक्षयः ।
चलस्थिरेषु लक्षेषु बाणसिद्धिरनुत्तमा ॥ २६ ॥
मृगयायां गुणानेतानन्ये प्राहुर्न तत् क्षमम् ।
दोषाः प्राणहरा[१]: प्रायस्तस्मात् तत् [२]परिवर्जयेत् ॥ २७ ॥
आमादयो हि[३] जीर्यन्ति योग्ययैव दिवानिशम् ।
चलेषु यन्त्रलक्षेषु बाणसिद्धिश्च[४] जायते ॥ २८ ॥
अथ चेन्मृगयाक्रीडावाञ्छा तन्नगरान्तिके ।
कारयेन्मृगयारण्यं क्रीडाहेतोर्मनोहरम् ॥ २९ ॥
परिक्षिप्तं परिखया दुर्गया[५] मृगगम्यया ।
आयामपरिणाहाभ्यामर्धयोजनसम्मितम् ॥ ३० ॥

अरण्यमध्यवर्तिनो वनाग्निधूमाभ्यां प्राणोपघाती संरोधः । दिङ्मोहभ्र[६]मेण रिपुविषयगमनमपि स्यादित्यादिदोषजातं मृगयाव्यसने स्मृतम् । आदिशब्दाद् दशरथादिवच्छापादेरपि भयं द्रष्टव्यम् ॥ २५ ॥

राज्ञो गुणानावहति मृगयेत्यन्ये, यदाह—**जितश्रमत्वमि**ति । **चलस्थिरेष्वि**ति । धावत्सु तिष्ठत्सु च बाणसिद्धिः लक्ष्यसाधनात् ॥ २६ ॥

न तत् क्षममिति । न तद् मृगयाव्यसनं युक्तम् ॥ २७ ॥

कुतस्तर्हि तद्गुणा इत्याह — **आमादय** इति । योग्यया आयुधवाहनशिक्षया । **यन्त्रलक्षेषु** यन्त्रघटितेषु मृगादिलक्षेषु ॥ २८ ॥

तन्नगरान्तिके राजनगरसमीपे । **मृगयारण्यं** मृगयावनम् ॥ २९ ॥

परिक्षिप्तं परिवेष्टितम् । **दुर्गया** मनुष्यागम्यया । **मृगगम्ययेति** आगत[७]मृगवधार्थम् । **आयामो** दैर्घ्यम् । **परिणाहो** विस्तारः ॥ ३० ॥

---

१. 'रप्रायास्त' ख. ग. पाठः. २. 'व्यसनं महत्' क. पाठः. ३. 'पि' क. पाठः. ४. 'स्तु' ख. ग. पाठः. ५. 'मृगाणामप्यगम्यया' क. पाठः. ६. 'भ्रमणादरिवि' ङ. पाठः. ७. 'न्तुकमृगलिप्सार्थम्' ङ. पाठः.

गिरेरुपान्ते नद्या वा पर्याप्तजलशाद्वलम् ।
अकण्टकलतागुल्मं विषपादपवर्जितम् ॥ ३१ ॥

पादपैः पुष्पफलदैः प्रज्ञातैश्चित्तहारिभिः ।
स्निग्धनीलघनच्छायैर्विरलैरुपशोभितम् ॥ ३२ ॥

पांसुपूरितनिश्छिद्रश्वभ्रप्रदरकन्दरम् ।
दलितस्थाणुवल्मीकपाषाणसमभूतलम् ॥ ३३ ॥

शोधितग्राहसलिलमगभीरजलाशयम् ।
नानापुष्पसमाकीर्णं नानाविहगसेवितम् ॥ ३४ ॥

सुपात्यमृगसम्पूर्णं हस्तिनीकलभान्वितम् ।
भग्नदंष्ट्रनखव्यालं छिन्नशृङ्गविषाणि च ॥ ३५ ॥

सुखसंसेव्यलतया पुष्पपर्णावनद्धया ।
वनराज्या परिक्षिप्तं परिखातटजातया ॥ ३६ ॥

गिरेर्नद्या वेति उभयोर्मृगाश्रयत्वात् ॥ ३१ ॥

प्रज्ञातैः लोकप्रतीतैः । विरलैः यानवाहनानुपरोधकैः ॥ ३२ ॥

पांसुभिः पूरितत्वान्निश्छिद्राः अश्वादिसञ्चरणार्थं श्वभ्रा यत्रेति विग्रहः । प्रदरो भूमेः स्फुटितम् । दलितस्थाण्वादित्वात् समभूतलम् ॥ ३३ ॥

ग्राहो नक्रादिः । तदपनयनात् परिभोग्यं जलं भवति । अगम्भीरत्वाच्च तदवगाहनयोग्यो जलाधारः ॥ ३४ ॥

सुपात्यः सुखव्यापाद्यः । कलभः पोतः । व्यालाः व्याघ्राः । विषाणिनो गण्डकादयः । ते तु भग्ननखदंष्ट्रत्वात् कलितमृगत्वाच्च नाभिभवन्ति ॥ ३५ ॥

सुखसंसेव्यलतयेति । अकण्टकिनी निर्विषा च लता सुखसंसेव्या भवति । वनराज्या परिक्षिप्तं मोहार्थं विश्रमार्थं च ॥ ३६ ॥

---

१. 'नानावल्लिपिन' क पाठः. २. 'गयाश्र' क. ख. ग. घ. पाठः. ३. 'यात्' क. ख. ग. घ. पाठः.

*बहिर्दूरान्तराभोगनिर्वृक्षस्तम्भभूतलम् ।
अगम्यं रिपुसैन्यानां मनःप्रीतिविवर्धनम् ॥ ३७ ॥
तद्वनेचरचित्तज्ञैः क्लेशायाससहैर्दृढैः ।
रक्षितं रक्षिभिः स्वाप्तैर्भूभुजामभिवृद्धये ॥ ३८ ॥
तत्कर्माप्तो नरेन्द्रस्य जनो जितपरिश्रमः ।
क्रीडनायात्र विविधा मृगजातीः प्रवेशयेत् ॥ ३९ ॥
अन्यकार्याविरोधेन प्रातश्चङ्क्रमणेक्षमः[2] ।
क्रीडनाय विशेद् राजा तदाप्तैः सहितो मितैः ॥ ४० ॥
यदा च प्रविशेद् राजा क्रीडनार्थं तदा बहिः ।
सन्नद्धं यत्नतस्तिष्ठेत् सैन्यं दूरान्तगोचरम् ॥ ४१ ॥

बहिः परिखाया इत्यर्थात् । दूरे क्रोशमात्रान्तरे यो वनाभोगो (सन ?वन) वैस्तार्यं समन्तात्, तत्र समन्ताद् निर्वृक्षं निस्तम्भं च भूतलं यस्य । एवञ्च निराश्रयत्वात् तदगम्यं रिपुसैन्यानाम् ॥ ३७ ॥

तद्वनेचरचित्तज्ञैरिति । तस्मिन् वने मृगाणां दुष्टादुष्टपरिज्ञानार्थं ये शबरपुलिन्दादयो निवासिकाः, तदनुकूलै रक्षिभिरिति सम्बन्धः । दृढैः स्थिरैः । स्वाप्तैः परस्याभेद्यैः ॥ ३८ ॥

तत्कर्माप्तः मृगप्रवेशनकर्मकुशलः । जनो नरेन्द्रस्य नरेन्द्रानुरक्त इत्यर्थः, दुष्टमृगप्रवेशनिषेधार्थम् ॥ ३९ ॥

अन्यकार्याविरोधेन, अन्यकार्यविरोधित्वाद् व्यसनमेव स्यात् । प्रातः प्रविशेदिति सम्बन्धः । चङ्क्रमणक्षमः शरीरपाटवात् । तदाप्तैरिति । तद् मृगयारण्यम् । मितैः स्तोकैः ॥ ४० ॥

सन्नद्धं यत्नतस्तिष्ठेत् परावस्कन्दनपरिहारार्थम् । दूरान्तगोचरं दूरदेशवर्ति ॥ ४१ ॥

---

१. 'पर' क. पाठः. २. 'णे क्षमम्' ख. ग. पाठः. ३. 'ब' ङ. पाठः.

---

* 'बहिर्दूरवनाभोग' इति पाठो भवेद् व्याख्यानदृष्ट्या ।

सद्भिर्यो मृगयायाने गुणः साधु प्रकीर्तितः ।
क्रीडा[1]प्रीतिर्नरपतिस्[2]तं तत्र स्वयमाप्नुयात् ॥ ४२ ॥

विधिरेष समुद्दिष्टो मृगयाक्रीडने [3]वैरम् ।
न गच्छेदन्यथा राजा मृगयां मृगयुर्यथा ॥ ४३ ॥

महतोऽपि क्षणान्नाशो धनस्य ह्रीविमुक्तता ।
निस्सत्यता निष्ठुरता क्रोधो वाक्छस्त्रखण्डनम् ॥ ४४ ॥

लोभो धर्मक्रियालोपः कर्मणामप्रवर्तनम् ।
सत्समागमविच्छित्तिरसद्भिः सह वर्तनम् ॥ ४५ ॥

अर्थनाशक्रियावश्यं नित्यं वैरानुबन्धिता ।
सत्यप्यर्थे निराशत्वमसत्यपि च साशता ॥ ४६ ॥

यथोक्तानुष्ठानफलमाह—**सद्भिरिति** । गुणः जितश्रमत्वादिः ॥ ४२ ॥

न गच्छेदन्यथा, यथोक्तदोषसम्भवात् । मृगयुः व्याधः ॥ ४३ ॥

द्यूतदोषानाह—**महत** इत्यादि । क्षणान्नाश एकेनैव पणेन । ह्रीविमुक्तता असभ्याचरणात् । निस्सत्यता असमपाते विषमपात इत्यभिधानात् । निष्ठुरता द्यूतापहृतस्य धनस्य कृते परस्परव्यापादनात् । क्रोध इति । द्यूतासक्तमना हि केनचित् कृ[4]च्छ्रे पृष्टः कुप्यति । तथा परस्परकलहाद् वाचा खण्डनमाक्रोशनं शस्त्रखण्डनं च ॥ ४४ ॥

लोभः परद्रव्येषु द्यूतहृतेषु । कर्मणां सदा क्रियमाणानाम् । सत्समागमविच्छित्तिः, तत्र[5]संयुक्तस्य हि विद्यावृद्धानामनुपयोगात् । असद्भिः द्यूतकारिभिः ॥

अर्थनाशक्रिया केनचिन्निक्षिप्तस्याप्यर्थस्याहृतमिति नाशकारणम् । वैरानुबन्धिता अहमनेन [6]संरुद्धो बद्ध इति । निराशत्वं निराशता पुनर[7]पि जेष्यतीति । साशता सप्रत्याशता जेष्यामीति ॥ ४६ ॥

---

१. 'धृं' ख. ग. पाठः. २. 'स्तत्र सर्वमवाप्नु' क. पाठः. ३. 'परः' क. पाठः. ४. 'च्छ्रेण प्रकृष्टं कु' क. ख ङ. पाठः. ५. 'त्संयुक्त' क. ख. ग. पाठः. ६. संकटस्थो ब' क. ख. ङ. पाठः. ७. 'रयं जे' ङ. पाठः.

प्रतिक्षणं [1]क्रोधहर्षौ सन्तापश्च प्रतिक्षणम् ।
प्रतिक्षणं च संक्लेशः साक्षिप्रश्नः प्रतिक्षणम् ॥ ४७ ॥

स्नानादिगात्रसंस्कारपरिभोगेष्वनादरः ।
अव्यायामोऽङ्गदौर्बल्यं शास्त्रार्थप्रत्युपेक्षणम् ॥ ४८ ॥

[2]गूहनं मूत्रशकृतोः क्षुत्पिपासोपपीडनम् ।
इत्यादींस्तन्त्रकुशला द्यूतदोषान् प्रचक्षते ॥ ४९ ॥

पाण्डवो धर्मराजस्तु लोकपाल इवापरः ।
द्यूतेन ह्यसता दीव्यन् कलत्राद्यपहारितः ॥ ५० ॥

क्रोधो जीयमानस्य । हर्षो जयतः । सन्तापो हृतार्थस्य । संक्लेशः संरोधादिः । साक्षिप्रश्नो विवादे साक्षिपृच्छा ॥ ४७ ॥

स्नानादीति । आदिशब्दादभ्यङ्गमर्दनाद्युपसंग्रहः । अङ्गदौर्बल्यं भोजनवेलातिक्रमात् । यत् पूर्वमधीतं शास्त्रं, तस्यार्थानिरूपणम् ॥ ४८ ॥

गूहनं मूत्रशकृतोः वेगप्राप्तयोरनिस्सारणाद् विधारणम् । इत्यादीनि(ति) । आदिशब्दात् स्तेयापवादाद्युपसङ्ग्रहः ॥ ४९ ॥

धर्मराजो युधिष्ठिरः । द्यूतेनासता [3]कपटद्यूतेनेत्यर्थः । तथाहि तस्य प्राप्तराज्यस्य दुर्योधनो महीयसीं विभूतिं दृष्ट्वा तदतिसन्धानोपायं चिन्तयन् मातुलेन शकुनिनाक्षहृदयविदा द्यूतं [4]कारितस्तद्देशं च यदृच्छया युधिष्ठिरमागच्छन्तं देवनायाहूतवान् । सोऽपि 'आहूतेन क्षत्रियेण द्यूताद् रणाच्च न निवर्तितव्यमि'ति विधानं मत्वानेन सह देवितुमारेभे । तयोश्चेदमध्यवसितं "यदि दुर्योधनेन जितं, तदा युधिष्ठिरेण राज्यं त्यक्त्वा द्वादश वर्षाणि वने स्थातव्यं, त्रयोदशे वर्षे अज्ञातचर्यया । अथ चेत् परिज्ञातं स्यात्, पुनर्द्वादश वर्षाणि वने स्थातव्यम्" इति । ततोऽसौ शकुनिप्रयुक्तेन कपटद्यूतेन दुर्योधनेन जित इति ॥ ५० ॥

---

१. 'क्षोभह' ख. ग. पाठः. २. 'व' ख. ग. पाठः. ३. 'कूट' ङ. पाठः. ४. 'आहित' ङ. पाठः. ५. 'मव' ग. घ. पाठः. ६. 'मु' ङ. च. पाठः.

नलश्च राजा द्यूतेन हृते राज्ये महोदये ।
धर्मदारान् वने त्यक्त्वा परकर्मकरोऽभवत् ॥ ५१ ॥
तुल्यो भुवीन्द्रतुल्यस्य यस्य नास्ति धनुर्धरः ।
स रुक्मी रुक्मशैलाभो द्यूतदोषाद्गतः क्षयम् ॥ ५२ ॥
राजा काशिकरूशानां दन्तवक्रोऽपि मन्दधीः ।
तीव्राद् द्यूतकृताद् दोषाद् दन्तभङ्गमवाप्तवान् ॥ ५३ ॥
द्यूतादनर्थसंरम्भो द्यूतात् स्नेहक्षयो महान् ।
पक्षाणां चापि महतां द्यूताद्भेदः प्रवर्तते ॥ ५४ ॥

नलश्च राजा द्यूतेन हृते राज्ये भ्रात्रा जयसेनेन धर्मदारान् दमयन्तीं वने त्यक्त्वा परकर्मकरोऽभवद् ऋतुपर्णस्य राज्ञो देशमुपगम्य तत्सूपकारकर्म कृतवान् ॥ ५१ ॥

तुल्यो यस्य नास्ति धनुर्धरः, तस्य चतुर्मार्गेऽस्त्रग्रामे किंपुरुषेणाभिविनीयानुज्ञातत्वात् ॥ ५२ ॥

राजा काशिकरूशानामिति । काशयः करूशाश्च नाम जनपदौ । तत्र राजा दन्तवक्रो नामासुरः स्वदुहितरं प्रद्युम्नसुताय दत्तवान् । सोऽपि यदुचक्रपरिवृतस्तत्रागत्य तां परिणीतवान् । पारियात्रिकेषु कुतश्चित् प्रसङ्गाद् यथाधीतेन शिल्पेन तत्रतत्र तैः सह स्पर्धमानेषु (अपि महा! अहम)क्षहृदयविदित्युत्थाय साम्बो विष्णुपुत्रो दन्तवक्रेण सह देवितुमारेभे[1], बलभद्रोऽपि दन्तवक्रगृह्येण रुक्मिणा क्रथकैशिकेन राज्ञा । ततो द्यूतकलहात् प्रकुपितेन बलभद्रेण स्तम्भमुत्पाट्य हतो रुक्मी क्षयमगमत् । दन्तवक्रोऽपि मित्रार्थेनोद्गच्छंस्तेनैव चिबुके समाहतो दन्तभङ्गमवाप ॥ ५३ ॥

अनर्थसंरम्भः अस्माभिर्जितं, वयमन्यायेन जिता इत्येवंरूपः । स्नेहक्षयो जयपराजयवशात् । पक्षाणां महतां सङ्घातारीणाम् ॥ ५४ ॥

---

१. 'मारब्धवान्' क. ख. ङ. च. पाठः.

इति केवलदोषं हि राजा द्यूतं विवर्जयेत् ।
समाह्वयं च मेधावी दर्पिणां विनिवारयेत् ॥ ५५ ॥

कालातिपातः कार्याणां धर्मार्थपरिपीडनम् ।
नित्याभ्यन्तरवर्तित्वात् साधुप्रकृतिकोपनम् ॥ ५६ ॥

रहस्यभेदस्तत्पक्षादकार्येषु प्रवर्तनम् ।
ईर्ष्यामर्षस्तथा क्रोधो निरोधः साहसानि च ॥ ५७ ॥

इत्यादि च स्त्रीव्यसने यच्च पूर्वं प्रकीर्तितम् ।
तस्मात् स्त्रीव्यसनं राजा राज्यकामः परित्यजेत् ॥ ५८ ॥

दर्पिणामिति बलदृप्तानां मल्लादीनाम् । समाह्वयं प्राणिद्यूतम् । सोऽपि भिन्नपक्षद्वैधेन कोपं जनयति ॥ ५५ ॥

स्त्रीव्यसनदोषानाह—**कालातिपात** इत्यादि । तत्र कालातिपातो यथाकालमकरणात् । धर्मपीडनं धर्मस्थीयव्यवहारादर्शनाद्, अर्थपीडनम् अर्थाधिकारादर्शनम् । अभ्यन्तरमन्तर्गृहं; तत्र कामान्नित्यावस्थितस्य दर्शनाभावादार्यप्रकृतीनां प्रकोपनम् ॥ ५६ ॥

तत्पक्षात् स्त्रीपक्षात् । स्त्रीषु हि विश्वासे तत्पक्षोऽपि रहस्यविद् भवति । अकार्येषु नृत्तगीतादिषु । ईर्ष्यामर्ष ईर्ष्याकोपो दुःखहेतुः । क्रोधः स्त्रीभिः सुखासीनस्य कृच्छ्रेर्णं केनचित् स्पृष्टस्य । तथा कामासक्तेन हि पैथ्यकारिणोऽपि दारा अवरुध्यन्ते । साहसानि परदाराभिगमने प्राकारलङ्घनादीनि ॥ ५७ ॥

इत्यादि चेति । आदिशब्दाद् अशौचलाघवप्रत्यवायाद्युपसङ्ग्रहः । यच्च पूर्वं प्रकीर्तितं द्यूतव्यसने । तथाहि कामुकोऽपि महान्तमर्थमसत्पात्रेषु विनियोजयन् क्षणान्नाशयति । तथा सत्यस्य च परित्यागः । निर्धनस्य धनिकव्यापादनान्नैष्ठुर्यम् । प्रतिकामुकैः कलहाद् वाक्छस्त्रखण्डनम् । धनहीनस्य लोभः । इत्यादि यथासम्भवं योजनीयम् ॥ ५८ ॥

---

१. 'ण दृष्ट' ङ. पाठः. २. 'बधकारिणोऽपि दारा न निरुध्यन्ते' ग. घ. पाठः.

स्त्रीमुखालोकनतया व्यग्राणामल्पचेतसाम् ।
ईहितानीह गच्छन्ति यौवनेन सह क्षयम् ॥ ५९ ॥

वमनं विह्वलत्वं च संज्ञानाशो विवस्त्रता ।
बह्वबद्धप्रलापित्वमकस्मा[1]द् व्यसनं मुहुः ॥ ६० ॥

प्राणग्लानिः सुहृन्नाशः प्रज्ञाश्रुतमतिभ्रमः ।
सद्भिर्वियोगोऽसद्भिश्च संयोगोऽनर्थ्यसङ्गमः ॥ ६१ ॥

स्खलनं वेपथुस्तन्द्री[2] नितान्तं स्त्रीनिषेवणम् ।
इत्यादि पानव्यसनमत्यन्तं स[3]द्भिर्गर्हितम् ॥ ६२ ॥

श्रुतशीलबलोपेताः पा[4]नदोषेण भूयसा ।
क्षयमक्षीणनामानो जग्मुरन्धकवृष्णयः ॥ ६३ ॥

अल्पचेतसाम् अल्पसत्त्वानाम् ईहितानि चेष्टितानि यौवनेन सह क्षीयन्ते उत्तरकालं चेष्टासम्भवात् ॥ ५९ ॥

पानदोषानाह—**वमनमि**त्यादि । विह्वलत्वं परवशदेहता । संज्ञानाशो निश्चेष्टता । अबद्धम् असम्बद्धम् । अकस्माद् व्यसनं मुहुः उन्मत्तस्येव गाननृत्तादिकरणम् ॥ ६० ॥

प्राणग्लानिः सुरया जर्जरीकरणात् । सुहृन्नाशः अननुरागादाचार्यमित्रत्यागः । ऊहापोहासामर्थ्यात् प्रज्ञावि[5]भ्रमः, पूर्वाधीतशास्त्रानभ्यासात् श्रुतविभ्रमः । भयस्खलितेषु संविधानस्य मतिविभ्रमः । असद्भिः शौण्डिकादिभिः । अनर्थ्यः पानशौण्डादिजनः ॥ ६१ ॥

स्खलनं समेऽपि पथि । तन्द्री अकालेऽपि निद्रा । नितान्तमत्यर्थम् । इत्यादीति । आदिशब्दादशौचकलहप्रमादाद्युपसङ्ग्रहः ॥ ६२ ॥

भूयसेति युक्त्या पा[6]नमव्यसनमिति दर्शयति । अक्षीणनामानः अतिप्रतीताः । अन्धकवृष्णयो यादवाः ॥ ६३ ॥

---

१. 'स्माद्रस' मूलकोशेषु पाठः. २. 'न्द्रा' मूलकोशेषु पाठः. ३. 'य' ख. ग. पाठः. ४. 'भूपा दो' क. पाठः. ५. 'धिकशा' क. ङ. पाठः. ६. 'नं व्य' ङ. पाठः.

योगीश्वरस्तु भगवान् भार्गवो भृगुतुल्यधीः ।
शुक्रः पानमदात् तीव्राद् बुभुजे शिष्यमौरसम् ॥ ६४ ॥

पानाक्षिप्तो हि पुरुषो यत्रयत्र प्रवर्तते ।
यात्यसंव्यवहारित्वं तत्रतत्राप्रवर्तनात् ॥ ६५ ॥

कामं स्त्रियो निषेवेत पानं वा साधु मात्रया ।
न द्यूतमृगये विद्वानत्यन्त[1]व्यसने हि ते ॥ ६६ ॥

तदपनयविधिज्ञैः श्रेयसां विघ्नकारि
व्यसनमिदमुदारं सप्तधेहोपदिष्टम् ।
जनयति हि निषङ्गादेकधै[2]वाशु नाशं
किमु न भवति हन्ता यौगपद्योदयेन ॥ ६७ ॥

पटयति परिभोगग्राहितामिन्द्रियाणां
श्रुतमपि विनिहन्ति श्रेष्ठतां प्रष्ठतां च ।

भार्गवो भृगोरपत्यम् । बुभुजे शिष्यमौरसं कचाख्यम् ॥ ६४ ॥

अप्रवर्तनात् संव्यवहारस्येत्यर्थात्, पाने कस्यचिदपि संव्यवहाराभावात् ॥ ६५ ॥

काममित्यभ्युपगमे । अत्यन्तव्यसने इति । स्त्रीपानयोः शरीरस्थित्यर्थं मात्रया युक्तं सेवनं, तयोस्तु मात्रयापि न युक्तं फलाभावात्, तद्गुणानां चान्यथापि सिद्धेः ॥ ६६ ॥

उक्तार्थमुपसंहरन्नाह—**तदि**त्यादि । तच्छब्दस्तस्मादर्थे । यस्मादेते दोषास्तस्मात् । अपनयविधिज्ञैर्व्यसनमिदमुदारमुपदिष्टमिति सम्बन्धः । सप्तव्यसनवर्गस्यापनयहेतुत्वात् तद्विधिज्ञैरित्युक्तम् । उदारं महत् । एकधा एकप्रकारः । हन्तेति वर्गशब्दाध्याहारात् पुँल्लिङ्गता ॥ ६७ ॥

---

१. 'न्तं व्य' मूलकोशेषु पाठः. २. 'मप्याशु' क. पाठः.

चलयति हि विभूतिं भूयसीमप्यनीचै-
रपि विबुधमतीनां सप्तकोऽयं दुरन्तः ॥ ६८ ॥

अरिगणा नियतं व्यसने स्थितान्
परिभवन्ति भवन्ति च दुश्छिदः ।
अपगतव्यसनास्तु बुधा रिपून्
परिभवन्ति भवन्ति च दुश्छिदः ॥ ६९ ॥

(इति सप्तव्यसनवर्गो नाम त्रयोविंशं प्रकरणम्)

इति कामन्दकीये नीतिसारे राजोपदेशे सप्तव्यसनवर्गो नाम

पञ्चदशः सर्गः ।

पटयति पटुं करोति । परिभुज्यत इति परिभोगो विषयः । श्रेष्ठतां प्रशस्यताम् । प्रष्ठतां नेतृत्वम् । अनीचैर्द्रुतमित्यर्थः । दुरन्तो दुष्पाकः ॥ ६८ ॥

दुश्छिदो व्यसनग्रस्तानाम्[1] । दुश्छिदो रिपूणाम् ॥ ६९ ॥

(इति सप्तव्यसनवर्गो नाम त्रयोविंशं प्रकरणम्)

इति शङ्करार्यकृतायां कामन्दकीयनीतिसारपञ्जिकायां

जयमङ्गलायां सप्तव्यसनवर्गो नाम

पञ्चदशः सर्गः ।

---

१. 'नस्थानाम्' ङ.च. पाठः.

अथ षोडशः सर्गः ।

* २४ यात्राभियोक्तृप्रदर्शनप्रकरणम् *

नानाप्रकारैर्व्यसनैर्वियुक्तः
शक्तित्रयेणाप्रतिमेन युक्तः ।
परं दुरन्तव्यसनोपपन्नं
यायान्नरेन्द्रो विजयाभिकाङ्क्षी ॥ १ ॥

प्रायेण सन्तो व्यसने रिपूणां
यातव्यमित्येवमुपादिशन्ति ।
तत्रैष[1] पक्षो व्यसनं ह्यनित्यं[2]
क्षमस्तु सन्नभ्युदितो हि यायात् ॥ २ ॥

एवं यथोक्तव्यसनविनिर्मुक्तः परं व्यसनिनं कथं यायाद् अभियुञ्जीत वेत्यस्मिन् सर्गे यानशेषभूतमभियास्यतां[3] यात्राभियोक्तृप्रदर्शनमुच्यते । श(क्या? क्त्या)दीनां[4] मानुकूल्येन यात्रायाः[5], स्वव्यापारितया अभियोक्तुः[6] । तत्र त्रिचत्वारिंशता श्लोकैर्यात्रा प्रदर्श्यते — **नानेत्यादि** । शक्तिग्रहणमुपलक्षणार्थं, शक्तिदेशकालादिना[7] युक्त इत्यर्थः । अप्रतिमेन परस्मादुत्कृष्टेन, यदा परोऽपि[8] शक्त्यादियुक्तः स्यात् ॥ १ ॥

मतान्तरमाह — **प्रायेणेत्यादि** । सन्तः आचार्याः । तत्रैष पक्षः कौटिल्यस्य । अनित्यं कादाचित्कम् । स्वयं क्षम एव यायाद् व्यसनिनमव्यसनिनं वा । कः पुनः क्षम इत्याह — अभ्युदित इति, शक्तिदेशकालाभ्युचितः, तस्यैव हि परं हन्तुं क्षमत्वात् ॥ २ ॥

---

१. 'न्नैष' क. पाठः. २. 'हि नि' क पाठः. ३ 'भिप्रयास्यतो या या' ङ. च. पाठः. ४. 'क्तृद' ङ. च. पाठः. ५. 'नां साध्यानामा' क. ख. ग. घ. पाठः. ६. 'साध्यायाः स्वव्यापारो यात्राभि' ग. घ. पाठः. ७. 'दियु' च. पाठः. ८. 'परोऽश' क. ख. पाठः.

यदा क्षमस्तु प्रसभं निहन्तुं
परात्क्रमादूर्जितमप्यमित्रम् ।
तदापि[1] यायाद्[2]हितानि* कर्तुं
परस्य वा पीडनकर्शनानि‡ ॥ ३ ॥

सम्पन्नसस्यं विषयं परस्य
यायात् प्रमृद्नन् विजयाय राजा ।
सस्योपघातेन परस्य वृत्ते-
श्छेदः[3] स्वसैन्योपचयश्च साधुः[4] ॥ ४ ॥

विशुद्धपृष्ठः पुरतो विचिन्वन्
भयप्रदेशान् परकर्मवेदी ।
स्ववीवधासारविशुद्धमार्गो
विशेद् धरित्रीं द्विषतोऽप्रमत्तः ॥ ५ ॥

तदेव स्फुटयन्नाह— **यदे**त्यादि । निहन्तुम् उच्छेत्तुम् । ऊर्जितम् अभ्युचितमपीति । स हि नानात्मनो (?) मित्राणिच शक्त्यादिभिः परिच्छेद्य यायादिति । अगत्या[5] कर्शनपीडनान्यपि विहितानि कर्तुं यदा क्षमः, तदापि यायात् । तथाचोक्तं "प्रायशश्चाचार्याः† परव्यसने यातव्यमित्युपदिशन्ति । स्वशक्त्युपचये यातव्यम्, अनैकान्तिकत्वाद् व्यसनानाम् इति कौटिल्यः । यदा वा प्रयाता कर्शयितुमुच्छेत्तुं वा शक्नुयादमित्रं तदा यायादि"(कौटि. अर्थ. ९.१.१३६.)ति ॥३॥

प्रमृद्नन् विलुम्पन्, विषयमिति सम्बन्धः ॥ ४ ॥

विशुद्धपृष्ठः कृतपश्चात्प्रतिविधान[6] इत्यर्थः । भयप्रदेशान्[7] दुर्गान् शङ्क्यमानभयहेतून् । परकर्म अवस्कन्दनादिकम् । स्वकीययोर्वीवधासारयोर्विशुद्धो मार्गो यस्य ॥ ५ ॥

१. 'भिया' ख. ग. पाठः. २ 'त् स्तहि' ख. ग. पाठः. ३. 'दश्च सैन्याप' क. पाठः. ४. 'धुः' क. पाठः. ५. 'अत्यगात् कर्शनविधानाङ्गान्यपि कर्तु' क. ख. ङ. च. पाठः. ६. 'नः । भ' ङ. च. पाठः. ७. 'न् श' ङ च. पाठः.

* 'विहितानि' इति, ‡ 'कर्शनपीडनानि' इति च व्याख्यातृपाठः स्यात्. † 'प्रायशश्चेत्याचार्याः' इति मुद्रितकौटिलीयार्थशास्त्रपाठः.

समे प्रदेशे विषमे च भूमे-
निम्ने स्थले वा स्वमुखेन यायात् ।
अनातुरः सन्न[1]भयो हि* विद्वान्
सन्नद्धसैन्यो विहितान्नतोयः ॥ ६ ॥

ग्रीष्मे प्रभूताम्बुवनेन याया-
न्निर्वापणार्थं करिणां प[2]था तु ।
[3]ऋतेऽम्भसो ग्रीष्मकृतात् प्रतापाद्
भवन्ति कुष्ठानि मतङ्गजानाम् ॥ ७ ॥

स्वस्थक्रियाणामपि कुञ्जराणा-
मूष्मा शरीरे[4]षु हि जाज्वलीति ।
आयासयोगेन च[5] सम्प्रवृद्धः
प्रसह्य हन्ति द्विरदान् प्रतापः ॥ ८ ॥

समे विषमे च स्थलभेदे । निम्ने स्थले । स्वमुखेने[6]ति । समादिषु येन प्रदेशेन स्वसैन्यमुखं सुगमः पन्थाः समुत्पद्यते, तेन यायादित्यर्थः । अनातुरः अवस्कन्दकालेऽप्यनाकुलः सन् विभयोऽपि भवति । आत्मरक्षाधिकृतं सैन्यम् । विहितान्नतोयः स्वसैन्यस्य ॥ ६ ॥

स्वमुखेनेत्यस्य प्रदर्शनार्थमाह—**ग्रीष्म** इत्यादि । प्रभूताम्बुवनेन पथेति । प्रभूतमम्बु वनं च यस्मिन् पथि । निर्वापणं तापापनयनम् । ऋतेऽम्भस इति । हस्तिनोऽन्तस्तापात् तोयमनवगाहमानाः कुष्ठिनो भवन्ति, अपिबन्तश्चान्धाः ॥ ७ ॥

स्वस्थक्रियाणां स्थानस्थितानाम् । आयासः पथि शारीरो व्यायामः ॥ ८ ॥

---

१. 'न् विभवेषु त्रि' ख. ग. पाठः. २ 'यथाम्बु' क. पाठः. ३. 'विनाम्बुना ग्री' क.पाठः. ४. 'ष्वभिजा' क. पाठः. ५. 'हि' क. पाठः. ६. 'ति । स्व' क. ख. पाठः, 'ति । येन प्रदेशेषु स्वसैन्यमु' ग घ पाठः. ७. 'अलमनुक्षा' क. पाठः, 'हलमनुक्षा' ख. पाठः, 'गुल्मं सै' ग. घ पाठः ८. 'स्य पुनर्द' ङ.च. पाठः. ९. 'स्वस्थस्थि' क. ख. पाठः.

---

* 'विभयोऽपि' इति व्याख्यातृपाठः स्यात् ।

सर्वाणि[1] सत्त्वानि खलूष्णकाले
　　विनाम्बुना यान्ति परामवस्थाम् ।
[2]अत्यर्थमुष्णप्रतितप्तकायाः
　　प्रयान्ति सद्यः करिणोऽपिबन्तः ॥ ९ ॥

सुगन्धिदानस्रुतिशीकरेषु
　　दन्ताभिघातस्फुटितोपलेषु ।
गजेषु नीलाभ्रसमप्रभेषु
　　राज्यं निबद्धं पृथिवीपतीनाम् ॥ १० ॥

सुकल्पितः संयै[3]ति दृष्टमार्गः
　　स्वधि[4]ष्ठितो वीरतमेन पुंसा ।
तुरङ्गमाणा[5]मपि कल्पिताना-
　　मेको गजः षष्टिशतानि हन्ति ॥ ११ ॥

[6]जले स्थले च द्रुमसङ्कटे च
　　समेऽसमे साधु चलेऽचले च* ।
प्राकारहर्म्याट्टविदारणे च
　　जयो ध्रुवं नागवतां बलानाम् ॥ १२ ॥

अपिबन्तो जलमित्यर्थात् । तस्मादेते परिरक्ष्याः, तत्प्रनिबद्धत्वाद्राज्यस्य, सेनाङ्गेषु प्रधानत्वाद्, अनेककार्यकरणाच्च ॥ ९ ॥

यदाह श्लोकत्रयेण — **सुगन्धीत्यादि** । स्फुटितमित्यन्तर्भावितण्यर्थं द्रष्टव्यम् ॥ १० ॥

सुकल्पितः साङ्ग्रामिकेण विधानेन । संयद् युद्धम् । पुंसा आधोरणेन ॥ ११ ॥

समेऽसमे चेति स्थलभेदाः ॥ १२ ॥

---

१. 'भूतानि' क. पाठः. २. 'शुष्कत्वमुष्णप्रवित' क. पाठः. ३. 'युगद्' क पाठः. ४. 'धी' क. पाठः. ५. 'णां परिक' क. पाठः. ६. 'साधारणे च द्रुमसङ्कटे च जले स्थले साधु सुसङ्कटे च' क. पाठः. ७. 'युगं यु' क. ख. ग. घ. पाठः.

---

* 'चलेऽचले साधु समेऽसमे च' इति व्याख्यानुपाठः स्यात्.

तस्माद् यतो भूरिजलस्तु पन्था
यतोऽन्नपानोपचयोऽविशङ्कः।
ततो हि[1] यायाज्जनयन् प्रतापं
शनैःशनैर्विश्रमयन् बलानि ॥ १३ ॥

अभ्युन्नतानामणुरप्युदारं
पश्चात्प्रकोपं जनयेदरीणाम्।
तं[2] चाप्रमत्तः प्रसमीक्ष्य याया-
न्न नाशयेद् दृष्टमदृष्टहेतोः ॥ १४ ॥

पश्चात्प्रकोपः पुरतः फलं च
पश्चात्प्रकोपस्तु[3] तयोर्गरीयान्।
रन्ध्रं हि तद् विप्रकृता महत्त्वं
नयन्ति तस्मात् प्रविधाय यायात् ॥ १५ ॥

यतो भूरिजल इति। यत्र देशे ग्रीष्मे प्रभूतजलो मार्गः। पानं जलादन्यत्। अविशङ्कः सामन्ताटविकादिप्रतिभयाभावात्। तत इति तेन प्रदेशेन। प्रतापं जनयन् देशविलोपादिना विश्रमयन् बलानीति ॥ १३ ॥

विशुद्धपृष्ठ इत्यस्य प्रदर्शनार्थमाह—**अभ्युन्नतानामित्यादि**। अभ्युच्छ्रितानां विजिगीषूणां पश्चात्कोपं जनयेत्। अणुरपि अरीणां मध्ये स्वल्पोऽपि शत्रुः। उदारं महान्तम्। तं चेति प्रकोपम्। अदृष्टहेतोः यानसाध्यस्यार्थस्य कृते ॥ १४ ॥

पश्चात्प्रकोपोऽल्पः। पुरतः फलं च महत्। रन्ध्रं हि तदिति। [4]यस्मात् कोपमल्पमपि विप्रकृताः शत्रवो महत्त्वं नयन्ति, तस्मात् प्रविधाय प्रतिकृत्य ॥ १५ ॥

---

१. 'भि' क. पाठः. २. 'स्वं च' क. पाठः. ३. 'श्च' क. पाठः. ४. 'त' ङ.च पाठः.

पुरश्च पश्चाच्च यदा समर्थ-
स्तदाभियायान्महते फलाय ।
पुरः प्रसर्पन्नविशुद्धपृष्ठः
प्राप्नोति तीव्रं खलु पार्ष्णिभेदम् ॥ १६ ॥

यास्यन् पुरो रक्ष्यमनेकवर्ग-
मनेकमुख्यं च बलं विदध्यात् ।
अनेकमुख्यस्य हि नैकमत्य-
मनेकमुख्यं द्विषतामभेद्यम् ॥ १७ ॥

अवश्ययातव्यतयोद्यतः सन्
पश्चात्प्रकोपाहितयानशङ्कः ।
सेनापतिं वाप्यथवा कुमारं
बलैकदेशेन पुरो निदध्यात् ॥ १८ ॥

आ[1]भ्यन्तराद् बाह्यकृताच्च कोपा-
दा[2]भ्यन्तरस्त्वेव तयोर्गरीयान् ।

पुरश्च पश्चाच्चेति । यदा समर्थः पुरस्तादनल्पं[3] फलं साधयितुं **पश्चाच्च** कोपम् । पार्ष्णिभेदं पृष्ठविनाशम् ॥ १६ ॥

यस्मान्मा भूत् पार्ष्णिभेद इति, तस्मात् पृष्ठारक्षं[4] बलं निदध्यादित्याह— **यास्यन्नित्यादि** । पुरो रक्ष्यं स्थानीयारक्षम् । शतको द्विशतको वा वर्गः, सोऽनेको यस्य । अनेकमुख्यम् अनेकवर्गस्वामि ॥ १७ ॥

यदा तु स्वयं जातशङ्कः, तदा द्वौ प्रेषयेद् इत्याह—**पश्चात्प्रकोपाहितयानशङ्कः** किं यायामह नेति । कुमारं युवराजम् । बलैकदेशेन तृतीयेन चतुर्थेन वांशेन । पुरो निदध्यात् पुरस्ताद्[5] यातुं नियोजयेत् । स्वयं तु पश्चात् तिष्ठेदित्यर्थोक्तम् ॥ १८ ॥

---

१. 'अ' क. पाठः.   २. 'द' क. पाठः.   ३. 'ल्पकं फ' क. ख. पाठः.   ४. 'ष्ठाक्षयं ब' क. ख. पाठः.   ५. 'त् त्रातुं' ग. घ. पाठः.

आदाय गच्छेदबहिःप्रचारान्
बाह्यांश्च कृत्वा विहितार्थकल्याॅन्[1] ॥ १९ ॥

पुरोहितामात्यकुमारकुल्याः
सेनाभिगोप्तार इमे प्रधानाः ।
एषां हि सन्तोऽन्यतमप्रकोप[2]-
मन्तःप्रकोपं समुपादिशन्ति ॥ २० ॥

राष्ट्रा[3]न्तपालाटविका[4]नतानां
बाह्यप्रकोपोऽन्यतमप्रकोपः ।
उत्पाद्यमानं निपु[5]णं प्रचारै-
[6]स्तं सं[7]त्रिभिः सम्यगुपाददीत ॥ २१ ॥

सामादिभिः संशमयेत् प्रकोपं
परस्परावग्रहभेदनैश्च ।

कोपश्च बाह्याभ्यन्तरभेदेन द्विविध इत्याह—**आभ्यन्तरादित्यादि** । आ[8]-भ्यन्तरो[10] गरीयान् बहिर्भवात् । आदाय सामादिभिः प्रसाध्य । अबहिःप्रचारान् आभ्यन्तरान् कुपितान् । विहितार्थकल्यान् कृतप्रतिविधानत्वान्निर्दोषान् ॥ १९ ॥

अमात्यो मन्त्री । कुल्यो विजिगीषू राज्यार्हः । सेनाभिगोप्ता सेनापतिः । एषां स्कन्धावारान्तर्वर्तित्वात् तत्प्रकोपमन्तःप्रकोपम् ॥ २० ॥

राष्ट्रपालो राष्ट्रमुख्यः । अन्तपालो विषयान्तरक्षाधिकृतः । आटविकाः वने-चराः राजसधर्माणः । आनता दण्डोपनताः । एषां बहिर्वर्तित्वात् तत्प्रकोपो बाह्य-प्रकोपः । त[11]मिति बाह्यमाभ्यन्तरं वा । सत्रिभिः सञ्चारविशेषैः । सम्यगुपाददीत प्रसाधयेत् ॥ २१ ॥

१. 'ल्पान्' क. पाठः. २. 'पादन्तः' ख. ग. पाठः. ३. 'ज्या' मूलकोशपाठः. ४. 'कान्त्यजानां' मूलकोशेषु पाठः. ५. 'णप्र' ख. ग. पाठः. ६. 'तन्मन्त्रि' क. पाठः. ७. 'मन्त्रिभिः' ग. घ. पाठः. ८, ९. 'अ' क. ख. ग. घ. पाठः. १०. 'रो हि ग' ङ. च. पाठः. ११. 'तदितरद् बा' ङ. च. पाठः.

तथा च धीरः शमयेद्विकारं
　　यथा भजेरन्न परान् प्रतप्ताः ॥ २२ ॥
मनुष्ययुग्यापचयः क्षयो हि
　　हिरण्यधान्यापचयो व्ययस्तु ।
तस्मादिमां नैव विदग्धबुद्धिः
　　क्षयव्ययायासकरीमुपेयात् ॥ २३ ॥
अवश्यनिष्पत्तिमहाफलाढ्या-
　　मदीर्घसूत्रां परिणामकल्याम् ।
कामं व्ययायासकरीमुपेया-
　　न्न त्वेव जातु क्षयदोषयुक्ताम् ॥ २४ ॥

कथमित्याह — **सामादिभिरित्या**दि । बाह्यमाभ्यन्तरं च कोपं सामादिभिः प्रशमयेत् । परस्परावग्रहभेदनैश्च बाह्येनैव बाह्यान् आभ्यन्तरेण चाभ्यन्तरानन्यो-न्येनावग्राहयेत् । अन्योन्यस्माच्च भेदयेदित्यर्थः । प्रतप्ता इति । नात्यर्थमुपताप्य कोपं शमयेत् । अन्यथा प्रतप्ताः परान् गच्छेयुः ॥ २२ ॥

क्षयव्ययापेक्षया यात्रां दर्शयितुमाह — **मनुष्येत्यादि** । मनुष्यः क्षुद्रो मुख्यश्च । युग्यं वाहनम् । हिरण्यं सुवर्णादि । तस्मादिमां यात्रामित्यर्थात्, क्षयव्ययायासकरीं नोपेयात् ॥ २३ ॥

तत्र क्षयव्ययाभ्यां बहुगुणविशिष्टो लाभः स्वल्पश्चायासः, तामुपेयादेव, यदाह — **अवश्येत्या**दि । अवश्यम्भाविभिर्महद्भिश्च फलैः स्फीतां क्षयव्ययकरीमपि । अदीर्घसूत्रां यानमात्रसाध्यफलाम् । तत्र हि स्वल्प आयासः । परिणामे कल्यां निराबाधामुपेयात् । कामं व्ययायासकरीमिति । एका क्षयकरी यात्रा । द्वितीया व्ययकरी । तृतीया चोभयकरी । तत्रोभयकरीं यथोक्तामुपेयादेव । शेषयोर्महाफलतादियोगेऽपि व्ययकरीमुपेयात्; नेतरां, व्ययात् क्षयस्य गरीयस्त्वात् ॥ २४ ॥

---

१ 'श्च' क पाठः. २. 'वा' ङ पाठः ३. 'णाभ्य' क. ख ग. घ पाठः ४. 'परं' क. ख. ग. घ. पाठः. ५ 'त्वल्प' ङ च. पाठः. ६. 'वारामु' क. ख. पाठः. ७. 'या चो' क. ख. ग. घ. पाठः. ८. 'त्वा' ङ.च. पाठः.

वस्तुष्वशक्येषु समुद्यमश्च
 शक्येषु चाकालसमुद्यमश्च ।
श[1]क्येषु मोहादसमुद्यमश्च
 त्रिधैव कार्यव्यसनं वदन्ति ॥ २५ ॥

कामोऽक्षमा दक्षिणतानुकम्पा
 ह्रीः साध्वसं क्रौर्यमनार्यता च ।
दम्भो[2]ऽभिमानोऽथ च धार्मिकत्वं
 दैन्यं स्वयूथस्य विमाननं च ॥ २६ ॥

द्रोहो भयं शश्वदुपेक्षणं च
 शीतोष्णवर्षास्वसहिष्णुता च ।
[3]एतानि काले समुपाहितानि
 कुर्वन्त्यवश्यं खलु सिद्धिविघ्नम् ॥ २७ ॥

पुरस्ताच्च लाभेप्सुना कार्यव्यसनादयो लाभविघ्नाः परिहर्तव्या इति तद्दर्श[4]नार्थमाह — **वस्तुष्वित्यादि** ॥ २५ ॥

कामो मृगयादिष्वासक्तिः । अक्षमा परगुणेषु । दक्षिणता सानुक्रोशता । अनुकम्पा दीनोऽयमिति । साध्वसम् अतर्किताद् भयम् ।[6] क्रौर्यं दौरात्म्यम् । अनार्यता साधुत्वानपेक्षणम् । दम्भो विसंवादकत्वम् । अभिमानः अभ्युन्नतमनस्कता । धार्मिकत्वं परलोकापेक्षणम् । दैन्यम् अल्पसन्तुष्टता । स्वयूथस्य स्वपक्षस्य ॥ २६ ॥

द्रोहः प्रतिकूलाचरणम्[9] । भयं[8] स्वतो भीरुता । उपेक्षणं हस्तगतावधीरणम् । एतानि काल इति । लाभकाले विहितानि ॥ २७ ॥

---

१. 'क्येष्वकार्येषु स' ख. ग. पाठः. २. 'ति' ख. ग. पाठः. ३. 'न्यका' क. पाठः. ४. 'दर्श' क. घ पाठः. ५. 'न्तःशीता' ङ. च. पाठः. ६. 'ति' क. ख. ग. घ. पाठः. ७. 'स्थु' क. ख. ग. घ. पाठः. ८. 'यं भी' ग. घ. पाठः. ९. 'लेऽभिहि' ङ. च. पाठः

निजोऽथ मैत्रश्च समाश्रितश्च
सम्बन्धजः कार्यसमुद्भवश्च।
भृत्यो गृहीतो विविधोपचारैः
पक्षं बुधाः सप्तविधं वदन्ति ॥ २८ ॥

सदानुसृत्या[1] गुणकीर्तनेन
निन्दासहत्वेन च[2] रन्ध्रगुप्त्या।
तदर्थशौचो[3]द्यमसङ्कथाभिः
पक्षोऽनुरागीति स वेदितव्यः ॥ २९ ॥

कुलीनमार्यं श्रुतवद्विनीत-
मलोलुपं सत्यमहार्यमन्यैः।
कृतज्ञतोर्जामतिसत्त्वयुक्तं
सद्वृत्तपक्षं खलु तं च विद्यात् ॥ ३० ॥

यियासुश्च विजिगीषुः पक्षवान् गुणवानुत्पन्नपौरुषोऽनुकूलदैवश्च यायादिति दर्शयितुमाह -- **निज** इत्यादि। निजो मौलः। मैत्रो मित्रसम्बन्धी[6]। समाश्रितः आत्मरक्षाद्यर्थम्। सम्बन्धजः कन्यादानादिना कृतः। कार्यसमुद्भवः सामवायिकः। भृत्यः भृतिप्रतिबद्धः। गृहीतो विविधै[7]रुपचारैर्भृतः ॥ २८ ॥

एषु सप्तसु योऽनुरागी सद्वृत्तश्च, ताभ्यां सह यायादित्यनयोः स्वरूपमाह-**सदे**त्यादि। अनुसृत्या अनुगमनेन[8]। विजिगीषुकृतां स्वनिन्दा, तस्याः[10] सहिष्णुत्वेन। रन्ध्रगुप्त्या विजिगीषुदोषप्रच्छादनेन। तदर्थशौचोद्यमसङ्कथाभिरिति विजिगीष्वर्थेषु शौचमुद्यमः सङ्कथा च ॥ २९ ॥

अलोलुपम् अलुब्धम्। अहार्यम् अप्रतार्यम्। ऊर्जा बलम्। मतिः प्रतिभा[11]। सद्वृत्तपक्षमिति। सद्वृत्तं पक्षं विद्यादिति सम्बन्धः ॥ ३० ॥

---

१. 'वृत्त्या' क पाठः २. 'चरित्रगु' क ग पाठः ३. 'र्थोद्गम' क ग पाठः. ४. 'नि' क.ग. पाठः. ५. 'मित्रमिच्छेत्।' क ग पाठः. ६. 'द्धः' ङ च. पाठः. ७. 'धाप' क. घ. पाठ.. ८. 'न। यदा वि' क ख. ङ. च. पाठः. ९. 'ता नि' ग.घ. पाठः. १०. 'तदास्याः' क. ख. ङ. च. पाठः. ११. 'भा। सद्वृत्तं प' ङ. च. पाठः.

उद्योगमेधाधृतिसत्त्वसत्य-
त्यागानुरागस्थितिगौरवाणि ।
जितेन्द्रियत्वं प्रसहिष्णुता ह्रीः
प्रागल्भ्यमित्यात्मगुणप्रवेकः ॥ ३१ ॥

मन्त्रस्य शक्तिं सुनयप्रचारं
स्वैकोशदण्डौ प्रभुशक्तिमाहुः ।
उत्साहशक्तिं बलवृद्धिचेष्टां
त्रिशक्तियुक्तो भवतीह जेता ॥ ३२ ॥

शौर्यं सुदाक्ष्यं व्यसनेष्वदैन्य-
मुत्साहसम्पत्थ्रवतिर्धीरता च ।

उद्योगः उद्यमः । मेधा बुद्ध्युपलक्षणोऽर्थः । धृतिः अनुद्विग्नता । अनुरागः विजिगीषोः प्रकृतीनां च । स्थितिर्व्यवस्था । गौरवं विद्यावृद्धेषु । प्रसहिष्णुता च शीतादीनाम् । आत्मगुणप्रवेक इति । आत्मगुणानामयं प्रधानो गुणः । तेनान्यगुणाभावेऽप्यभियान्यता तत्रादरः कार्यः ॥ ३१ ॥

सुनयप्रचारः सन्ध्यादीनां सामादीनां च यथावेदवस्थापनम् । तच्च ज्ञानबलाद् भवतीति कार्यद्वारेण मन्त्रशक्तिरत्रोक्ता । कौटिलीये तु स्फुटमेवोक्तं "ज्ञानबलं मन्त्रशक्तिरि"(कौटि. अर्थ. ६·२·१७.)ति । स्वकोशदण्डाविति । स्वसम्पदुपेतौ कोशदण्डौ प्रभुशक्तिः, तयोरेव प्रभुशक्तिनिष्पादने सामर्थ्यात् । तथाचाह 'कोशदण्डबलं प्रभुशक्तिर'ति । बलवृद्धिचेष्टां बलवतीं विक्रमचेष्टाम् । तथाचाह 'विक्रमबलमुत्साहशक्तिः' इति । त्रिशक्तियुक्तो जेता । अन्यथा ज्ञानविकलोऽप्रभावो निरुत्साहः कथं शत्रुं जयेत ॥ ३२ ॥

---

१. 'सु' मूलकोशेषु पाठः. २. 'बलबुद्धिचेष्टात्रि' क. पाठः. ३.'धावान् निरुक्तलक्षणत्वात्' ङ. च. पाठः. ४. 'णत्वात्' क. ख. पाठः. ५. 'यथमव' ङ. च.पाठः. ६ 'भुत्वनि' ग. घ. ङ. च. पाठः. ७. 'ण्डम्य ब' ङ. च. पाठः. ८. 'फ' ग. घ. पाठः.

औत्पादिकी शास्त्रसमुद्भवा च
　सांसर्गिकी धीः परिणामिनी च ॥ ३३ ॥
उत्साहसत्त्वा[1]ध्यवसायचेष्टा-
　दार्ढ्यं च कर्मस्वि[2]ह पौरुषं च ।
अरोगता कर्मफलोपपत्ति-
　दैवानुकूल्यं च निराधिता च ॥ ३४ ॥
पक्षादिनानेन गृहीतकोशः
　पक्षादिहीनं रिपुमभ्युपेयात् ।

उत्साहज्ञानयोर्भेदानाह—शौर्यमित्यादि । व्यसनेष्वदैन्यं परकृतेष्वभियोगादिषु व्यसनेषु सामर्षता । अतिधीरता अतिशौर्यम् । पुनरुत्साहगुणाख्यानमभियाने उत्साहः प्रधानमिति दर्शनार्थम् । औ[3]त्पादिकी उत्प[4]त्तिप्रतिबद्धा । सा चाष्टाङ्गा तत्त्वतो भवति । शास्त्रसमुद्भवा सम्यग्विज्ञातशास्त्रतत्त्वस्य तदनुस्यूता । सांसर्गिकी आहार्यबुद्धिः, ज्ञानवृद्धसं[5]सर्गादागता । परिणामिनी या तदात्वे नोत्पद्यते, किन्तु पश्चाद् बुद्धेः* स्वयं विमृशतो भवति । एताश्चतस्रो बुद्धयः सदा मन्त्रशक्तौ व्याप्रियन्ते ॥ ३३ ॥

उत्साहः शौर्यादिगुणयुक्तः । सत्त्वं व्यसने[6]ऽभ्युदये च यदविकारकम् । अध्यवसायः इदं साधयामीति महार्थेषु चेतोवृत्तिः । स च सत्त्वपरिणामः । सत्त्वहीनस्य च तथाविधार्थसाधनाध्यवसायाभावात् । चेष्टा कायिको व्यापारः । दार्ढ्यं स्थैर्यम् । एतत् पञ्चविधं चित्तकायपरिस्पन्दरूपं पौरुषं पुरुषकर्म । अरोगता निर्व्या[9]धिकता । कर्मफलोपपत्तिः यद्यत् कर्मारभते तस्यतस्याप्रतिहता फलनिष्पत्तिः । आधिः प्रियवियोगादिजं दुःखम् । एतत्त्रितयात्मकं दैवानुकूल्यमिति ॥ ३४ ॥

१. 'त्त्वव्यव' क. पाठः. २. 'स्वातिपौ' क. ग. पाठः. ३. 'त्पत्तिकी' ङ. पाठः., 'त्पातिकी' ग. घ. पाठः. ४. 'त्पातप्रतिलम्भर्का' ग. घ. पाठः. ५. 'तद्गतो बुद्धिमतो भ' क. ख. पाठः., 'शाश्वतो भ' ग. घ. पाठः. ६. 'योगादा' ङ. पाठः. ७. 'नशौ' ङ. च. पाठः. ८. 'ने चाभ्यु' ङ. पाठः. ९. 'धिता' क. ख. पाठः.

* (?) 'बुद्धेः' इत्यस्य स्थाने 'वृद्धैः' इति वा 'बुद्धिः' इति वा पाठ्यम् ।

इति प्रसर्पन् नियतं समुद्र-
प्रक्षालितां तां लभते धरित्रीम् ॥ ३५ ॥
कालो गजानां सजलाभ्रजालो
यातुं तदन्यश्च तुरङ्गमाणाम् ।
नात्यर्थवर्षोष्णतुषारयुक्तः
सम्पन्नसस्यस्त्विति कालसम्पत् ॥ ३६ ॥
रात्रावुलूको [1]विनिहन्ति काकान्
काकोऽप्युलूकान् रजनीव्यपाये ।
इति स्म कालं समुदीक्ष्य यायात्
काले फलन्तीह समीहितानि ॥ ३७ ॥
श्वा नक्रमाकर्षति कूलसंस्थं
श्वानं च नक्रः सलिलाभ्युपेतम् ।
व्यायच्छमानो ध्रुवमभ्युपैति
देशस्थितः कर्मफलोपभोगम् ॥ ३८ ॥

पक्षादिनेति । अनुरागी सद्वृत्तश्च पक्षः, गुणप्रवेकः, शक्तित्रयं, पौरुषं, दैवानुलोम्यं च । एतैर्युक्तो यायात् । गृहीतकोश इति । वक्ष्यमाणदानकल्पनार्थं कोशग्रहणम् ॥ ३९ ॥

कालदेशाद्यपेक्षया यात्रां दर्शयितुमाह—**काल** इत्यादि । तदन्यः वर्षाकालादन्यो हेमन्तो ग्रीष्मश्च । यदा तु शीतोष्णवर्षाणां साम्यं, तदा कालसम्पदित्याह—**नात्यर्थेत्यादि** ॥ ३६ ॥

कालदेशवशाद् बलाबलं दृश्यत एवेत्याह—**रात्रावित्यादि** ॥ ३७ ॥

व्यायच्छमानश्चेष्टमानः । देशस्थितः स्वसैन्यव्यायामयोग्यदेशस्थितः ॥

---

१. 'पि' ख. ग. पाठः.

समं तुरङ्गैर्विषमं च नागै-
स्तथा जलाढ्यं समहीधरं च ।
नावा(धि?दि)तः पत्तिबलानुयातै-[1]
र्यथाबलं च प्रसमीक्ष्य मिश्रम् ॥ ३९ ॥

मरुप्रगाढं पततीह तोये[2]
ग्रीष्मे त्वनूपोदककक्षदुर्गम्[3] ।
मिश्रं च संवीक्ष्य यथासुखं च[4]
गच्छेन्नरेन्द्रो विजयाय देशम् ॥ ४० ॥

न चातितोयं न च तोयहीनं
युक्तं च सम्यग्यवसेन्धनेन ।
उपेत्य मार्गं बहुतज्ज्ञयुक्तं
सुखं प्रयाणे रिपुमभ्युपेयात्[5] ॥ ४१ ॥

तदेव दर्शयन्नाह—**सममित्यादि**, देशं गच्छेदिति वक्ष्यमाणेन सम्बन्धः । **विषमं** निम्नोन्नतम् । नावा(वृतमि?दित इ)ति । अद्भिर्वृतं नौकटकेनैव यायात् । **पत्तिबलानुयातैः** तुरङ्गनागनौकटकैः । **यथाबलं च प्रसमीक्ष्येति** । समविषममिश्रं देशं तुरङ्गैर्नागैश्च गच्छेद्, जलावृतं नागैर्नौकटकेन वा ॥ ३९ ॥

मरुप्रगाढमिति । पतति तोये, वर्षासु गच्छेदित्यर्थः । **अनूपोदककक्षदुर्गमिति** । अनूपदेशमुदकयुक्तं ग्रीष्मे गच्छेत् । **मिश्रं च संवीक्ष्य यथासुखमिति** । साधारणदेशं साधारणे काले गच्छेत् ॥ ४० ॥

न चातितोयं न च तोयहीनमिति । कालसामान्येन सर्वसैन्यस्यायं मार्गोपदेशः । प्राक् तु *ग्रीष्मात् (?) प्रेक्षाकारिणामेव मार्ग उक्तः 'ग्रीष्मे प्रभूता-

---

१ 'तो य' क. पाठः. २. 'प्रतताभ्रकाले ग्री' ग. पाठः. ३. 'प्रभूतोदकवर्त्मदु' क. ग. पाठः. ४. 'हि' क. ग. पाठः. ५ 'खप्रयाणो' ख. ग. पाठः.

---

* 'ग्रीष्मापेक्षाकारिणामेव' इति पाठ्यं भाति ।

स्ववीवधासारमुपेततोयं
विश्वासिताक्रान्तजनं विशुद्धम् ।
तन्मात्र[1]मेव द्विषतामुपेयाद्
यस्मान्न कुर्यादपयानमार्तः ॥ ४२ ॥

ये दूरया[2]त्रां सहसा विशन्ति
मूढा रिपूणामविचार्य भूमिम् ।
ते यान्ति तेषामचिरेण खड्ग-
धारापरिष्वङ्ग[3]मयत्नसाध्यम् ॥ ४३ ॥

मार्गे च दुर्गोपनिविष्टसैन्यो
विधाय रक्षां विधिवद् विधिज्ञः ।
सन्नद्धपार्श्वस्थितवीरयोधः
सेवेत साध्वीं निशि योगनिद्राम् ॥ ४४ ॥

म्बुवनेन यायादि'(श्लो. ७)ति । बहुतरजनुक्तं बहुभिर्मार्गज्ञैराक्रान्तम् । प्रायेण सुख-हेतुत्वात् सुखं स्थाणुकण्टकश्वभ्राद्यभावात् ॥ ४१ ॥

शत्रुदेशं च गच्छन् कियद्दूरं यायादित्याह — **स्ववीवधासारमिति** । यस्मिन् मार्गे स्वकीयौ वीवधासारौ प्रवर्तेते । पर्याप्तजलम् । विश्वासिता आक्रान्ताश्च जनाः यस्मिन् तन्मात्रमेव शत्रुदेशं विशुद्धत्वाद् यायाद्, अन्यथा विच्छिन्नवीव-धासारत्वात् तोयवैकल्यादविश्वासितैरनाक्रान्तैश्च जनैः समन्ततो व्याकुलीक्रियमाण-त्वादार्तः प्रतिनिवर्तेत, पराभिघातश्च स्यात् ॥ ४२ ॥

यदाह—**ये दूरयात्रामिति**, विशुद्धाद् देशादभ्यधिकां भूमिम् । अविचार्य वीवधासारादिकम् । अयत्नसाध्यम् अभूमिष्ठत्वात् ॥ ४३ ॥

इदानीं स्वव्यापारेणाभियोक्ता प्रदर्श्यते षोडशभिः श्लोकैः । तत्र रात्रिगतं

१. 'गे' क पाठः. २. 'मा' क. पाठः, 'मात्रं' ग. पाठः. ३. 'ध्याः' क. पाठः. ४. 'मा-श्रमि' क. ख. पाठः.

भ्रमत्तुरङ्गद्विरदेन्द्रहेषा-
घण्टास्वनापूरितकर्णरन्ध्रः ।
तदन्तरा तु[२] प्रतिबोधवर्ती
के[३] जाग्रतीत्याहितं आद्रियेत ॥ ४५ ॥

ततः प्रबुद्धः शुचिरिष्टदेवः
श्रीमद्विभूषोज्ज्वलितः प्रहृष्टः ।
सेव्येत मन्त्रिप्रवरैर्यथावत्
पुरोहितामात्यसुहृद्गणैश्च ॥ ४६ ॥

कर्तव्यतां तैः सह सम्प्रधार्य
यानं समारुह्य[५] विचित्रयानः ।
कुलोद्गतैः शस्त्रिभिरात्मकल्पै[६]-
र्बहिर्निरीयात् परिवारितः सन् ॥ ४७ ॥

व्यापारमाह — **मार्ग** इत्यादि । दुर्गोपानिविष्टसैन्यः दुर्गमाश्रित्य समावासितस्कन्धावारः । विधाय रक्षां बहिरन्तश्च । स्कन्धावारस्य विधिज्ञः । सन्नद्धाः पार्श्वे स्थिता वीरा योधा यस्य । एवञ्च कृतरक्षस्य निद्रा साध्वी भवति । योगनिद्रां मेवेत मायानिद्रया सुप्यात्, यथा तुरङ्गहेषादिस्वनमपि श्रुत्वा प्रतिबुध्येत ॥ ४४ ॥

यदाह — **भ्रमदि**त्यादि । जागरूकाधिष्ठितानां स्कन्धावाराद् बहिर्भ्रमतां तुरङ्गमाणां यो हेषास्वनः द्विरदेन्द्राणां च घण्टास्वनः ताभ्यां व्याप्तं कर्णरन्ध्रं यस्य । तदन्तरा निद्राच्छेदे । के जाग्रत्यस्मिन् प्रहर इत्याद्येतन्निरूपयेत् । आहितः सावधानः ॥ ४५ ॥

तत इत्यादि दिवागतं व्यापारं दर्शयति । शुचिः स्नानादिना । इष्टदेवः पूजितदेवः । प्रहृष्टः सैन्योत्साहनार्थम् । सेव्येत आस्थानोपगतः । मन्त्रिप्रवरैः उत्तममन्त्रिभिः ॥ ४६ ॥

कर्तव्यतां तदात्वे आयत्यां च । यानं हस्तिनं, तस्य विचित्रगमनात् ।

---

१. 'सादित' क. ग. पाठः. २. 'ल' ख. पाठः. ३. 'राजा गृहीत्वा व्रतमाद्रि' क. पाठः. ४. 'तमाद्रि' मूलकोशेषु पाठः. ५. 'स्थाय वि' क. पाठः. ६. 'तुल्यैर्ब' क. पाठः ७. 'परं व्या' क. ख पाठः.

पश्येन्नृपो हस्तिरथाश्वचर्यां
सामूहिकं योधगणं पृथक् च।
विवक्षितांश्च[1] द्विरदान् द्विरह्न-
स्तुरङ्गमांश्चापि विधानयुक्तान् ॥ ४८ ॥

सुखोपगम्यः स्मितपूर्वभाषी
प्रियं वदेद् वृत्त्यधिकं च दद्यात्।
प्रियेण दानेन च सङ्गृहीता-
स्त्यजन्ति भर्तर्यपि जीवितानि ॥ ४९ ॥

रथाश्वनौकुञ्जरयानयोग्यो
नित्यक्रियः स्याद्धनुषि[2] प्रगल्भः।
सुमेधसां कर्मणि दुष्करेऽपि
नित्यक्रिया कौशलमादधाति ॥ ५० ॥

सन्नद्धमुच्चैर्द्विपमास्थितः सन्
सन्नद्धसैन्यानुगतः प्रकुर्वन्।

बहिर्निरीयात् स्वस्मादावासान्निर्गच्छेत्[3] ॥ ४७ ॥

पश्येद् निर्गतः। हस्तिरथाश्वचर्यामिति हस्तिरथाश्वयानमार्गम्। सामूहिकं पृथक् चेति। समुदितं प्रत्येकं च योधगणं पश्येत्। विवक्षितान् शौर्यादिगुणयुक्तान्। द्विरह्न इति। पूर्वाह्णेऽपराह्णे च पश्येत्। विधानयुक्तान् सान्नाह्यान् ॥४८॥

प्रियेण वचनेन। भर्तरि भर्तृनिमित्तम् ॥ ४९ ॥

नित्यक्रिय इति। रथादियानयोग्योऽपि धनुषि कुशलोऽपि पुनस्तत्र नित्यव्यापारः स्यात्। किमर्थमित्याह — सुमेधसामिति ॥ ५० ॥

१. 'श्चैव वि' क. पाठः. २. 'षः' क. पाठः. ३. 'तस्माद्राजा नि' ग. घ. पाठः.

सामन्तदूतेन हि साधुमन्त्रं
प्रवीरयोधान्तरितेन यायात् ॥ ५१ ॥
आलोकयेद् बुद्धिगुणोपपन्नै-
श्चरैश्च[1] दूतैश्च परप्रचारम् ।
एतैर्वियुक्तो भवति क्षितीन्द्रो
जनैरनेत्रैश्च समानधर्मा ॥ ५२ ॥
विलोभयन् किञ्चिदपि प्रयच्छन्
कुर्वीत मित्रं द्विषतोऽन्तपालम् ।
राष्ट्रादभीक्ष्णं द्विषतः प्रपण्यैः
पण्यं हितं नाडिकया[2]ददीत ॥ ५३ ॥
उपक्रमं वाञ्छितमाशु कुर्याद्
दूतोपयानात् क्रियमाणसन्धिः ।
स चेद् विसन्धिः स तु तत्र चैकः[3]
कृतो भवत्यात्मसमुच्छ्रयश्च ॥ ५४ ॥

उच्चैर्द्विपं विवक्षितम् । साधुमन्त्रं परा[4]तिसन्धानगर्भमालापं प्रकुर्वन् । प्रवीरयोधान्तरितेन दुष्टव्यापारनिषेधार्थम् ॥ ५१ ॥

परप्रचारं यातव्यचेष्टितम् । एतैरिति चरैर्दूतैश्च नेत्रस्थानीयैः । अनेत्रैरन्धैः ॥ ५२ ॥

विलोभयन् इदं ते करिष्यामीति किञ्चिदेव प्रयच्छन् तदा[5]त्वे कुर्वीत मित्रं स्वीयवीवधासारप्रवर्तनार्थं प्रपण्यैः । हितं येनार्थी[6] । नाडिकया सञ्चारपरम्परया । आभिमुख्येनाप्यादीयमानं परो निरुन्ध्यात् ॥ ५३ ॥

क्रियमाणसन्धिरिति । दूतसम्प्रेषणेन विजिगीषुणा सन्धेयस्य यातव्यस्य

१. 'श्चा' ख. ग. पाठः. २. 'धिकमा' ख. पाठः. ३. 'भेदः कृ' मूलकोशेषु पाठः. ४. 'भि' क. ख. पाठः. ५. 'दा कु' क. ख. पाठः. ६. 'र्थै' ग. घ. पाठः.

दौर्गान् पथिष्वाटविकान्तपालान्
संश्लेषयेद् दानवतापि साम्ना ।
विरुद्धदेशेषु हि सन्निरोधे
ते ह्यस्य मार्गोपदिशो भवन्ति ॥ ५५ ॥

अकारणादेव हि कारणाद् वा
य एति कश्चित् पुरुषोऽरिसेवी ।
निजश्च विश्लिष्ट उपेत्य शत्रु-
मायाति यस्तस्य गतिं प्रपश्येत् ॥ ५६ ॥

आरिप्सुना मन्त्रबलान्वितेन
प्रागेव कार्यो निपुणं विचारः ।

तस्योपसि हस्तमार्द्रं दत्त्वा वाञ्छितमुपक्रमं प्रकृतिभेदादिकं कुर्यात् । तत्र यथाभिमते मन्त्रौ[3] शोभनमेव । असिद्धे किं फलमित्याह – स चेदिति । यदि शत्रुरकृतसन्धिः, स तु तत्रैकः कृतो भवति स एव शत्रुः प्रकृतिभ्यः पृथक्कृतो भवति । आत्मनमुच्छ्रयश्च विजिगीषोरात्मनस्तत्प्रकृतिभिरैक्यं भवति ॥ ५४ ॥

दौर्गान् दुर्गपालान् । विरुद्धदेशेषु हि सन्निरोधे विरुद्धकृते उपरोधे । मार्गोपदिश इति क्विप्प्रत्ययान्तः ॥ ५५ ॥

अकारणात् कारणाद्वेति । स्वदोषेण स्वामिदोषेण वा शत्रुसेवको विजिगीषुमेति, निजश्च विजिगीषुसेवकोऽकारणात् कारणाद्वा विश्लिष्टः शत्रुं यात्वा पुनरापतति, तयो[6]रुभयोः प्रचारं पश्येत्, किं कल्याणबुद्धिरन्यथाबुद्धिर्वेति ॥ ५६ ॥

अभियोगश्च मन्त्रपूर्वकः फलवानिति श्लोकत्रयेण दर्शयति – **आरिप्सुने-**

---

१ 'हि' क. पाठः. २. 'तपरमप्र' ग. घ. पाठः. ३. 'न्धौ शुद्धे शो' ग. घ. पाठः. ४. 'न्धिः तदा तु' ग. घ. पाठः. ५. 'स चैकश' क. ख. पाठः. ६. 'योः प्र' ग. घ. पाठः.

दोष्णां बलान्मन्त्रबलं गरीयः
शक्रोऽसुरान् मन्त्रबलाद् विजिग्ये ॥ ५७ ॥
मनीषया निर्मलया विलोकितं*
फलाय कर्मोद्यममास्थितः परम् ।
अकालहीनं नयवित् समाचरेत्
फलं ह्यकाले नियतं व्युदस्यति ॥ ५८ ॥
प्रभावितानां श्रुतशौर्यशालिनां
यथावेदालोचितमार्गचारिणाम् ।
चिराय दैवी द्युतिरुन्नतात्मनां
भुजङ्गदीर्घेषु भुजेषु लम्बते ॥ ५९ ॥
समुदितनरसम्पद् भूरिसम्पन्नसस्ये
विगतसलिलपङ्के काल उद्भूतवृत्तिः ।

त्यादि । अरिमभियोक्तुमिच्छता । निपुणं सम्यक् । दोष्णां बलाद् बाहुबलात् । अरिमभियुञ्जानेन मन्त्रेण योद्धव्यमिति(अ)भिप्रायः । शक्रोऽसुरान् बलजम्भवृत्रप्रभृतीन् बाहुशालिनः ॥ ५७ ॥

मनीषया बुद्ध्या निरूपितं कर्म पराभियोगं फलाय समाचरेदिति सम्बन्धः । अकालहीनं परस्यच्छिद्रकालमासाद्येत्यर्थः । अकाले नियतं नियोक्तुः फलं शत्रुसिद्धमन्ते (दिव्युप्स्यति ? व्युदस्यति) ॥ ५८ ॥

+**प्रभावितानाम्** ॥ ५९ ॥

(समुदितेति समु)दिता नरसम्पद् य(स्य नर)पतेरिति सम्बन्धः । तिस्रो

---

१. 'ष्णोर्ब' मूलकोशेषु पाठः. २. 'न' ख. ग. पाठः. ३. 'वलालो' ग. पाठः. ४. 'देवी भृशमुन्न' ग. पाठः.

---

* निरूपितमिति व्याख्यातृपाठः स्यात् । + अस्य पदस्य व्याख्यानं लेखकेन त्यक्तमिति भाति ।

कुसुमितसहकारश्रीज्वलत्कानने वा
नरपतिररिभूमिं साधु गच्छेज्जयाय ॥ ६० ॥
इति नरपतिराहितादरः
परमभियोक्तुमनाः समुत्पतेत् ।
इति विधिविषयोपसेवना-
न्नियतमरातिरुपैति गोचरम् ॥ ६१ ॥

(इति यात्राभियोक्तृप्रदर्शनं नाम चतुर्विंशं प्रकरणम्)

इति कामन्दकीये नीतिसारे यात्राभियोक्तृप्रदर्शनो नाम

षोडशः सर्गः ।

यात्राः दीर्घकाला ह्रस्वकाला मध्यकाला च । ताश्च यथाक्रममाह – भूरिसम्पन्नसस्ये काले मार्गशीर्षे । विगतसलिलपङ्के ज्येष्ठामूलीये । कुसुमितानां सहकाराणां श्रिया ज्वलत् काननं यस्मिंश्चैत्रमासे । उद्भूतवृत्तिः त्रिष्वपि कालेष्वभिव्यक्तशक्तिः ॥६०॥

अभियोक्तारमधिकृत्याह – इतीति । समुत्पतेद् उत्तिष्ठेत् । विधिविषयोपसेवनादिति । यात्राया अभियोक्तुश्च यो विधिरुक्तः, स एव विधिविषयो विजिगीषुणा सेव्य इति कृत्वा । गोचरं सिद्धेरिति शेषः ॥ ६१ ॥

(इति यात्राभियोक्तृप्रदर्शनं नाम चतुर्विंशं प्रकरणम्)

इति शङ्करार्यकृतायां कामन्दकीयनीतिसारपञ्जिकायां

जयमङ्गलायां यात्राभियोक्तृप्रदर्शनो नाम

षोडशः सर्गः ।

अथ सप्तदशः सर्गः ।

* २५ स्कन्धावारनिवेशनप्रकरणम् *

यात्वा[1] वैरिपुराभ्याशं[2] भूभागे साधुसम्मते ।
स्कन्धावारनिवेशज्ञः स्कन्धावारं निवेशयेत् ॥ १ ॥

चतुरश्रं चतुर्द्वारं नातिविस्तारसङ्कटम् ।
साट्टप्रतोलीप्राकारं महाखातसमावृतम् ॥ २ ॥

शृङ्गाट[3]कार्धचन्द्रं वा मण्डलं दीर्घमेव वा ।
भूमिप्रदेशसामर्थ्यादगारमुपकल्पयेत् ॥ ३ ॥

अभियानोत्तरकालभावित्वाद्विग्रहस्य तदनन्तरं विग्रहशेषभूतो विधिः सर्गचतुष्टयेनोच्यते । तत्रास्मिन् सर्गे प्रकरणद्वयं स्कन्धावारनिवेशो निमित्तज्ञानं च । तत्र यात्वा शत्रुदेशमनिवेशितस्कन्धावारस्य विग्रहासम्भवात् स्कन्धावारनिवेश उच्यते द्वाविंशत्या श्लोकैः, यदाह – यात्वे[4]त्यादि । वैरिपुरा[5]भ्याशं यत्र शत्रुर्यातव्यः स्वकटकेनावस्थितस्तस्याभ्या[6]र्शम् । भूभागे देशे । साधुसम्मते वास्तुकर्मप्रशस्ते ॥१॥

चतुरश्रमगारमिति सम्बन्धः । चतुर्द्वारं चतसृषु दिक्षु । नातिविस्तारसङ्कटं, तत्र ह्यन्योन्य[7]रक्षणं परस्परापीडनं च सैन्यं निवेश्यते । साट्टप्रतोलीप्राकारमिति । समन्तान्महाप्राकारमन्तरा[8]न्तरा चाट्टालका[9][10]नि । द्वयोर्द्वयोश्चाट्टालकयोर्मध्ये प्रतोलीमुपस्थापयेत् । महाखातसमावृतं प्राकाराद्बहिः ॥ २ ॥

भूमिप्रदेशसामर्थ्यादिति । भूमिप्रदेशसंस्थानवशाच्चतुरश्रशृङ्गाटकादिसंस्थानभेदं स्कन्धावारस्यागारं स्थानं कल्पयेत् ॥ ३ ॥

---

१. 'गत्वा' क. पाठः. २. 'शभू' घ. ङ. पाठः. ३. 'टमर्ध' ख. ग. पाठः ४. 'गत्वे' ग. घ. पाठः. ५. 'रं दुर्गं श' ग. घ. पाठः. ६. 'शभू' कोशेषु पाठः. ७. 'न्यरक्षं प' ग. घ. पाठः., 'न्यार' ङ. पाठः. ८. 'र' ग. घ. ङ. पाठः. ९. 'रा चा' क. पाठः. १०. 'दि' ख. ग. पाठः.

विभक्तैश्चै विविक्तैश्च पार्श्वैरन्वितमायतैः।
गुप्तं कक्षपुटाकारं महामार्गसमावृतम् ॥ ४ ॥
तस्य मध्ये मनोह्लादि मर्हेन्मौलबलावृतम्।
अन्तः कोशगृहोपेतं कारयेद् राजमन्दिरम् ॥ ५ ॥
मौलं भृतं श्रेणि सुहृद् द्विषदाटविकं बलम्।
राजहर्म्यं समावृत्य क्रमेण विनिवेशयेत् ॥ ६ ॥
अन्तैः स्ववर्गिणः क्रूरानलुब्धान् दृष्टकर्मणः।
पर्याप्तवेतनानाप्तान् मण्डलेन निवेशयेत् ॥ ७ ॥

पार्श्वैरिति। प्राकारस्याभ्यन्तरे भागे स्कन्धावारस्य चत्वारि पार्श्वानि, यैरहोरात्रं स्कन्धावारस्य जागरकाः परिभ्रमन्ति, तैर्विभक्तैर्दण्डमात्रविस्तारैः। विविक्तैः शून्यैः। आयतैः प्रगुणैरन्वितमगारमिति संवन्धः। गुप्तं समन्तान्निरिछिद्रत्वात्। कक्षपुटाकारं नवसंस्थानम्। तत्र वास्तुपुरुषहृदयपरिहारार्थं तुल्यप्रमाणान् नवकोष्ठान् प्रकल्पयेदित्यर्थः। महामार्गसमावृतम्। त्रयः प्राचीना राजमार्गाः त्रय उदीचीना इति, तैर्युक्तम् ॥ ४ ॥

तस्येति अगारस्य। मध्य इति मध्यमो यो नवमभागः, तं पुनर्नवधा विभज्य मध्यं भागं त्यक्त्वा तस्योत्तरे नवभागे राजमन्दिरं कारयेत्। तथाचोक्तं "मध्यमस्योत्तरे नवभागे राजवास्तुनिवेशं कारयेदि"(कौटि. अर्थ. १०. १. १४७)ति। महद् मन्दिरमिति सम्बन्धः। अन्तः कोशगृहोपेतं राजमन्दिरस्य मध्ये कोशमन्दिरमपरं कारयेत् ॥ ५ ॥

क्रमेणेति। राजमन्दिरं समन्तादावृत्य मौलं बलं क्रमागतं विनिवेशयेत्। ततो भृत्यबलं वेतनप्रतिबद्धम्। ततोऽपि श्रेणिबलं जानपदम्। अत्र श्रेणिशब्दः स्वलिङ्गे नैव स्थितः। तस्मादपि सुहृद्भूतं बलम्। ततोऽपि द्विषद्भूतम्। ततश्चाटविकमिति ॥ ६ ॥

***अन्तः स्ववर्गस**हितान् स्कन्धावारस्य। दृष्टकर्मणः साक्षात्कृतसमस्तव्यापा-

१. 'श्चाविभक्तै' क. ग. पाठः. २. 'हामौ' ख. ग. पाठः. ३. 'न्तःस्थव' मूलकोशेषु पाठः. ४. 'अविभक्तैरशू' क. ख. पाठः. ५. 'न् क' ग. घ. ङ. पाठः. ६. 'त्प्रभिन्नं ब' ङ. पाठः. ७. 'त्प्रभिन्नम्। त' ङ. पाठः.

*'अन्तः स्ववर्गिण' इति मूलपदस्य किमिदं व्याख्यापदं स्याद्, उताहो 'अन्तःस्ववर्गसहितान्' इत्येव वा मूलपाठो व्याख्यातृदृष्टः स्याद् इति संशयस्थानमिदम्।

हस्तिनो लब्धनामानस्तुरङ्गाश्च मनोजवाः।
गृहोपकण्ठे नृपतेर्वसेयुः स्वाप्तरक्षिताः॥ ८॥
यामवृत्त्या सुसन्नद्धं रात्रिन्दिवमुदायुधम्।
अन्तर्वंशिकसैन्यं च तिष्ठेद् राजाभिगुप्तये॥ ९॥
युद्धयोग्यो महादन्ती सन्नद्धः साध्वधिष्ठितः।
तिष्ठेन्नरपतिद्वारे वेगवांश्च तुरङ्गमः॥ १०॥
सैन्यैकदेशः सन्नद्धः सेनापतिपुरस्सरः।
प्रयत्नवान् परिपतेन्मण्डलेन बहिर्निशि॥ ११॥
परसैन्यप्रचारांश्च सत्त्वाढ्याः शीघ्रगामिनः।
वाताश्विका विजानीयुर्दूरसीमान्तचारिणः॥ १२॥

रान्। पर्याप्तवेतनान् लोभाभावात् परस्याभेद्यान्। मण्डलेन निवेशयेत् स्कन्धावारं परिवृत्येत्यर्थः॥ ७॥

लब्धनामानः प्रभाविनः॥ ८॥

यामवृत्त्या प्रहरपर्यायेण। उदायुधं सन्नद्धमपि स्वकोशादुत्खातायुधम्। अन्तर्वंशिकसैन्यम् अन्तःपुररक्षानियुक्तं सैन्यम्॥ ९॥

साध्वधिष्ठित आप्ताधिष्ठितः। तिष्ठेन्नरपतिद्वारे प्रहरपर्यायेण, तदात्वे हि कार्योत्पत्तौ तमारुह्य कार्यकरणसमर्थो भवति॥ १०॥

सैन्यैकदेशश्च तृतीयश्चतुर्थो वा भागः। परिपतेत् स्कन्धावाराद् बहिः परिभ्रमेत् परावस्कन्दप्रातिविधानार्थम्॥ ११॥

परसैन्यप्रचारांश्च विजानीयुः तदनुरूपप्रातिविधानार्थम्। सत्त्वाढ्याः सत्त्वाधिकाः। वाताश्विकाः वाताश्वचारिणः। शीघ्रपातिनोऽपि केचिद् दूरं सीमान्तं परिभ्रमितुमशक्ता इति पृथगुपादानम्॥ १२॥

१. 'तिर्द्वा' मूलकोशेषु पाठः. २. 'रि' क. पाठः. ३. 'चरेन्म' क. ग. पाठः. ४. 'लं तद् ब' ख. ग. पाठः. ५. 'युः पुर' ख. पाठः. ६. 'वासिनः' ग. पाठः. ७. 'त्कं यत् सै' ग. घ. ङ. पाठः.

तोरणाबद्धमाल्येषु यन्त्रवत्सु पताकिषु ।
द्वारेषु परमां गुप्तिं कारयेदाप्तकारिभिः ॥ १३ ॥
निर्गच्छेत् प्रविशेच्चैव सर्व एवोपलक्षितः ।
तिष्ठेयुः परदूताश्च राजशासनगोचराः ॥ १४ ॥
वृथाकोलाहलाद्धास्याद् द्यूतात् पानाच्च वारितः ।
सज्जोपकरणैस्तिष्ठेत्[1] सर्वः कार्योन्मुखो जनः ॥ १५ ॥
बहिः खातात् तु सैन्यानां मुक्त्वा सञ्चारमात्मनः[2] ।
परसैन्यविघातार्थं सर्वां भूमिं विनाशयेत् ॥ १६ ॥
क्वचित् कण्टकशाखाभिः क्वचिच्छूलैरयोमुखैः ।
दूषयेत् परितो भूमिं प्रच्छन्नैः[3] प्रदरैरपि ॥ १७ ॥

यन्त्रवत्स्विति चतुर्द्वारेषु शरपाषाणप्रमोक्षार्थं सर्वतोभद्रादीनि यन्त्राण्यु-पस्थापयेत् । गुप्तिं रक्षाम् । आप्तकारिभिः विजिगीषोरिष्टकारिभिः ॥ १३ ॥

राजशासनगोचरा इति । परकीयेभ्यः प्रवेशो न देय इति राजशासनम् । यदा चायं प्रवेशमादिशति, तदा प्रविशेयुः, अन्यदा तु तच्छासनगोचरा एव तिष्ठेयुः ॥ १४ ॥

वृथाकोलाहलात् क्रीडोत्पत्तिकृताद् हास्याद् द्यूतात् पानाच्च कलहहेतोः सज्जोपकरणैः तिष्ठेत् । कार्योन्मुखः यस्य च यस्मिन्नियोगस्तदवहितः ॥ १५ ॥

मुक्त्वा सञ्चारमिति । चतुर्द्वारेषु स्वसैन्यानां सञ्चारमार्गमात्रं त्यक्त्वाशेषां भूमिं नाशयेत् ॥ १६ ॥

कथमित्याह—क्वचिदित्यादिना । अयोमुखैः शूलैः । प्रदरैः श्वभ्रैस्तृणा-दिप्रच्छन्नैः ॥ १७ ॥

---

१. 'र्वका' क. ख. पाठः. २. 'मायतम्' क. पाठः. ३. 'श्वभ्र द' क. पाठः. ४. 'नः का' ग. घ. ङ. पाठः. ५. 'र्गमायतं त्य' ग. घ. पाठः., 'र्गं त्य' ङ. पाठः.

निर्वृक्षक्षुपपाषाणस्थाणुवल्मीकनिर्दरे ।
कारयेत् करणैश्चित्रैः सैन्यव्यायामभूमिकाः १८ ॥
यस्मिन् देशे यथाकामं सैन्यव्यायामभूमयः ।
परस्य विपरीताश्च श्रुतो देशः स उत्तमः ॥ १९ ॥
आत्मनश्च परेषां च तुल्या[1] व्यायामभूमयः ।
यत्र[2] मध्यम उद्दिष्टो देशः शास्त्रार्थचिन्तकैः ॥ २० ॥
अरातिसैन्यव्यायामसुपर्याप्तमहीतलः[3] ।
आत्मनो विपरीतश्च यः स देशोऽधमः स्मृतः ॥ २१ ॥
नित्यमुत्तममाकाङ्क्षेत् तदभावे तु मध्यमम् ।
अधमं बन्धनागारं नोपसेवेत सिद्धये ॥ २२ ॥

(इति स्कन्धावारनिवेशनं नाम पञ्चविंशं प्रकरणम्)

निर्वृक्षेति । निर्गता वृक्षादयो यस्मात् प्रदेशादिति विग्रहः । क्षुपो गुल्मः । निर्दरं भूमेर्विदारणम् । व्यायामो युद्धचर्या न तु व्यायाममात्रं करणशब्दसन्निधानात् ॥ १८ ॥

स्कन्धावारनिवेशार्थं विग्रहार्थं च देशस्योत्तममध्यमाधमतां दर्शयति — **यस्मिन्नित्यादिना** । यथाकाममिति यथात्मनो हस्त्यादीनां यथेष्टं चेष्टमानानां भूमयः । परस्य विपरीताः अयथाकामम् ॥ १९ ॥

तुल्या[4] व्यायामभूमयः सैन्यस्य ॥ २० ॥

सुपर्याप्तं सुप्रचारम् ॥ २१ ॥

उत्तममाकाङ्क्षेद् निवेशार्थं विग्रहार्थं च । बन्धनागारं तत्र हि चेष्टासंरोधाद् बद्धस्येवावस्थानम् ॥ २२ ॥

(इति स्कन्धावारनिवेशनं नाम पञ्चविंशं प्रकरणम्)

---

१. 'ल्यव्या' ख. ग. पाठः. २. 'स मध्यमः समुद्दि' क. पाठः. ३. 'भुवस्तलः' क. पाठः.
४. 'ल्यव्या' क. ख. पाठः., 'ल्या व्यापारभू' ङ. पाठः.

* २६ निमित्तज्ञानप्रकरणम् *

आक्रान्त इव केनापि रोगानीकैरभिद्रुतः ।
अकस्माद्भवदुद्वेगो रजोनीहारसंवृतः ॥ २३ ॥

विधूम्रैः परुषैर्वातैरकस्माच्च पतद्ध्वजः ।
परस्परभवद्द्रोहो नतथातूर्यनिस्वनः ॥ २४ ॥

उत्प्रेक्षितभयत्रासो निर्घातोल्का(भि?दि)दूषितः ।
उद्वमत्प्रज्वलच्छस्त्रो[2] विदाक्षिणशिवारुतः ॥ २५ ॥

मण्डलैः काकगृध्राणामाकीर्णो[3] रूक्षवाशिभिः ।
मुहुरत्युग्रतादीप्तः संसिक्तो रक्तवृष्टिभिः ॥ २६ ॥

एवं निवेशितस्य स्कन्धावारस्य जयपराजययोः शुभाशुभनिमित्तं जानीयादिति निमित्तज्ञानमुच्यतेऽष्टादशभिः श्लोकैः । तत्राशुभमविकृत्याह— **आक्रान्त** इत्यादि । केनापि भूतविशेषेणावष्टब्ध इव रोगानीकैरभिद्रुतः । अकस्माद् विना प्रियाप्रियैर्वाग्योगादिना भवदुद्वेगः ॥ २३ ॥

विधूम्रैः धूमिकादिभिः खरैश्च वातैः संवृत इत्येव । अकस्माद् विना वातेन पतद्ध्वजः । परस्परभवद्द्रोहः अवस्कन्दादिभिः । नतथातूर्यनिस्वनः यथा प्राक् ॥ २४ ॥

भयं मरणहेतुकं, त्रासः शङ्कामात्रम् । निर्घातोल्कादिदूषणं विजिगीषुदेशे तस्य निपातनात् । उद्वमत् स्वकोशान्निष्क्रामत् प्रज्वलत् शस्त्रं यत्र । विदक्षिणशिवारुतः विदक्षिणः प्रतिकूलः ॥ २५ ॥

अत्युग्रतादीप्तः अतिरूक्षत्वाद् राक्षसीनिवास इव । रक्तवृष्टिभिः औत्पातिकीभिः ॥ २६ ॥

---

१. '(धूमप्र' क. पाठः. २. 'स्त्रो' क. घ. पाठः. ३. सीनो वृक्षवासिनाम्' क. पाठः.
४. 'या' क. ख. ग. घ. पाठः. ५. 'भो' क. ग. घ. पाठः. ६. खद्वरादि' ग. घ. पाठः.

परीतराजनक्षत्रः क्रूरैरौत्पातिकैर्ग्रहैः ।
सूर्यदृष्टकबन्धादिरकस्मान्मूढवाहनः ॥ २७ ॥

अकस्मान्[1]मत्तमातङ्गः सं[2]शुष्यद्दानशीकरः ।
इत्यादिविकृतोपेतः स्कन्धावारो न शस्यते ॥ २८ ॥

प्रहृष्टनरनारीकः प्रशस्तस्वनदुन्दुभिः ।
गम्भीरहेषितहयः पू[3]रितद्विपबृंहितः ॥ २९ ॥

पुण्याहब्रह्मघोषाढ्यो नृत्तगीतसमाकुलः ।
निरीतिको[4] महोत्साह आकाङ्क्षितजनोदयः ॥ ३० ॥

विरजस्कोऽभिवृष्टश्च प्रादक्षिण्यस्थितग्रहः ।
दिव्यान्तरिक्षैरुत्पातैः पार्थिवैश्च विवर्जितः ॥ ३१ ॥

क्रूरैर्ग्रहैः राहुभौमशनैश्चरैः । औत्पातिकैः केतुकम्पादिभिः । सूर्यमण्डले दृष्टं कबन्धादि यस्मिन् स्कन्धावारे । तस्मात्तु नान्यत्र दृश्यते । मूढो विमनस्कः ॥२७॥

दानं मदः । विकृतम् अशुभम् ॥ २८ ॥

शुभमधिकृत्याह — **प्रशस्तस्वनो** गम्भीरस्वनः । बृंहितं गर्जितम् ॥ २९ ॥

पुण्याहब्रह्मघोषाढ्य इति । प्रशस्तदिने वेदध्वनिमुखरः । यदि वा पुण्याहघोषैर्ब्रह्मघोषैश्च सर्वदा कलितः । निरीतिको निरुपद्रवः ॥ ३० ॥

अभिवृष्टो जलधरसिक्तः । प्रादक्षिण्यस्थितग्रहः पुरःशुक्राद्यभावात् । उत्पातैरिति । उत्पातास्त्रिविधाः दिव्यान्तरिक्षभौमाः, तैरप्रशस्तैर्विवर्जितः ॥ ३१ ॥

---

१. 'न्मूढमा' क. पाठः. २. 'प्रदुष्य' ख. ग. पाठः. ३. 'जि' क पाठः. ४. 'कः सदोत्सा' क. पाठः. ५. 'यो' क. पाठः. ६. 'दाकालक' ग. घ. पाठः. ७. 'पुरुषशु' क. ख. पाठः.

प्रशस्तकूजद्विहगः प्रदक्षिणशिवारुतः ।
नीचैःप्रवृत्तानुलोममारुतः स्तुतमङ्गलः ॥ ३२ ॥

हृष्टपुष्ट[1]जनः साधुः सुगन्धिज्[2]वलितानलः ।
अमन्दै[3]र्मत्तमातङ्ग आसाराभ्युदयान्वितः ॥ ३३ ॥

इत्यादिलक्षणोपेतः स्कन्धावारः प्रशस्यते ।
[4]शस्ते तस्मिन् द्विषो भङ्गोऽशस्ते ज्ञेयो विपर्ययः ॥ ३४ ॥

सि[5]द्ध्यसिद्धी निमित्तानि यतः शंसन्ति कर्मणाम् ।
विद्यादात्महिताकाङ्क्षी तस्मादेतानि तत्त्वतः ॥ ३५ ॥

प्रशस्तेन निमित्तेन विशुद्धेनान्तरात्मना ।
व्यक्तमारभ्यमाणं हि सिद्धिं याति समीहितम् ॥ ३६ ॥

विहगाः काकादयः । अनुलोमो मारुतः पृष्ठतोवाही । स्तुतमङ्गलः स्थान-स्थानेषु वन्दि[7]भिः ॥ ३२ ॥

साधुः परस्परद्रोहाभावात् । सुगन्धिः निर्गन्धेन्धनदाहेऽपि ज्वलितोऽनलो यत्र । आसारो मित्रबलम् ॥ ३३ ॥

शस्ते तस्मिन् स्कन्धावारे । अशस्ते विपर्ययः द्विषो जयः ॥ ३४ ॥

शंसन्ति कथयन्ति । तस्मादेतानि शुभाशुभानि ॥ ३५ ॥

विशुद्धेनान्तरात्मना जयाभिकाङ्क्षिणा । समीहितं विग्रहादिकम् ॥ ३६ ॥

---

१. 'बलासारः सु' ख. ग. पाठः. २. 'शिशिरानिलः' ख. ग. पाठः. ३. 'त्तमायन्मा' ख. पाठः. ४. 'एतस्मिन् विद्विषां भ' क. पाठः. ५. 'द्वासिद्धं नि' क पाठः. ६. 'हङ्गमाः काकादयः' घ. पाठः. ७. 'बन्धुभिः' घ. पाठः.

सहायसम्पत् प्रज्ञानं सत्त्वं दैवानुकूलता ।
उद्योगो[१]ऽध्यवसायश्च यस्यैते तस्य सिद्धयः ॥ ३७ ॥

तन्मूलत्वात् प्रजानां तु राजा स्कन्ध उदाहृतः ।
आवारोऽमात्यदण्डादिर्वृ[२]तिरावार उच्यते ॥ ३८ ॥

भूतानां भूतिनिष्पत्तेरावारेण महीयसा ।
आ[३]वृतस्तु यतः स्कन्धः स्कन्धावारस्ततः स्मृतः ॥ ३९ ॥

समवस्कन्दघासाम्बुवीवधासारनिग्रहाः ।
एते प्रयत्नतो रक्ष्याः स्कन्धावारस्य मृत्यवः ॥ ४० ॥

सिद्धिनिमित्तान्तराण्याह — सहायसम्पदित्यादि । प्रज्ञानं प्रज्ञा अष्टाङ्गा । दैवानुकूलता प्रागुक्ता । उद्योग उत्साहः । अ[४]ध्यवसायो व्याख्यातः (स. १६. श्लो. १४.) ॥ ३७ ॥

कः पुनः स्कन्धावारः, यस्य निमित्तज्ञानमित्याह — तन्मूलत्वादिति । यथा शाखानां वृक्षस्कन्ध आश्रयस्तथा राजा प्रजानामाश्रयत्वात् स्कन्ध उच्यते । आवारोऽमात्यदण्डौ । अमात्यप्रकृतेर्दण्डप्रकृतेश्च सचेतनायाः प्राधान्येन व्याप्रियमाणत्वात् । वृतिरावार उच्यत इति फलत आवारत्वमात्रं दर्शयति ॥ ३८ ॥

भूतानां भूतिनिष्पत्तेरिति । प्रजानां त्रिवर्गनिष्पत्तेः कारणादित्यपरं प्रयोजनम् । आवृतस्तु यतः स्कन्ध इति करणसाधनात्मिकां व्युत्पत्तिं दर्शयति । इदमुक्तं भवति — प्रजाभिः स्वभूतिनिष्पत्त्यर्थिनीभिस्तत्परिरक्षार्थं तत्साहायकार्थं चाव्रियते[५] अमात्यदण्डादिकया वृत्या स्कन्धोऽनेनेति स्कन्धावारः ॥ ३९ ॥

अस्य निवेशितस्य रक्षणोपायमाह — समवस्कन्देत्यादि । निग्रहशब्दो विघाते द्रष्टव्यः, घासादिभिश्च प्रत्येकं योज्यः ॥ ४० ॥

---

१. 'गो व्यव' ख. ग. पाठः. २. 'त्ति' क. ख. पाठः. ३. 'यत आवारितः स्क' क. पाठः. ४. 'व्यव' क. ख. पाठः. ५. 'ते स्क' ग. घ. पाठः.

इति प्रयत्नेन निवेशयेद् बलं
शुभाशुभं चास्य तथोपलक्षयेत् ।
परस्य चैतन्निपुणं विलोकयेत्
समारभेताशुभहीनदर्शने ॥ ४१ ॥

(इति निमित्तज्ञानं नाम षड्विंशं प्रकरणम्)

इति कामन्दकीये नीतिसारे स्कन्धावारनिवेशननिमित्तज्ञाने नाम

सप्तदशः सर्गः ।

प्रकरणद्वयार्थमुपसंहरन्नाह[1] — इतीत्यादि । परस्य विलोकयेद् निवेशं[2] शुभाशुभं च । अशुभहीनदर्शन इति परस्कन्धावारस्याशुभस्य च दर्शने[3] हीनस्य च दर्शने समारभेत विग्रहमित्यर्थात् ॥ ४१ ॥

(इति निमित्तज्ञानं नाम षड्विंशं प्रकरणम्)

इति शङ्करार्यकृतायां कामन्दकीयनीतिसारपञ्जिकायां

जयमङ्गलायां स्कन्धावारनिवेशननिमित्तज्ञाने नाम

सप्तदशः सर्गः ।

---

१. 'रंश्चाह' ग. घ. पाठः. २. 'स्य निवेशनं ही' क. ख. पाठः. ३. 'नं' कोशेषु पाठः.

अथाष्टादशः सर्गः ।

* २७ उपायविकल्पप्रकरणम् *

महाप्रज्ञानसम्पन्नः सहायैरुपबृंहितः[1] ।
उद्योगाध्यवसायाभ्यामुपायान् निक्षिपेत् परे ॥ १ ॥

चतुरङ्गं बलं मुक्त्वा कोशो मन्त्रश्च युध्यते ।
तत् साधुमन्त्रो मन्त्रेण कोशेन च जयेदरीन् ॥ २ ॥

साम दानं च भेदश्च दण्डश्चेति चतुष्टयम्[2] ।
मायोपेक्षेन्द्रजालं च सप्तोपायाः प्रकीर्तिताः ॥ ३ ॥

एवं[3] शुभाशुभनिमित्तदर्शनाल्लब्धोत्साहः शत्रौ विजिगीषुरुपायान् प्रयुञ्जीत । शत्रुजयस्योपायसाध्यत्वादित्युपायविकल्प उच्यतेऽस्मिन् सर्गे । यदाह — **महाप्रज्ञानसम्पन्न** इत्यादि । महती अष्टाङ्गा प्रज्ञा यस्य स महाप्रज्ञानः सम्पन्नैश्च सहायैः यदा सहायसम्पदादयः षट् सिद्धिहेतवो गुणाः स्युस्तदा शत्रौ निक्षिपेदुपायान् ॥ १ ॥

कुत्र कमुपायमादौ निक्षिपेदित्याह — **चतुरङ्ग**मित्यादि । कोशो मन्त्रश्च युध्यते प्रथमम् । हस्त्यश्वरथपदातिभिर्व्यायामयुद्धमन्त्यावस्थायां क्रियते । तस्मात् प्रथमं मन्त्रेण सामभेदात्मकेन कोशेन कृतेन जयेदरीन् । साधुमन्त्रः कृतपञ्चाङ्गविनिर्णयत्वात् ॥ २ ॥

के पुनरुपाया इत्याह — **साम**त्यादि । तत्र सामादिचतुष्टयं सर्वेषामेवाचार्याणामभीष्टमिति पृथङ् निर्दिष्टम् । मायादिभिः सह सप्तोपायाः प्रकीर्तिताः कैश्चित् ॥ ३ ॥

---

१. 'सत्त्वदैवोप' मूलकोशपाठः. २. 'विधः ।' क. पाठः. ३. 'वं शुभनि' क. ख. पाठः. ४. 'न्नः स' ग. घ. ङ. च. पाठः. ५. 'जीयाद' क. ख. पाठः. ६. 'ता इति कश्चि' ग. घ. पाठः.

परस्परोपकाराणां दर्शनं गुणकीर्तनम् ।
सम्बन्धस्य[1] समाख्यानमायतेः[2] सम्प्रदर्शनम् ॥ ४ ॥

वाचा पेशलया साधु तवाहमिति चार्पणम् ।
इति सामप्रभेदज्ञैः साम पञ्चविधं स्मृतम् ॥ ५ ॥

यः[3] सम्प्राप्तधनोत्सर्ग उत्तमाधममध्यमः ।
प्रतिदानं तथा तस्य गृहीतस्यानुमोदनम् ॥ ६ ॥

द्रव्यदानमपूर्वं च स्वयंग्राहप्रवर्तनम् ।
देयस्य प्रतिमोक्षश्च दानं पञ्चविधं स्मृतम् ॥ ७ ॥

तत्र चतुष्टयस्य स्वरूपभेदं षड्भिः श्लोकैराह — **परस्परोपकाराणामि**-त्यादि । त्वयेदमस्मासूपकृतं मया युष्मास्विदमिति पूर्वकृतानामुपकाराणां दर्शनम् । गुणकीर्तनं शूरः श्रुतवान् यद्वा रूपवानित्यादि । सम्बन्धस्य समाख्यानं या त्वद्भगिनी सा मद्भ्रातृभार्येति यौनस्य, अस्मत्पितुः सकाशात् त्वयाधीतमिति मौलस्य । आयतिसम्प्रकाशनम् । अस्मिन्नेवं कृते इदमावयोर्भविष्यतीत्याशाजननम् ॥ ४ ॥

पेशलया हृदयहारिण्या । तद्यथा — योऽहं, स भवान्, यन्मम द्रव्यं, तद् भवता स्वकृत्येषूपयुज्यताम् इति ॥ ५ ॥

उत्तमाधममध्यम इति । सारासारो मध्यमोपायः । सम्प्राप्तो गृहीतो धनोत्सर्गो द्रव्यसम्पत्, तस्य गृहीतस्य तथा सारासारादिभेदेन प्रतिदानं प्रत्यर्पणम् अनुप्रतिदानमित्यर्थः । गृहीतस्यानुमोदनम् अनुज्ञानम् ॥ ६ ॥

द्रव्यदानमपूर्वं च भाण्डागारादुद्धृत्य यदभिनवं दानम् । स्वयंग्राहप्रवर्तनं, परस्वेष्विति शेषः । अमुष्माद् द्रव्यं गृहाण तवैव भविष्यतीति । देयस्य प्रतिमोक्षणम् ऋणादिप्रतिमोचनम् ॥ ७ ॥

---

१ 'प्राक्सम्बन्धस' ख. ग. पाठः. २. 'यतेश्च प्र' ख. ग. पाठः. ३. 'सम्प्राप्तो यो ध' ख. ग. पाठः. ४. 'जयवा' ङ. पाठः. ५. तिप्र' ग. घ. ङ. पाठः. ६. 'ण्या यथा' ङ. पाठः.

स्नेहरागापनयनं सङ्घर्षोत्पादनं तथा ।
सन्तर्जनं च भेदज्ञैर्भेदस्तु त्रिविधः स्मृतः ॥ ८ ॥
वधोऽर्थहरणं चैव परिक्लेशस्तथैव च ।
इति दण्डविभागज्ञैर्दण्डस्तु त्रिविधः स्मृतः ॥ ९ ॥
प्रकाशश्चाप्रकाशश्च वधो द्विविध उच्यते ।
प्रकाशदण्डं कुर्वीत लोकद्विष्टे तथा रिपौ ॥ १० ॥
उद्विज्यते[1] हतैर्लोको यैर्यै[2] स्युर्नृपवल्लभाः ।
बाधन्तेऽभ्यधिका ये तु तेषूपांशु प्रशस्यते ॥ ११ ॥

भेदस्त्रिविध इति । परस्माद् विश्लेषणं भेदः । स द्विविध उक्तः कौटिलीये शङ्काजननमभिभर्त्सनं च । भेदानुग्रहेण वृद्धैः प्रासादतरुवत् स्वमाश्रयमेवोच्छेत्स्यतीत्याशङ्काजननम् । अस्य त्वस्मिन् मित्राभिग्रहस्य परिणामोऽस्मत्तो भविष्यतीत्येवम्प्रकारसन्तर्जनमभिभर्त्सनम् । तत्र शङ्काजननं कार्यद्वारेण द्विधा विभज्येह त्रिविध उक्तः । उत्पादिता हि शङ्का स्नेहं भक्तिं चापनयति स्पर्धां चोत्पादयति ॥ ८ ॥

वधः प्रवासनम् । परिक्लेशः बन्धनताडनादिभिर्दुःखोत्पादनम् ॥ ९ ॥

वधाख्यस्य दण्डस्य विषयभेदं चतुर्भिः श्लोकैर्दर्शयति—**प्रकाश** इत्यादि । पूर्वं द्विविध उच्यते वधाख्यो दण्डः । लोकद्विष्टाश्चोरपारदारिकादयो रिपवश्च प्रकाशं हता न दोषाय ॥ १० ॥

हतैर्यैर्दृष्टैरपि । नृपवल्लभाः स्यालादयः । तेऽपि लोके दृढभक्तिताख्यापनार्थमप्रकाशं हन्तव्याः । ये चाभ्यधिका बलीयांसः प्रकाशं हन्तुमशक्याः ॥ ११ ॥

---

१. 'ते च लो' क. पाठः. २. 'र्ये च स्यु' क. पाठः. ३. 'द्धाः शेषं सुप्रसन्नमित्यष्टादशः सर्गः ।' इति ङ. पाठः.

विषेणोपनिषद्योगैः शस्त्रेणोद्वर्तनेन वा ।
तथोपांशु नयेद्दण्डं यथान्यो न विभावयेत् ॥ १२ ॥

ब्राह्मणे जातिमात्रेऽपि धार्मिके चान्त्यजेऽपि वा ।
धर्मोन्निनीषया धीमान् न वधं दण्डमादिशेत् ॥ १३ ॥

उपेक्षया वा हन्तव्या येपूपांशु प्रशंस्यते ।
उपेक्षां चापि निपुणः प्रत्यक्षं परिवर्जयेत् ॥ १४ ॥

प्रलिम्पन्निव चेतांसि दृष्ट्या साधु पिबन्निव ।
स्रवन्निवामृतं साम प्रयुञ्जीत प्रियं वचः ॥ १५ ॥

वागनुद्वेगजननी सामेति परिकीर्त्यते[२] ।
†सामाख्या सूनृते सान्त्वे प्रिये स्तोत्रे च कीर्त्यते ॥ १६ ॥

स चोपांशुदण्डः कथं प्रयोक्तव्य इत्याह — **विषेणे**त्यादि । अभ्यवहार्यादिसंसृष्टेन विषेण । उपनिषद्योगैः रहस्यप्रयोगैरग्न्यादिभिः । शस्त्रेण तीक्ष्णप्रयुक्तेन । उद्वर्तनेनेति । के(न)चित् स्फोटादिजनकेन विलेपनेन ॥ १२ ॥

अन्त्यजे चण्डालादौ । धर्मोन्निनीषया धर्मोद्बिभावयिषया । न वधदण्डमादिशेत् परिक्लेशार्थहरणे तु विनयाधानार्थमादिशेदेव ॥ १३ ॥

विधानान्तरमाह—**उपेक्षया** वेत्यादि । उपेक्षां वक्ष्यति । नृपवल्लभादीनां यद्यन्ये हन्तारः स्युस्तदा तैरेव हन्यतामित्युपेक्षां कुर्यात् । प्रत्यक्षं परिवर्जयेद्, वधस्य हि प्रत्यक्षमुपेक्षामाचरंस्तैरेव हन्येत अस्मद्विनाशमुपेक्षत इति ॥ १४ ॥

यथा सामादीन् प्रयुञ्जीत तथा दर्शयति श्लोकचतुष्टयेन — **प्रलिम्पन्नि**त्यादि । साम प्रयुञ्जीत, किं तत् सामेत्याह — प्रियं वच इति ॥ १५ ॥

तदेव पञ्चविधं सूचयन्नाह — **वागि**त्यादि । अनुद्वेगजननी विस्रम्भजननी । सा वाक् परस्परोपकाराणां दर्शने आख्याने सम्बन्धाख्याने सूनृते समाख्याने सान्त्वे तवाहमिति चार्पणे प्रिये आयतिसम्प्रकाशने स्तोत्रे गुणकीर्तने ॥ १६ ॥

१. 'वर्तते' क. पाठः. २. 'तिता ।' क. पाठः. ३. 'श्लि' क. ख. पाठः. ४. 'न्यतेऽस्म' क. ख. पाठः.

† 'साख्याने सूनृते' इति व्याख्यातुः पाठः स्यात्.

आत्मनो विक्रयमिव कुर्वन् दद्यात् समीहितम् ।
जलवत् पर्वताञ्छत्रून् भिन्द्यादनुपलक्षितः ॥ १७ ॥
दण्डपाणिरिवाधृष्यो दण्डं दण्ड्येषु पातयेत् ।
प्रत्यक्षामपि चोपेक्षामप्रत्यक्षामिवाचरेत् ॥ १८ ॥
साम्नार्थसिद्धये विद्वान् यतेत यतमानसः ।
सामसिद्धिं प्रशंसन्ति सर्वतश्च[1] विपश्चितः ॥ १९ ॥
क्षीरोदो मथितः साम्ना फलायामरदानवैः ।
निजघ्निरे धार्तराष्ट्राः सामप्रद्वेषिणोऽचिरात् ॥ २० ॥

विक्रयमिव कुर्वन्निति अङ्गार्पणेनात्मानं विक्रीणन्निव । दद्यात् समीहितं यद् दातुमभिप्रेतम् । जलवद् भिन्द्यात् शनैःशनैः ॥ १७ ॥

दण्डपाणिरिव यम इव भूतानामधृष्यः । *प्रत्यक्षमपीति । वधस्य प्रत्यक्षमुपेक्षां वर्जयेदित्युक्तं प्राक् । इदानीं तस्य विशेषः । प्रत्यक्षमुपेक्षामप्रत्यक्षमिवाचरेदाकारसंवरणेन ॥ १८ ॥

एते च सामादयो यथाक्रमं प्रयोक्तव्याः । तत्र श्लोकद्वयेन सामप्रयोगमाह — **साम्नेत्यादि** । अर्थसिद्धये यतेत यतमानसः, असंयतचेतसो हि सामाभावात् । सर्वतः सर्वत्र चतुर्ष्वप्युपायेषु, सर्वेभ्य उपायेभ्यः ॥ १९ ॥

सामप्रधानस्य सामद्वेषिणश्च गुणदोषावाह — **क्षीरोद** इति । पुरा किल क्षुज्जरापीडिता देवाः ब्रह्माणमुपगम्य तत्पीडोपशमं पप्रच्छुः । स तानाह क्षीरोदं निर्मथ्यामृतं पिबतेति । ते तत्स्तुतिपराश्चिरकालं तमाराध्य दानवसहायाः ममन्थुरिति । धार्तराष्ट्राः दुर्योधनादयः । ते विक्रमैकरसा मानिनः सामसाध्येषु पाण्डुषु विक्रममाणास्तैर्निहता इत्यैतिप्रतीतम्[2] ॥ २० ॥

---

१. 'वस्तुषु पण्डिताः ॥' ख. ग. पाठः. २ 'ति प्र' ग. घ. पाठः.

---

* प्रत्यक्षाप्रत्यक्षशब्दौ टाबन्तावेव तु मूलकोशेषु पठ्येते.

दारुणं विग्रहं विद्वान् दानेन प्रशमं नयेत् ।
इन्द्रोऽपचारे शुक्रस्य दानेन शममेयिवान् ॥ २१ ॥
अपराधेन दुहितुः कुपिते[1] भृगुनन्दने ।
वृषपर्वा च दानेन दानवेन्द्रोऽभवत् सुखी ॥ २२ ॥
उपच्छन्द्यापि दातव्यं बलिने शान्तिमिच्छता ।
समूलमेव[2] गान्धारिरप्रयच्छन् गतः क्षयम् ॥ २३ ॥
किञ्चित् प्रयच्छन् भूयस्या तृष्णया[3] विप्रलोभयन् ।
भिन्द्याच्चतुर्विधान् भेद्यान् प्रविश्योभयवेतनैः ॥ २४ ॥

श्लोकत्रयेण दानप्रयोगमाह---- **दारुणमि**त्यादि । यदा साम्ना न सिद्धिस्तदा दारुणो विग्रहो भवति । इन्द्रोऽपचार इति । दानवानामिन्द्रो वृषपर्वा नामासुरो दुहित्रा कृतेऽपचारे शुक्रस्य दानेन स्वदुहितुः शममेयिवान् ॥ २१ ॥

तदेव स्फुटयन्नाह---- **अपराधेने**त्यादि । वृषपर्वणो दानवेन्द्रस्य दुहिता शर्मिष्ठा नाम तन्मन्त्रिणः शुक्रस्य दुहित्रा देवयान्या सह स्नातुं गता । तत्र स्नाता देवयानी विसंवादानुबद्धवस्त्रया शर्मिष्ठया परुषमभिहिता सञ्जातखेदा च पित्रे न्यवेदयत् । शुक्रोऽपि तच्छ्रुत्वा सञ्जातामर्षस्तद्राष्ट्रादन्यत्र गच्छन्नसुरैः प्रसाद्यमानस्तानाह 'यद्यस्मद्दुहित्रे वृषपर्वा शर्मिष्ठां दासीत्वेन प्रयच्छति, तदा प्रतिनिवृत्तोऽहमिति । ततोऽसौ दुहितुः प्रदानेनाभवत् सुखीति ॥ २२ ॥

उपच्छन्द्य बलेनानिच्छतेऽपि । गान्धारिः दुर्योधनः । स हि वनवासाज्ञातवासौ यथासमयमुषित्वा[4] स्वमंशं याचमानेभ्योऽपि पाण्डवेभ्योऽप्रयच्छन् समूलमेव ननाश ॥ २३ ॥

अष्टादशभिः श्लोकैर्भेदप्रयोगमाह — **किञ्चिदि**त्यादि । प्रयच्छन् तदात्वे । तृष्णया आगामिन्या । भेदसौकर्यार्थमत्र मात्रया दानप्रयोगः । चतुर्विधान् भेद्यान् क्रुद्धलुब्धभीतमानिनः कृत्यान् । प्रविश्योभयवेतनैः[5] द्वारभूतैः ॥२४॥

---

१. 'क्रुद्धे च भृ' क. पाठः. २. 'एव' क. पाठः. ३. 'यातिप्र' ख. ग. पाठः. ४. 'त्वा जा' ग. घ. पाठः. ५. 'नयो' ग. घ. पाठः.

अलब्धवेतनो लुब्धो मानी चाप्यवमानितः ।
क्रुद्धश्च कोपितोऽकस्मात् तथा भीतश्च भीषितः ॥ २५ ॥

यथाभिलषितैः कामैर्भिन्द्यादेतांश्चतुर्विधान् ।
परपक्षे स्वपक्षे च यथावत् प्रशमं नयेत् ॥ २६ ॥

भेदं कुर्वीत यत्नेन मन्त्र्यमात्यपुरोधसाम् ।
तेषु भिन्नेषु भिन्नं हि युवराजे तथोर्जिते ॥ २७ ॥

अमात्यो युवराजश्च भुजावेतौ महीपतेः ।
मन्त्री नेत्रं हि तद्भिन्न एतस्मिन्नपि[2] तद्वधः ॥ २८ ॥

सर्वावस्थं तु मेधावी तत्कुलीनं विकारयेत् ।
विकृतस्तत्कुलीनस्तु स्वयोनिं ग्रसतेऽग्निवत् ॥ २९ ॥

अलब्धवेतनः अलब्धलाभः । नन्वत्र विमानितो मानी क्रुद्धवर्गे भवति । सत्यम् । आशुभेदप्रतिपत्त्यर्थं विशेषणम् । एवञ्चालब्धवेतनो लुब्धः, क्रुद्धश्च कोपितः, भीतश्च भीषितः इत्यपि विशेषणमर्थवत् ॥ २५ ॥

कामैर्भोगैर्भिन्द्यादेतान् परपक्ष इति सम्बन्धः । स्वपक्षे च यथावत् प्रशमं नयेत् सामादिभिरकृत्यतां नयेत् ॥ २६ ॥

अमात्यः कर्मसचिवः । स चात्राक्षपटलिको विज्ञेयः । ऊर्जिते लब्धप्रभावे ॥ २७ ॥

भुजावेतौ, ताभ्यां राज्यभारस्योह्यमानत्वात् । पुरोहितस्यामात्येऽन्तर्भावः । मन्त्री नेत्रं, तेन सैन्ध्यादि[3]पदार्थस्यालोच्यमानत्वात् । तद्वधो महीपतिविनाशः ॥ २८ ॥

सर्वावस्थं क्षयलोभविरागप्राप्तम् । विकारयेत् संघर्षयेत् । **अग्निवद्,** अग्निर्द्वारणिमेव नाशयति ॥ २९ ॥

---

१. 'रु' मूलकोशेषु पाठः. २. 'क' क. पाठः. ३. 'साध्या' क. ख. पाठः.

तत्कुलीनेन तुल्यस्तु पुमानभ्यन्तरोषितः ।
तस्मादेतौ परे भिन्द्याच्छमं चात्मनि सन्नयेत् ॥ ३० ॥
तत्रोपजापः कर्तव्यो यः कोपानुग्रहक्षमः ।
स कल्याणः शठो वेति परीक्ष्यः सूक्ष्मया धिया ॥ ३१ ॥
कल्याणस्तु यथाशक्ति करोति सफलं वचः ।
शठः पक्षौ चलयति द्वावप्यर्थोपलिप्सया ॥ ३२ ॥
पूर्वं[1] सम्भाषितोऽनीचः कालयापनमाश्रितः ।
मिथ्याभिशस्तः श्रीकाम आहूयाप्रतिमानितः ॥ ३३ ॥

तत्कुलीनेन तुल्यः सर्वावि[2]स्थत्वात् । अभ्यन्तरोषितो विश्वासी । सोऽपि विकारितस्तत्कुलीनवद् ग्रसते । तस्मादेतौ परे भिन्द्यात् । शममात्मनि सन्नयेद्, विकृतौ प्रशमयेदित्यर्थः ॥ ३० ॥

कोपानुग्रहक्षम इति । कोपं कर्तुं शमयितुं च समर्थः । तत्र भेदः कार्यः । कल्याणः अविसंवादकः । शठस्तद्विपरीत इति ॥ ३१ ॥

सफलं कार्यानुष्ठानेन । पक्षौ चलयति अरिपक्षं विजिगीषुपक्षं च । सञ्चान्यार्थमादत्ते केवलं, न कार्यं घटयति ॥ ३२ ॥

क्रुद्धादीन् भेदयेदित्युक्तं, के क्रुद्धादय इत्याह---- **पूर्वं[3] संभाषित** इत्यादि । इदं ते दास्यामीति पूर्वमाभाषितः । अनीचो महात्मा । स तस्मादलब्धार्थः । केवलं कालयापनमाश्रितः, नात्मयापनया । स तेन राज्ञा संश्रुत्यार्था[4]द् विप्रलब्धस्तस्मै कुप्यति विसंवादकोऽयमिति । मिथ्याभिशस्त इदमनेन प्रतिषिद्धमाचरितमिति मिथ्यादूषितः कुप्यति[5] । श्रीकामो व्यवहारे विजयार्थी । स सम्यगहमेव ते व्यवहारं द्रक्ष्यामीत्याहूयाप्रतिमानितः पराजितः क्रुध्यति । एते त्रयः क्रुद्धवर्गे द्रष्टव्याः ॥ ३३ ॥

---

१. 'र्वसल्लॉपितो' क. पाठः, 'र्वसम्भावितो' ख. ग. पाठः. २. 'वयवत्वा' ग. घ. पाठः. ३. 'र्वसल्लॉपित' क. ख. पाठः. ४. 'र्थे वि' ग. घ. पाठः. ५. 'क्रुध्यति' ग. घ. पाठः.

राजद्वेषी तत्कुलीनो द्विष्यते यश्च भूभुजा ।
आहितव्यवहारश्च तथा कारनिवेशितः ॥ ३४ ॥
रणप्रियः साहसिक आत्मसम्भावितस्तथा ।
विच्छिन्नधर्मकामार्थः क्रुद्धो मानी विमानितः ॥ ३५ ॥
भीतः स्वदोषवित्रस्तः कृतवैरोऽतिसान्त्वितः ।
अतुल्येन [2]सहासक्तस्तुल्यमाना[3]न्निराकृतः ॥ ३६ ॥

राजद्वेषी [4]स्वचित्तदोषादेव । स राज्ञो भीत[5] इवास्ते । तत्कुलीनः राज्याभिलाषी । तस्माच्छङ्कावश्यमेव । द्विष्यते यश्च भूभुजेति । राजदोषाद् दौर्भाग्याद्वा । स कथं द्वेष्योऽहमिति त[6]तः शङ्कित एव तिष्ठति । एते त्रयो भीतवर्गे । आहितव्यवहारः सर्वत्रैव निवेशितसंव्यवहारः । स बहूनां धारकस्तद्वित्तग्रहणार्थं लुभ्यतीत्ययं लुब्धवर्गे । कारनिवेशितः, कारो दण्डः, तत्र गुरुतरे नियुक्तः त्वयेदमा[7]शु नेयमिति । स तस्मै कुप्यन् क्रुद्धवर्गे द्रष्टव्यः ॥ ३४ ॥

रणप्रियः स्वत एव मानी भवति । साहसिकः अविमृश्य यः सहसाचरति । स मानाधिक्यात् कार्याकार्यानपेक्षी । आत्मसंभावितः विद्याभिजनादिभिः कोऽन्योऽस्मदधिक इति । एते त्रयो मानिवर्गे । विच्छिन्नधर्मकामार्थः । धर्मादीनामर्थसाध्यत्वात् तदर्थं लुभ्यतीत्ययं लुब्धवर्गे । क्रुद्धस्तीक्ष्णः, योऽहङ्कारमपि न सहते । स मानिवर्गे । मानी च विमानितः क्रुद्धवर्गे ॥ ३५ ॥

भीतो राज्ञः प्रचण्डात् । स्वदोषवित्रस्त आत्मदुश्चरितेन शङ्कितः । कण्टकान् मर्दयिष्यामीति राजकीयं दण्डं याचित्[8]वान्यान् हतवान् । स स्वयमुपहतत्वाद् भीत एव तिष्ठति । कृतवैरः सान्त्वितः । स हि पूर्वकृतवैरात् ततोऽपकारमुत्प्रेक्षमाणो भीत एवास्ते । एते त्रयो भीतवर्गे । अतुल्येन सहासक्तः नीचेन सह कर्मसु नियुक्तः । स नीचेनोपहतत्वान्नष्टोत्कर्षमात्मानं मन्यमानो

---

१. 'शङ्कितः' क. पाठः. २. 'महाशक्त' क पाठः. ३. 'नो नि' क. पाठः. ४. 'स्वनिमित्त' ग. घ. पाठः. ५. 'षित एवा' ग. घ. पाठः. ६. 'त्र' ग. घ. पाठः. ७. 'पश्चे' ग. घ. पाठः. ८. 'र्थान' क. ख. पाठः. ९. 'त्वाहैन' ग. घ. पाठः.

अकारणनिरुद्धश्च कारणाच्च विशेषतः ।
अकारणात् परित्यक्तः पूजार्होऽप्रतिपूजितः ॥ ३७ ॥
हृतद्रव्यकलत्रश्च महाभोगाभिकाङ्क्षितः ।
परिक्षीणो बहिर्बन्धुर्बहिर्द्रव्यो बहिष्कृतः ॥ ३८ ॥
इति भेद्याः समाख्याता भिन्द्यादेतान् परे[2] स्थितान् ।
आगतान् पूजयेत् कामैर्निजांश्च प्रशमं नयेत् ॥ ३९ ॥

मानिवर्गे द्रष्टव्यः । तुल्यमानादन्यस्मात् समानजातीयान्निराकृतः कृतहीनमानो राज्ञे कुप्यति विषमवृत्तोऽयमिति । अयं क्रुद्धवर्गे ॥ ३६ ॥

अकारणनिरुद्ध इति शिल्पात् स्वामिना यो[3] बद्धः, कारणाच्च तद्दोषाद् विशेषतोऽत्यन्तं निरुद्धः । स बन्धनपरिक्लिष्टस्तस्मै कुप्यति । एवमकारणात् परित्यक्तो निर्वासितः । तदुभयं क्रुद्धवर्गे । पूजार्होऽप्रतिपूजितः मानिवर्गे क्रुद्धवर्गे वा ॥ ३७ ॥

हृतद्रव्यकलत्र इति । गृहीतं तु बहुद्रव्यं यस्यालस्सर्वेच्छचेतसोऽत्यन्तस्वल्पया यात्रया पूर्वराशिमादातुकामो दत्ततृष्णावकाशो लुब्धवर्गे । प्रसभाद् भुक्तकलत्रश्च क्रुद्धवर्गे । महाभोगाभिकाङ्क्षितः भोगेनासन्तुष्टोऽभिवर्धमानो महाभोगस्याभिकाङ्क्षिता मानिवर्गे । परिक्षीणः परितो पुण्याद्यपचयाद् दुर्भिक्षादेश्च कारणात् प्राप्तक्षयो लुभ्यन् लुब्धवर्गे । बहिर्बन्धुः प्रवासितबन्धुः घातितोऽनेन मे बन्धुरिति । बहिर्द्रव्यो दापितसर्वस्वः । स सर्वस्वापहारितत्वात् छन्नतृष्णाबीजः कुप्यति । तदुभयं क्रुद्धवर्गे । बहिष्कृतः पापेन कर्मणा । सोऽसत्कर्माभिख्यातो भीत एवास्ते किमयं करिष्यतीति । अयं भीतवर्गे ॥ ३८ ॥

भिन्द्यादेतान् परे स्थितान् मुण्डजटिलव्यञ्जनैः । तद्यथा—मदान्धो हस्ती मत्तेनाधिष्ठितो यद्यदासादयति तत्तत् प्रमृद्नाति, एवमयमशास्त्रचक्षुरन्धो राजा

---

१ 'जाद्रिह' क. ग. पाठः २. 'बहिः स्थि' क. पाठः. ३. 'योऽवब' क. ख पाठः. ४. 'स्वच्छस्सास्ल(?)' ग. घ. पाठः. ५. 'ल्पतया' ग. घ. पाठः. ६. 'भोपभु' ग. घ. पाठः. ७. 'न्तोषा हि व' क. ख. पाठः. ८. 'पा' क. ख. पाठः. ९. 'ण्डि' क. ख. पाठः.

समतृष्णानुसन्धानमत्युग्रभयदर्शनम् ।
प्रधानं दानमानें[2] च भेदोपायाः प्रकीर्तिताः ॥ ४० ॥

भेदं कुर्वीत मतिमान् विगृहीतो बलीयसा ।
शण्डामर्कौ सुरैर्भि[3]त्त्वा बलवन्तौ पराजितौ ॥ ४१ ॥

दण्डेन हि समाहन्याद् भित्त्वारेः संहतं बलम् ।
भिन्नं हि तत् काष्ठमिव घुणजग्धं विशीर्यते ॥ ४२ ॥

पौरजानपदानां वधायाभ्युत्थितः । शक्यमाय प्रतिहर्तृप्रोत्साहनेनाकर्तुम । अमर्षः क्रियतामिति क्रुद्धवर्गम् । यथा भीतः सर्पो यस्माद् भयं पश्यति, तत्र पुरा क्रोधविषमुत्सृजति, एवमयं राजा जातदोषाशङ्कस्त्वयि पुरा क्रोधविषमुत्सृजति । अन्यत्र गम्यतामिति भीतवर्गम् । यथा श्वगणिनां धेनुः श्वभ्यो दुग्धे न ब्राह्मणेभ्यः, एवमयं राजा सत्त्वप्रज्ञावाक्यशक्तिसम्पन्नेभ्यो न दुग्धे न चात्मगुणसम्पन्नेभ्यः । असौ राजा पुरुषविशेषज्ञस्तत्र गम्यतामिति लुब्धवर्गम् । यथा चण्डालोदपानश्चण्डालानामेवोपभोग्यो नान्येषाम्, एवम् अयं राजा नीचो नीचानामेवोपभोग्यः न त्वद्विधानामार्याणाम् । असौ राजा पुरुषविशेषज्ञस्तत्र गम्यतामिति मानिवर्गम् । कामैस्तदभिलषितैः । निजान् आत्मीयान् ॥ ३९ ॥

जलवद् भिन्द्यादिति लेशतो भेदयोगाय उक्तः । तमेव स्पष्टयति — **समतृष्णानुसन्धानम्**इति अन्यानुष्ठाने यथा मे लाभस्तथा तवापीति । अननुष्ठाने त्वमेव न भविष्यसीत्युग्रभयदर्शनम् । प्रधानम् उत्कृष्टम् ॥ ४० ॥

भेदव्याख्यानकं दर्शयितुमाह — **भेदमिति** । शण्डामर्कौ सुन्दोपसुन्दौ सोदर्यौ सुरैर्भि[5]त्त्वा पराजितौ तिलोत्तमां प्रणिधाय ॥ ४१ ॥

दण्डप्रयोगं श्लोकत्रयेणाह — **दण्डेनेत्यादि** । समाहन्यादिति । अरिबलं भित्त्वा पश्चाच्चतुरङ्गेण बलेन प्रकाशवधं कुर्यादित्यर्थः ॥ ४२ ॥

---

१. 'कामं दा' क. पाठः २. 'नौ' क. पाठः. ३. 'र्हि' क. पाठः. ४. 'ऽरत्व' क. ख. पाठः. ५. 'र्हि' ग. घ. पाठः.

उत्साहदेशकालैस्तु संयुक्तः सुसहायवान् ।
युधिष्ठिर इवात्यर्थं दण्डेनास्तं नयेदरीन् ॥ ४३ ॥

आत्मनः शक्तिमुद्वीक्ष्य दण्डमप्य[1]धिके नयेत् ।
एकाकी शक्तिसम्पन्नो रामः क्ष[2]त्रं पुरावधीत् ॥ ४४ ॥

अलसं विक्रमश्रान्तं विहतोपायचेष्टितम् ।
क्षयव्ययप्रवासैश्च [3]श्रमेर्णै विपरिद्रुतम् ॥ ४५ ॥

भीरुं[5] मूर्खं स्त्रियं बालं धार्मिकं दुर्जनं पशुम् ।
मैत्रीप्रधानं कल्याणबुद्धिं सान्त्वेन साधयेत् ॥ ४६ ॥

अभित्त्वाप्यभ्युच्चितः प्रकाशं हन्यादित्याह — **उत्साहेत्यादि** । उत्साहो विक्रमबलम् । सुसहायवान् सामवायिकाभ्युच्चितः । युधिष्ठिरो हि भ्रातॄणां दिव्यास्त्रसंयोगादुत्साहशक्तिं समुद्वीक्ष्य देशकालौ सहायसम्पदश्च सप्ताक्षौहिणीसमवायी विग्रहेण सपत्नानवधीत् ॥ ४३ ॥

सामवायिकाभावेऽप्येकाकी [6]पराक्रमशक्त्याधिक्यमवेक्ष्य विगृह्णीयादित्याह — **आत्मन** इति । अधिकेऽपि ज्यायस्यपि । रामः पितृवधामर्षितो निश्शेषं क्षत्रमवधीत् ॥ ४४ ॥

सामादीनां विषयभेदेनैकद्वित्रिचतुर्योगात् तद्भेदानष्टादशभिः श्लोकैराह — **अलसमित्यादि** । विक्रमेण श्रान्तं खिन्नम् । विहतोपायचेष्टितं निष्फलसामादिप्रयोगम् । क्षयव्ययावुक्तलक्षणौ । विपरिद्रुतं विक्षिप्तसैन्यम् ॥ ४५ ॥

मूर्खमशास्त्रचक्षुषम् । बालमप्राप्तव्यवहारम् । दुर्जनमयुक्तकारिणम् । पशुं लोकव्यवहारबाह्यम् । मैत्रीप्रधानं सख्यैकनिष्ठम् । **कल्याणबुद्धि**मविसंवादकम् ॥ ४६ ॥

---

१. 'भ्य' मूलकोशेषु पाठः. २. 'क्षा' क. पाठः. ३ 'सन्तप्तं परिपीडितम्' क. पाठः. ४. 'णापि प' मूलकोशेषु पाठः. ५. 'तं' क. पाठः. ६. 'विक्र' क. ख. पाठः.

लुब्धं क्षीणं च दानेन सत्कृत्य[1] वशमानयेत् ।
अन्योन्यशङ्कयाभिन्नान् दुष्टान् वै दण्डदर्शनात् ॥ ४७ ॥

पुत्रान् भ्रातॄंश्च बन्धूंश्च साम्नार्थेन[2] च साधयेत् ।
एतैः कः सदृशो लोके दूरं विप्रकृतैरपि ॥ ४८ ॥

सामैतेषु प्रयुञ्जीत दैवात् प्रस्खलितेष्वपि ।
दुष्करां यान्ति विकृतिमार्याः शीलनिबन्धनाः ॥ ४९ ॥

कुलं शीलं दया दानं धर्मः सत्यं कृतज्ञता ।
अलोभ इति येष्वेते तानार्यान्[3] परिचक्षते ॥ ५० ॥

लुब्धं क्षीणं चेति । ननु च परिक्षीणो लुब्धवर्गे पठितः । सत्यम् । लोभातिशयख्यापनार्थं पृथङ्निर्दिष्टः स इति । अन्योन्यशङ्कयाभिन्नानिति । परस्परशङ्काज(नन?नेना)भिन्नान् संहतान् वशमानयेदिति संबन्धः । दुष्टान् दण्डस्य दर्शनाद् विकृतान् दण्डेन वशमानयेत् । एते एकयोगाश्चत्वारः ॥ ४७ ॥

साम्नार्थेन चेति । पुत्रादीनां मानित्वाद् भोगादिकाङ्क्षित्वाच्च सामदानाभ्यां साधनं, न तु दण्डेनेत्याह — एतैरित्यादि । अनेन 'कर्कटकसधर्माणो हि राजपुत्रा जनकं भक्षयन्ति[4] । तेषामजातस्नेहे पितर्युपांशुदण्डः श्रेयानिति भरद्वाज' (कौटि. अर्थ. १. १७. १३)इत्येतन्निवर्तयति । विप्रकृतैरपि राजापथ्यकारिभिरपि ॥ ४८ ॥

तस्मात् सामदानाभ्यामेव साधयेदित्याह — **सामैतेष्विति** । दानसहितमिति शेषः । दैवादनयलक्षणात् प्रस्खलितेषु, अपिशब्दान्मानुषतोऽप्यनयात्[5] । विकृतिं पुत्रादिषु नृशंसताम् ॥ ४९ ॥

कुलादयो गुणा व्याख्यातप्रायाः ॥ ५० ॥

---

१. 'त्यैव समा' क. पाठः. २. 'न तु' क. पाठः, 'नैव सा' ख. ग पाठः. ३. 'आर्यास्तांस्तु प्रच' क. पाठः. ४. 'कभक्षाः ते' क. ख. पाठः. ५. 'प्यपन' क ख पाठः.

पौरान् जानपदांश्चैव दण्डमुख्यांश्च दण्डवित् ।
साधयेद् दानभेदाभ्यां यथायोगेन चापरान् ॥ ५१ ॥

*अवरुद्धांस्तत्कुलीनान् सामन्तांश्च विचक्षणः ।
साधयेद् भेददण्डाभ्यां यथायोगेन चापरान् ॥ ५२ ॥

देवताप्रतिमास्तम्भसुषिरान्तर्गता[१] नराः ।
पुमान् स्त्रीवस्त्रसंवीतो निशि चाद्भुतदर्शनैः[२] ॥ ५३ ॥

पौराः दुर्गनिवासिनः । दण्डमुख्याः सेनानायकादयः । तान् साधयेद् दानभेदाभ्याम्, अन्यथा हि ते लोभान् परोपजापं लिप्सन्ते । संहताश्चावश्या भवन्ति । दण्डमुख्याश्च[३] दण्डमुपहन्युरिति दण्डविद्ग्रहणम् ॥ ५१ ॥

अवरुद्धा निर्वासिताः । तत्कुलीनाः पुत्रभ्रातृव्यतिरेकेण । सामन्ता अबलवन्तो राजानः । तान् साधयेद् भेददण्डाभ्याम्, अन्यथा हि ते संहता दण्डेन चानुपतप्ताः पुनरपकुर्वन्ति । एते द्वियोगास्त्रय उक्ताः । यथायोगेन चापरानिति । यो यस्य योगः असौ यथायोगः तेनान्यान् साधयेत् । अलसं संहतबलं सामभेदाभ्याम् । लुब्धं दुष्टं दानदण्डाभ्याम् अलसं दुष्टं सामदण्डाभ्याम् इत्यपरे द्वियोगादयः पूर्वैश्च त्रिभिः षड् भवन्ति । अलसं लुब्धं संहतबलं सामदानभेदैः । लुब्धं संहतबलं दुष्टं दानभेददण्डैः । संहतबलं दुष्टमलसं भेददण्डसामभिः । दुष्टमलसं लुब्धं दण्डसामदानैरिति त्रियोगाश्चत्वारः । अलसं लुब्धं संहतबलं दुष्टं सामदानभेददण्डैरिति चतुर्योग एकः । एवं समुदायेन पञ्चदशयोगाः । उक्तं हि "तेषामेकयोगाश्चत्वारः,† द्वियोगाश्च षट् । त्रियोगाश्चत्वारः; एकश्चतुर्योग इति पञ्चदशयोगा अनुलोमास्तावन्तः प्रतिलोमाः" (कौटि. अर्थ. ९. ७. १४६) इति ॥ ५२ ॥

मायादीनां स्वरूपभेदं नवभिः श्लोकैराह --**देवते**त्यादि । देवतायाः प्रति-

---

१. 'पूजयान्तर्गतैर्नरैः' ख ग. पाठः. २ 'नम्' क. पाठः. ३. 'श्च तथा द' ग. घ. पाठः.

---

* एष श्लोकपाठो व्याख्यानुसारादुन्नीतः । मूलकोशेषु नायं दृश्यते । मुद्रितमूलग्रन्थे तु—
'अपराद्धांस्तु सुस्निग्धान् स्नेहोक्त्या मानदानतः । साधयेद् भेददण्डाभ्यां यथायोगेन चापरान्' इत्यस्ति.

† 'त्रियोगाश्च । द्वियोगाश्च षट् एकश्चतुर्योग इति पञ्चदशोपायाः, ताव' इति मुद्रितकौटिलीयार्थशास्त्रपाठः.

वेतालोल्कापिशाचानां शिलानां च सरूपता ।
इत्यादिमाया विज्ञेया मानुषी मानुषेश्वरैः ॥ ५४ ॥
कामतो रूपधारित्वं शस्त्रा[1]स्त्राश्माम्बुवर्षणम् ।
तमोऽनिलोऽचलो मेघो[2] इति माया [3]ह्यमानुषी ॥ ५५ ॥
जघान कीचकं भीम आश्रितः स्त्रीसरूपताम् ।
चिरं प्रच्छन्नरूपोऽभूद् दिव्यया मायया नलः ॥ ५६ ॥

मास्तम्भाश्चोत्कीर्णदेवता अन्तःपिरान्तन्मध्यगतैर्नरैर्नित्यपूजया च सान्निध्यख्यापनार्थमुपलक्षिताः स्युः । ततो हि ते निर्गत्य शत्रुमुपगतं हन्युः । स्त्रीवस्त्रसंवीतः स्त्रीवेषधारी शत्रुमतिसन्धत्ते वा । निशि चाद्भुतदर्शनैः शत्रुविजयख्यापनार्थम् ॥ ९३ ॥

तच्चाद्भुतं वेतालादीनां सरूपता ॥ ९४ ॥

कामतो रूपधारित्वम् इच्छया देहस्य रूपान्तरधारणम् । अमानुषी दिव्या माया ॥ ९५ ॥

द्वयस्य साफल्यमाह—जघानेति । कीचको द्रौपदीं जिहीर्षुर्गान्धर्वशालायां तत्कृतसङ्केतोऽभिसृतवान् । पूर्वस्थितेन तत्र तद्वेषधारिणा भीमसेनेन[6] हत इ[7]ति प्रसिद्धमेव । प्रच्छन्नरूपो नल इति । स हि द्यूतेन हारितराज्यो वने भार्यां त्यक्त्वा कर्पटार्धसंवीतः परिभ्रमन् दवाग्निपरी[8]तेनाजगरेणाधाव मामापद्यस्व अहं च ते प्रत्युपकरिष्यामीति प्रार्थितस्तं दवाग्नेर्मोचयित्वा तद्वचनेन स्वपदानि गणयन् प्रस्थितो दशमे पदे दशेति ब्रुवाण एव तेनादश्यत । तद्दष्टमात्रश्च सद्यो विकृताकृतिरप्रत्यभिज्ञेयो भूत्वा किमेतदिति पृष्टवान् । ततः सोऽजगरेण शुक्लांशुकं दत्त्वोक्तः एवं विकृतेनानेन रूपेणच्छन्नोऽप्रत्यभिज्ञायमानः कञ्चित्कालं चरित्वा यदा कलिप्रवेशान्मुक्तः स्वजनभार्यासमेतो भविष्यसि तदांशुकयुगलं परिधाय लब्धस्वरूपः स्वमेव राज्यं

---

१. 'स्त्राग्न्यश्मा' ख. पाठः. २. 'घ' क. पाठः. ३. 'न्य' क. पाठः. ४. 'हि' क. ख. पाठः. ५. 'नम्' ग. घ. पाठः. ६. 'न निह' ग. घ. पाठः. ७. 'इत्थति' ग. घ. पाठः. ८. 'रिवीत' ग. घ. पाठः.

अन्याये व्यसने युद्धे प्रवृत्तस्यानिवारणम् ।
इत्युपेक्षार्थ[१]कुशलैरुपेक्षा[२] त्रिविधा स्मृता[३] ॥ ५७ ॥

अकार्ये सज्जमानस्तु विषयान्धीकृतेक्षणः ।
कीचकस्तु विराटेन हन्यतामित्युपेक्षितः ॥ ५८ ॥

संरब्धो भीमसेनेन स्वार्थविच्छेदभीतया ।
हिडिम्बया निजो भ्राता हन्यतामित्युपेक्षितः ॥ ५९ ॥

मेघान्धकारवृष्ट्यग्निपर्वताद्भुतदर्शनम् ।
दूरस्थानां च सैन्यानां दर्शनं ध्वजमालिनाम् ॥ ६० ॥

प्रतिपद्य शत्रुं च विजित्य सुखी भविष्यसीति । ततः स दिव्यमायया प्रच्छन्नरूपः ऋतुपर्णस्य राज्ञो गृहे सूदकर्मणा वसन् दमयन्त्या परिज्ञातः स्वयंवरव्याजात् सहर्तुपर्णेन विदर्भपुरमानीयमानो मध्येमार्गं कलिना विमुक्तस्तया समेतस्तत्पित्रा विदर्भराजेन सह दमयन्त्या स्वमेव राज्यं प्रापितस्तत्रैव सुखं न्यवसदिति ॥ ५६ ॥

अन्याये अदण्ड्यदण्डनादौ । व्यसने मृगयादौ । युद्धे ज्यायसा सह ॥

कीचको विराटेनेति । स हि शौर्याद् राजवाल्लभ्यादन्याये व्यसने च प्रवृत्तो भीमसेनेन हन्यतामिति मत्स्यराजेनोपेक्षितः । तथा च महाभारते श्लोकः—

"शौर्यादिवल्लभो राज्ञो महासत्त्वश्च कीचकः ।
आसीत् प्रहर्ता च नृणां नामशेषः[४] सुदुर्मतिः" ॥

इति ॥ ५८ ॥

स्वार्थविच्छेदभीतयेति । हिडिम्बस्य रक्षसो वनमुपगतेषु पाण्डवेषु तद्भगिनी हिडिम्बा भीमसेनं दृष्ट्वा दोलाव्यतिकरात् सञ्जातरागा स्वयं पाणिमग्राहयत् । तद्भ्राता च क्रुद्धो युयुत्सुर्भीमसेनेन हन्यतामित्यनयोपेक्षितो मा भूदनेन संप्रयोगविच्छेदो ममेति ॥ ५९ ॥

सैन्यानां हस्त्यश्वरथपदातीनाम् ॥ ६० ॥

---

१. 'तु' क. पाठः. २. 'क्षान्ति' क. पाठः. ३. 'म' क. पाठः. ४. 'षश्च दुर्म' ग-घ. पाठः.

छिन्नपाटितभिन्नानां संस्रुतानां प्रदर्शनम्[1]।
इतीन्द्रजालं द्विषतां भीत्यर्थमुपकल्पयेत्[2] ॥ ६१ ॥

इत्युपायाः समाख्याता नाना नानार्थसाधकाः।
साम तेषु हि कालज्ञो यथाकालं प्रयोजयेत् ॥ ६२ ॥

सामभेदौ तु[3] कर्तव्यौ दानमानपुरस्सरौ[4]।
दानेन हि समायुक्तावेतावप्यर्थसिद्धये ॥ ६३ ॥

दानरिक्तेन सर्वत्र साम्ना कृत्यं तृणेन वा।
निर्दानं साम नायाति कलत्रेष्वपि[5] संस्थितिम् ॥ ६४ ॥

संस्रुतानां क्षरद्रुधिराणाम्। एते त्रय उपायाः सामादिचतुष्टय एवान्तर्भूताः। तत्र माया दण्डेऽन्तर्भूता। तस्य हि प्रकाशोपांशुत्वभेदेन द्वैविध्यात्। उपेक्षापि दण्ड एव, यस्माद् येषूपांशु प्रशस्यते तत्रोपेक्षा। तत्र च दण्डं स्वयं प्रवर्तयतोऽपरेण प्रवर्तनात्। इन्द्रजालमपि संहतबलस्य शत्रोर्भीत्यर्थं कल्पते। तच्च शङ्काजननाद् भेदेऽन्तर्भूतम् ॥ ६१ ॥

नाना भिन्नस्वरूपाः। नानार्थसाधका इति। ततोऽलसादीनां साधकं साम, लुब्धस्य दानं, संहतबलस्य भेदः, दुष्टस्य दण्ड इति। एतेषु च सामदानयोरधिको व्यापार इत्याह—सामेत्यादि। यथाकालमिति दानकाले साम प्रयोजयेद्, दानमपि सामकाले भेदकाले च ॥ ६२ ॥

यदाह—**दानमानपुरस्सरा**विति ॥ ६३ ॥

कृत्यं प्रयोजनम्। तृणेन वा वाशब्दश्चार्थे। इवार्थे वा। तत्साध्यं तृणेनेव करणीयं, दानरिक्तस्य साम्नो लघुत्वात् ॥ ६४ ॥

---

१. 'भामसृजां चापि द' ख. ग. पाठः. 'नां संहतानां प्र' क. पाठः. २. 'दर्शयेत्' ख. पाठः. ३. 'हि' क. पाठः. ४. 'साधुदानपु' क. घ. पाठः. ५. 'त्र' ग. घ. पाठः.

इति ह्युपायान् निपुणं नयज्ञो
विनिक्षिपेच्छत्रुबले निजे च ।
निरभ्युपायो नियतं प्रपातं
विचेष्टमानोऽन्ध इवाभ्युपैति ॥ ६५ ॥

अवश्यमायान्ति वशं विपश्चिता-
मुपायसन्दंशबलेन सम्पदः ।
भवत्युदारं विधिवत् प्रयोजिते
फलं हि राज्ञां क्वचिदर्थसिद्धये ॥ ६६ ॥

(इत्युपायविकल्पो नाम सप्तविंशं प्रकरणम्)

इति कामन्दकीयनीतिसारे उपायविकल्पो नामाष्टादशः सर्गः ।

प्रकरणार्थमुपसंहरति श्लोकद्वयेन — **नयज्ञः** उपायप्रयोगज्ञः । **निजे** आत्मीये बले । **प्रपातं** विनाशम् ॥ ६५ ॥

उपाय एव सन्दंशः तेनाकृष्यमाणत्वात्, **तद्बलेन** तत्सामर्थ्येन । **उदारं** महत्, फलमिति सम्बन्धः । विधिवत् प्रयोजित उपाये **क्वचिदर्थसिद्धय** इति सम्बन्धः ॥ ६६ ॥

(इत्युपायविकल्पो नाम सप्तविंशं प्रकरणम्)

इति शङ्करार्यकृतायां कामन्दकीयनीतिसारपञ्जिकायां जयमङ्गलायामुपायविकल्पो नाम

अष्टादशः सर्गः ।

अथ ऊनविंशः सर्गः ।

*** २८ सैन्यबलाबलप्रकरणम् ***

सामादीनामुपायानां त्रयाणां विफले नये ।
विनयेन्नयसम्पन्नो दण्डं दण्ड्येषु दण्डवित् ॥ १ ॥
देवानभ्यर्च्य विप्रांश्च प्रशस्तग्रहतारकाः ।
षड्विधं तु बलं व्यूह्य द्विषतोऽभिमुखं व्रजेत् ॥ २ ॥
मौलं भृतं श्रेणि सुहृद्द्विषदाटविकं बलम् ।
पूर्वंपूर्वं गरीयस्तु बलानां व्यसनं तथा ॥ ३ ॥
सत्कारादनुरागाच्च सहसङ्कथनासनात् ।
नित्यं तद्भावभावित्वान्मौलं भृतबलाद् गुरु ॥ ४ ॥

चतुरङ्गबलं मुक्त्वा मन्त्रेण कोशेन च जयेदरीन् । तदसिद्धौ च दण्डं निक्षिपेदित्याह—**सामादीनामित्यादि** । विफले नये । प्रयोगो नयः । दण्डं **दण्ड्येष्विति** । तथाहि सामाद्यसाध्यत्वाद् दण्डार्हान्त इति ॥ १ ॥

अत्र च चत्वारि प्रकरणानि सैन्यबलाबलं, सेनापतिप्रचारः, प्रयागे व्यसनरक्षणं, कूटयुद्धविकल्पाश्चेति । तत्र सैन्याधीनत्वाच्छत्रुबलवधस्य सैन्यबलाबलमुच्यते । बलाबलं चोपादानात् कालतश्च । तत्र सन्नाहतो नवभिः श्लोकैराह—**देवानित्यादि** । इष्टान् साङ्ग्रामिकांश्च देवानभ्यर्च्य विप्रांश्च दत्ताशिषो जयार्थम् । ग्रहा आदित्यादयः । तारका नक्षत्राणि । बलं व्यूह्य पूर्वपूर्वं सन्नाह्य, तथाविधस्य बलीयस्त्वात् ॥ २ ॥

मौलमित्यादि । व्यसनं तथेति । मौलानां गरीयस्त्वात् तद्व्यसनमर्थ्यमानितविमानितादि गरीयः ॥ ३ ॥

सत्कारात् सम्मानात् । अनुरागाद् विजिगीषौ । विविक्ते विजिगीषुणा

---

१. 'यमुद्युक्तो द' क. पाठः. २. 'सन्नग्र' क. पाठः. ३. 'ि मुखं नयेत्' क. पाठः.
४. 'व्यवमा' क. ख. पाठः.

सन्निकृष्टतया नित्यं क्षिप्रोत्थानतयापि च।
वृत्तेश्च स्वाम्यधीनत्वाद् भृतं श्रेणिबलाद् गुरु ॥५॥

तुल्यसङ्घर्षणामर्षात् सुखलाभात् तथैव च।
बलाज्जानपदत्वाच्च मैत्राच्छ्रेणिबलं गुरु ॥६॥

[1]असंख्यदेशकालत्वादेकार्थोपगमात् तथा।
[2]बलान्मेदनयोगाच्च शत्रोर्मित्रबलं गुरु ॥७॥

सह कार्यसङ्कथनात् सहासनाच्च सगन्धानाम्। नित्यग्रहणं प्रतिपदं योज्यम्। तद्भावभावित्वाच्च विजिगीषुणा सहैकार्थानर्थसम्बन्धाद्। एते धर्मा भृतबले न सन्ति ॥ ४ ॥

सन्निकृष्टतया विजिगीषोरासन्नचारितया भृतबलम्। श्रेणिबलं तु व्यवहितचारि। क्षिप्रोत्थानं स्वाम्यादेशमात्रापेक्षित्वाद्, नेतरत् परस्परापेक्षित्वात्। वृत्तिः स्वाम्यधीना, विजिगीषुणा तस्य क्रियमाणत्वाद्, नेतरस्य, आत्मधारित्वात् ॥ ५ ॥

तुल्यसङ्घर्षणामर्षादिति। स्वामिनास्य शत्रुषु तुल्यौ स्पर्धामर्षौ, तुल्यः सुखलाभः। बलाद् मैत्रादिति सम्बन्धः। जानपदत्वाद् विजिगीषुदेशे जातत्वात्। विपरीतं मित्रबलम् ॥ ६ ॥

असङ्ख्यदेशकालत्वादिति। एतावन्तं देशं यातव्यम् एतावन्तं च कालं स्थातव्यमिति परिमितदेशकालं शत्रुबलं, नैवं मित्रबलं, प्रबन्धस्नवत्वात्। एकार्थोपगमाद् विजिगीषुणा सहैककार्यप्रवर्तनात्। विपरीतमन्यत्। बलाच्छत्रोरिति सम्बन्धः। "बलान्मेदने" ति †वा पाठः। मेदनं स्नेहः ॥ ७ ॥

---

१. 'सङ्ख्यातद' मूलकोशेषु पाठः. २. 'सस्नेहादभियो' ख. पाठः.

---

† 'बलात् स्नेहने' ति तु स्थितपाठः स्यात्.

प्रकृत्याधार्मिका लुब्धा अनार्याः सत्यभेदिनः ।
तस्मादारण्यकतया तेभ्यः शत्रुबलं गुरु ॥ ८ ॥

उभयं तद् विलोपार्थं कालापेक्षं[1] व्यवस्थितम् ।
विलोपेऽव्यसने[2] चैव तत्रास्य विजयो ध्रुवः ॥ ९ ॥

उपजापकृतात् तु स्याद् भयमस्माद् विशेषतः ।
परस्य चाप्युपजपेदुपजापाद् ध्रुवो जयः ॥ १० ॥

स्फीतसारानुरक्तेन मौलेनोपचितः परः ।
तत्तुल्येनैव यातव्यः क्षयव्ययसहिष्णुना ॥ ११ ॥

प्रकृष्टेऽध्वनि काले वा गच्छेन्मौलैः सुमानितैः ।
मौलास्तु दीर्घकालत्वात् क्षयव्ययसहिष्णवः ॥ १२ ॥

लुब्धाः आटविकाः । **अनार्याः** स्वयमार्याः न भवन्ति, आर्याधिष्ठिता अपि न भवन्ति । आरण्यकतयेति । यस्मादाटविकानामेते दोषास्तस्मात् तेभ्यः शत्रुबलं गुरु तद्विपरीतत्वात् ॥ ८ ॥

उभयमिति अमित्रबलमाटविकबलं च । तदपरराष्ट्रं विलोपयिष्यामीति कालापेक्षया विलोपार्थं स्थितम । तत्र विलोपे अव्यसने वा अस्य विजिगीषोः शत्रोर्जयो ध्रुवः । अन्यथा ह्यविलोपे व्यसने च ताभ्यामरिभयं स्यात्, परोपजापभयं च ॥ ९ ॥

तदाह – **उपजापकृतादि**ति । परस्य चाप्युपजपेदिति तदुभयमपि ॥ १० ॥

उपादानकालतो बलाबलं त्रयोदशभिः श्लोकैराह –– **स्फीते**त्यादि । यदा प्रभूतसारानुरक्तमौलबलः प्रतियोद्धा, तदा तत्तुल्येनैव मौलबलेन यातव्यः । **क्षयव्ययसहिष्णुने**ति । यदा व्यायामेन योद्धव्यं, न मन्त्रेण, तदा क्षयसहिष्णुत्वाद् मौलमेव कर्मण्यम् ॥ ११ ॥

प्रकृष्टेऽध्वनि दूरे यातव्ये । काले दीर्घे प्रेषयितव्ये । गच्छेन्मौलैः, क्षयव्य-

---

१. 'क्षाव्य' क. पाठः. २. 'ने वास्यत' ख. पाठः.

एषु वस्तुषु मेधावी भृतादीनि विवर्जयेत् ।
दीर्घा[1]ध्वकालखिन्नेषु तेषु भेदभयं भवेत् ॥ १३ ॥

बहुत्वा[2]देव सैन्यानां दीर्घकालाच्च खेदतः ।
नित्यप्रवासयानाभ्यां भेदोऽवश्यं हि जायते ॥ १४ ॥

प्रभूतं [3]मे भृतबलं मौलमल्पमसारवत् ।
अरेरल्पं विरक्तं वा मौलं प्रायोऽल्पसारवत् ॥ १५ ॥

प्रायो मन्त्रेण योद्धव्यमल्पायासेन [4]चैव हि ।
अल्पैः[5] कालस्तु देशो वाप्रभूतौ च क्षयव्ययौ ॥ १६ ॥

यसहत्वात् तेषाम् । तत्सहत्वे कारणमाह — दीर्घकालत्वादिति । चिरन्तनत्वात् ॥ १२ ॥

भृतादीनि विवर्जयेत्, कस्मादित्याह – दीर्घाध्वकालखिन्नेष्विति । भेदभयं भवेत् परस्मात् ॥ १३ ॥

तदेव स्फुटयन्नाह — बहुत्वादित्यादि । अन्यसैन्यकालिकोपादानात् तेषां भृतादीनां बहुत्वाद् भेदोऽवश्यंभावी । नित्यप्रवासो यातव्यं प्रति भूयोभूयो गमनम् । थानं शत्रुसम्बन्धि ॥ १४ ॥

मौलमल्पं तच्च मूलरक्षणेऽपर्याप्तम्, असारवत् फल्गुप्रायमिति भृतबलमाद्ध्यात् । अरेरल्पं विरक्तं वा । प्रभूतमपि प्रायोऽल्पसारवद् असारबहुलम् । तत्र किं मौलेन ॥ १५ ॥

मन्त्रेण योगगूढोपजापादिना । अल्पायासेन व्यायामेन । अल्पो देशो यातव्यः कालो वाल्पः गोप्य वसितव्यः । अप्रभूतौ स्वल्पौ । पूर्वस्मिन् पादेऽकारः प्रश्लिष्टो द्रष्टव्यः ॥ १६ ॥

---

१. 'र्घकालाध्वखि' ख. ग. पाठः. २. 'द्विपुंसे' ख. ग. पाठः. ३. 'चेद् भृ' ख. ग. पाठः. ४. 'वेति हि' क. पाठः. ५. 'ल्पोदेशस्तु कालो वा' क. पाठः.

शान्तोपजापविश्वस्त[1]मस्मत्सैन्यं परस्य वा ।
अल्पः प्रसा[2]रो हन्तव्य इत्यु[3]पेयाद् भृतैर्बलैः ॥ १७ ॥

स्फीतं श्रेणिबलं शक्यमाधातुं यानवस्तुनो[4]ः ।
ह्रस्वौ प्रवासव्यायामाविति श्रेण्या समुत्पतेत् ॥ १८ ॥

प्रभूतं हि सुहृत्सैन्यं [5]शक्यमाधातुमात्मनि ।
अ[6]ल्पप्रवासो मन्त्राच्च भूयो व्यायामयोधनम् ॥ १९ ॥

मित्रसाधारणे कार्ये मित्रायत्ते फलोदये ।
अनुग्राह्ये च पीड्ये च मित्रेणैव सह व्रजेत् ॥ २० ॥

प्रभूतेनारिसैन्येन योधयेन्महतो रिपून् ।
श्वसूकरवधापेक्षी नयं चण्डालवन्नयेत् ॥ २१ ॥

शान्तोपजापविश्वस्तमिति शान्तोपजापं विश्वस्तं वास्मत्सैन्यम् । तत्र किं मौलेन । परस्य वाल्प इति सम्बन्धः । प्रसारश्चेष्टा ॥ १७ ॥

स्फीतं प्रभूतं श्रेणिबलं यानवस्तुनोः यात्रायां च स्थानीये च बहुत्वाच्छक्यमाधातुम् । प्रवासो ह्रस्वः कार्यलाघवादासन्नदेशत्वाद् वा, व्यायामोऽपि योद्धुमल्पः, प्रायो मन्त्रेण योद्धव्यम् इति ॥ १८ ॥

शक्यमाधातुमात्मनि, यानवस्तुनीत्येव । अल्पः प्रवासः **पूर्ववत्** । मन्त्राच्च भूयो व्यायामयोधनं मन्त्रयुद्धाद् भूयो व्यायामयुद्धम् ॥ १९ ॥

मित्रसाधारण इति । यथा शत्रोरुच्छेदनं कर्शनं वा विजिगीषोः कार्यं, तथा मित्रस्यापि । मित्रायत्ते मित्रसाध्ये कर्शनादौ । अनुग्राह्ये यातव्यसिद्धौ तदर्धांशदानेन । पीड्ये समुपचितत्वात् । तेन सह व्रजेत् ॥ २० ॥

असुहृत्सैन्येन **प्रभूतेने**ति । यदि प्रभूतं शत्रुबलं, तदानेन योधयेत् । श्वसूक-

---

१. 'स्तं सैन्यमस्तीति वा रिपोः' क. पाठः. २. 'चारो गन्त' ख. ग. पाठः. ३. 'तिष्ठाया' ख. ग. पाठः. ४. 'नि' क. पाठः. ५. 'सम्यगाधा' क. पाठः. ६. 'ल्पायासोपपन्नं च मन्त्रेणेति सुहृद्बलैः' ख. ग. पाठः. ७. 'ड्येत स' ग. घ. पाठः.

अत्यूर्जितं कोपभयादभ्याशे तु रिपोर्बलम्[1] ।
वासयेत् कर्शयेच्चैव दुर्गकण्टकमर्दनैः ॥ २२ ॥

नित्यमाटविकं सैन्यं दुर्गकण्टकशोधने ।
परदेशप्रवेशे च पुरस्कुर्वीत पण्डितः ॥ २३ ॥

एतन्मौलादिषड्भेदं चतुरङ्गं बलं विदुः ।
षडङ्गं मन्त्रकोशाभ्यां पदात्यश्वरथद्विपैः ॥ २४ ॥

इति षाड्विधमेतद्धि[4] यथायोगं बलं बली ।
सुनिश्छिद्रं[2] प्रतिव्यूह्य यायात् परबलं बली[3] ॥ २५ ॥

रवधापेक्षीति । श्वसूकरयोरिवारिबलयोः कलहे चण्डालस्येव मे योधकस्यान्यंतरविपत्तौ सिद्धिरिति नयम् अन्योन्ययोधनाख्यं प्रयुञ्जीत ॥ २१ ॥

कोपभयादिति । अभ्युच्छ्रितं हि शत्रुबलं बाह्यं कोपं जनयति । तस्मात् तद्भयान्नित्यमासन्नं वासयेत् । तत्राभ्यन्तरकोपशङ्का यदि स्याद् दुर्गकण्टकमर्दनैरिति । तत्र पथि दुर्गाणि यात्रोपघातकांश्च कण्टकान् मृद्नत् क्षीयते ॥ २२ ॥

दुर्गे मर्दनीये **परदेशप्रवेशे चे**ति । यदि मार्गदेशिकं[6] परभूमियोग्यं च स्यात् ॥ २३ ॥

प्रतिबलतो बलाबलमभिधित्सुराह—**एतादि**त्यादि । चतुरङ्गबलं विदुः पदात्यश्वरथद्विपैः । षडङ्गं केचिन्मन्त्रकोशाभ्यां, तयोरपि प्रथमं युध्यमानत्वात् ॥

यथायोगमिति । एवंबलः परस्तस्यैतत् प्रतिबलमिति यथायोगं प्रतिव्यूह्य । सुनिश्छिद्रं बलं व्यसनाभावात् ॥ २५ ॥

---

१. 'बलाद' क. पाठः. २. 'श्चितं प्र' क. पाठः. ३. 'प्रति' क. पाठः. ४. 'चि'-क. ख. पाठः. ५. 'पा' ग. घ. पाठः. ६. 'र्गा' ग. घ. पाठः.

योगमस्य विजानीयात् सर्वं[1] यन्त्रादिना नृपः ।
कृताकृतं[2] प्रचारं च साधु सेनापतेस्तथा[3] ॥ २६ ॥

(इति सैन्यबलाबलमष्टाविंशं प्रकरणम्)

---

* २९ सेनापतिप्रचारप्रकरणम् *

कुलोद्गतं जानपदं मन्त्रज्ञं मन्त्रिसम्मतम्[4] ।
दण्डनीतेः प्रयोक्तारमध्येतारं च तत्त्वतः ॥ २७ ॥

बलस्य प्रतिव्यूहनयोगः सर्वो यन्त्रादिना ज्ञेय इत्याह – **योगमस्येति** । तथाचोक्तं *"यन्त्रहस्तिशकटगर्भे कुन्तप्रासहाटकवेणुशरशल्यवद् हस्तिबलस्य प्रतिबलं, तदेव पाषाणलगुडावरणशल्याङ्कुशकचग्रहणीप्रायं रथबलस्य । तदेवाश्वानां प्रतिबलं, वर्मिणो हस्तिनोऽश्वा वा । कवचिनो रथाश्वावराणिनः पत्तयश्चतुरङ्गस्य प्रतिबलम्" (कौटि. अर्थ. ९. २. १३७) इति । कृताकृतं किमस्मिन् साङ्ग्रामिकमुपकरणं सम्पन्नं न वेति सम्यग् विजानीयात् । प्रचारं च सेनापतेः येन विज्ञातेन सैनापत्ये नियोजयेत् ॥ २६ ॥

(इति सैन्यबलाबलमष्टाविंशं प्रकरणम्)

सैन्यस्य सेनापत्यायत्तत्वात् तत्प्रचार उच्यतेऽष्टादशभिः श्लोकैः --- **कुलोद्गतमित्यादि** । एवंलक्षणोपेतं[5] कुर्वीत ध्वजिनीपतिमिति वक्ष्यमाणेन सम्बन्धः । अत्र लक्षणद्वारेणैतत्प्रचारो विज्ञेयः । कुलोद्गतो न व्यभिचरति । जानपदस्तत्रत्यत्वाद् विश्वास्यः । मन्त्रज्ञो[6] निर्णयकौशलात् कृच्छ्रेषु प्रसाधनार्हः[7] । मन्त्रिसम्मतः मन्त्रिभिः सह सम्भूय कार्यानुष्ठानसमर्थः । प्रयोक्ता तत्त्वतो दण्ड्येषु, तस्य स्वामिप्रकृतित्वात् । तथाहि "राजा युवराजः सेनापतिश्च स्वामिप्रकृतयः" । अध्येता वक्ता ॥ २७ ॥

---

१. 'वैयत्नादि' क. पाठः. २. 'तप्र' क. पाठः. ३. 'दा' क. पाठः. ४. 'तमम्' ख. ग. पाठः. ५. 'णयुक्तं कु' ग. घ. पाठः. ६. 'न्त्रनयज्ञः' ग. घ. पाठः. ७. 'च्छन्ना' ग. घ. पाठः.

---

*'हस्तियन्त्रशकटगर्भकुन्तप्रासखर्वटकवेणुशल्यवद्धस्तिबलस्य प्रतिबलम् । तदेव पाषाणलगुडावरणाङ्कुशकचग्रहणीप्रायं रथबलस्य प्रतिबलम् । तदेवाश्वानां प्रतिबलम् । वर्मिणो वा हस्तिनोऽश्वा व वर्मिणः । कवचिनो रथा आवरणिनः पत्तयश्चतुरङ्गबलस्य' इति मुद्रितकौटिलीयार्थशास्त्रपाठः.

सत्यसत्त्वक्षमास्थैर्यमाधुर्यार्यगुणान्वितम् ।
प्रभावोत्साहसम्पन्नमाजीव्यमनुजीविनाम् ॥ २८ ॥

मित्रवन्तमुदाराढ्यं बहुस्वजनबान्धवम् ।
व्यवहारिणमक्षुद्रं पौरप्रकृतिसम्मतम् ॥ २९ ॥

नित्याकारणवैराणामकर्तारमनाविलम् ।
शुभानुबन्धिकर्माणमल्पामित्रं बहुश्रुतम् ॥ ३० ॥

क्षमा आक्रोशादितितिक्षा क्वचित् कार्यकालापेक्षया, स्थैर्यं कर्मसु, माधुर्यं प्रियवादिता । सत्यादय एवार्यगुणाः । यत्तु "कुलं शीलं दया दानं धर्मः सत्यं कृतज्ञता । *अद्रोह" (स.१८.श्लो.४९) इति प्रागुक्तास्तेषामत्रैवान्तर्भूतत्वान्न तद्ग्रहणम् । प्रभावोत्साहसम्पन्नमिति । शौर्याद्युत्साहगुणयुक्तोऽपि कश्चिदप्रतापः, प्रतापवत्त्वे सत्यप्यक्ृतोत्साहश्चाभिभूयते । उभयगुणस्तु सदैवाप्रधृष्यो भवति । अतश्च सहनिर्देशः । तयोरप्युत्साहस्यैव प्रधानत्वम्, इतरस्य तज्जन्यत्वात् । एवञ्च मत्वा तद्गुणानत्रैव निर्देक्ष्यति । आजीव्यं जीवनादिदानेन ॥ २८ ॥

मित्रवन्तं बहुमित्रत्वात् परस्यानुच्छेद्यम् । तत्र बहुस्वजनबान्धवं बहुस्वजनबान्धवत्वाद्[२] दत्तबलम् । तत्र बाह्येन सम्बद्धः स्वजनः । आभ्यन्तरेण बान्धवः । उदाराढ्यं महत्त्वादेवाढ्यम् । व्यवहारिणम् ऋणा[३]दानादिव्यवहारशीलं धर्मस्थबन्धुम् । अक्षुद्रम् अविग्रहशीलं सत्सङ्ग्रहशीलं च । पौरप्रकृतिसम्मतम् उपलक्षणमेतद् जनपदप्रकृतेश्च सम्मतम् अनुद्वेजनात् ॥ २९ ॥

नित्यवैरं यन्निष्फलमानुबन्धिकम्, अकारणवैरं निर्हेतुकम् । अनाविलत्वम् अपैशुन्यम् । त्रितयमपि प्रकृतीरनुरञ्जयति । शुभानुबन्धिकर्माणमिति । कल्याणोदयं हि कर्मारभमाणः स्वपरेषां पूज्यः । अल्पामित्रम् अनुच्छेद्यम् । बहुश्रुतं बह्वागमम् । स हि कृच्छ्रेषु नावसीदति ॥ ३० ॥

---

१. 'नः ।' ख. ग. पाठः. २. 'द् आत्मबन्धः । त' ग. घ. पाठः. ३. 'ण' कोशेषु पाठः.

* 'अलोभ' इत्येव तत्र दृश्यते.

अरोगं व्यायतं शूरं त्यागिनं कालवेदिनम् ।
कल्याणाकृतिसम्पन्नं सत्सम्भाव्यपराक्रमम् ॥ ३१ ॥

गजाश्वरथचर्यासु शिक्षितं सुजितश्रमम् ।
खड्गयुद्धे नियुद्धे च शीघ्रचङ्क्रमणक्षमम् ॥ ३२ ॥

युद्धभूमिविभागज्ञं सिंहवद् दृढविक्रमम् ।
अदीर्घसूत्रं निस्तन्द्रममर्षणमनुद्धतम् ॥ ३३ ॥

हस्त्यश्वरथशस्त्राणां सम्यग् लक्षणवेदिनम् ।
नरान्तरविवेकज्ञं कृतज्ञमनुकम्पकम् ॥ ३४ ॥

अरोगं कर्मण्यम् । व्यायतं महाकायम् । स हि दृष्टमात्र एवाभिभवति । शूरमित्युत्साहगुणः[1] । त्यागिनं सर्वाभिगम्यम् । कालवेदिनं, स हि कार्यं[2] न हापयति । कल्याणाकृतिसम्पन्नं दर्शनीयत्वाल्लोकप्रियम्[3] । सत्सम्भाव्यपराक्रमं प्रकृष्टविक्रमैकदर्शनादन्योऽप्यसाधारणः सम्भाव्यते यस्य ॥ ३१ ॥

चर्या हस्त्यादिभिर्गमनम्[4] । तत्र शिक्षितं कृताभ्यासम् । सुजितश्रमं कर्मस्वपरिभ्रमम् । नियुद्धं मल्लयुद्धम् । शीघ्रचङ्क्रमणक्षमं विद्युद्वल्लघुपरिक्रमणयोग्यम् ॥ ३२ ॥

युद्धभूमयो हस्त्यादीनाम् । ताः स्वयमेव वक्ष्यति । दृढविक्रमामिति । शौर्यात् सिद्धेऽपि पराक्रमे कस्यचिदस्थिरत्वादिति विक्रमो विशेष्यते । अदीर्घसूत्रं निस्तन्द्रं क्षिप्रकारिणमनलसं च । अमर्षणं[5] परिभवासहिष्णुम् । एते त्रय उत्साहगुणाः । अनुद्धतवषधारिणं सतामभिगम्यम् ॥ ३३ ॥

लक्षणवेदिनं शुभाशुभानां हस्त्यादीनां प्राप्तिपरिहारार्थम् । नरान्तरविवेकज्ञं सत्यशौचशौर्यप्रज्ञादिभिः । कृतज्ञमनुकम्पकमिति । कृतज्ञत्वान्मुख्यपुरुषाणामभिगम्यम् ॥ ३४ ॥

---

१. 'मत्युत्साहगुणम् ।' ग. घ. पाठः. २. 'लं' क. ख. पाठः. ३. 'कस्य प्रि' ग. घ. पाठः. ४. 'हयादि' क. ख. पाठः. ५. 'र्षि' क. ख. पाठः.

वर्मकर्मसमायोगे कुशलं कुशलानुगम्[1]।
सर्वयुद्धक्रियोपेतं शक्तं तत्परिकर्मणि ॥ ३५ ॥

स्वभावचित्तज्ञतया युक्तमश्वनृदन्तिनाम्।
तन्नाम्नां चापि वेत्तारं तद्विधानोपपादकम् ॥ ३६ ॥

देशभाषास्वभावज्ञं लिपिज्ञं सुदृढस्मृतिम्।
निशाप्रचारकुशलं शकुनज्ञाननिश्चितम् ॥ ३७ ॥

उदयास्तमयज्ञं च नक्षत्राणां ग्रहैः सह।
दिग्देशमा[2]र्गविज्ञानसम्पन्नं तज्ज्ञसेवितम् ॥ ३८ ॥

वर्मकर्म सन्नहनकर्म, तत्समायोगे युद्धोपाये कुशलम्[3]। तत्कुशलैश्चानुगतम्। सर्वयुद्धक्रियोपेतं सर्वैरङ्गैरायुधैश्च योद्धुमभिज्ञम्। शक्तं युद्धपरिकर्मणि व्यूहरचनादौ ॥ ३५ ॥

स्वभावचित्तज्ञतया युक्तं तदनुरूपप्रतिपत्त्यर्थम्। तत्राश्वादीनां सहजो धर्मः स्वभावः, आकस्मिकश्चाभिप्रायश्चित्तम्। तन्नाम्नां वेत्तारं यथाकार्यं व्यवहारार्थम्। विधानं पोषणविधिः ॥ ३६ ॥

देशभाषास्वभावज्ञमिति। तत्र देशभाषाज्ञानं व्यवहारार्थम्। देशस्वभावज्ञानं च तद्देश्योपचारप्रतिपत्त्यर्थम्। लिपिज्ञं पत्रसम्प्रेषणमन्त्रणाद्यर्थम्। सुदृढस्मृतिं, स हि सम्प्रधारितं कार्यं न हापयति। निशाप्रचारः सौप्तिकादिव्यापारः। शकुनज्ञानं भविष्यच्छुभाशुभपरिज्ञानफलम् ॥ ३७ ॥

उदयास्तमयज्ञं चेति। ग्रहनक्षत्राणामुदयास्तमयौ शुभाशुभसूचकौ जानाति। दिग्देशमार्गविज्ञानसम्पन्नमिति। रात्रौ वनदुर्गादिषु दिङ्मूढं सैन्यं बोधयति। एवं देशमार्गयोश्च विज्ञानाद् दृष्टदेशमार्गम्। तज्ज्ञैर्दिगाद्यभिज्ञैः सेवितम्[4] ॥ ३८ ॥

---

१. 'कुशलज्ञा' ग. पाठः, 'संज्ञानगतिनि' क. पाठः, 'कुलज्ञानविनि' ख. पाठः. २. 'कालवि' क. पाठः. ३. 'म्। कु' ग. घ. पाठः. ४. 'म् प्रतुष्वा पूर्वादिभिः' ग. घ. पाठः.

क्षुत्पिपासा[1]क्लमत्रासशीतवातोष्णवृत्तिभिः।
अनाहितभय[2]क्रान्तिं तत्संविग्नाभयप्रदम् ॥ ३९ ॥

हन्तारं परसैन्यानां दुःसाधाहितनिश्चयम्।
[3]हतानां च स्वसैन्यानां [4]सम्यग्विष्टम्भनक्षमम् ॥ ४० ॥

अवस्कन्दाभिमन्तारं वेत्तारं सैन्यकर्मणाम्।
परदूतप्रचारज्ञं महारम्भफलोपगम् ॥ ४१ ॥

शश्वत्संसिद्धकर्माणं सिद्धकर्मनिषेवि[5]तम्।
पराभवेष्वनिर्विण्णं श्रीमद्राजार्थतत्परम् ॥ ४२ ॥

अनाहितभयक्रान्ति क्षुदादिभिरनुत्पादितं भयं ग्लानिश्च। तत्क्लेशसहत्वात् कर्मण्यम्। तत्संविग्नाः क्षुदादिपीडिताः सैनिकाः, तेषामाश्वासयितारम् ॥ ३९ ॥

हन्तारं, प्रयोगकौशलं दर्शयति, अन्यथा हि शूरमित्यनेनै[6]वावगतत्वात्। दुः[7]साधाहितनिश्चयं स्थिरप्रतिज्ञम्। विष्टम्भनक्षमं स्तम्भनसमर्थम् ॥ ४० ॥

अवस्कन्दाः परे[8]णोपरुद्धाः, तेषाम् अनुबलाधानेन मन्तारम्। सैन्यकर्मणां (वेत्तारं) हस्त्यश्वरथपत्तिकर्मविदम्। [9]परदूतप्रचारज्ञं यथोक्तेन प्रकारद्वयेन। महारम्भफलोपगं महारम्भफलं साधयितुमुपगन्तारं, नान्यत् ॥ ४१ ॥

शश्वत्संसिद्धकर्माणं यद्यदारभते कर्म, तत्तदस्य सर्वदा सिध्यतीत्यर्थः। सिद्धकर्मभिश्च निषेवितम्। पराभवेष्वनिर्विण्णं शत्रुकृतेष्वभग्नोत्साहम्। श्रीमद्राजार्थतत्परं प्रकृष्टे राजकार्ये सावधानम् ॥ ४२ ॥

---

१. 'प्रकृष्टाध्वशी' क पाठः. २. 'ग्लानिं समुद्विग्ना' क. पाठः. ३. 'भग्नानां' क. पाठः, 'हि' ख. पाठः. ४. 'सोढुं वि' ख. ग. पाठः. ५. 'णम्' क. पाठः. ६. 'वाग' क. ख. पाठः. ७. 'साध्याहि' ग. घ. पाठः. ८. 'णावरु' ग. घ. पाठः. ९. 'च' क. ख. पाठः.

इत्यादिलक्षणोपेतं कुर्वीत ध्वजिनीपतिम्।
ध्वजिनीं तु सदोद्युक्तः स गोपायेद् दिवानिशम् ॥ ४३ ॥
नद्यद्रिवनदुर्गेषु यत्रयत्र भयं भवेत्।
सेनापतिस्तत्रतत्र गच्छेद् व्यूहीकृतैर्बलैः ॥ ४४ ॥

(इति सेनापतिप्रचारो नाम ऊनत्रिंशं प्रकरणम्)

---

* ३० प्रयाणव्यसनरक्षणप्रकरणम् *

नायकः पुरतो यायात् प्रवीरपुरुषावृतः।
मध्ये कलत्रं स्वामी च कोशः फल्गु च यद् बलम् ॥४५॥
पार्श्वयोरुभयोरश्वा अश्वानां पार्श्वयो रथाः।
रथानां पार्श्वयो[२]र्नागा नागानां चाटवीबलम् ॥ ४६ ॥

ध्वजिनीं सेनामुक्तलक्षणाम्। गोपायेद् रक्षेत् तन्नियुक्तत्वात् ॥४३॥

नद्यद्रिवनदुर्गेष्विति। दुर्गशब्दः प्रत्येकं योज्यः। भयं सामन्ताटविकादिभ्यः। व्यूहीकृतैः सन्नद्धैः ॥ ४४ ॥

(इति सेनापतिप्रचारो नाम ऊनत्रिंशं प्रकरणम्)

व्यूहीकृतैर्यातव्यमित्युक्तं, तत् कथं न्युह्य यायाद्, गच्छंश्च केषु व्यसनेषु पराभियोगाद् रक्षेदिति प्रयाणव्यस[३]नरक्षणमुच्यते नवभिः श्लोकैः। तत्र प्रयाणमधिकृत्याह --- **नायक** इत्यादि। नायको बलाध्यक्षः। पुरतो यायाद् रक्षन्, मार्गावासयोश्च सम्पादनार्थम्। कलत्रमन्तःपुरम्। स्वामी विजिगीषुः। फल्गु बलं विष्टयादिकम् ॥ ४५ ॥

पार्श्वयोरुभयोः स्वामिन इत्यर्थः। अटवीबलं तात्स्थ्यादाटविकम् ॥४६॥

---

१. 'यु' क. पाठः. २. 'तो ना' ख. ग. पाठः. ३. 'नमु' ग. घ. ङ. पाठः. ४. 'वस(त? थ)योश्वासम्बाधार्थं' क. ख. पाठः.

पश्चात् सेनापतिः सर्वं पुरस्कृत्य कृती स्वयम् ।
यायात् सन्नद्धसैन्यौघः खिन्नानाश्वासयञ्छनैः ॥ ४७ ॥

यायाद् व्यूहेन महता मकरेण पुरोभये ।
श्येनेनोद्धृतपक्षेण सूच्या वा वीरवक्त्रया ॥ ४८ ॥

पश्चाद्भये तु शकटं पार्श्वयोर्वज्रसंज्ञितम् ।
सर्वतः सर्वतोभद्रं भये व्यूहं प्रकल्पयेत् ॥ ४९ ॥

कन्दरे शैलगहने निम्नगावनसङ्कटे ।
दीर्घाध्वनि परिश्रान्तं क्षुत्पिपासाहितक्लमम्[2] ॥ ५० ॥

व्याधिदुर्भिक्षमरणपीडितं[3] दस्युभिर्द्रुतम्[4] ।
पङ्कपांसुजलैश्छन्नं[5][$] व्यस्तं पुञ्जीकृतं पथि ॥ ५१ ॥

पश्चात् स्वामिनो गच्छतः । सर्वं सैन्यम् । खिन्नानां सैनिकानामाश्वासनकरणस्वभावः ॥ ४७ ॥

पुरोभय इति । पुरस्तात् परोऽभिहनिष्यतीति भयमुत्प्रेक्ष्य मकरव्यूहेन यायात् । स हि विस्तीर्णमुखत्वादशेषं बलं रक्षति । श्येनेनोद्धृतपक्षेण विस्तृतपक्षेण, यदा तिर्यग्भागे भयमुत्प्रेक्षेत[7] । सूच्या वा वीरवक्त्रया मुखनिवेशितशूरयोधया, यद्येकायनमार्गे पुरोभयमाशङ्केत ॥ ४८ ॥

पश्चाद्भये शकटं, तस्य पश्चाद्विस्तीर्णमुखत्वात् । पार्श्वयोरुभयोर्वज्रसंज्ञितं तदुभयतो विस्तीर्णमुखम् । सर्वतो भये सर्वतोभद्रं, तस्य सर्वतोमुखत्वात् ॥ ४९ ॥

व्यसनरक्षणमधिकृत्याह — **कन्दर** इत्यादि । कन्दरादिष्ववतरणारोहणोत्तरणादिव्यासक्तम् ॥ ५० ॥

स्कन्नं पङ्कादिगतम् । व्यस्तं विक्षिप्तम् । पुञ्जीकृतं पथि एकायने ॥ ५१ ॥

---

१. 'सन्निभम्' क. पाठः. २. 'श्र' क. पाठः. ३. 'मकरपी' क. पाठः. ४. 'विद्रु' क. पाठः, 'भिर्वृत' ख. पाठः. ५. 'ला' क. पाठः. ६. 'सक' ख. ग. पाठः. ७. 'क्ष्ये' ङ. पाठः. ८. 'धायनतया' ग. घ. पाठः.

$ 'छन्नम्' इत्यस्य स्थाने 'स्कन्नम्' इति पाठो व्याख्याभृतः प्रतीयते.

प्रसुप्तं भोजनव्यग्रमभूमिष्ठमसंस्थितम् ।
चौराग्निभयवित्रस्तं वृष्टिवातसमाकुलम्[२] ॥ ५२ ॥

एवमादिषु जातेषु व्यसनेष्व[३]समाकुलः ।
स्वसैन्यं साधु संरक्षेत् परसैन्यं च घातयेत् ॥ ५३ ॥

(इति प्रयाणव्यसनरक्षणं नाम त्रिंशं प्रकरणम्)

---

* ३१ कूटयुद्धविकल्पप्रकरणम् *

विशिष्टो देशकालाभ्यां भिन्नारिप्रकृतिर्बली ।
कुर्यात् प्रकाशयुद्धं हि[४] कूटयुद्धं विपर्यये ॥ ५४ ॥

अभूमिष्ठं [५]स्वबलायोग्यायां भूमौ स्थितम् । असंस्थितमनिविष्टम् ॥ ५२ ॥

एवमादिष्विति । आदिशब्दादशेषबलव्यसनोपग्रहः । असमाकुलः सावधानः । स्वसैन्यं रक्षेत् परावस्कन्दात् ॥ ५३ ॥

(इति प्रयाणव्यसनरक्षणं नाम त्रिंशं प्रकरणम्)

उक्तव्यसनानां हि कूटयुद्धहेतुत्[६]वात् तदनन्तरं कूटयुद्धविकल्पा उच्यन्तेऽष्टादशभिः श्लोकैः । **विशिष्ट** इत्यादि । चतुरङ्गेण हि बलेन व्यायामयुद्धं क्रियते । तच्च द्विविधं, मुख्यं तावत् प्रकाशयुद्धम्[७], [८]अप्रकाशयुद्धं कूटमिति । तत्र यदा स्वबलानुकूलदेशकालः कृ[९]तपरप्रकृत्युपजापो[१०] बलेन चाधिकः शत्रोः, तदा प्रकाशयुद्धम् आभाषितं सङ्ग्रामं कुर्यात् । विपर्ययः विरुद्धदेशकालः अभिन्नारिप्रकृतिर्बलहीनश्च कूटयुद्धं प्रच्छन्नयुद्धं कुर्यात् ॥ ५४ ॥

---

१. 'घो' क. पाठः. २. 'हतम्' क पाठः. ३. 'षु समाकुलम् ।' क. पाठः. ४. 'तु' क. पाठः. ५. 'अस्वबलयो' ङ. पाठः. ६. 'त्वादन' ङ. पाठः. ७. 'तदन्यत् कूटयुद्धमि क. ख. पाठः. ८. 'रूपदे' ङ. पाठः. ९. 'तप्र' ग. घ. पाठः. १०. 'पे विशिष्टो ब' ङ. पाठः

[1]तेष्ववरकन्दकाले[2]षु परं हन्यात् समाकुलै[3]म् ।
अभूमिष्ठं हि भूमिष्ठं तद्भूमौ चोपजापतः ॥ ५५ ॥
प्रकृतिप्रग्रहाकृष्टं पाशैर्वनचरादिभिः ।
हन्यात् प्रवीरपुरुषैर्भङ्गदानापकर्षणैः ॥ ५६ ॥
पुरस्ताद् दर्शनं दत्त्वा तल्लक्षकृतनिश्चयः ।
हन्यात् पश्चात् प्रवीरेण बले[4]नोत्पीड्य वेगिना ॥ ५७ ॥
पश्चाद् वा सङ्कुलीकृत्य हन्यात् सारेण पूर्वतः ।
आभ्यां पार्श्वाविघातौ तु व्याख्यातौ कूटयोधने ॥ ५८ ॥
पुरस्ताद् विषमे देशे पश्चाद्धन्यात् तु वेगवान् ।
पुरः[5] पश्चाच्च विषम एवमेव तु पार्श्वयोः ॥ ५९ ॥

कीदृशं तदित्याह—तेष्वित्यादि । अवस्कन्दकालेषु कन्दराशैलादिप्रयाणादिषु । अभूमिष्ठं स्वभूमिष्ठं परं हन्यादिति सम्बन्धः । स्वबलयोग्यायां[6] वा भूमौ स्थितं परस्परप्रकृतिषूपजापाज्जातावकाशो हन्यादित्यर्थः ॥ ५५ ॥

आकृष्टं पाशैर्वनचरादिभिः भङ्गदानापकर्षणैरिति सम्बन्धः । आदिशब्दाद् दूष्यामित्रोपग्रहः । भङ्गदानेनापकर्षणं येषां तैः दूष्यामित्राटविकबलैः पाशभूतैः स्वभूमितोऽपकृष्टं परं विभूमिप्राप्तं प्रवीरपुरुषैर्हन्यात् ॥ ५६ ॥

पुरस्ताद् दर्शनं दत्त्वा येनकेनचिद् बलेन, तल्लक्षकृतनिश्चयः पौरस्त्यकृतावधानान् परसैनिकान् हन्यात् । पश्चाद् अदत्तपृष्ठावधानत्वात् । प्रवीरेण हस्त्यश्वबलेन वेगवता ॥ ५७ ॥

पश्चाद् वा सङ्कुलीकृत्य पृष्ठतो व्याकुलीकृत्य येनकेनचिद् बलेन । हन्यात् पूर्वतः पुरस्ताद्, दत्तपृष्ठावधानान् । आभ्यां पार्श्वाविघाताविति । वामतो दक्षिणतो वा पार्श्वतः सङ्कुलीकृत्य दक्षिणतो वामतो वा हन्यात् ॥ ५८ ॥

पुरस्ताद् विषमे देशे परिवर्तनैं[7]स्तम्भनावकाशाद्ययोग्ये । पश्चाच्च विषमे

---

१. 'साध्वव' क. पाठः. २. 'हि' क. पाठः. ३. 'ले' क. पाठः. ४. 'नाप्लुत्य वे' क. पाठः. ५. 'रश्च पश्चाद्वि' ख. ग. पाठः. ६. 'यां भू' ग. घ. पाठः. ७. 'नसंस्त' ङ. पाठः.

प्रथमं योधयित्वा च दूष्यामित्राटवीबलैः।
श्रान्तं सन्नं निराक्रन्दं हन्यादश्रान्तवाहनः॥ ६० ॥

दूष्यामित्रबलैर्वापि भङ्गं दत्त्वा प्रयत्नवान्।
जितमित्येव विश्वस्तं हन्यात् सत्त्र[1]व्यपाश्रयः॥ ६१ ॥

स्कन्धावारपुरग्रामसस्यसार्थ[2]व्रजादिषु।
विलोभ्य च परानीकमप्रमत्तो विनाशयेत्॥ ६२ ॥

फल्गुसैन्यप्रतिच्छन्नं कृत्वा वा सारवद् बलम्।
मन्दयत्नं[3] तद्विलोपे हन्यादुत्प्लुत्य सिंहवत्॥ ६३ ॥

पुरो हन्यादिति सम्बन्धः। एवमेव तु पार्श्वयोरिति। वामदक्षिणयोरिति सम्बन्धः। देशे वामतो दक्षिणतो वा हन्यादित्यर्थः॥ ५९ ॥

दूष्यामित्राटवीबलैः परकीयकलैः। बलं[4] बलेन हन्यात्। (पूर्वतः?) प्रथ[5]ममिति। पूर्वं योधयित्वा पश्चाच्छ्रान्तं सन्नम्। निराक्रन्दं निराशं[6], क्षीणबलत्वात्॥ ६० ॥

दूष्यामित्रबलैर्वा भङ्गं दत्त्वा पलायनेनानयोर्जितं मयेति विश्वस्तं परं भग्नानुसारिणम्। प्राक् सत्त्रे[7]व्यपाश्रयः प्रयत्नवानप्रमत्तो हन्यात्॥ ६१ ॥

स्कन्धावारादिषु प्रख्यापितरक्षाशैथिल्येषु विलोपयितुं **विलोभ्योभयवेतनैः** ततो विलोपेऽप्रमत्तः परानीकं हन्यात्॥ ६२ ॥

फल्गुसैन्यप्रतिच्छन्नमिति। असारबलेन सारबलमवच्छाद्य तद्विलोपे फल्गुबलाभिघाते अवज्ञया शिथिलयत्नं (समीचीभूतं?) परं सारबलेन सिंहवदुत्प्लुत्य हन्यादिति॥ ६३ ॥

---

१. 'सत्त्वव्य' इति मूलकोशेषु पाठः. २. 'प्र' ख. ग. पाठः. ३. 'लविलोपेन ह' इति मूलकोशेषु पाठः. ४. 'बलं वि(ल्वे?श्वेन)' ङ.च. पाठः. ५. परमिति' ग.घ.ङ.च. पाठः. ६. 'रात्रों' ग. घ. पाठः. ७. 'त्रापाश्रितः प्र' ग. घ. पाठः. ८. 'न सिंहसा' ग. घ. पाठः.

मृगयासम्प्रसक्तं[2] वा हन्याच्छत्रुमपाश्रयम् ।
अथवा गोग्रहाकृष्टया तल्लक्षं मार्गबन्धनात् ॥ ६४ ॥

अवस्कन्दभयाद् रात्रौ प्रजागरकृतश्रमम् ।
दिवाप्रसुप्तं वा हन्यान्निद्राव्याकुलसैनिकम् ॥ ६५ ॥

अहस्सन्नाहतैः[3] श्रान्तमपराह्णे विनाशयेत् ।
निशि विस्रम्भ[4]सुप्तं वा तत् सौप्तिकविधानवित् ॥ ६६ ॥

सपादकोशावरणैर्नागैः कुर्यात् तु सौप्तिकम् ।
कुर्या[5]दुग्रजवोपेतैर्नरै[6]र्वा खड्गपाणिभिः ॥ ६७ ॥

प्रतिसूर्यमहावा[7]तं हन्यात् सम्मीलितेक्षणम् ।
इत्येवं[8] कूटयुद्धेन हन्याच्छत्रून् लघूत्थितः ॥ ६८ ॥

मृगयासंप्रसक्तमाटविकप्रोत्साहितम् । गोग्रहाकृष्टया गोग्रहणेनान्यतः समाकृष्य गोग्रहणकृतलक्ष्यं परं मार्गेषूपरुध्य हन्यात् ॥ ६४ ॥

अवस्कन्दभयादिति । रात्रौ सायमेवावस्कन्दं दास्यतीति भयात् प्रजागरकृतश्रमं ततो निद्राव्याकुलसैनिकं दिवासुप्तं हन्यात् ॥ ६५ ॥

अहस्सन्नाहत इति । अहनि व्याजकलहेन सन्नाहपरिश्रान्तम् अपराह्णे मुक्तसन्नाहं हन्यात् । सुप्ते भवं मर्दनं सौप्तिकं, तद्विधानवित् । विस्रम्भसुप्तं वा तत् परबलं विनाशयेदिति सम्बन्धः ॥ ६६ ॥

किं तत् सौप्तिकमित्याह — **सपादकोशावरणै**रिति । पादकोशश्चर्ममयः कण्टकाद्याबाधकपरिहारार्थम् । आवरणं शस्त्रनिवारणार्थम् । नरैर्वा, यदि हस्तिनो न सन्ति ॥ ६७ ॥

प्रतिसूर्यमहावातं प्रतिकूलौ सूर्यमहावातौ यस्य परबलस्य तत् प्रतिघात-

---

१. 'थु' ख. ग. पाठः. २. 'त्सत्त्वसमाश्रयः' ख. ग. पाठः. ३. 'नश्रा' ख. ग. पाठः. ४. 'ब्ध' क. पाठः. ५. 'क्रौ' क. पाठः. ६. 'र्नृभिर्वा' क. पाठः. ७. 'तप्रतिस' ख. ग. पाठः. ८. 'निहन्यादिति कूटेन युद्धेनारीन्' ख. ग. पाठः.

नीहारतिमिराङ्गारश्वभ्राग्निवननिम्नगाः ।
वदन्ति सत्रमित्यादि सत्रं छद्म प्रकीर्तितम् ॥ ६९॥

†(पुनरावर्तमानस्य निराशस्य तु जीविते ।
अनार्यो जायते वेग इति भग्नं न पीडयेत् ॥
अल्पागमातिव्ययता क्षयो वृद्धिर्विपर्यये ।
समायव्ययता स्थानं कर्मसु ज्ञेयमात्मनः ॥
द्वावपि प्रस्तुनौ वध्यप्रमत्तौ व्यवसायवत् ।)

साध्वप्रमत्तो व्यवसायवर्ती
येन प्रकारेण परं निहन्यात् ।
चरैः समावेदिततत्प्रचारः
शङ्केत तेनैव ततोऽप्रमत्तः[2] ॥ ७० ॥

कृतसम्मीलनत्वाद्धन्यात्[3] । इत्येवमित्युपसंहरति । लघूत्थितो हन्याद् मा भूत् कालातिपत्तिरिति ॥ ६८ ॥

सत्रेव्यपाश्रय[4] इत्यादि सत्रमुक्तं, तस्य स्वरूपमाह—नीहारेत्यादि । श्वभ्राणि कन्दराः । सत्रमित्यादीत्यादिशब्दाद् धान्वनशैलविषमादयो द्रष्टव्याः । सत्रं छद्म[5] प्रकीर्तितम् आत्मच्छादनात् ॥ ६९ ॥

यथा विजिगीषुः कूटयुद्धप्रयोगान् परत्र प्रयुङ्क्ते, तथा परोऽप्यस्मिन्निति तत्प्रतिविधानार्थमाह — साध्वित्यादि । शोभनमप्रमत्तः । व्यवसायवर्ती कृतोत्साहः । चरैः समावेदितः शत्रुप्रचारो यस्मै सः । तेनैव प्रकारेण । ततः परस्माच्छङ्केत ॥ ७० ॥

१. 'दि' क. पाठः. २. 'मेयः' ख, ग. पाठः. ३. 'लितत्वा' क. ख. पाठः. ४. 'त्वव्यपाश्रय इति स' क. ख. पाठः. ५. 'वर्त्म' ग. घ. पाठः.

† धनूरेखाङ्कितानि क, पुस्तके परं दृश्यन्ते

सुनियतमुपहन्यात् कूटयुद्धेन शत्रून्
न हि तिरयति धर्मं छद्मना शत्रुघातः ।
अचकितमवसुप्तं पाण्डवानामनीकं
निशि सुनिशितशस्त्रो द्रोणसूनुर्जघान ॥ ७१ ॥

(इति कूटयुद्धविकल्पो नामैकत्रिंशं प्रकरणम्)

इति कामन्दकीयनीतिसारे
सैन्यबलाबलं सेनापतिप्रचारः प्रयाणव्यसनरक्षणं कूटयुद्धविकल्पो नाम
ऊनविंशः सर्गः ।

ननु निर्दिष्टदेशकालः सङ्ग्रामो धर्मिष्ठः । कूटयुद्धस्याधर्मिष्ठत्वात् कथं शत्रुमनेन हन्यादित्याह — सुनियतमित्यादि । शत्रुरपकारी, तस्य कूटेन व्यापादनं नाधर्माय । तथाचागमः —

"विषेण वा माधव! मायया वा शस्त्रेण गोविन्द! तथाग्निना वा ।
यैस्तैरुपायैररविन्दनाभ ! शत्रोर्वधं वेदविदो वदन्ति ॥"

इति । पूर्वैराचरितश्चायं मार्ग इत्याह — अचकितमिति । विस्रब्धं सुप्तम् । द्रोणसूनुरश्वत्थामा । स हि पितृवधामर्षितो विस्रब्धसुप्ते पाण्डवानीके सौप्तिकमकरोदिति ॥ ७१ ॥

(इति कूटयुद्धविकल्पो नामैकत्रिंशं प्रकरणम्)

इति शङ्करार्यकृतायां कामन्दकीयनीतिसारपञ्जिकायां जयमङ्गलायां
सैन्यबलाबलं सेनापतिप्रचारः प्रयाणव्यसनरक्षणं कूटयुद्धविकल्पो नाम
ऊनविंशः सर्गः ।

१, 'पुणम्' ख. ग. पाठः. २. 'त्वं क' ङ. पाठः

अथ विंशः सर्गः ।

* ३२ गजाश्वरथपत्तिकर्मप्रकरणम् *

प्रयाणे पूर्वयायित्वं वनदुर्गप्रवेशनम् ।
अकृतानां च मार्गाणां तीर्थानां च प्रवर्तनम् ॥ १ ॥
तोयावतारसन्तारावेकाङ्गविजयस्तथा ।
अभिन्नानामनीकानां भेदनं भिन्नसङ्ग्रहः ॥ २ ॥
बिभीषिकाभिघातश्च प्राकारद्वारभञ्जनम् ।
कोशनीतिर्भयत्राणं हस्तिकर्म प्रचक्षते ॥ ३ ॥
चतुरङ्गस्य सैन्यस्य निषेधो बलरक्षणम् ।
अभिन्नभेदनं[1] भिन्नसन्धानं रथकर्म तत्[2] ॥ ४ ॥

अस्मिन् सर्गे पञ्च प्रकरणानि गजाश्वरथपत्तिकर्माणि, पत्त्यश्वरथगजभूमयः, दानकल्पना, व्यूहविकल्पाः, प्रकाशयुद्धं चेति । तत्र चतुरङ्गं स्वकर्मभिः कूटयुद्धादौ व्याप्रियत इति तत्कर्माण्युच्यन्ते नवभिः श्लोकैः—**प्रयाण** इत्यादि । प्रयाणकाले परैर्मार्गे संरुद्धे संरोधभङ्गार्थं हस्तिनां पुरो यानम् । वनदुर्गे अश्वाद्यगम्ये प्रवेशनं हस्तिभिः सैन्यस्य । तीर्थानां जलावतरणानां प्रवर्तनं संक्षोभ्यकरणम् ॥ १ ॥

तोयावतारसन्ताराविति । जलदुर्गविजयार्थं हस्तिभिस्तोयावतरणं, नाव्यतोयानां च नदीनां सन्तरणम् । एकाङ्गविजयः सुकृतेन सुकल्पितेन[3] केवलेन हस्तिना विजयः । अभिन्नानां परानीकानां पराक्रमातिशयात् । भिन्नसङ्ग्रहः भिन्नव्यूहानां छिद्रपूरणेन सन्धानम् ॥ २ ॥

बिभीषिका भीतिजननं सन्नाहसम्भ्रमेणैव । अभिघातः परेषां व्यसनैः[4] । कोशनीतिः प्रयाणकोशवहनम् । भयात् प्रत्युपस्थितात् त्राणम् ॥ ३ ॥

चतुरङ्गस्य बलस्य परकीयस्य निषेधो रथैः । बलस्यात्मीयस्य रक्षणम् ॥ ४ ॥

---

१. 'भेद्यभे' क. पाठः. २. 'च ॥' क. पाठः. ३. 'विकल्पिते' ङ. पाठः. ४. 'नम्' ग. घ. ङ. पाठः.

वनदिङ्मार्गविचयो विवधासाररक्षणम्।
अनुयानापसरणे शीघ्रकार्योपपादनम् ॥ ५ ॥
दीनानुसरणं घातः कोटीनां जघनस्य च।
इत्यश्वकर्म पत्तेश्च सर्वदा शस्त्रधारणम् ॥ ६ ॥
शोधनं कूपतीर्थानां मार्गाणां शिबिरस्य च।
यवसादि च यत्किञ्चिद् विज्ञेयं विष्टिकर्म तत् ॥ ७ ॥
जातिः सत्त्वं वयःस्थानं प्राणिता[1] वर्ष्म वेगिता।
तेजः शिल्पमुदग्रत्वं स्थैर्यं साधु विधेयता ॥ ८ ॥

वनदिङ्मार्गविचयः वनानां सोपद्रवाणां निरूपणमश्वैः। **अनुयानं** भग्नस्य परबलस्य पश्चात् सरणम्, अपसरणं पलायनम्। **शीघ्रकार्योपपादनं** वार्ताज्ञानादिकार्यसम्पादनम् ॥ ५ ॥

दीनानुसरणं यतोयतः सैन्यं दैन्यमापद्यते, ततस्ततोऽनुसरणम्। घातः कोटीनां बलाग्रभागानाम्। जघनस्य पृष्ठभागस्याशु परिवृत्य घातः। पत्तेश्चेति चशब्दात् सर्वभेदेषु[2] शस्त्रधारणं कर्म ॥ ६ ॥

द्विविधाः पत्तयः युद्धयोग्या इतरे च। तत्र पूर्वेषां कर्मोक्तम्, इतरेषामाह—**शोधनमित्यादि**। प्रयाणे कूपादीनां शिबिरस्य परिक्षेपस्य शोधनं **कर्म**। **यवसादि** च यत्किञ्चित् सम्पाद्यं तद् विष्टिकर्म विज्ञेयम्। आदिशब्दाद् **यन्त्रावरणोपकरणादिवहनं ज्ञेयम्** ॥ ७ ॥

जात्यादियुक्ताश्च हस्त्यादयः स्वकर्मसु क्षमा भवन्तीत्याह—**जातिरित्यादि**। तत्र पदातीनां जातिर्ब्राह्मणादिः, हस्तिनां भद्रमन्द्रादिः, **अश्वानां बाह्लीककाम्बोजादिः**। **सत्त्वं पदातीनां व्यसनेऽभ्युदये (च) यदविकारकं, हस्त्यादीनां च** दे[3]वमानुषासुरगन्धर्वभावैः। वयःस्थानं वयःस्थता त्रयाणामिति तृतीया **चतुर्थी पञ्चमी च दशा**। **प्राणिता प्राणवत्त्वम्**[5]। **प्राणस्त्रिविधः उत्तमो मध्यमोऽधमश्चे**[6]**ति**।

---

१. 'णवर्मविवेकिता' क. पाठः. २. 'देशेषु' क. ख. पाठः. ३. 'दै' ङ. पाठः.
४. 'चाः' ङ. पाठः. ५. 'णित्वम्' ग. घ. ङ. पाठः. ६. 'श्च । व' ङ. पाठः.

सुव्यञ्जनाचारतेति पत्तिकुञ्जरवाजिनाम्।
इति लक्षणमेतेन युक्तान् कर्मसु योजयेत्॥ ९॥

(इति गजाश्वरथपत्तिकर्माणि नाम द्वात्रिंशं प्रकरणम्)

---

* ३३ पत्त्यश्वरथगजभूमिप्रकरणम् *

सस्थूलस्थाणुवल्मीकवृक्षगुल्मापकण्टका।
सापसारा पदातीनां भूर्नातिविषमा मता॥ १०॥

वर्ष्म महाकायता। वेगिता जवः। सोऽपि त्रिविधः पूर्ववत्। तेजः शौर्यम्। शिल्पं, तत्र पदातीनां कृतास्त्रता, हस्त्यश्वानां त्वाहितविनयता। उदग्रत्वम् उन्नतपूर्बकायता। स्थैर्यं दृढकायमनस्कता। विधेयता, तत्र पदातीनां स्वामिनः, इतरयोर्यन्तुः॥ ८॥

सुव्यञ्जनता प्रशस्तलक्षणता। स्वाचारतो, तत्र पदातीनां शिष्टाचरणं, हस्त्यश्वानां सेनान्याद्याचारचरणता। इति लक्षणमिति, पत्तिकुञ्जरवाजिनां स्वस्वकर्मनिष्पादनयोग्यताया अनेन लक्ष्यमाणत्वात्। तस्मादनेन युक्तान् स्वकर्मसु योजयेत्। तत्र च हस्त्यश्वबललक्षणैः रथानामप्युक्तमेव, तदधीनत्वाद् रथचर्यायाः। सन्निवेशसारदारुमयत्वादिकं प्रसिद्धमेवेति नोक्तम्॥ ९॥

(इति गजाश्वरथपत्तिकर्माणि नाम द्वात्रिंशं प्रकरणम्)

यथा तत्कर्माणि युद्धार्थानि, तथा तद्भूमयोऽपीति पत्त्यश्वरथगजभूमय उच्यन्ते पञ्चभिः श्लोकैः—सस्थूलेत्यादि। स्थूलस्थाणुभिर्वल्मीकवृक्षगुल्मैश्च योधाश्रयैः सह वर्तते युद्धभूमिः। अपकण्टका कण्टकरहिता सञ्चरणयोग्या। सापसारा अपसरणमार्गोपेता। नातिविषमा स्तोकनिम्नोन्नता॥ १०॥

---

१. 'र्ध्व क' क. पाठः. २. 'ता. प' ङ. पाठः. ३. 'चारता' घ. ङ. पाठः. ४. 'णाभ्यो र' ङ. पाठः.

स्वल्पवृक्षोपला क्षिप्रलङ्घनीयदरा[1] स्थिरा।
निःशर्करा[2] विपङ्का च सापसारा च वाजिभूः ॥ ११ ॥
निःस्थाणुसिकतापङ्का निर्वल्मीकोपला समा।
केदारव्रततिश्वभ्रवृक्षगुल्मविवर्जिता ॥ १२ ॥
निरुत्खाता निर्दरणा खुर[3]चङ्क्रमणक्षमा।
स्थिरा चक्रसहा चैव रथभूमिः[4] प्रकीर्तिता ॥ १३ ॥
*(रथानां शस्यते भूमिर्भुवः सर्वास्तु हस्तिनाम्।
नागम्या नाम भूरेषां तेन नागाः स्मृता बुधैः ॥)
मर्दनीयतरुश्छेद्यव्रततिः पङ्कवर्जिता।
सुगम्यशैलविषमा[5] हस्तिभूरिति कीर्तिता ॥ १४ ॥
*(द्वे शते धनुषां गत्वा राजा तिष्ठेत् प्रतिग्रहे।
भिन्नसन्धारणस्तस्मान्न बुध्येताप्रतिग्रहः ॥)

स्वल्पवृक्षोपला वाजिनामसङ्गकारिणी भवति। क्षिप्रलङ्घनीयप्रदरवती, बृहच्छ्वभ्राभावात्[6]। स्थिरा यत्र खुरा न विशन्ति ॥ ११ ॥

निःस्थाणुसिकतापङ्का निर्वल्मीकोपला च भूः (‡चक्रसहा तदारोहण-चर्यानुकूला) केदारं क्षेत्रम्। व्रततिः वल्ली ॥ १२ ॥

निरुत्खाता चक्राप्रतिघातिनी। खुरचङ्क्रमणयोग्या स्थिरत्वात् ॥ १३ ॥

गजभूमिमाह — **मर्दनीयतरुश्छेद्यव्रततिरिति**। शक्यमर्दनवृक्षा छेद्य-व्रततिश्च हस्तिनां तदारोहा[8]णां चाबाधनी। सुगम्यशैलविषमेति। हस्तिनां गम्याः शैला विषमाश्च ॥ १४ ॥

---

१. 'नी विदरा' मूलकोशपाठः. २. निर्गता च विप' ख. ग. पाठः. ३. 'द्रू' ख. ग. पाठः. ४. 'भूः सम्प्र' ख. पाठः. ५. 'निर्दरा गम्यशैला तु विषमा गजमेदिनी' क. पाठः. ६. 'त् विदरा दरणवर्जिता। स्थि' ङ. पाठः. ७. 'भूमिः(' ग. घ. ङ. पाठः. ८. 'हणकानां च नाबा' ङ. पाठः.

---

* इदं धनूरेखाङ्कितं पद्यद्वयं ख. ग. पुस्तकयोः परं दृश्यते.

‡ इदं धनूरेखान्तर्गतं व्याख्यावाक्यम् उत्तरश्लोकव्याख्यानशेषतया निवेशयितुमुचितं मूलानुपूर्व्यनुरोधात्.

*(नागम्या नाम भूरेषां तेन नागाः स्मृता बुधैः ।
तस्मादेता भुवोऽत्यर्थं नागानां सम्प्रकीर्तिताः॥

तुरगादीनि भिन्नानि प्रतिगृह्णाति यद् बलम् ।
प्रतिग्रह इति ख्यातः स तु कार्यो भरक्षमः ॥

द्वे शते धनुषां गत्वा राजा तिष्ठेत् प्रतिग्रहः ।
भिन्नसाधारणस्तस्मान्न युध्येताप्रतिग्रहः ॥

तेन शून्यस्तु यो व्यूहः स भिन्न इव लक्ष्यते ।
तस्माद् विद्वाञ्जयाकाङ्क्षी न युध्येताप्रतिग्रहः ॥)

जयार्थी[1] नृपतिस्तिष्ठेद् दूरं गत्वा प्रतिग्रहः ।
भिन्नं च प्रतिगृह्णीयान्न हि युध्येत[2] तं विना ॥ १५ ॥

(इति पत्त्यश्वरथगजभूमयो नाम त्रयस्त्रिंशं प्रकरणम्)

बलान्तराणां त्वगम्यां भूमिं प्रसङ्गादाह -- जयार्थीति । यत्र स्थितः स्वबलं प्रतिगृह्णाति स[3] प्रतिग्रह उच्यते । तथा चोक्तं ----

"द्वे शते धनुषां गत्वा राजा तिष्ठेत् प्रतिग्रहः ।
§ भिन्नसन्धारणस्त[4]स्मान्न युध्येताप्रतिग्रहः ॥" (कौटि· अर्थ. १०. ५. १५७) इति ॥

(इति पत्त्यश्वरथगजभूमयो नाम त्रयस्त्रिंशं प्रकरणम्)

---

१. 'विजयार्थीति यस्ति' क. पाठः. २. 'बुध्ये' क. पाठः. ३. 'तत्स्थानं प्र' ङ. पाठः. ४. 'न्त' क. ख. पाठः.

---

* इदं धनूरेखान्तर्गतं पद्यचतुष्टयं क. पुस्तके परं दृश्यते । § 'भिन्नसङ्घातनं तस्माद्' इति मुद्रितकौटिलीयार्थशास्त्रपाठः.

* १४ दानकल्पनाप्रकरणम् *

गजेष्वारोपितः साधुः शीघ्रपातै[1]रधिष्ठितः ।
यत्र राजा तत्र कोशः कोशाधीना हि राजता ॥ १६ ॥
प्रत्यग्रे कर्मणि कृते श्लाघमानः कृतादरः ।
योधेभ्यस्तु ततो दद्यात् को हि दातुर्न युध्यते ॥ १७ ॥
दद्यात् प्रहृष्टो नियुतं [2]भेराणां राजघातने ।
तदर्धं तत्सुतवधे सेनापतिवधे तथा ॥ १८ ॥
प्रवीराणां तु मुख्यस्य शतं शतगुणं वधे ।
तदर्धं कुञ्जरवधे प्रदेयं[3] स्यन्दनस्य च ॥ १९ ॥

यथा[4] युद्धभूमयो युद्धार्थास्तथा योधेभ्यो दानमपीति तत्कल्पनोच्यते षड्भिः श्लोकैः । तत्र 'पक्षादिनानेन गृहीतकोशः पक्षादिहीनं रिपुमभ्युपेयादि' (स. १६. श्लो. ३५) त्युक्तम् । स च कोशो युद्धकाले क्व तिष्ठेदित्याह -- **गजेष्वि**त्यादि । साधुः सारभूतः, देशकालानुरूपद्रव्ययुक्तो वा । शीघ्रपातैः प्रजविभिर्जनैराप्तैरधिष्ठितः । कोशाधीना हि राजतेति । राजसमूहो राजता । सा चार्थतृष्णया युध्यमाना तदधीना भवति । तस्माद् राजसमीप एव कोशः स्यादिति । अन्यस्त्वाह -- रञ्जनाद् राजा । दूरस्थे हि कोशे कथं तदानीं योधान् रञ्जयेदिति ॥ १६ ॥

कर्मणि कृते वक्ष्यमाणे । श्लाघमानः बहुमन्यमानः । कृतादरः यथार्हकृतमानः ॥ १७ ॥

नियुतं [5]भेराणां यथादेशप्रसिद्धानामाहतद्रव्याणां लक्षम् । तदर्धं पञ्चाशत्सहस्राणि ॥ १८ ॥

मुख्यनायकस्य शतं शतगुणं, दश सहस्राणीत्यर्थः । तदर्धं पञ्च सहस्राणि ॥ १९ ॥

---

१. 'यानैर' क. पाठः. २. 'धर्माणां' क. पाठः, 'शूरा' ग. पाठः. ३. 'धानस्य' क. पाठः. ४. 'था भू' ङ. च. पाठः. ५. 'खर्वाणाम्' क. ख. पाठः.

साहस्रोऽश्ववधे[1]: शत्यः पत्तिमुख्यवधे[2]: स्मृतः ।
शिरोविंशतिकं शेषं[3] भोगद्वैगुण्यमेव च ॥ २० ॥
युग्यं हेम च कुप्यं च यो यज्जयति तस्य तत् ।
दद्याद् वस्त्वनुरूपं वा हृष्टो योधान् प्रहर्षयेत् ॥ २१ ॥

(इति दानकल्पना नाम चतुस्त्रिंशं प्रकरणम्)

---

* ३५ व्यूहविकल्पप्रकरणम् *

पञ्चारत्नि धनुस्तस्मिन्[4] धन्विनं स्थापयेद् युधि ।
त्रिगुणेऽश्वं गजरथौ योज्यौ पञ्चसुपञ्चसु ॥ २२ ॥

साहस्रोऽश्ववधः सहस्रं दीयतेऽस्मिन्निति । (शतं दीयतेऽस्मिन्निति) शत्यः । शिरोविंशतिकं शेषमिति । शेषाणां शिरः प्रमाणीकृत्य विंशतिर्देया । भोगद्वैगुण्यमेव चेति । यथोक्तानामनुक्तानां च कृतकर्मणां पूर्वोचिता या यस्य-यस्य वृत्तिस्तस्यंतस्य तत्तद्भोग्यद्वैगुण्यं कल्पनीयम् ॥ २० ॥

स्वयं गृहीतानां च परबलद्रव्याणामनुज्ञानं, यदाह— **युग्यमित्यादि** । युग्यं वाहनम् । कुप्यं कम्बलास्तरणादि । दद्याद् वस्त्वनुरूपं वेति उक्ताद् विधानान्तरं दर्शयति । योधान् प्रहर्षयेत् । तद्यथा—

"यान् यज्ञसङ्घैस्तपसा च विप्राः स्वर्गैषिणः पात्रचयैश्च यान्ति ।
क्षणेन तानप्यतियान्ति शूराः प्राणान् सुयुद्धेषु परित्यजन्तः ॥
नवं शरावं सलिलस्य पूर्णं सुसंस्कृतं दर्भकृतोत्तरीयम् ।
तत् तस्य मा भून्नरकं च गच्छेद् यो भर्तृपिण्डस्य कृते न युध्येद्" ॥ इति ॥

(इति दानकल्पना नाम चतुस्त्रिंशं प्रकरणम्)

यथा युद्धार्थं दानकल्पना, तथा व्यूहोऽपि युद्धनिमित्तमिति तद्विकल्पा उच्यन्ते । तत्र व्यूहविधानं दशभिः श्लोकैराह— **पञ्चारत्नीत्यादि** । पञ्चहस्तप्र-

---

१. 'धे देयः' क. पाठः. २. 'धे तथा' क. पाठः. ३. 'सर्वं भो' मूलकोशेषु पाठः.
४. 'स्थाने ध' क. पाठः.

शमान्तरस्तु पुरुषस्तुरङ्गस्त्रिशमान्तरः ।
कुञ्जरः स्यन्दनश्चैव स्मृतौ पञ्चशमान्तरौ ॥ २३ ॥
तथा वा[1] खलु युध्येरन् पत्त्यश्वरथदन्तिनः ।
यथा भवेन्न[2] सम्बाधो व्यायामविनिवर्तने ॥ २४ ॥
असङ्करेण युध्येरन् सङ्करः सङ्कुलावहः ।
महासङ्कर[3]युद्धे च संश्रयेरन् महागजान् ॥ २५ ॥
अश्वस्य प्रतियोद्धारो भवेयुः पुरुषास्त्रयः ।
इति कल्प्यास्तु पञ्चाश्वा विधेयाः कुञ्जरस्य च ॥ २६ ॥

माणमिह धनुर्ग्राह्यं न चतुर्हस्तम् । तस्मिन् धन्विनं स्थापयेदिति, तावत्यधिष्ठाने पदातिरेको योद्धुं व्याप्रियेत । धन्विनमिति वचनादधन्विनां स्थानमनियतम् । तच्चानुक्तमपि यथासुखं कल्पनीयम् । त्रिगुणे त्रिधनुषि । अश्वं स्थापयेत् । पञ्चसुपञ्चसु धनुष्षु गजरथौ स्थाप्यौ तावति तेषां यथासुखं व्याप्रियमाणत्वात् ॥ २२ ॥

शमान्तरस्तु पुरुष इति। चतुर्दशाङ्गुलः शम इत्युच्यते । द्वयोः पदात्यधिष्ठानयोरन्तरं शमप्रमाणं स्थापयेत् । एवमश्वाधिष्ठानयोरन्तरं त्रिशमं हस्त्यधिष्ठानस्यन्दनाधिष्ठानयोश्च पञ्चशममिति ॥ २३ ॥

तथा[4] वा युध्येरन् पत्त्यादयो द्विगुणं त्रिगुणं वान्तरं परिकल्प्य, यथा व्यायामे विनिवर्तने च परस्परस्य सम्बाधो न भवेत् । सम्बाधश्चाङ्गविक्षेपविधुरत्वम् ॥ २४ ॥

तद[5] भङ्गकारणं सम्भवतीत्याह – **असङ्करेणे**ति । संश्रयेरन् महागजान् न योधानिति शेषः । तदानीं पत्त्यश्वानामसञ्चारात् ॥ २५ ॥

अश्वस्य प्रतियोद्धार इति । अश्वस्य योद्धुः[6] पुरस्तात् त्रयः पुरुषाः प्रतियोद्धारोऽप्रयायिनः स्थापयितव्याः । इति कल्प्या इति । प्रतियोद्धृपुरुषत्र-

1. 'च' ख. ग. पाठः. 2. 'दस' क. पाठः. 3. 'इकुल्यु' क. पाठः. 4. 'था च वा' क. ख. पाठः. 5. 'दभ' क. पाठः. 6. 'द्धुः त्र' ङ. पाठः.

पादगोपाश्च तावन्तः पुरुषा दश पञ्च च।
विधानमिति नागस्य कथितं स्यन्दनस्य च ॥ २७॥

अनीकमिति विज्ञेयमिति कल्प्या नव द्विपाः।
अनीकस्य च रन्ध्रं चै पञ्चचापं प्रचक्षते ॥ २८ ॥

इत्यनीकविधानेन स्थापयेद् व्यूहसम्पदः ॥
उरस्यकक्षपक्षांश्च तुल्यानेतान् प्रचक्षते ॥ २९ ॥

ययोजनया कल्पनीयाः । पञ्चाश्वाः ते च कुञ्जरस्य पुरस्तात् प्रतियोद्धारो विधेयाः ॥ २६ ॥

पादगोपाश्च तावन्त इति। हस्तिनः पादरक्षकास्तावन्त एव पञ्चाश्वाः पञ्चदशपुरुषान्विता विधेयाः। ते चरणमूलस्थाः, प्रतियोद्धारस्तु पुरस्सरा इति विशेषः। विधानमिति। एकस्य हस्तिनो व्यूहविधानमेतदुक्तम्। स्यन्दनस्य चेति। द्विविधो हि व्यूहः शुद्धो व्यामिश्रश्चेति। तत्र शुद्धो[2] हस्तिव्यूहो रथव्यूहश्च। यथा हस्तिव्यूहस्येदं विधानं, तथा रथव्यूहस्यापि द्रष्टव्यम्। व्यामिश्रस्य तु विधानं वक्ष्यति[3] ॥ २७ ॥

इति कल्प्या नव द्विपा इति। एकहस्तिविधानेन प्रत्येकं नव द्विपाः कल्[4]पनीयाः। तच्चानीकमिति[5] विज्ञेयम्। तथा चोक्तं "त्रीणि त्रिकाण्यनीकमि" (कौटि. अर्थ. १०. ९. १५९)ति। एवमनीके पञ्चचत्वारिंशदश्वाः शतं पञ्चत्रिंशच्च पुरुषाः प्रतियोद्धारो भवन्ति। तावन्तश्चाश्वपुरुषाः पादगोपा इति। अनीकस्य[6] रन्ध्रमिति। द्वयोरनीकयोरसम्बाधार्थमन्तरं पञ्चधनुःप्रमाणम् ॥ २८ ॥

व्यूहसम्पदः व्यूहप्रकारान् अनीकसमुदायत्वाद् व्यूहस्ये[7]ति। अनीकभेदानाह—उरस्यकक्षपक्षांश्चेति। मध्ये त्रिकत्रयकल्पितमनीकमुरस्यम्। तस्य पार्श्वयोस्तत्प्रमाणौ कक्षस्थानीयौ कक्षौ। ततो बहिरुभयतः पक्षस्थानीयौ पक्षाविति।

---

१. 'तु' क. पाठः. २. 'द्व्यूहो ह' क. ख. ग. घ. पाठः. ३. 'ते' ङ. पाठः.
४. 'ल्प्याः' ग. घ. ङ. पाठः. ५. 'ति। त'ग. घ. ङ. पाठः. ६. 'स्येति। रन्ध्रमनीकयोर्द्वयोर' ग. घ. पाठः. ७. 'स्थानी' ग. घ. ङ. पाठः.

उरः कक्षौ च पक्षौ च मध्यः पृष्ठं प्रतिग्रहः।
कोटी च व्यूहशास्त्रज्ञैः सप्ताङ्गो व्यूह इष्यते॥ ३०॥

उरस्यकक्षपक्षै[2]स्तु व्यूहोऽयं सप्रतिग्रहः।
गुरोरे[3]षं च शुक्रस्य कक्षाभ्यां परिवर्जितः॥ ३१॥

अभेद्याः कुलजा मौला लब्धलक्षाः प्रहारिणः।
सेनाङ्गपतयः कार्या युद्धदृष्टप्रतिक्रियाः॥ ३२॥

तुल्यानेतान् प्रचक्षते। एवमस्मिन् पञ्चानीके व्यूहे पञ्चचत्वारिंशद्धस्तिनो भवन्ति। द्वे शते पञ्चविंशतिश्चाश्वाः। षट् शतानि पञ्चसप्ततिश्च पुरुषाः प्रतियोद्धारः, तावन्तश्च पादगोपा इति॥ २९॥

सप्ताङ्गो व्यूह इष्यते पञ्चानीक एव। तद् यथा—उरस्यं कक्षौ पक्षौ च त्रीण्यङ्गानि स्थापयित्वा तेषामेव पृष्ठतः प्रोरस्यं प्रकक्षौ प्रपक्षौ च स्थापयेत्। तत्र प्रोरस्यो मध्य उच्यते, प्रकक्षौ पृष्ठं, प्रपक्षौ कोटीत्यपराणि त्रीण्यङ्गानि, प्रतिग्रहश्च सप्तममङ्गम्। सोऽपि वि[4]भिन्नसन्धानहेतुत्वाद् व्यूहेऽन्तर्भवति॥ ३०॥

तत्र सप्ताङ्गे मतभेदं दर्शयितुमाह—उरस्यकक्षपक्षै[6]स्त्विति। अयं षडनीको राजस्थानलक्षणेन प्रतिग्रहेण सह बृहस्पतेर्व्यूहवि[7]भागः। एष एव शुक्रस्य कक्षाभ्यां परिवर्जितः चतुरनीक इत्यर्थः। प्रपक्षपक्षोरस्यप्रोरस्यास्तूभयोरपि यथासम्भवं द्रष्टव्याः। तत्र शुक्रस्य पञ्चाङ्गो व्यूहः, कक्षप्रकक्षाभावात्। बृहस्पतेस्तु सप्ताङ्गः॥ ३१॥

एवं व्यूहविधानमुक्त्वा सारफल्गुबलविनियोगं चतुर्भिः श्लोकैर्दर्शयति—अभेद्या इत्यादि। अभेद्याः पर[8]बलस्य। लब्धलक्षाः प्रतापवन्तः। प्रहारिणः शूराः।

---

१. 'उच्यते' ख. ग. पाठः. २. 'क्षा' मूलकोशपाठः. ३. 'व' क. पाठः. ४. 'भग्नस' क. ख. पाठः. ५. 'सप्त' क. ख. पाठः. ६. 'क्षेष्विति' क. ख. पाठः. ७. 'कारः। ए' ग. घ. ङ. पाठः. ८. 'रस्य' ग. घ. पाठः.

प्रवीरपुरुषैरेते तिष्ठेयुः परिवारिताः ।
अभेदे[1]नैव युध्येरन् रक्षेयुश्च परस्परम् ॥ ३३ ॥

फल्गु सैन्ये[2]स्य यत्किञ्चिन्मध्ये व्यूहस्य तद्भवेत् ।
युद्धवस्तु च यत्किञ्चित् प्रा[3]यस्तज्जघने भवेत् ॥ ३४ ॥

युद्धार्थं युद्धकुशलं मुण्डानीकं प्रयोजयेत् ।
युद्धं हि नायकप्रा[4]णं हन्येत तदनायकम् ॥ ३५ ॥

(श्येनः सूची च वज्रश्च शकटं मकरध्वजः ।
इत्येवमादयो व्यूहाः शास्त्रज्ञैः समुदाहृताः ॥)

ते व्यवस्थाकरणाय सेनाङ्गस्य पतयः कार्याः । तथा चोक्तम् "अङ्गदशकस्यैकः पतिः, पतिदशकस्यैकस्यैकः सेनापतिः, तद्दशकस्यैको नायक" इति । युद्धदृष्टप्रतिक्रियाः, युद्धे दृष्टा प्रतिक्रिया प्रतिविधानं यैरिति ॥ ३२ ॥

एते सेनाङ्गपतयः । तिष्ठेयुः परिवारिताः, तद्वशे प्रवीरपुरुषैः स्थातव्यमित्यर्थात् कथयति । अभेदेन सम्भूय ॥ ३३ ॥

सैन्यस्य चतुरङ्गस्य । यत्किञ्चिदसारं सैन्यं, तद् व्यूहस्य मध्ये प्रोरस्ये भवेत् । एवं तत्सहिष्णु भवति । युद्धवस्तु यन्त्रायुधाद्युपकरणम् । जघने पृष्ठे ॥ ३४ ॥

मुण्डानीकमिति । यद् राजस्थानम[5]ध्वजत्वादनभिलक्ष्यभूतं तन्मुण्डानीकम् । युद्धकुशलं सैन्यं युद्धार्थं बलमध्ये नियोजयेत् । अन्यथा तत् सैन्यमनायकं हन्येत । उक्तञ्च "पितृपुत्रभ्रातृकाणामायुधीयानामध्वजं मुण्डानीकं राजस्था[6]नं कुर्वीत" (कौटि. अर्थ. १०. ३. १९०)ति ॥ ३५ ॥

---

१. 'न च यु' क. पाठः. २. 'न्यं च य' क. पाठः. ३. 'प्रशस्तं ज' ख. ग. पाठः. ४. 'त्रा' क. पाठः. ५. 'ध्यस्थत्वा' ग. घ. पाठः. ६. 'न्यानां कु' ङ. पाठः.

व्यूहोऽनुपृष्ठमचलः पत्त्यश्वरथदन्तिभिः ।
तथाप्रतिहतो ज्ञेयो हस्त्यश्वरथपत्तिभिः ॥ ३६ ॥
उरसि स्थापयेन्नागान् प्रचण्डान् कक्षयो रथान् ।
हयांश्च पक्षयोर्व्यूहो मध्यभेदी प्रकीर्तितः ॥ ३७ ॥
मध्यदेशे हयानीकं रथानीकं तु कक्षयोः ।
पक्षयोश्च गजानीकं व्यूहोऽन्तभिदयं स्मृतः ॥ ३८ ॥
रथस्थाने हयान् दद्यात् पदातींश्च हयाश्रये ।
रथाभावे तु सर्वत्र नागानेव प्रकल्पयेत् ॥ ३९ ॥
विभज्य प्रक्षिपेद् व्यूहे रथपत्त्यश्वकुञ्जरान् ।
यदि स्याद् दण्डबाहुल्यं स[2] चावापः प्रकीर्तितः ॥ ४० ॥

व्यामिश्रं व्यूहविधानं पञ्चभिः श्लोकैर्दर्शयति — **व्यूह** इत्यादि । अनुपृष्ठमिति । पुरस्तात् पत्तयः, तत्पृष्ठेऽश्वाः । तत्पृष्ठे रथाः, तत्पृष्ठे ह[3]स्तिन इति अचलो नाम । तथा हस्तिनोऽश्वा रथाः पत्तयश्चानुपृष्ठमित्यप्रतिहतसंज्ञः । तदुभयं चतुरनीकम् ॥ ३६ ॥

उरसि उरस्ये । मध्यभेदी हस्तिभिर्दृढीकृतमध्यत्वान्मध्येन परबलस्य भेदनशीलः ॥ ३७ ॥

मध्यदेशे उरस्ये । व्यूहोऽन्तयोर्दृढोऽन्तभेदी, अन्तयोर्हस्तिभिर्दृढीकृतत्वात् ॥ ३८ ॥

रथस्थाने कक्षयोरित्यर्थः । हयाश्रये मध्यदेशे । पक्षयोस्तु गजानीकं स्यादेवेत्येवमपरोऽन्तभेदी । रथाभावे त्विति । सर्वत्र व्यामिश्रे व्यूहे रथाभावे तत्स्थाने नागानेव प्रकल्पयेद् अश्वपदातीनामस्थिरत्वात् ॥ ३९ ॥

विभज्य प्रक्षिपेदिति शुद्धं व्यामिश्रं वा व्यूहं कल्पयित्वा यदि दण्डबाहुल्यं स्यात् तद्वाढ्यार्थं पुनस्तस्मिन् रथादीन् विभज्य प्रक्षिपेत् । तत्र रथादींस्त्रीन्

---

१. 'मतिमान् ना' क. पाठः. २. 'सेनावापः म की' ख. ग पाठः. ३. 'गजा इ' ग. घ. ङ. च. पाठः.

मण्डलोऽसंहतो भोगो दण्डश्चेति मनीषिभिः ।
चत्वारः प्रकृतिव्यूहा भेदास्त्वेषां प्रकीर्तिताः ॥ ४१ ॥

§(प्रकल्पिते भुजे व्यूहे यदङ्गमधिकं ततः ।)
तिर्यग्वृत्तिस्तु दण्डः स्याद् भोगोऽन्वावृत्तिरेव च ।
मण्डलः सर्वतोवृत्तिः पृथग्वृत्तिरसंहतः ॥ ४२ ॥

प्रदरो दृढकोऽसह्यश्चापस्तत्कुक्षिरेव च ।
प्रतिष्ठः सुप्रतिष्ठश्च श्येनो विजयसञ्जयौ ॥ ४३ ॥

विशालविजयः सूची स्थूणाकर्णश्चमूमुखः ।
[2]झषास्यो वलयश्चैव दण्डभेदाः सुदुर्जयः ॥ ४४ ॥

भागान् कृत्वा भागमेकं कक्षयोः द्वितीयं पक्षयोः तृतीयम् उरस्ये प्रक्षिपेत् । तथा हस्तिनामश्वानां चायमेव विभागः । तथाचोक्तं *"रथानां द्वौ त्रिभागावङ्गेष्वावपेच्छेषमुरस्यवस्थापयेत् । तेन हस्तिनामश्वाना चावापा व्याख्याताः" (कौटि. अर्थ. १०. ६. १५५) इति । स चावापः प्रकीर्तितः समन्तादुप्यते प्रक्षिप्यत इति कृत्वा ॥ ४० ॥

इदानीं संस्थानतो[3] व्यूहभेदांश्चतुर्दशभिः श्लोकैर्दर्शयति — **मण्डल** इत्यादि । एते च मण्डलादयश्चत्वारः स्वस्वभेदापेक्षया प्रकृतिव्यूहाः ॥ ४१ ॥

[4]एषां स्वरूपभेदमाह — **तिर्यग्वृत्तिरि**त्यादि । पक्षो[5]दीनां तिर्यग्वृत्तिर्दण्डः । भोगोऽन्वावृत्तिः, अनु समस्तानामनीकानामावृत्तिरन्योन्यानुगता वृत्तिर्भोगः सर्पशरीरवत् । मण्डलः सर्वतोवृत्तिः अनीकानां समन्ताद् वृत्तिर्मण्डलः । पृथग्वृत्तिरसंहतः । पृथग्ग्रहणमनीकसन्धेः पञ्चधनुःप्रमाणादपि विश्लेषतरार्थम् । विश्लिष्टतरानीकोऽसंहतः ॥ ४२ ॥

अनीकानामितरेतरासंहतत्वात् कः पुनरेषां भेद इत्याह — **प्रदर** इत्यादि । तत्र प्रदराद्या दुर्जयान्ताः सप्तदश दण्डभेदाः ॥ ४३ ॥ ४४ ॥

---

१. 'व्या' ख. पाठः. २. 'रथास्यो' ख. पाठः. ३. 'के' ङ. च. पाठः. ४. 'ते' ङ. पाठः. ५. 'त्या' च. पाठः.

---

§ धनूरेखान्तर्गतमिद ख. ग. पुस्तकयोर्न दृश्यते. * "रथानां द्वौ त्रिभागावङ्गेष्वावापयेत् । शेषमुरस्यं स्थापयेत् । एवं त्रिभागोनो रथानामावापः कार्यः । तेन हस्तिनामश्वानामावापो व्याख्यातः" इति मुद्रितकौटिलीयार्थशास्त्रपाठः.

अतिक्रान्तः प्रतिक्रान्तः कक्षाभ्यां कक्षपक्षतः।
अतिक्रान्तश्च पक्षाभ्यां त्रयोऽन्ये तु विपर्यये॥ ४५॥
पक्षोरस्यैरतिक्रान्तः प्रविष्टोऽन्यो विपर्यये।
स्थूणापक्षो धनुःपक्षो द्विस्थूणो दण्ड ऊर्ध्वगः॥ ४६॥

एषां यथाक्रमं लक्षणमाह—**अतिक्रान्त** इत्यादि। तत्र पक्षकक्षोरस्यैः समं वर्तमानो दण्ड इति पक्षादयो यस्य व्यूहस्योद्दिष्टाः, इयं तावद् दण्डप्रकृतिः। अस्याः प्रदरादयो भेदाः। अतिक्रान्तः कक्षाभ्यामिति सम्बन्धः। स एव दण्डः पुरोनिर्गतकक्षः प्रदरः। (तस्य प्रयोगः ?) प्रतिक्रान्तः कक्षपक्षत इति सम्बन्धः। स एव दण्डः कक्षाभ्यां पक्षाभ्यां च प्रतिक्रान्तैः प्राविष्टः उरस्यमात्रेण निर्गतो दृढकः। अतिक्रान्तश्च पक्षाभ्यामिति। दण्ड एव पक्षमात्राभ्यां निर्गतोऽसह्यः। त्रयोऽन्ये तु विपर्यये इति। प्रदरादीनां त्रयाणां यथासङ्ख्येन विपर्यये चापश्चापकुक्षिः प्रतिष्ठश्चेति त्रयोऽन्ये ज्ञेयाः। तत्र प्रदरविपर्यये प्रतिक्रान्तकक्षश्चापसंस्थानत्वाच्चापः। दृढकविपर्यये कक्षाभ्यां पक्षाभ्यां चातिक्रान्त उरस्यमात्रेण प्रविष्टश्चापकुक्षिः। असह्यविपर्यये पक्षाभ्यां प्रतिक्रान्तो रेखीभूतशेषानीकः प्रतिष्ठसंज्ञको व्यूहो भवति॥ ४५॥

पक्षोरस्यैरतिक्रान्तः प्रविष्टोऽन्यो विपर्यय इति। पक्षाभ्यामतिक्रान्तः उरस्येन च प्रविष्टोऽन्यः (सु)प्रतिष्ठ इति। अन्यशब्दः काकाक्षिवदुभयत्र सम्बध्यते। अस्य सुप्रतिष्ठस्य विपर्यये अन्यः श्येनो ज्ञेयः। प्रतिक्रान्तपक्षो निर्गतोरस्यो मध्यकक्षश्च। स्थूणापक्ष इति स्थूणाकर्णो व्यूहः स्थूणेत्युच्यते। यथा देवदत्तो दत्त इति। स्थूणाकर्णस्य लक्षणं वक्ष्यति 'द्विगुणान्त्य' इति। स्थूणाकर्णावेव पक्षौ यस्य दण्डव्यूहस्य सोऽर्धतृतीयव्यूहसङ्घातः सप्तदशानीको विजयो नाम। धनुःपक्ष इति। चापव्यूहावेव पक्षौ यस्य दण्डस्य स सञ्जयोऽर्धतृतीयव्यूहसङ्घातस्त्रयोदशानीकः। द्विस्थूण इति। द्वौ स्थूणाकर्णावुपर्युपरि निविष्टौ चतुर्दशानीको विशालविजयाख्यो व्यूहः। उपर्युपरि निविष्टैः पक्षादिभिर्यो दण्ड ऊर्ध्वगो भवति स एवंलक्षणः सूचीसंज्ञको व्यूहः॥ ४६॥

---

१. 'न्वप' ख. पाठः.　२. 'भि' ग. घ. पाठः.　३. 'स्योपदि' क. ख. च. पाठः.
४. 'न्त उ' ग. घ. पाठः.　५. 'भि' ग. घ. पाठः.　६ 'धनुर्व्यूहौ प' ग. घ. पाठः.
७. 'द्दन्न' ग. घ. पाठः.

द्विगुणान्त्यस्त्र्यभिक्रान्तपक्षोऽन्योऽस्य विपर्यये ।
द्विचतुर्दण्ड इत्येते ज्ञेया लक्षणतः क्रमात् ॥ ४७ ॥

गोमूत्रिका[२]हिसारी च शकटो मकरस्तथा ।
भोगभेदाः समाख्यातास्तथा[३] परिपतन्तिकः ॥ ४८ ॥

दण्डपक्षो युगोरस्यः शकटस्तद्विपर्यये ।
मकरो [४]व्यवकीर्णश्च शेषः कुञ्जरवाजिभिः ॥ ४९ ॥

द्विगुणान्त्य इति द्विगुणावन्त्यौ पक्षौ यस्य दण्डव्यूहस्य स स्थूणाकर्णो नाम । त्र्यभिक्रान्तपक्ष इति । त्रयस्त्रयोऽभिक्रान्ताः पक्षा यस्य दण्डस्य स चतुर्गुणपक्षः एकादशानीकश्चमूमुखसंज्ञः । अन्योऽस्य विपर्यये । प्रतिक्रान्तपक्षोऽन्यो झषास्यो नाम व्यूहः । सोऽप्येकादशानीकः । द्विचतुर्दण्ड इति । दण्डग्रहणं प्रत्येकं योज्यम् । द्वौ दण्डव्यूहावेकादशानीको वलयो नाम । चतुर्दण्डो विंशत्यनीको दुर्जय इति दण्डभेदा निर्दिष्टा इति ॥ ४७ ॥

भोगव्यूहभेदानाह — **गोमूत्रिके**त्यादि । पक्षा[५]दिविषमं वर्तमानो भोगः । तत्र गोमूत्रमार्गप्रतिच्छन्दो गोमूत्रिका । सर्पसृतिप्रतिच्छन्दोऽहिसारी । तयोर्यौगिकेन नाम्ना निर्देशादेव लक्षणमप्युक्तं वेदितव्यम् ॥ ४८ ॥

शेषाणां लक्षणमाह — **दण्डपक्ष** इत्यादि । शकटसंस्थानस्य विवक्षितत्वादूर्ध्वराजी अत्र दण्डो ग्राह्यः । तथाच पक्ष इति पक्षकक्षयोः सामान्येन ग्रहणम् । यस्य पौर्वापर्येण दण्डवदवस्थितौ कक्षपक्षौ । युगोरस्यः द्विगुणोरस्यः शकटः । तद्विपर्यये मकरः तद्विपरीतसंस्थान इत्यर्थः । द्वावप्येतौ षडनीकौ । व्यव[६]कीर्णश्च शेष इति हस्त्यादिभिरावापैः म[७]ध्येऽवकीर्णः शकटो मकरो वा व्यूहः । शेषः परिपतन्तिको नाम व्यूहः । स चे[९]स्पष्टत्वान्न दर्शितः ॥ ४९ ॥

---

१. 'स्त्वतिक्रा' मूलकोशेषु पाठः. २. 'कार्द्धराजी च' ख. पाठः. ३. '(तो ? तः) परिपतन्तकः' क. पाठः. ४. 'प्यवकर्णा च' ख. पाठः. ५. 'दिभिर्विष' ग. घ. पाठः. ६. 'णं वे' क. ख. पाठः. ७. 'ति' ग. घ. पाठः. ८. 'ध्ये व्यतिकी' ग. घ. पाठः. ९. 'सुस्फुटत्वा' क. ख. पाठः.

मण्डलव्यूहभेदौ च सर्वतोभद्रदुर्जयौ ।
अष्टानीको द्वितीयस्तु प्रथमः सर्वतोमुखः ॥ ५० ॥

अर्धचन्द्रक उद्धानो वज्रो भेदास्त्वसंहते ।
तथा कर्कटशृङ्गी च काकपादी च गोधिका ॥ ५१ ॥

त्रिचतुःपञ्चसैन्यानां ज्ञेया आकारभेदतः ।
इति व्यूहाः समाख्याता व्यूहभेदप्रयोक्तृभिः ॥ ५२ ॥

मण्डलव्यूहभेदावाह — **मण्डलेत्यादि** । अष्टानीको द्वितीयस्तु **प्रथमः सर्वतोमुख** इति । पक्षादीनां मण्डलवृत्तिरचनया सर्वतोवृत्तिर्मण्डलः । तत्र बहिर्मुखत्वेनावस्थितः [1]सर्वतोमुखः सर्वतःसैन्यः सर्वतोभद्रः । स एव यत्रयत्र भयातिशयस्तत्रतत्र द्विगुणमुरस्यं कल्पयित्वा तद्वत् कक्षयोश्च द्वैगुण्यादष्टानीको दुर्जयसंज्ञः[2] । नन्[3]च सर्वतोभद्रेण यायाद् (सं. १९. श्लो. ४९.) इत्युक्तम् । तत् कथं पा[4]र्श्वतः पुरतो गम्यत इति । उच्यते । सर्वतोभयागमनवेलायामस्य सर्वतोमुखत्वम् । यान[5]वेलायां तु तद्विधसंस्थाना[6]नामेव यातव्यमार्गाभिमुखता भविष्यति ॥ ५० ॥

असंहतभेदानाह — **अर्धचन्द्रक** इत्यादि । भेदास्त्वसंहत इति । असंहतव्यूहेऽर्धचन्द्रादयो भेदा ज्ञेया इति सम्बन्धः । तथेति । यथार्धचन्द्रादयोऽसंहतव्यूहभेदाः, तथा कर्कटश्रृङ्ग्यादयोऽपीति ॥ ५१ ॥

अर्धचन्द्रादित्रयेण सह कर्कटकश्रृङ्ग्यादीनां त्रयाणां यथाक्रमं सैन्यसाम्यं दर्शयति — **त्रिचतुःपञ्चसैन्यानामाकारभेदत** इति । त्रयाणामनीकानां तदाकृतिसंस्थानादर्धचन्द्रः कर्कटकश्रृङ्गी च, चतुर्णामुद्धानकः काकपादी च, पञ्चानां वज्रो गोधा चेत्येषां क्रमः । तत्र कक्षाववस्थाप्य समाधिकोरस्यस्य मध्येन किञ्चिदन्तःप्रवेशाद् द्वयोश्च पक्षयोः किञ्चिदतिक्रमात् त्रयाणामनीकानां प्रवेशनिर्गमापेक्षयार्धचन्द्रसंस्थानत्वादर्धचन्द्रकः । एवम् एकेनोरस्येन प्रविश्य द्वाभ्यां कक्षाभ्यां यथावस्थितयोरेव पक्षयोर्द्विगुणीकरणादि[10]ति त्रयाणां प्रवे[11]शवशात् कर्कटकश्रृङ्गी,

---

१. 'विश्वतो' क. ख. पाठः. २. 'यः ननु' ग. घ. पाठः. ३. 'ज्ञः । स च तथा लेखनीयः । न' क. ख. पाठः. ४. 'नु स' क. ख. पाठः. ५. 'पश्चात् पार्श्वगतः पु' ग. घ. पाठः. ६. 'त्रा' ग. घ. पाठः. ७. 'नमे' क. ख. पाठः. ८. 'ति क्र' ग. घ. पाठः. ९. 'द्वयोः पक्षयोस्तथा तयोर्द्विगुणी' ग. घ. पाठः. १०. 'ति व्यवासितव्यः' ग. घ. पाठः. ११. 'शाभावात्' क. ख. पाठः.

ऐते सप्तदश प्रोक्ता दण्डव्यूहास्तु भेदतः ।
तथा व्यूहद्वयं चैव मण्डलस्य समासतः ॥ ५३ ॥
असंहतास्तु षड् व्यूहा भोगव्यूहास्तु पञ्चधा ।
व्यूहज्ञैस्ते प्रयोज्याः स्युर्युद्धकाल उपस्थिते ॥ ५४ ॥
†(श्येनः सूचीमुखो वज्रः शकटो मकरोऽम्बुजः ।
इत्यादयः स्मृता व्यूहास्तदाकारान् प्रकारयेत् ॥)

(इति व्यूहविकल्पो नाम पञ्चत्रिंशं प्रकरणम्)

तत्संस्थानत्वात् । कक्षयोः पक्षयोश्च कोणस्थयोर्मध्यास्थितेनोरस्येन यथा[२]वस्थितेन[३] सहोभयतो रचनाविशेषा[४]च्चतुर्णामनीकानां प्रवेशा[५]निष्कासादुद्धानकसादृश्यादुद्धानः । मध्ये उरस्यमवस्थाप्य पार्श्वयोर्द्वयोरुपर्यधस्ताच्च क्रमात् प्रसारितकक्षपक्षत्वाच्चतुर्णामनीकानां प्रसारणवशात् काकपदसंस्थानत्वाच्चतुःशाखा काकपदी । पञ्चानामनीकानामाकृतिसंस्थानाद् व[६]ज्रो गोधा च । तत्र संस्थानानि त्रीणि[७] त्रिकानि हस्तिनामुरस्यः, ततः क्रमाच्चत्वारः प[८]ञ्च च हस्तिनः, तेषां द्वयोर्द्वयोश्च परत[९] एकैकम् । ए(के ? ते) त्रयस्त्रयः शाखास्थानीया[१०] इत्युभयतःपक्षो वज्रसंस्थानत्वाद् वज्रः । तथैवोरस्[११]यैकक्षौ चावस्थाप्[१२]य मध्यतो गोधाया द्वौ त्रीन् द्वौ शिर[१३]स्यैकमेकं जिह्वास्थानीयं न्यस्येदिति मुखतः पक्षतः एकं द्वौ त्रीण्येकामिति पादपुच्छतः तन्मध्ये प[१४]ञ्चपुच्छोऽयमिति पक्षोऽयं गोधासंस्थानाद् गोधाव्यूहः ॥ ५२ ॥

इदानीं व्यूहानां सङ्ख्यापूर्वकं नियोगं दर्शयति — **एत** इत्यादि । सप्तद[१५]शै प्रकृतिव्यूहेन सहाष्टादश ॥ ५३ ॥

युद्धकाल इति प्रकाशयुद्धकाले ॥ ५४ ॥

(इति व्यूहविकल्पो नाम पञ्चत्रिंशं प्रकरणम्)

---

१. 'इति स' मूलकोशेषु पाठः. २. 'था च स्फीते' ग. घ. पाठः. ३. 'नोभ' ग. घ. पाठः. ४. 'षादिति चतु' ग. पाठः. ५. 'शनि' ग. घ. पाठः. ६. 'ततो गो' ग. घ. पाठः. ७. 'णि ह' ग. घ. पाठः. ८. 'ञ्च हस्तिनां पक्षाद् उभयतस्तत्र हस्तिनः' ग. घ. पाठः. ९. 'तः शाखासंस्था' ग. घ. पाठः. १०. 'यास्त्रयस्त्रयः कृत्वोभ' ग. घ. पाठः. ११. 'स्यः कक्षो वाव' ग. घ. पाठः. १२. 'प्य तन्मध्यत एकं द्वौ त्रीन् शि' ग. घ. पाठः. १३. 'सैकमेकं च जिह्वासंस्थया न्य' ग. घ. पाठः. १४. अपुच्छकक्षपतौ अयं' ग. घ. पाठः. १५. श प्रोक्ताः प्र' ग. घ. पाठः.

---

† इदं धनूरेखान्तर्गतं पद्यं क. पुस्तके न दृश्यते.

* ३६. प्रकाशयुद्धप्रकरणम् *

पक्षादीनामथैकेन हत्वा शेषैः परिक्षिपेत्।
उरसा वा समाहृत्य कोटिभ्यां परिवेष्टयेत्॥ ५५॥

पैरकोटी समाक्रम्य पक्षाभ्यां सप्रतिग्रहः।
कोटिभ्यां जघैनं हन्यादुरसा च प्रपीडयेत्॥ ५६॥

*(एवं व्यूह्य प्रयत्नेन यत्नवान् पृथिवीपतिः।
विदारयेद् व्यूहकृतैर्बलैर्विद्विषतो बलम्॥)

यतः फल्गु यतो भिन्नं यतो दूष्यैराधिष्ठितम्।
ततो रिपुबलं हन्यादात्मनश्चोपबृंहयेत्॥ ५७॥

सारं द्विगुणसारेण फल्गु सारेण पीडयेत्।
संहतं च गजानीकैः प्रचण्डैर(वधा? पसा)रयेत्॥ ५८॥

युद्धकाल इत्युक्तत्वात् तदिदानीं प्रकाशयुद्धं सप्तभिः श्लोकैर्दर्शयति—**पक्षादीनामित्यादि**। अथेत्यनीकप्रकरणप्रस्तावार्थम्। एकानीकेन परव्यूहं हत्वा शेषैरनीकैः परिक्षिपेत्। उरसा वा उरस्येन। कोटिभ्यां प्रपक्षाभ्याम्॥ ५५॥

परकोटी परव्यूहस्य प्रपक्षौ पक्षाभ्यामाक्रम्य जघनं प्रोरस्यं प्रतिग्रहकोटिभ्यां हैन्याद्, उरसा च प्रपीडयेद्, जघनम्। एतेन च तदुभयं तदुभयपीडनेन भिद्यते॥ ५६॥

यत इति। यस्मिन् परव्यूहस्य भागे। फल्गु असारम्। भिन्नं कृतोपजापं, विश्लिष्टन्यासं वा। दूष्यैः क्रुद्धलुब्धादिभिः। ततस्तस्मिन् भागे। आत्मनश्चोपबृंहयेद् बलं, परोघातप्रतिषेधार्थम्॥ ५७॥

फल्गु बलं सारेण पीडयेदिति सम्बन्धः। संहतं दुर्भेद्यम्॥ ५८॥

---

१. 'प्रतिकोटी' ख. ग. पाठः.   २. 'घि' ख. ग. पाठः.   ३. 'पादये' क. पाठः.
४. 'भिन्याद्' ग. घ. ङ. च. पाठः.   ५. 'रघात' ग. घ. ङ. पाठः.

---

* इदं भग्नरेखान्तर्गतं पद्यं ख. ग. पुस्तकयोर्न दृश्यते.

दुर्जयान् करिणः सिंहवसासिक्तैर्मतङ्गजैः[1]।
आहन्यात् करिणीनां वा समूहैः साध्वधिष्ठितैः ॥ ५९ ॥

सलोहजालैर्दृढबन्धदन्तैः सुकल्पितैरूर्जितपादरक्षैः।
प्रवीरयोधैर्मददुर्निवारैर्हन्याद् गजेन्द्रैर्द्विषतामनीकम् ॥ ६० ॥

एकोऽपि वारणपतिर्द्विषतामनीकं
युक्तं[2] निहन्ति मदसत्त्वगुणोपपन्नः।
नागेषु हि क्षितिभृतां[3] विजयो निबद्ध-
स्तस्माद् गजाधिकबलो नृपतिः सदा स्यात् ॥ ६१ ॥

(इति प्रकाशयुद्धं नाम षट्त्रिंशं प्रकरणम्)

इति कामन्दकीयनीतिसारे गजाश्वरथपत्तिकर्माणि, पत्त्यश्वरथगजभूमयः, दानकल्पना, व्यूहविकल्पः, प्रकाशयुद्धं नाम विंशः सर्गः।

सिंहवसासिक्तैः क्षान्तिपूर्वकम्[4]। साध्वधिष्ठितैः निपुणयोधाधिष्ठितैः ॥५९॥

सलोहजालैः आवरणैः लोहस्थगितैः[5] शस्त्रिभिर्वा। पादरक्षाः पादगोपाः प्रतियोद्धारः ॥ ६० ॥

एकोऽपि, किं पुनर्बहवः। गुणो विनयाधानम्। नागेषु हि विजयो निबद्ध इति सेनाया हस्तिनः प्रधानमङ्गमिति दर्शयति ॥ ६१ ॥

(इति प्रकाशयुद्धं नाम षट्त्रिंशं प्रकरणम्)

इति शङ्करार्यकृतायां कामन्दकीयनीतिसारपञ्जिकायां जयमङ्गलायां
गजाश्वरथपत्तिकर्माणि, पत्त्यश्वरथगजभूमयः, दानकल्पना,
व्यूहविकल्पः, प्रकाशयुद्धं नाम
विंशः सर्गः।

समाप्तश्चायं ग्रन्थः।

---

१. 'महागजैः' क. पाठः. २. 'व्य' क. पाठः. ३. 'भुजां वि' क. पाठः. ४. 'वैम्' क. ख. पाठः. ५. 'स्थितैः' क. पाठः.